무대의상 디자인
Costume Design

무대의상 디자인 COSTUME DESIGN

초판 1쇄 발행   2018년 2월 28일
초판 2쇄 발행   2020년 9월 25일

지은이   장혜숙
펴낸이   박성복
펴낸곳   도서출판 연극과인간
주 소   01047 서울특별시 강북구 노해로25길 61
등 록   2000년 2월 7일 제6−0480호
전 화   (02)912−5000
팩 스   (02)900−5036
홈페이지   www.worin.net
전자우편   worinnet@hanmail.net

ISBN 978−89−5786−633−7 93680

값은 뒤표지에 있습니다.

* 이 저서는 2015년 정부(교육부)의 재원으로 한국연구재단의 지원을 받아 수행된 연구임
  (NRF-2015S1A6A4A01010565)

COS TUME

무대의상 디자인

DE SIGN

장혜숙

연극과인간

머리말

무대의상은 끊임없는 새로움을 위한 실험과 도전의 세계로 항상 어렵고 긴장되지만 흥미롭고 매력적인 분야이다. 그것은 확실히 고요한 삶과 충분한 수면을 갈망하는 사람들을 위한 분야는 아니다. 문제가 끊임없이 지속되고 시간은 항상 너무 촉박하며, 하나를 실행하고 나면 또 다른 것이 그 자리를 꿰차고 들어온다. 그러나 배우가 그 의상을 입고 살아 움직이는 훌륭한 몸짓을 펼쳤을 때, 공연 준비기간 내내 받았던 압박감과 스트레스는 모두 사라지고 그 희열은 그동안의 모든 힘든 것들을 압도하게 된다.

무대의상은 무대 위의 배우에게 입혀져 관객의 눈을 통해 그 존재 가치가 이루어진다. 관객의 눈을 통해 감정과 영혼이 전달되어야 하며 상상력을 불러일으키는 의상이 되어야 한다. 내면의 눈으로 볼 수 있는 상상력이 공연의 힘이자 본질이기 때문이다. 그러므로 캐릭터를 단순히 묘사하고 설명하기보다는 영혼을 깨우는 실체로서의 진정한 의상으로 탄생해야 한다.

무대의상 디자인에는 절대적인 방법은 없다. 하지만 디자이너들이 각각의 작업에 자신의 능력을 개발하고 확장할 수 있도록 현장과 지침에 대한 기본적인 이해를 바탕으로 작업에 접근하는 논리적인 방법이 있다. 분명한 것은 이 방법을 통해 디자이너가 자신의 작품을 어떻게 접근하고 작품이 원하는 목표를 위해 무엇을 해야 하는지 아는 것이며, 함께 작업하는 모든 사람들에게 신뢰감을 주는 것이다. 의상 아이디어는 디자이너의 머리에 단독으로 존재하지 않는다. 많은 다른 분야의 전문가들과 아이디어를 교환하고 그것이 점점 발전되도록 소통과 협업이 중요하다. 공연예술은 효과적인 해석, 협업, 실행에 그 성패가 달려 있기 때문이다.

무대의상 디자이너는 예술의 수많은 장르뿐 아니라 역사와 그 속의 사람들을 이해하고 공연이 이루어지는 공간 및 캐릭터, 그리고 많은 종류의 소재와 재료에 대해서도 잘 알아야 한다. 또한 새로운 작품을 접했을 때 어떤 정보와 지식이 유용하고 가치가 있을지 모르기 때문에 항상 진지한 연구와 조사를 게을리 하지 말아야 하며, 끊임없는 자극에 대해 열린 마음으로 적극 수용하는 태도를 지녀야 한다.

이 책은 대본의 글자로부터 캐릭터가 의상을 입고 무대 위에서 공연을 할 때까지 전 과정을 논리적으로 전개하였다. 이는 창조적인 디자인을 효과적인 협업과 가치있는 경험으로 이끌 것이다.

1장은 무대의상에 대한 전반적인 개념, 의미와 기능뿐 아니라 무대미술로서의 무대의상에 대해 설명하였다.

2장 무대의상 디자인의 이론과 실제에서는 단계별 세부적 접근을 통해 디자인 콘셉트 구축을 전개하였다. 대본과 캐릭터 분석에 중점을 두고 아이디어를 발전시키고 단계별 스케치와 프레젠테이션을 통해 디자인 완성까지의 방법을 체계적으로 제시하였다. 실제로 무대의상 디자인을 완성하는 것은 수많은 고민이 동반되는 어려운 작업이다. 그래서 디자인 요소와 원리를 통해 캐릭터의 몸과 의상이 어떤 관계에서 어떻게 적용되어 표현될 수 있으며, 어떻게 그 디자인들이 통일성을 이룰 수 있는지에 대한 가이드라인을 제공하였다. 디자이너는 색상과 소재에 대한 충분한 이해가 필요하다. 색상조절은 무대의상 디자인의 중요 요소로서 사용할 수 있는 색상의 범위와 그것이 조명과의 관계에서 어떤 효과가 있고 주변의 다른 색과 어떻게 반응하는지 알아야 한다. 또한 소재는 의상구현의 핵심이므로 소재의 이해와 선택에 대해 상세히 설명하였다. 그리고 오페라, 뮤지컬, 무용, 퍼포먼스와 축제 등 다양한 공연 장르에 적합한 의상의 특징과 고려할 점들에 관해 기술하였다.

3장 무대의상 제작에서는 스케치가 실제 의상으로 구현되기 위한 제작과정들을 다루었다. 성공적인 무대의상은 멋진 스케치가 아니라 무대에서 보여지는 효과적인 무대의상임을 잊지 말아야 한다. 이를 위해 인체계측, 패턴제작, 재단, 봉제 과정을 상세히 설명하였고 가봉 시 생길 수 있는 여러 문제를 해결할 수 있는 방법을 제공하였으며, 무대의상의 완성도와 효과를 위해 페인팅, 염색, 질감내기와 낡게하기, 그리고 다양한 소재 표면변형을 위한 사례도 제시하였다.

최근에는 영화와 방송 부분에도 많은 문이 열려 있다. 4장 영화의상과 방송의상에서는 이 분야 작업을 위한 내용을 다루었다. 의상디자인 접근은 많은 부분에서 유사하지만, 매체별 특징과 주의할 점들이 있으므로 그에 대한 설명을 포함하였다.

5장에서는 무대의상의 미래를 위하여 무대의상 디자이너들에게 필요한 능력과 조건, 무대의상 디자이너가 되기 위한 준비와 향후 진로에 대해 설명하였다. 그리고 마지막 부록에서는 연극의 발달을 통해 본 무대의상의 역사와 서양 복식의 흐름을 탑재하여 어느 장르와 시대의 작품을 만나게 되어도 적극적으로 대처할 수 있는 충분한 지식과 디자인 능력을 겸비하도록 하였다.

오랫동안 학생들을 지도하면서 많은 학생들이 무대의상 디자인에 처음 임할 때 무엇부터 공부를 해야 하는지 우왕좌왕하는 것을 보아왔고, 무대의상에 입문한 디자이너들이 무엇을 힘들어하고 무엇에 갈증을 느끼는지도 알게 되었다. 그동안 훌륭한 무대의상 디자이너가 될 수 있도록 체계적인 내용을 담은 교재의 필요성을 누구보다도 절실히 느껴왔다.

이 책은 무대의상 디자인에 대한 기본 입문서이자 무대의상의 전반적인 영역을 다룬 종합 이론서로 미래의 유능한 디자이너들 및 관련분야의 종사자들에게 유용한 서적이 되리라 믿는다. 그동안 함께 공연 작업을 한 연극인들께 감사하고 이 책이 이루어지기까지 소중한 자료가 되어준 작품사진을 사용하도록 허락해준 분들께 감사한다. 더불어 원고 교정을 도와준 박진원교수와 자료수집과 정리에 도움을 준 학생들, 특히 김지수에게 감사한다.

오늘날 무대의상의 영역은 확장되고 첨단 기술과의 융복합 경향으로 점점 진화하고 있다. 이 책의 목적은 무대의상 디자이너를 꿈꾸는, 어떤 도전과 경험도 마다하지 않는 젊은이들에게 수많은 가능성을 열어주는데 있다. 그리고 이 책을 통해 전문적인 인력양성과 교육기관의 활성화를 기대해보며 무대의상을 디자인하고 제작하는 사람들의 중요성이 좀 더 깊이 인식되었으면 하는 바램을 가져본다.

차례

Chapter II. 무대의상 디자인의 이론과 실제 ────

Chapter III. 무대의상 제작 ———————————

Chapter I

무대의상의 이해

I
무대의상이란

1 무대의상의 개념

무대 위에서 배우에게 입혀진 모든 것은 그것이 간단하든 복잡하든 무대의상이라 일컬어진다. 넓은 의미로 무대의상은 어느 시대나 나라, 지역 특유의 복식이나 민속 복식, 특정목적의 복식까지 포괄하지만, 협의로서의 무대의상은 배우가 캐릭터로 변신하기 위한 것으로 캐릭터의 성격이나 역할, 그리고 인물 간의 관계를 관객에게 정확하게 전달하기 위하여 무대 위 배우에게 입혀진 모든 것을 말하며 속옷, 머리 장식, 액세서리까지 포함한다. 즉, 일반적으로 배우의 신체 위에 주어지는 외적 부가물을 의미한다. 무대의상은 배우들에게 무언가가 되게끔 만드는 신비의 의상으로 배우에게 제2의 스킨이며 인물, 계급, 지역, 시대에 따라 개성있는 스타일로 표현되어 관객에게 공연에 대한 전반적 이해를 높이는 중요한 시각적 요소 중의 하나이다.

무대에 조명이 켜지면 무대 위의 장면들이 눈에 들어온다. 배경과 무대장치 그리고 배우들이 보이면 대사가 이루어지기 전에 인상이 만들어진다. 가슴선이 깊게 파인 보라색의 짧은 드레스를 입은 배우라면 순진한 어린 소녀 역할의 배우는 아닐 것이라 생각을 할 것이며, 남루한 청바지에 면 점퍼를 입은 남자 배우가 돈 많은 사업가로 보이지는 않을 것이다. 만약 몸의 윤곽을 모두 드러내는 호피 무늬의 타이트한 의상을 동일하게 입은 그룹의 배우들이 등장한다면 의상의 통일성과 실루엣을 통해 관객에게 강한 시각적 효과를 전달 할 것이다. 반면에 무대의상은 이런 분명한 예와는 달리 사소한 여밈이나 의상디테일의 변화와 같은 섬세하고 미묘한 방법으로 심리적 효과를 전달하기도 한다. 또한 무대 위의 누더기 의상은 단순히 남루한 거지의 의상은 아니며 이는 연극적으로 사전 계획된 작품인 것이다.

관객은 의식적으로든, 무의식적으로든 보고 반응하므로 작품에 적절하고 의미있는 의상 선택이 이루어져야 한다. 적합한 무대를 통해 올바른 시각적 극 환경과 움직임이 이루어져야 하듯이 무대의상은 캐릭터의 개성과 특징을 표현하고 가장 효율적인 방법으로 연기에 도움이 될 수 있도록 계획되어야 한다. 그것은 극의 적절한 환경을 제공하기 위한 디자이너들의 책임이다.

2 무대의상의 특징

무대의상은 여러 가지 특징을 지니고 있다. 작품이 가지고 있는 내면적인 의미와 요소들을 무대 위에서 구체적으로 형상화시키고 작품을 표현하는 상징성을 내포하고 있으며, 배우의 연기증진과 인물창조, 그리고 의상 그 자체의 미를 추구한다. 그리고 무대 위의 다른 요소들과의 조화를 통한 시각적인 완성미로 분위기, 스타일, 주제를 강화시키고 극적 효과를 유발하는 미학적 특징을 지니고 있다. 또한 의상 속에 상징적이거나 유머러스한 디자인을 내포하여 관객의 관심과 반응을 유도해내는 연극성을 지니고 있어 관객을 극 공간 속에 머물게 한다. 연극적이지 않은 작품은 관객을 지루하게 만들기 쉽다. 디자이너는 연극적인 것과 연극적이지 않은 것을 잘 구별하여 연극성의 효과를 잘 표현할 줄 알아야 한다.

의상디자이너는 미적인 표현을 위해 소재 표면의 질감과 감각, 빛에 대한 반사력 등을 이용하고 색상과 선, 형태간의 관계를 발전시키며, 흥미로운 시각적 그림을 위해 그들의 조합을 구상해야 한다. 원하는 바가 미적 충격을 주는 것이라 해도, 디자이너는 항상 작품에 적합한 의상디자인이 되도록 노력해야 한다.

무대의상은 상징성과 연관적 가치를 지니며 이를 통해 분위기, 아이디어, 감정 등을 제시할 수 있다. 주어진 의상의 형태, 색상, 선과 질감이 여러 해석과 유추를 가능하게 하는 상징적 의미를 불러일으킬 것이며, 이런 시각적 표현이 관객과의 소통을 불러

무대의상 디자인

일으킬 것이다. 상징적 표현 방법은 학생이나 프로 디자이너들에게도 매우 어려운 작업이다. 왜냐하면 사회가 변하듯이 개인적이고 상호 연관된 가치의 속성과 미적 기준에 따른 가치 또한 변하고 있기 때문이다.

무대의상을 충분히 이해하려면 다양한 분야로부터의 연구와 접근이 필요하다. 작품과 공간, 나라, 시대, 캐릭터 연구는 물론 시각적 요소에 대한 구체적인 내용에 대해 충분히 이해하고 접근해야 한다. 인간에 대한 본능과 의상 심리에 대한 이해는 물론 여러 시대와 지역의 사회적 환경과 함께 의상이 어떻게 변화되었는지, 또한 극장과 연극의 발전과 함께 무대의상의 흐름은 어떻게 전개되었는지에 대해 기본적 지식을 필요로 한다. 무대의상은 일상복과는 달리 무대미술의 한 요소로서 원하고자하는 무대효과를 얻기 위하여 디자인되며, 작품의 특성에 따라, 대본과 연출의 요구에 따라, 시대, 나라, 관습, 직업, 나이, 성별, 성격 등 캐릭터와 무대 장르별 유형에 따라 디자인이 다르게 요구된다. 오늘날 공연 및 영상매체의 장르와 영역의 확장으로 무대의상의 영역은 매우 광범위해지고 있다.

무대의상의 접근

접근	내용
작품을 통한 접근	장르, 극의 요소, 형태, 양식, 구조
공간을 통한 접근	환경, 상황, 극장, 무대, 규모
나라와 시대를 통한 접근	나라와 시대의 배경, 시대별 매너와 스타일의 변화
캐릭터를 통한 접근	성격, 신분, 나이, 그룹 및 기타 관계
시각적 요소를 통한 접근	스타일, 색상, 소재, 질감

3 무대의상과 패션(costume & fashion)

무대의상은 무대 위에서 관찰자의 외면의 눈과 내면의 눈을 통해 그 존재가치가 인정된다. 관객은 연극을 보러 극장에 온 것이지 무대 위의 피상적 모습이나 혹은 노골적이고 자극적인 스타일의 의상을 보러 온 것은 아니다. 관객에게 멋진 외면적인 모습이나 아름다운 모습만을 바라보게 해서는 안되고 마음의 눈을 통해 감정과 영혼이 전달되어야 하기 때문에 무대의상은 상상력을 불러일으키는 이미지의 의상이 되어야 한다. 마음의 눈으로 볼 수 있는 상상력이 연극의 힘이자 본질이기 때문이다.

연극은 일상생활이 아닌 별개의 허구의 세계이다. 무대의상은 극적 가치를 추구하므로 패션과는 접근 자체가 상당히 다르며 무대와 배우를 벗어나서는 그 진정한 가치를 잃게 되는 것이다. 즉, 특정한 상황의 특정한 가치를 지닌 무대의상은 연극적 해석과 캐릭터에 집중하여 창조되는 것이다. 그것은 우선적으로 전반적인 작품 콘셉트를 생각하며 그 다음에 전체적인 의상, 그리고 개인적 의상을 다룬다. 또한 캐릭터 간의 관계를 반드시 염두에 둔다.

반면에 패션은 어느 한 시기에 그 시대의 사회와 문화를 상징하는 지배적인 스타일의 전파유형이며 과정이라 할 수 있다. 즉, 한 사회 속에서 일정기간 동안 상당한 수의 사람들이 생활 태도, 사고, 행동 등에서 모방을 매체로 해서 취하는 동조행동의 양식이며, 유행에 따라 늘 새로운 것을 추구하는 특성을 지닌 하나의 사회현상이다. 패션은 유행을 가장 잘 반영하는 복식을 중심으로 한 유행 현상이나 유행하고 있는 복식 자체를 말하기도 한다. 사회가 변하면서 미에 대한 개념은 계속 변해오고 있으며, 당시의 사회적 취향을 말해주는 패션 또한 변하는 것이다. 현 스타일에 싫증을 내고 변화에 대한 바람을 지닌 인간의 본성이 끊임없는 유행의 변화를 가져오게 되는 것이며, 상위 신분을 유지하려 애를 쓰는 상류층과 위로 진입하고자 하는 아래 계층과의 끊임없는 신분 갈등 또한 유행의 변화를 가져오는 요소로 볼 수 있다.

간혹 작품에 맞지 않게 너무 고급스럽고 세련된 의상을 입고 있거나, 현재 길 거리에서 대 유행인 의상을 입고 무대에 올라와 있을 경우, 관객들이 쉽게 그 의상의 브랜드나 제조사, 구입처를 알 경우 난감에 처해질 때가 있다. 무대의상은 오히려 불분명하고 추상적인 이미지의 의상이 효과적일 때가 많다.

무대의상과 패션은 접근자체도 다르고 차이점 또한 많지만 무대의상디자이너는 일반적인 의상심리와 디자인 이론지식, 그리고 패션의 흐름에 대해서도 알아야 한다. 무대의상이 현대의 패션을 배경으로 전개되는 경우도 있기 때문이다.

무대의상과 패션의 차이점

무대의상	패션
극이나 작품을 기반으로 상상 속의 인물 창조를 목표로 한다.	유행에 따라 일반 대중을 대상으로 이윤창출을 목표로 한다.
과거, 현재, 미래로 시간과 공간을 자유롭게 이동한다.	현실을 기반으로 현실의 요구를 수용한다.
캐릭터에 따른 의상디자인의 독창성이 유지된다.	지속적으로 변화하고 소멸한다.
작품 속의 콘셉트에 따라 캐릭터들의 관계를 염두에 두고 디자인된다.	미나 개성을 추구하며 브랜드 지향 고객의 취향에 맞추어 디자인된다.
주로 한 벌, 혹은 소량의 제작이 이루어진다.	주로 대량생산을 추구한다.

무대의상과 패션

오페라 〈마술피리〉 무대의상 (예술의전당)	스트리트 패션

오페라 〈마술피리〉 무대의상 드로잉

패션드로잉 (김순자)

무대의상 드로잉과 패션 드로잉

4 무대의상과 배우

1) 배우와 의상 그리고 관객

　　디자이너는 무대에서 배우가 의상을 입는다는 것이 무엇인지, 의상을 입은 배우가 관객과 무엇을 소통할지, 배우와 의상 그리고 관객은 서로 어떤 상관관계가 있는지 생각해야 한다. 또한 관객의 연극에 대한 관심, 그들의 나이와 사회적 배경, 그 외 연극의 조건과 상황들은 의상표현의 의미수용에 영향을 미친다는 사실을 인지해야 한다. 배우는 작품마다 다른 시대와 환경의 삶을 사는 인물로서의 '역할창조'를 해야 하며 관객에게 보다 믿음을 주는 '역할창조'를 위해서는 배우 자신의 변신이 우선되어야 한다. 이런 변신은 의상을 통해서도 가능해지는데, 배우의 표정과 움직이는 몸, 그리고 그 위에 의

무대의상 디자인

상이 겹쳐지면서 캐릭터의 외적 모습이 다르게 표현되어 배우와 의상 그리고 관객사이는 새로운 상호 연관성이 발생한다. 이는 의상의 독특한 기능이자 시각적 미학이며, 캐릭터의 성격 및 역할을 창조하는 이미지 표현의 매체로서 작품 세계를 이끌어가는 중요 도구인 것이다.

배우와 의상의 경계는 모호할 때가 많아서 배우와 그 위에 입혀진 의상의 차이점을 분명하게 이야기하기는 쉽지 않다. 그러나 관객은 배우들의 의상을 통해 배우에 대한 상상을 할 수 있다. 의상은 벗겨질 수 있는 몸이며, 몸의 표면을 장식하는 그 이상으로 배우의 정체성을 구축하는 것이라 할 수 있다. 의상은 관객이 배우에게 접근하는 수단이자 배우가 극의 세계에 접근하는 수단이 되는 것으로, 관객은 의상을 입은 배우를 통해 극의 세계로 접근하게 되는 것이다.

의상의 효과는 관객들이 의상을 입은 배우들과 상호교류가 이루어질 때 비로소 일어난다. 의상은 관객이 배우의 표면적인 모습만을 보는 것이 아닌 상상과 내면을 통한 초월적인 면이나 과거를 보도록 북돋운다. 단지 캐릭터 내면의 상태를 반영하거나 배우의 외관적 장식만이 아니고 배우의 내면과 외면이 합치된 구조이기 때문이다. 그렇기에 일상의 세계에서 거의 보여지지 않는 독특한 의상도 무대에서는 쉽게 받아들여지고 친숙할 수 있다. 의상을 착용한 배우는 공연 속 디자인의 일부로서 무대 오브제가 되기도 하고, 환경과 소통하고 장면을 연출하는 매체로도 기능할 수 있으며, 시대를 말해줄 수 있는 주요 표현방법 중 하나가 되기도 한다.

2) 무대의상 디자이너와 배우

무대의상 디자이너는 대본을 해석하고 작업을 하는 동안 항상 배우와 의상과의 관계를 생각해야 한다. 공연 스타일을 처음 정하고 해석을 하는 것은 연출일 수 있지만 해석의 일부인 캐릭터의 시각적 표현은 디자이너의 책임이다. 캐릭터 표현과 관련된 의상의 아이디어 전개 과정에는 캐릭터와 밀접한 관계에 있는 배우의 협력이 필수적이다. 즉, 배우와 의상은 시각 효과를 위해 뗄 수 없는 두 구성 요소이다. 그러나 안타깝게도 언제나 상호 우호적이지는 않다. 만약 두 요소가 한 마음으로 작업되지 않으면 바라던 시각효과를 이루기는 힘들어진다. 배우는 보통 직접적으로 의상을 디자인하는데 관여안하지만 디자이너의 마음에서 멀어져 있으면 안된다. 디자이너와 배우가 잘 소통하지 못하면, 배우는 의상을 단지 그의 캐릭터를 표현하는 피상적 수단이나 시각 표현의 일부로만 생각할 것이다. 또한 의상의 기능을 잘 이해하지 못하고 연출, 배우, 디자이너의 소통과 표현 방법이 제대로 균형을 이루지 못한다면 원하는 효과적인 의상을 얻기는 어려울 것이다.

전체적으로 의상은 무대효과적인 측면에서 논해져야 한다. 디자이너는 각 캐릭터에 대한 스케치와 그 접근에 대해 설명해야 한다. 그리고 그 의상이 공연에서 창조할 효과에 대해 분명히 언급하고 각 캐릭터를 위해 선택한 것과 그 이유에 대해 설명해야 한다. 만약 시대물이라면 사람들이 그 시기에 왜 그 의상을 입었는지, 그것을 입음으로서 어떤 태도를 취하게 되었는지에 대한 역사적 이해가 도움이 될 것이다. 디자이너는 형태와 소재 그리고 필요한 속옷에 대해. 그리고 의상 전환에 대해 설명해야 한다. 만약 각 배우들과 소통할 충분한 시간이 없다면 치수 잴 때나 첫 가봉 때 이루어질 수도 있다. 의상이 어떻게 사용되며 어떤 제약과 자유가 있는지, 주머니, 단추 등의 기능성과 어떤 액세서리가 포함되는지, 또한 의상에 어떤 문제가 발생할 수 있는지 등에 대해 설명해야 한다. 만약 의상의 일부가 배우에게 익숙하지 않다면 그 의상의 착용방법과 움직임에 대해서도 알려줘야 한다. 배우는 연습을 통해 그 의상착용 방법을 잘 이해해야 한다. 만약 실제 공연에서 입혀진 모습을 떠오르도록 연습 공간 주변에 디자인 복사본을 붙여 놓는다면 연출이나 배우에게 도움을 줄 것이다. 의상은 캐릭터를 구체화시키고 역할의 해석을 확장시키며, 극으로의 몰입을 도울 것이다. 이런 여러 이유로 일부 배우들은 현대극일 경우 그들의 의상에 대한 의미 부여

무대의상 디자이너와 배우

에 부족함을 느낄지도 모른다. 의상에 대한 지나친 친숙함이 배우들의 실생활을 환기시킬지 모르기 때문이다. 물론 이 뜻은 의상이 배우에게 친숙하지 않은 것으로 남아 있어야 한다는 말은 아니다. 배우는 준비된 의상이 캐릭터를 단순히 묘사하고 설명하기보다는 영혼을 깨우는 실체로서의 진정한 의상으로 느껴져야 한다.

무대의상의 의미

1 인간본능으로서의 무대의상

인간은 언제부터 왜 의복을 착용하게 되었을까? 의복의 기원설은 신체 보호설, 심리적 보호설, 수치설, 장식설 등 여러 가지 학설이 있다. 지구상에서 인류가 진화하여 유인원이 걷게 되면서 몸의 털이 차츰 없어지자 환경적응의 필요에 의해 본능적으로 옷과 비슷한 것을 걸치게 되었다는 설이 있는데, 짐승의 털이나 가죽으로 신체를 덮거나 머리에 쓰고 있는 것을 선사시대 동굴벽화에서도 볼 수 있듯이 의복으로 몸을 보호하였을 뿐 아니라 장식도 하였음을 알 수 있다. 초자연적인 힘으로부터의 보호와 그들에게 행운과 건강 혹은 소원 성취를 기원하는 부적의 역할도 했을 것이다. 조개를 연결한 목걸이를 몸에 지니면 종족보존의 염원이 이루어진다거나 동물 뼈나 이빨로 장식하면 동물의 힘이 자신에게 옮겨진다고 믿는 등 의복이나 장식을 통해 주술적 의미의 표현을 하고자 했고 이를 통해 두려움에서 탈피하여 심적인 안정도 얻었을 것이다. 의복의 필수적 요건은 색이나 비율, 아름다운 형태와 관계없이 신체를 가리거나 변덕스런 기후와 자연의 변화 그리고 맹수나 노동의 거침으로부터 신체를 보호하는 것이다. 또한 의복은 다양한 도덕적, 종교적 학설로부터 발전해왔다. 이 학설은 신체적 수치감을 주입시켜 겸손(modesty)을 주장했고, 특히 성적으로 유혹적인 몸의 일부를 의상으로 가릴 것을 요구하기도 했다. 그러나 일부에게 겸손의 개념은 받아들여지지 않았다. 왜냐하면 본래 수치감은 육체가 아닌 심리와 관계가 있기 때문이고 종족이나 시대에 따라 수치심을 느끼는 부위는 다르기 때문이다.

이런 인간의 기본적인 본능에 비추어 실질적이고 이성적인 사고로 본다면 무언가를 위해 꾸미는 무대의상은 의미가 없거나 종교적, 도덕적 가치나 실용성에 뿌리를 둔 의복의 기원과도 공통점이 없어 보일지 모른다. 그러나 인간의 본능 중에는 신체를 장식하고, 매력적이지 않은 신체 부위의 결점을 수정하고 미를 창조하려는 욕망이 있다. 즉, 자기 몸을 아름답게 장식하여 변신하고 싶으며 이성에게 성적으로 다가가고 싶은 것이 지구의 모든 종족에게 기본 본능이듯이, 의복을 착용하지 않은 종족은 있을 수 있지만 신체 장식을 하지 않은 종족은 하나도 없다는 사실이 이를 잘 말해준다. 자신의 몸을 색칠하고 장신구를 착용하면서부터 의복은 자신을 표현할 수 있는 최고의 것이 되었으며, 그것은 특정 상황과 목적을 위해 의상이나 장식으로 꾸미는 것으로 발전되었다. 즉, 무대의상에 가치와 의미를 부여하게 된 것이다. 행사나 파티를 위한 의상이나 유니폼, 결혼식, 취임식, 장례식 등을 위한 의상이 그 예이며, 우리는 교회의식의 성직자 예복, 취임식의 화려한 유니폼, 오페라, 뮤지컬, 발레, 그리고 연극의 화려하고 환타지한 의상을 보면서 만족을 얻게 되었다. 더욱이 작품 속의 캐릭터가 의상으로 표현이 잘 되고 의상에 의해 작품의 가치가 한껏 높아졌을 때 우리는 무대의상에 대한 진정한 의미를 찾게 되는 것이다.

2 소통매체로서의 무대의상

의상은 우리가 속한 사회와 가장 가깝게 소통 수 있는 매체이다. 의상은 어떤 사회적 관습보다 우리들에 대해 이야기한다. 그리고 사회에 순응, 복종, 그리고 반항으로 분명한 표현을 한다. 만약 누군가 안전하게 그 사회와 소통하고 그 조직의 일원이 되고자 한다면, 각 상황에 맞게 선택된 의상을 선택할 것이다. 복종은 안정감을 주고 그 의상의 선택으로부터 편안함을 준다. 만약 그가 본인의 개성을 앞세우고 그 사회로 부터 독립적이 되고 싶다면 그는 반대되는 의상을 입을 것이다. 때때로 반항적인 의상은 그 문화의 한부분에 남아 그 문화 스타일을 변형하거나 파괴시켜 버린다. 오늘날의 티셔츠, 꽉 끼는 바지, 헝클어진 머리, 맨발 등은 정장에 대한 반란의 상징으로 시작되었다. 이들에게 정장은 기계적인 삶에 종속당한 사회적 로봇의 유니폼이라고도 생각되기도 하였다. 반항적인 의상은 인생을 본인 의지대로 편하게 살고 싶어 하는 사람들에게 쉽게 받아들여지는 경향이 있다.

무대의상은 작품의 주제나 메시지를 전달하거나 관객과의 상호소통을 위한 중요한 매체로 작용한다. 작품 속에서는 특정한 상황에서 상징의 의미로, 혹은 타인과의 관계를 분명히 하기 위한 사용방법과 선택에서 나타난다. 인물의 권위, 지위, 기대, 의무 등을 표현하기 위해서는 사회적으로 쉽게 받아들여지는 의상이나 유니폼과 예복의 사용, 그리고 색상의 선택을 들 수 있다. 그런 의상들이 예술적으로 미적 감각을 나타내거나 작품 속에서의 인물의 역할, 지위와 신분을 나타낸다. 즉, 선택된 무대의상이 관객에게 의미를 전달하고 상호교감을 할 수 있는 소통의 역할을 하는 것이다. 연출, 배우, 디자이너는 무대의상을 우선 소통의 매체로 인식하고 심리적, 미적으로 극과 캐릭터에 적합한 의상을 창조하도록 서로 협조해야 한다.

3 표현도구로서의 무대의상

무대와 밀접하게 연관되어 있는 예술가들에게 무대의상의 의미는 무엇인가? 무대디자이너, 조명디자이너, 연출가, 배우들은 의상에 대해 같은 생각을 가지고 있을까? 그들은 극이나 캐릭터를 생각할 때 의상의 여러 의미들을 인지할까? 그러나 의외로 의상에 대한 견해는 각각 다를 수 있다.

의상디자이너는 효과적이고 창조적인 무대의상을 위해서 배우의 장점, 개성, 형태, 움직임을 찾아 아이디어들을 발전시키며 접근 방법에 고심을 하게 된다. 디자이너는 무대 위와 조명 아래에서 움직이는 배우가 어떤 감정이나 분위기로 보이길 원하기도 하고, 때로는 관객을 흥분시키거나 놀라게 할 정도로 배우의 몸이 과장이나 왜곡이 되길 원하기도 한다. 배우 몸의 형태를 아름답게 하거나 새로운 인물이나 창조물로 변환시켜 그 배우를 감춰버리길 원할 수도 있다. 또한 조명에 의해 비춰졌을 때 배우보다는 질감과 드레이프 효과에 관심이 가길 원할 때도 있다. 물론 이런 점들이 작품에 적합한 접근이어야 함은 분명하나, 디자이너 자신의 개성과 경험 때문에 다른 어떤 자극을 찾는 것도 사실이다. 무대의상에 자신의 예술적 감성을 표출해 내고 싶은 의도가 강하기 때문이다. 만약 디자이너가 모든 방향으로 작업 할 만큼 유연하다면 너무 쉬운 방법을 택하거나 절충주의자가 되기 쉽다. 그러나 디자이너가 독특한 분위기와 아이디어에 자기를 표현하는데 집중한다면 의상은 예술적으로 더 깊게 발전할 것이다.

배우에게 의상은 캐릭터의 개성 표현을 위한 제2의 스킨임과 동시에 그가 투영하는 캐릭터와 극 세계로의 표출이다. 만약 배우가 극에서 자신의 강한 개성이 캐릭터에 표출되기를 원하는 배우라면 그는 무대 위의 의상에 자신의 개성과 캐릭터의 개성이 함께 표현되길 원할 것이고, 만약 역할에 충실한 배우라면 자신을 감추고 캐릭터의 개성 표출에 충실할 것이다. 그러나 대부분의 배우는 의상이 자신과 캐릭터의 일부가 되길 원한다. 이상적으로 배우와 디자이너는 캐릭터의 개성과 극과의 관계를 공유하고 공동 목표를 향해 협조적으로 작업해야 한다. 그러나 디자이너의 시각적 계획에 따른 의상을 배우가 불편해하고 그에 대한 다른 해석을 가지고 있다면 마찰과 갈등이 생기고, 배우는 그 의상을 입고 그 역할을 충분히 표현할 수 없다고 느낄 것이다. 이때 디자이너가 배우의 생각을 만족시키고 받아들이기엔 디자이너가 가지고 있는 전체 의상에 대한 콘셉트를 희생시켜야 한다고 느낄 수도 있다. 이 시점에서는 연출의 객관적인 견해와 현명한 판단이 필요하며, 이를 통해 원만한 타협을 이끌 수 있다.

연출은 의상에 대해 어떤 접근 방법을 택하는 것이 좋을까? 이상적으로는 배우와 디자이너의 의견을 폭 넓게 절충하고 시각장면에 대해 더 객관적인 견해를 가지는 것이 바람직하다. 연극의 역사를 보면 연출이 제작자이거나 의상감독인 경우도 있어서 모든 의상이 그의 취향대로 만들어 지기도 했다. 그 반대로 20세기 초 연극 제작이 디자이너의 손에 달려 있어 모든 배우가 그의 손 안에서 움직일 때도 있었다. 제작의 상황에 따라 여러 경우가 있겠지만 전반적인 시각적 아이디어는 디자이너의 견해에서 나오고 그 위에 연출의 생각과 의도를 심고 다듬는 경우가 대부분이다. 가장 성공적인 제작은 배우, 연출, 디자이너가 함께 협력하고 작업하면서 그들의 생각을 예술적으로, 작품을 잘 표현할 수 있는 형태로 만들어지도록 노력할 때 그 공연은 모든 예술가가 함께 한 창조물이라는 훌륭한 최종 효과를 얻게 된다.

III
무대의상의 기능

역사를 통해 흐르는 의상의 유행에는 논리적인 방향은 없지만, 어느 특정시기에 입혀지는 의상은 착용자에 대해 많은 부분을 나타낼 수 있다. 객관적으로 의상은 성, 나이, 직업, 사회적 신분, 지리적 위치, 계절, 시간, 행동, 그리고 시대에 대한 정보를 전달한다. 주관적으로는 착용자의 개성과 태도 등이 의상에 나타난다.

무대의상은 배우에게 입혀진 모든 의상뿐 아니라 액세서리와 머리장식, 얼굴과 몸의 분장과 관련된 모든 것까지 의미한다면 가면까지도 포함할 수 있다. 이렇듯 무대의상은 우리에게 배우가 연기하는 캐릭터와 그가 나타날 극의 본성에 대해 많은 것을 이야기해준다. 시대와 문화에 따라 다양한 유형으로 나타나는 무대의상은 유행을 따르며 대중을 위한 일상의 의상과는 달리 어떤 주제와 목적을 지니는 작품 속의 인물 창조와 밀접한 관련이 있다. 무조건 배우들에게 입혀졌다고 해서 모두 다 무대의상의 진정한 의미를 지니는 것이 아니다. 관객들에게 배우들의 성격창조를 위해 상상력, 감정, 움직임 등을 집중시키며, 무대와 조명 아래에서 인물 창조를 증대시킬 수 있는 의상이 효과적인 무대의상이라 할 수 있다. 배우가 입은 의상은 관객과 정보를 소통할 매체이므로 디자이너는 정확한 메시지를 선택하기 위하여 많은 변수들을 고려해야 한다. 따라서 디자이너는 의상이 전체적인 환경이나 시각장면에서 극적 효과뿐 아니라, 극과 배우를 위해 무엇을, 어떻게 기능하는가에 대해서도 알아야 한다.

1 작품의 주제와 분위기 표현

어느 작품이건 작가는 자기가 표현하고 싶은 이야기나 주제를 담아서 쓰며, 그에 대한 독특한 견해나 아이디어를 가지고 있다. 그럼에도 극은 여러 상황에서 다양한 접근과 해석을 가능하게 하므로 연출은 작가의 표현의도를 충분히 전달하거나 색다른 해석과 접근으로 표현을 해야 하는 책임을 가지고 있다. 셰익스피어의 〈햄릿〉의 경우에도 심리적 측면이나 정치적 측면을 강조하든지, 혹은 젊은 남녀의 사랑을 강조하든지 등의 많은 방법으로 해석이 가능하다. 우울, 기쁨, 분노, 유머, 상실 등의 다양한 느낌은 작품 주제의 일부이거나 연출의 콘셉트에 의해 투영된 감정이다. 극의 분위기는 충만 된 여러 감정들 사이에 다양한 분위기를 형성하기도 하고 또 어떤 극은 극 전체를 통해 서서히 하나의 분위기가 형성되기도 한다. 이와 같이 작품의 주제와 분위기는 의상의 스타일, 색상, 규모, 질감 등을 통해 표현된다. 의상은 연출의 콘셉트에 의해 작품에 대한 주제와 해석을 잘 표현하여 그 속의 배우들의 연기나 대사와도 잘 어우러지도록 전개되어야 한다.

1) 스타일(style)

의상의 스타일은 매너나 양식으로 디자이너에 의해 만들어진 결정이나 선택의 결과이다. 그 스타일 속에서 디자이너는 분위기나 콘셉트를 나타내기 위한 최고의 의상을 창조해낸다. 스타일에는 크게 두 가지 기본 스타일이 있는데 사실주의 스타일과 양식화된 스타일이 있다. 실제적인 의상과 가까운 것이 사실주의 스타일이고, 어떤 방법으로든 실제 의상과는 동떨어진 의상을 양식화된 스타일로 볼 때, 양식화된 스타일을 위해 디자이너는 과장된 형태, 다양한 실루엣, 색상, 장식 등을 선택하여 독특한 방법으로 표현할 수 있다. 작품이 사실주의일수록 미묘한 조화가 가능하고 양식적일수록 더욱 더 분명한 의상의 조화가 가능할 수 있다. 이 두 가지 기본 스타일을 바탕으로 수백 가지의 다양한 방법과 접근이 가능하다.

단순화된 형태와 색상을 사용하여 양식화시킨 무대와 의상 스타일

색상을 통하여 요정의 두 그룹과 직공들의 그룹을 나눈 의상

대형 야외무대를 위한 과장된 규모의 의상

연극 〈한여름 밤의 꿈〉 (연세극예술연구회, 의상디자인 장혜숙)

2) 색상(color)

디자이너는 각 인물에 대해 색상을 선택한 후 전체적으로 의상의 색상이 어떻게 보여 질까? 주어진 장면에서 캐릭터들 사이의 의상 색상은 어떤 관계를 내포하며 전체적으로 어떤 효과를 나타낼까? 주인공은 많은 캐릭터들 중에서 눈에 띨까? 색상들이 원하는 분위기나 감정을 투영할까? 색상들이 희극 혹은 비극을 잘 표현할까? 등에 대해 사전에 신중히 고려해야 한다.

3) 규모(scale)

규모는 어떤 기준이나 그와 관련된 물체에 연관된 크기이다. 사실주의적 작품에서의 의상은 극장 크기에 연관되며 실제적이거나 약간 과장된 규모를 요구한다. 반대로 양식화된 작품의 의상은 단순하거나 우스꽝스러운 효과들을 위해 아주 작거나 상대적으로 큰 규모의 과장을 요구하기도 한다.

4) 질감(texture)

모든 재료는 매끈함에서 거침까지 독특한 질감을 가지고 있다. 주어진 의상의 질감

거친 질감의 원시적이고 주술적인 의상들
연극 〈메데이아 콤플렉스〉 (극단 가변, 의상디자인 장혜숙)

은 그 극의 느낌이나 분위기를 나타내는데 도움을 주며, 질감 사이의 대비는 무대에서 효과적으로 작용한다. 질감들의 비율은 전체와 그룹 간의 인지에 영향을 미치므로 디자이너는 그 극에서 인물들 간의 관계와 그 인물들에 대해 뭔가 이야기하기 위해 질감을 사용할 수 있다. 예로 거친 재료나 질감의 의상은 원시적이거나 하위계층의 인물을 표현하거나 혹은 살아온 험난한 인생 역경이나 강한 성격을 대변할 수 있다.

2 시대와 지역 및 시간 설정

대부분의 작가들은 그 극의 시대나 지역을 설정하고 인물이나 상황을 설명한다. 〈햄릿〉은 1601년 셰익스피어의 작품으로 12세기 덴마크가 배경이고, 〈시련〉은 1690년 미국 매사추세츠 주를 배경으로 1953년 아서 밀러가 쓴 작품이며, 1945년 테네시 윌리엄스가 쓴 〈유리동물원〉은 1930년대 미국 세인트 루이스 경제 공황이 배경이다.

시대와 장소는 극의 물리적인 세계로 무대의상 디자인을 위해서는 기본적으로 중요한 환경이다. 특히 캐릭터들에게 미치는 영향이 매우 클 뿐 아니라 그 당시의 정치적, 사회적 긴장감은 작품의 의미와 정서반영에 영향을 미칠 수 있기 때문이다. 옛 시대의 작품을 공연할 때는 극작가가 언급해놓은 시대를 따르며 보편성을 논하거나, 혹은 현 시점으로 시, 공간을 바꾸어 오늘날의 관객에게 쉽게 다가가는 방법이 있을 것이다. 일반인의 삶을 논한 사실주의 경향의 작품이라면 오늘날을 대변하는 것이 훨씬 설득력과 의미를 지닐 것이다. 〈햄릿〉의 경우, 작가가 살던 1600년대 시기의 인물들이 나와야 한다고 생각할 수 있지만 작가는 그 당시 런던시민들이 덴마크에 대해 가지고 있던 부정적인 생각과 사상을 기초로 연극배경을 12세기 덴마크로 설정하였다. 그 당시 런던사람들은 덴마크를 전쟁 속에서 굶주린 결과로 템즈강을 건너와 불을 지르거나 해안에 자주 침입하여 노략질을 하는 야만적인 파괴와 원시적인 나라로 생각하는 경향이 있었기 때문이다. 그러나 현대엔 덴마크에 대해 안 좋은 인식들이 사라졌음을 염두에 두어야 한다. 즉, 작품세계에 대한 관객의 반응은 시대에 따라 변하는 것이다.

만약에 작품에 시대에 대한 언급이 없다면, 디자이너는 그것이 쓰여진 때를 추측할 수 있다. 그러나 종종 그 극의 스타일, 주제, 분위기가 작품이 쓰여진 때와는 다른 시대를 암시할 때도 있고 연출이 그 극의 시대를 다른 시대로 옮길 수도 있다. 또한 고전에 새로운 해석, 견해, 접근 등을 가미해 환상과 가상의 세계로도 옮길 수도 있다. 그러나 우리가 살고 있는 때와 다른 시대와 공간을 배경으로 하는 작품에 임할 때는 그 속에 펼쳐지는 세상에 대해 당시의 관객은 어떤 사상과 정서를 지니고 있었을지 연구하고 그 시대를 조사해야 한다. 시대를 좁게 설정한다면 디자이너의 조사가 제한되기도 한다. 디자이너는 그 시대의 의상 실루엣을 잘 유지하는 것이 중요하며 실제로 그 시대에 사는 것처럼 그 스타일에 편안함을 느껴야 한다. 어느 경우에는 한 작품 속에서도 어느 한 캐릭터가 일부러 더 오래된 의상을 입고 나타날 때도 있는데 이점은 신중히 다루어져야 한다. 왜냐하면 관객은 무엇이 오래된 의상인지, 아니면 단지 이상하게 보이는 의상인지를 선별할 수 없을 정도로 시대 의상에 대해서 인지하기 힘들 수도 있기 때문이다.

〈한여름 밤의 꿈〉은 고대 그리스나 르네상스 시대, 그리고 현대의 많은 스타일로 접근이 가능한 작품이다. 예를 들면, 히폴리타를 위해 그리스의 이오닉 키톤이나 16세기의 멋진 드레스로, 혹은 시대와 무관한 스타일의 의상이나 뱀피와 깃털의상으로, 또는 동물 모티브를 첨가한 이상하고 이국적이거나 가상세계를 불러일으키는 의상으로도 디자인 할 수 있다.

대본엔 보통 지역을 명시한다. 명시가 안 되어 있을 경우 작가의 국적에 의해 추측될 수도 있으나, 어느 특정 국가는 유럽, 지중해의 여러 다른 나라와 별반 다를 것이 없을 정도로 특별함이 없을 수도 있다. 또는 한 나라 안에서도 지역에 따라 특색이 다를 수 있다. 이에 따라 디자이너가 조사할 자료의 양은 매우 광범위하고 지역적 특성의 포착과 영감의 영역 또한 매우 넓어 질 수 있다는 사실을 알아야 한다. 만약 극이 어느 특정 나라를 배경으로 하고 있지 않을 땐 디자이너는 광범위하고 범 우주적인 개념으로도 조사할 수 있다.

배우의 등, 퇴장 시 외투의 착용으로 작품 속의 계절을 알 수 있듯이 계절과 기후 조건은 의상에 의해 말해질 수 있다. 계절은 플롯에 매우 중요할 수도 있고 아닐 수도 있다. 겨울로 설정된 작품은 의상이 많이 필요하므로 예산이 더 들 수 있다. 그러나 극의 분위기로도 계절을 대변할 수도 있으므로 디자이너는 의상의 색상에 분위기가 잘 반영되도록 심사숙고해야 한다. 또한 하루의 시간대가 중요하다면 디자이너는 나이트가운, 파자마, 혹은 이브닝드레스 등 적절한 의상을 선택해야 한다. 그래서 일어나는 사건의 속성을 분명히 할 수가 있다. 예로, 빅토리아 시대 멋쟁이 여성들은 아침의상, 산책 의상, 오후의 티파티 의상, 밤 행사를 위한 이브닝드레스 등 시간대에 따른 다양한 의상을 착용했다.

3 캐릭터 정의

캐릭터를 분석하는 일은 매우 어려운 작업이다. 캐릭터는 행동(action)에 의해서만 드러나기 때문에 배우를 'actor'라고 부르며 우리는 배우들이 행하는 행위나 짓을 통해 그들의 성격(personality)을 파악할 수 있다. 캐릭터는 한 인물을 다른 인물과 구별되게 해주며 캐릭터는 그 인물의 본성과 성질 그리고 사회성을 내포하고 있다.

무대의상은 항상 사회적 맥락 안에서 보여 진다. 사회적, 경제적, 정치적 배경, 시대, 장소 그리고 환경에 따라 캐릭터의 성별, 나이와 신분, 지위 그리고 개성을 설정해준다. 대부분의 작품 속에는 다층의 인물들이 사건과 이야기 전개를 통해 작품을 이끌어가고 있다. 그러나 희곡 자체에서는 인물에 관한 정보를 많이 발견할 수 없는 경우가 많다. 작가가 많은 것을 제공하지 않기 때문이다. 캐릭터 파악은 많은 부분이 보는 사람의 눈에 달려 있고 항상 자기 관점으로 다른 사람을 판단하기 때문에 많은 것을 제공하기보다 인물에 대한 주관적 해석의 여지를 부여하여 독특한 인물을 창조할 수 있도록 돕는다. 그러나 인물 해석의 폭이 넓고 주관적이어도 보여지는 관점은 분명히 존재하므로 관객들이 연기와 의상으로 캐릭터를 구별하고 이해할 수 있어야 한다.

1) 성별과 나이 설정

성별은 디자이너에게 창의적 여유를 주지 않는 부분이다. 캐릭터의 성별은 주로 작가에 의해 정해지고 중간에 성별이 바뀌는 경우는 거의 없다. 그러나 간혹 제작자나 연출에 의해서 혹은 각색에 의해 바뀌는 경우도 있는데, 예를 들면 〈한여름 밤의 꿈〉의 요정들이다. 요정들의 성별이 의문시될 때가 있는데 연출은 요정을 더 남성적으로, 또는 여성적으로, 때론 중성적으로 바꾸기도 한다. 특히 캐릭터가 비인간화된 사물로 표현될 때는 성별과 나이의 제한에서 벗어나 자유로운 설정과 디자인이 가능하다.

대본은 보통 인물들의 일반적이거나 특정한 나이 대를 설정하고 관객은 각 인물의 나이에 대한 확실한 인지를 필요로 한다. 인물의 나이는 그 역을 연기하는 배우들의 실제 나이에 의해 크게 영향을 받기도 하지만. 나이를 변화시키는 것 또한 의상디자인의 중요업무 중의 하나이다. 만약 배역의 나이보다 배우의 나이가 아주 많을 경우, 팔의 윗부분과 목 부분에 나이든 표시가 나므로 이 부분이 드러나지 않는 의상을 통해 젊음의 환상을 만들 수 있다. 어린아이 역은 연기의 완성도를 위해 실제보다 더 나이든 배우가 캐스팅 될 수 있는데 실제 나이보다 더 어려보이는 디자인과 의상을 선택해서 나이를 변장하는 효과를 얻을 수도 있다. 만약 젊은 여성이 작고 홀쭉하고 가벼운 몸 때문에 어린아이로 캐스팅되었을 때, 그녀의 잘 발달된 가슴은 쉽게 가려질 수 없을지도 모른다. 이 경우는 가슴을 옥죄이거나 관심이 가슴부위에 오지 않도록 디자인 된 의상을 입을 수도 있다. 또한 헐렁한 의상은 가슴이 두툼한 소년으로 보이게 할 수도 있다.

나이는 의상의 길이, 소매 길이 및 형태, 목 라인 등 여러 요인에 의해 제시된다. 젊은이들은 상대적으로 짧은 기장, 흰색이나 파스텔 색상, 얇은 소재의 직물이나 재단법, 액세서리에 의해 젊음과 순진이 강조될 수 있다. 〈로미오와 줄리엣〉에서 대본상의 13세 줄리엣 역에 그보다 나이가 많은 배우가 캐스팅 되는 경우가 대부분이므로 젊음과 미성숙을 투영하기 위해선 의상에 조심스런 주의가 필요하다.

2) 직업과 사회적 지위 반영

의상은 하녀, 우체부, 경찰관, 군인 등의 직업을 유니폼을 이용하여 쉽게 표현하기도 한다. 연극 〈리차드 2세〉에서는 왕위찬탈을 둘러 싼 리처드와 볼링브루크의 권력투쟁 속에서 대부분의 캐릭터가 군복을 입고 등장하는 장면들이 있다. 그러나 극의 세계는 같은 사회 계층의 인물들로 이루어지기도 하지만, 보통 2, 3개 계층들이 함께 표현되거나 또는 대부분 다른 지위와 신분의 그룹이나 인물들 간의 갈등에 연기의 초점이 맞추어지므로 의상의 적절한 대비로 사회계급과 경제 상태의 차이를 반영할 수 있다. 부

군복 차림의 캐릭터들 (연극 〈리차드 2세〉, 국립극단, 의상디자인 장혜숙)

다양한 신분과 계급의 캐릭터들 (연극 〈피가로의 결혼〉, 연세극예술연구회, 의상디자인 장혜숙)

자와 빈자, 지배자와 피지배자, 주인과 하인, 교회와 세속적인 정부와의 갈등이 그 예이다. 연극 〈피가로의 결혼〉에서는 백작, 백작 부인, 의사, 음악 선생, 하인, 농민들의 다양한 계층이 등장하며 귀족의 권력에 대항한 하인들의 위트에 초점이 맞춰진다. 그런 여러 계층들의 속성을 위해 그 극이 일어나는 사회적 환경을 디자인에 올바로 설정하는

무대의상 디자인

것도 의상디자이너의 중요한 임무이다.

4 캐릭터 성격 및 관계표현

의상 디자이너는 캐릭터의 성격을 설정하는데 도움을 주어야 한다. TV와 영화에서는 캐릭터의 움직임과 얼굴 표정을 잡기 위해 카메라가 움직이지만 공연 무대에서는 큰 몸짓과 큰 규모의 시각적 강조가 필요하다. 의상의 디자인, 색상, 실루엣, 장식의 유형, 액세서리 등 모든 것이 캐릭터의 성격표현을 도와야 한다. 캐릭터가 무대에 등장하는 순간 관객들은 의상을 통해 어느 정도 성격이나 나이, 신분 등을 알 수 있어야 하지만, 때론 의도적으로 캐릭터의 성격과는 반대로 의상을 입혀야 될 때도 있다. 의상이 캐릭터를 매우 사랑스럽고 매력적으로 보여주지만 실제로 그의 성격은 그렇지 않은 경우도 있기 때문이다.

작품 속에는 많은 캐릭터들이 등장하므로 의상은 캐릭터들의 관계를 명확히 해야 한다. 장신구, 선, 색상의 요소들을 통해 가족이나 그룹으로 묶을 수 있고, 같은 부류이거나 적대적 관계는 의상 요소의 유사성이나 대비를 통해 나타낼 수도 있다. 의상의 변화는 캐릭터 내면의 심리적 변화를 암시할 수도 있고, 캐릭터들 사이의 관계 변화를 암시할 수도 있다. 또한 약한 자에 대한 강한 색상 사용이나 유색상들 사이에 단색의 검정 의상을 배치한 경우처럼 의상은 강조와 종속을 통해 캐릭터의 중요도와 상하관계를 표현할 수 있다.

5 심리적 요소 및 변화 암시

캐릭터의 심리적 변화나 장면 변화 상태를 나타내는데 제일 쉬운 것이 의상을 바꾸는 것이다. 의상의 변화가 극적으로 분명히 무엇인가 일어났음을 나타내주기도 하지만, 변화가 작고 세부적이어서 분명하지 않거나 서서히 그리고 미묘히 나타나기도 한다. 즉

블라우스의 단추 여밈이나 와이셔츠 소매단의 접음 정도, 넥타이의 풀어헤침 정도 그리고 양말의 탈착 및 신발의 변화 등 외관상 약간의 변화로도 나타낼 수도 있다. 그러나 극에서는 모든 배우들이 의상의 변화를 갖는 것은 아니다. 주요 배우들이나 일부 특정 배우들만이 변화를 갖기도 하고, 줄거리 갈등의 결과로서 다시 이전 의상으로 되돌아오기도 한다.

다양한 성격과 관계의 캐릭터들 (연극 〈악령〉, 극단 피악, 의상디자인 장혜숙)

색상으로 강조와 종속을 보여주는 장면 (오페라 〈라보엠〉, 무악오페라단, 의상디자인 박진원)

IV

극공간과 무대미술

1 극공간이란

우리가 극장을 인간의 이상과 갈망을 통해 인간 존재감 형성을 표현하는 곳으로 생각한다면, 그곳은 환상과 직감이 실생활의 실제와 논리를 추방하는 곳이기도 하면서 심지어 가장 평범한 일상행동이 새롭고 깊은 의미를 얻을 수 있는 곳이기도 하다.

극이 이루어지는 공간이란 실연공간인 무대와 관객이 함께 즐기고 상호교감을 통해 집단 공감대를 형성하며 정신적, 감성적, 문화적 소통을 이루는 삶의 현장이다. 극공간에서 이루어지는 공연은 단순히 즐기기 위한 공연이 아닌 현재의 문화와 사회의 현상과 코드를 받아들이고 재해석을 통해 재창조를 이루는 예술이므로 실제 생활과도 밀접하게 관련이 있다.

극공간은 넓이와 깊이 그리고 높이를 지닌 물리적인 공간만을 일컫는 것이 아니라 배우들이 움직이며 동작이 전개되는 실제적 의미의 공간을 말한다. 또한 구체적인 공간성을 포함하는 무대장소와 텍스트의 잠재적 공간으로서 인간 행위에 집중하여 무대와 객석간의 교류가 이루어지는 미학적인 공간을 말한다. 즉, 관객과 배우의 원활한 상호소통과 상호작용이 이루어지는 능동적인 공간이다.

극공간은 현실공간과는 다른 개념으로 접근해야 한다. 극공간은 어디든, 어떤 곳이든 가능하다는 설정에 기반에 두고 있다. 극이 다양한 범주의 소재를 지니듯이, 시각으로 표현해 내는 극공간의 설정 또한 무한할 정도로 다양하다. 현실의 공간은 기능에 따라 그 공간의 성격이 부여되지만, 극공간의 경우엔 연출과 무대미술가의 표현의도에 따

극공간 (연극 〈햄릿_아바따〉, 극단 서울공장, 무대디자인 임민)

라 공간의 성격이 주어지며, 세상에 존재하지 않는 색 다른 공간으로 변모되기도 하는 것이다.

2 극공간과 무대미술

극공간은 캐릭터가 처한 환경과 상황을 시각적으로 인지하고, 그의 행동을 결정하도록 도와주며, 배우와 관객의 상호교감과 소통의 장으로서 새로운 감정교류를 체험하게 되는 곳이다. 이를 통해 삶을 바라보는 태도가 달라지고 정서적으로 풍요로움을 가지게 되는 것이다. 이렇듯 보는 사람과 행하는 사람 모두에게 감성적, 시각적으로 영향을 끼치는 환경과 상황은 시각언어로서 중요한 위치를 차지하고 있다. 그러므로 극공간과 시각 환경과의 관계는 극을 이루는 중요한 기본 요소인 것이다.

무대예술은 크게 문학적 부분과 시각적 부분으로 이해되며, 그것을 관객 앞에 표현하는 일이다. 극작은 줄거리를 이야기하고 글로 캐릭터를 창조하는 반면에 무대 위의 시각적, 청각적 환경을 다루는 분야인 무대미술은 극을 압축된 시각용어로 재창조한다.

무대미술가들은 대본 속의 극작가의 아이디어, 캐릭터, 줄거리, 대사를 해석해서 무대장치, 의상, 조명, 음악, 안무, 분장 등으로 표현한다.

무대미술 각 분야의 전문가들은 작가의 비전이나 작품의 방향, 연출의 콘셉트 등으로부터 아이디어를 얻으며 여러 가지 접근 방법으로 그것을 상징하거나 표현한다. 텍스트의 재창조 작업인 무대미술의 여러 시각적, 청각적인 요소들이 조화롭고 통일성있게 무대 위에 표현되면 관객은 아마도 작품의 해석이 일관되게 한 방향으로 잘 접근하고 있다고 느낄 것이나 한 작품에 여러 견해와 접근이 혼재되어 있다면 지휘자없는 오케스트라같이 혼란에 빠질 것이다. 즉, 작품의 시각적, 청각적 이미지 창조는 모든 요소에서 통일되는 것이 바람직하다.

로버트 에드몬드 존슨(Robert Edmond Jones)이 무대와 의상의 기능을 위해 처음 사용한 '환경(Environment)'이라는 용어는 극적 아이디어에 많은 변화가 있음에도 아직도 사용되고 있다. 이는 극의 분위기와 아이디어에 대한 표피로 배우의 연기와 감정의 색, 라인, 질감에 대한 시각화이다.

---

3 무대미술의 이해

1) 무대미술의 기능

무대미술은 작품의 주제와 의미를 투영하고 때론 왜곡, 과장되거나 추상적 형태의 아이디어를 표현하며 여러 기능들을 가지고 있다.

첫 번째는 행동이 이루어지는 극의 지역과 위치, 그리고 분위기를 표현한다. 시간과 장소를 사실적으로 설정하지 않더라도 무대와 의상은 연기의 시대와 장소를 암시하거나 재창조해야 한다. 특정한 환경이 주어지지 않더라도, 관객은 간단한 무대장치나 소품만으로 분위기를 파악할 수 있으며 단순하고 강한 실루엣의 의상만으로도 보여지는 것보다 훨씬 크고 풍성한 배우의 움직임을 느낄 수 있다.

두 번째는 캐릭터의 개성을 반영함으로써 극적 행동을 강화시키는 것이다. 캐릭터 의상이나 소품, 그리고 공간은 대사보다 캐릭터를 더 잘 암시해준다. 색의 상징을 사용하여 강화될 수도 있으며, 의상의 중량감이나 질감, 모자나 외투, 가구, 벽지, 소품, 램프나 화로 등의 취향과 수준에 의해 나타날 수도 있다. 의상과 무대는 색, 선, 질감의 미묘하고 신중한 사용을 통해 감정적, 개성적으로 표현되기도 하며, 외로움, 슬픔, 기쁨, 두려움, 웃음을 제시하여 관객을 극 행동에 대한 적절한 분위기에 놓이도록 하여 캐릭터의 극적 행동을 강화시킨다.

세 번째는 색, 선, 질감을 통해 극을 시각적으로 매력있고 흥미있게 만든다. 무대미술은 아름답거나, 추하거나, 조화롭거나 파괴적이고 충격적일 수도 있지만, 단조롭거나 둔하고 지루하지 않아야 한다. 극을 상징적으로 강화시키는 것 외에도 시각적으로 즐거워야 하며 극적 효과를 얻을 수 있어야 한다.

2) 무대미술의 요소

극의 환경이나 시각장면을 구성하는 무대미술의 중요 요소는 무대장치, 의상과 조명 그리고 소품과 분장이다. 무대장치는 연기를 위한 공간의 실제적 위치와 배경을 말할 뿐 아니라 때론 그것을 보는 관객과의 소통을 가능하게 해준다. 의상은 무대 위에서 색과 선, 질감이 가장 잘 드러나는 시각요소이므로 특히 극적 장면에서의 배우들은 관객의 강한 집중을 받게 된다. 또한 조명은 색의 배합, 그림자 그리고 집중을 통해 다양한 시각효과를 구성하고 통일하는 시각요소로 전체 무대장면에서 연극적 가치를 강화시킬 수 있다. 소품은 배우가 들고 있거나 무대 주변에 놓여 진 작은 물품일 경우가 많지만 강한 극적가치를 지닐 때가 많으며, 분장 또한 노인이나 바보, 악인, 병약자, 유령, 동물 등으로 작품이 원하는 인물로 변모시켜 주는 외형적 표현 수단으로 캐릭터 창조에 중요한 요소이다.

무대미술은 통일성, 다양성, 균형, 그리고 조화의 네 가지 원리에 대하여 신중을 기해야 한다. 디자인에서 통일성을 얻기 위해서는 서로 연관이 있는 요소를 선택하여 필요한 특정 환경을 얻은 후, 그 환경을 가장 분명하게 표현할 모티브나 특징들을 부여하여 하나의 공통된 스타일을 유지하여야 한다. 색상, 선, 질감, 규모에 있어서 무대장치, 의상, 조명, 그리고 소품, 분장이 서로 잘 어우러질 때 장면구성의 통일성을 얻을 수 있다. 그리고 통일된 장면 속에서 바람직한 대비를 통해 단조로움을 피해야 그로 인한 다양성이 부여될 수 있다. 디자인은 살아있고 재미있어야 하지만 공연의 지배적 모티프와 분위기의 중심축을 벗어나지 말아야 한다. 균형은 통일되고 구성이 잘된 장면의 필수 원리이다. 의상과 무대장치, 그리고 소품의 각 부분은 전체적인 다른 요소에 대해 적절한 균형감이 요구된다. 균형을 안정성, 엄격함, 대칭성과 연결시키고 불균형은 불안정과 방향 상실, 비대칭성과 연결시키기도 하는데, 이를 통해 관점의 시각을 논할 수 있다. 불균형적이고 비대칭적인 요소도 나름 의미있고 논리적일 수 있기 때문이다. 결과적으로 잘 구성된 장면은 매력적인 전체 무대를 만들기 위해 모든 다른 장면이 조화롭게 잘 혼합됨을 말하며, 이것은 통일, 다양성, 균형 원리의 능숙한 적용을 통해 얻어진 결과이다. 조화롭지 않은 요소들의 의도적인 구성은 그 의미를 잘 파악하고 조심스런 선택이 필요하다.

최근 많은 극들이 이런 원리들을 의도적으로 왜곡시키거나 혼란스럽게 사용하는 경향이 있다. 어떤 방법이라도 무대 위에 올릴 수 있도록 디자이너에게 자유로움이 많아 진 것도 사실이나 치밀하고 신중한 계획이 우선되어야 한다.

3) 무대미술의 필요조건

통일성, 다양성, 균형, 그리고 조화의 미적요소와 더불어 무대미술의 필요조건은 극 공간의 여러 조건에 잘 부합되는 환경의 일부가 되어야 한다는 점이다. 시각적 요소들은 분명해야 하고 먼 거리에서도 이해되고 보이도록 디자인되어야 한다. 대부분의 관객들은 연기로부터 일정거리만큼 떨어져 있으므로 장면의 많은 부분은 단순화되고 과장되어야 한다. '단순화와 과장'이란 용어는 무대미술의 대부분에 적용된다. 그것은 조사되고 수집된 자료들이 의상과 무대의 모습으로 바뀌는데 필요한 기본 콘셉트이다. 단순화는 헐벗은 상태나 빈약한 상태가 아닌 자료나 디자인의 주된 아이디어에 들어 있는 본질적인 요소들만의 사용을 의미한다.

무대미술의 또 다른 필요조건은 무대장치, 의상, 소품은 배우가 효과적으로 그리고 안전하게 사용될 수 있도록 디자인되어야 한다는 점이다. 디자이너들은 관객의 관심을 우선적으로 끌려 하지 말고 살아 움직이는 배우, 무용수, 성악가들을 먼저 생각해야 하며, 제작 기간이나 연습 과정, 그리고 드레스 리허설, 공연기간 중에 일어날 수 있는 문제점들을 극복할 수 있을 정도로 안전하고 튼튼하며 실용적이 되도록 디자인하여야 한다. 더욱이 아이디어 스케치로부터 최종 완성까지 쉽고 분명하게 변환되어야 하고 예산에 적합하게 주어진 시간 안에 제작될 수 있어야 한다. 또한 의상변화나 장면이동, 무대 공간의 크기에 적합해야 하고 순회공연인 경우 쉽게 포장되고 운반될 수 있어야 한다. 결론적으로, 무대미술의 각 요소들은 독단적이지 않고 연출 및 타 분야와 공동으로 진행되어 작품 전체와 유기적으로 연결되어야 하며, 예술적 상상의 작품만이 아니라 효율적이고 기능적이 되도록 해야 한다.

4 무대미술로서의 무대의상

극에서의 의상은 특정 경우의 사실성을 높이는데 도움을 준다. 이 사실성은 본질적으로 극적이며 관객에게 표현된다는 의도 때문에 일상세계로부터 어느 정도 떨어져 있지만 모든 의상은 극적 사건 속의 사실성을 강화하고 반영한다. 실세계와의 차이 정도는 극의 유형과 공연방법에 따라 의상 스타일에 다양하게 반영되어야 한다.

희극의 세계는 비극의 세계와 같지 않으며 멜로드라마가 요구하는 세계와도 같지 않다. 또한 그리스 비극은 엘리자베스 비극과는 사뭇 다르며, 고전적 해석이 요구되는 그리스 비극이 현대적으로 해석되는 것은 또 다른 사회적 환경을 요구한다. 그러므로 모든 극은 그만의 세계와 독특함을 강조할 수 있는 의상을 필요로 한다.

예를 들면, 셰익스피어의 〈햄릿〉과 아서 밀러의 〈세일즈맨의 죽음〉의 의상은 같은 비극이라도 서로 다르다. 무대의상 디자이너는 〈햄릿〉의 거대 사건들을 직면한 육중한 공간인 엘시뇨 성의 사람들을 위해 무언가를 찾아야 하고, 〈세일즈맨의 죽음〉의 주인공 윌리 로만은 누구라도 괴로워 할 수 있는 문제로 가득 찬 중산층의 작은 세계에 살기에 소시민 윌리를 위해 뭔가 특별하고 관객이 주위를 기울일 만한 것을 찾아야만 한다.

또한 무대의 유형이나 크기는 의상 스타일에 영향을 미친다. 2000석인 프로시니엄 무대의 〈햄릿〉 공연을 위한 의상디자인은 300석의 원형극장 공연과는 확연히 다를 것이다. 프로시니엄 무대에서는 무대 배경으로서 의상이 보일 수 있고, 원형무대에서는 배경보다는 배우들에게 더 집중이 갈 수 있다. 대형 무대에서의 관객은 배우들과 거리감이 있어 의상의 시각적 강조와 과장이 필요하며, 반면에 작은 원형극장에서는 작은 디테일이라도 관객의 눈에 다 인지되므로 의상 앞, 뒤로 섬세한 디자인이 요구된다. 공연에 할당된 예산의 정도는 무대에 올려 질 극의 유형과 계획에 영향을 미친다. 5000만 원 예산과 500만 원 예산의 의상 작업은 확연히 다르다. 물론 예산에 따라 의상의 수

작은 원형 소극장 무대 (음악극 〈빵〉, 극단 서울공장, 연출 임형택)

준이 반드시 정해지는 것은 아니며, 예산에 적합한 계획과 해결책들을 찾아야 한다. 공연에 영상을 점점 많이 사용하고 선택적으로 무대장치와 소품을 사용하는 경향으로 흐를수록 시각환경 창조에 대한 의상의 비중은 커지고 있으며 이에 따른 의상디자이너의 책임 또한 커지게 된다. 비록 신중하지 않게 제작된 의상이 공연의 질을 저하시키지 않

동일 디자인을 다채로운 색상으로 강조한 대신 무리들의 그룹의상
(뮤지컬 〈천상시계〉, 극단 아리랑, 의상디자인 장혜숙)

베이지 색상으로 통일감을 이룬 코러스 그룹의상
(오페라 〈나부코〉, 고양 문화재단, 의상디자인 박진원)

무대의상 디자인

을지는 모르지만, 공연을 더욱 좋게 할 기회는 놓치게 됨을 잊지 말아야 한다. 어느 장면에서는 배우들이 그 장면의 공간 대부분을 채우는 경우가 있다. 이 경우 정지해 있는 무대장치와 달리 극이 진행되는 동안 움직이는 다수의 배우들의 의상은 강한 시각 효과를 표출해 낸다. 이 경우 디자이너는 캐릭터 각각의 의상보다는 전체적인 의상 콘셉트가 얼마나 작품과 장면에 올바른 환경과 느낌을 제공하느냐를 잘 판단해야 한다. 그룹 속의 개인들은 잘 드러나지 않아도 그룹이 극의 전체 시각환경에 강한 영향을 미치기 때문에 연출과 함께 안무와 동작선을 분명히 하고 의상을 통한 시각효과가 어떻게 이루어지고 어떤 흐름을 나타낼지에 대한 철저한 토론이 이루어져야 한다.

　　그룹의상을 디자인하는 것은 특별한 접근이 필요하다. 그룹성격이 분명히 정의되어야 하고 이 접근 안에서 그룹을 표현하는 의상들은 특정인물들을 위해 디자인되어야 한다. 이것은 대본에 의해 식별되지 않을지 모르지만, 디자이너는 전체 틀 안에서 각자의 개성이 드러나거나 독특해보이도록 무언가를 부여할 수 있다. 만약 그 그룹의 의상이 잡다하게 조합되거나 단지 몸을 덮는 의미로 진행된다면 디자이너나 관객에게 지루하거나 흥미 반감의 결과를 초래할 것이다. 그룹의상을 동일한 디자인으로 색과 소재로 덩어리 감만을 유지하면서 강한 시각효과를 표현할 수도 있지만, 색, 질감, 형태, 디자인을 바꾸면서 다양하고 효과적으로도 구성될 수 있다. 또한 디자이너가 그룹들을 술주정뱅이, 푸줏간 주인, 신발 장수, 피아노 선생, 우체부 등으로 다양하게 조합했다면 이 인물들은 극을 더 풍부하고 사실적으로 만들 것이다. 이는 작품의 방향과 연출의 의도에 따라 정해진다. 어떤 아이디어가 어느 한 장면에는 완벽하다 하더라도 그 전이나 후의 장면에 적합하지 않다면 그것은 소용없게 된다. 즉, 각 의상은 항상 전체적인 효과를 염두에 두고 작업됨으로써 적재적소에 필요한 강조가 유지되도록 해야 한다.

　　연극은 종합예술이다. 무대의상은 전체의 일부일 뿐이며, 극작가의 아이디어와 연출의 해석에 대한 시각환경을 창조하기 위해 배우와 무대장치, 조명, 그리고 많은 다른 분야와 함께 작업한다. 그러나 이런 분업 속에서도 무대의상은 그 자체가 예술이며, 올바른 준비와 실행이 수반되어야 한다. 일단 작품의 방향이 선택되었으면 그 목표를 실현하기 위해 하나의 통일된 작업이 되도록 노력하여야 한다.

V
극의 양식에 따른
무대의상

　예술가가 살고 있는 그 시대의 여러 감각의 양상을 엿보게 하는 것이 예술작품의 양식이다. 우선 작품을 위한 효과적인 의상을 위해서는 극의 양식에 대한 이해가 필요하다. 양식이 인간과 사회에 대한 뭔가 깊고 의미있는 것을 말한다면, 그것은 격앙되거나 끊임없이 움직이는 즉석 반응보다는 성숙한 인간적, 사회적 주제와 연관이 되어야하며 여러 의미를 종합하여 지배적인 태도를 기록하면서 역사적, 경제적, 문화적 힘의 전반적인 모습을 표현한다.

　20세기에 들어와 사실주의, 상징주의, 표현주의 등 양식들의 꾸준한 변화는 극의 세계를 바라보는 시각의 변화를 이끌었고 그들 양식의 구별은 극 속의 사건들을 위한 미학적이고 개념적인 틀을 제공해 주고 극의 시대나 세계를 특정하게 접근할 수 있는 힘을 갖게 해 주었다. 오늘날 배우와 연출가 그리고 디자이너들은 여러 가지 양식의 접근과 설정을 통해 그들 작품만의 독특한 시각적 언어를 찾아낸다. 양식은 심미적이든 철학적이든 대본이나 연출가에 의해 극에 반영된 새로운 방향이자 반응이며 개인, 나라, 시대에 따라 다르고 여러 가지 의미가 있으므로 신중을 기해야 한다.

1 양식의 설정

　극작가들은 그 당시의 화가, 철학가, 건축가, 시각 예술가 및 다른 분야의 작가들과 함께 예술적 운동을 이끌어 왔다. 역사적 시대와 문화 안에서 씌어 진 작품은 그 시대의 철학과 도덕을 전파하고 반영하며 많은 특징들을 공유한다. 작품의 의미를 전달하기 위해 작가에 의해 선택된 표현의 방법은 극의 양식으로 간주된다. 극의 양식과 사실성 정도 그리고 연극의 시각성 표현의 관계는 매우 복잡하며 상대적이다. 그동안 많은 연극 작품들은 시각적 사실성으로부터 추상화되었으며, 관객은 이로부터 혼란스러워하기도 했다. 양식은 개인, 나라, 시대에 따라 달라지고 여러 가지 의미가 있으므로 오해를 사지 않도록 디자이너나 연출가는 그 용어 사용과 의미에 신중을 기해야 한다.

극을 다른 시대로 옮겨 공연할 때 연출가나 디자이너는 연극을 원래 시대의 양식을 택할지, 아니면 재해석할지의 의문에 봉착하게 된다. 일부는 다양한 방법으로 접근하여 성공적으로 해석될 수 있는 반면에 그렇지 못한 것들도 있다. 본래 사실적 양식으로 씌어진 많은 극들은 선택적 사실주의나 다른 양식의 콘셉트로 재해석되는데 무리가 없으나 예를 들어 표현주의 양식으로 쓰인 극은 작품의 의미가 본 양식에 강하게 의존하는 경향으로 너무 사실적으로 접근하는 공연 방식에서는 원하는 효과를 얻지 못할 수 있다.

일단 연출과 디자이너의 가장 중요한 협업은 작품의 양식을 논의하는 것이다. 즉, 역사적으로 정확한 해석을 부여할지, 새로운 관점으로 대본을 해석할지에 대해 충분히 논의를 해야 한다. 작품의 양식의 설정은 디자이너에게 극의 콘셉트와 시각화에 대한 개념을 지니게 할 중요한 기준이 된다.

연극의 양식에는 크게 '사실적 양식'과 '비사실적 양식'이 있는데 이 구분은 내용을 표현하고 사실성을 전달하는 방식의 차이를 말한다. 즉, 배우들의 연기나 무대장치와 의상 등이 관객에게 이야기를 '어떻게' 전달하느냐에 따라 나뉜다. 그러나 대부분의 작품에는 두 요소가 혼합되어 있다.

1) 사실적 양식과 의상

일반적으로 사실적 양식은 사람들이 말하고 행동하는 삶의 모습을 마치 실제처럼 무대 위에서 재현하여 보여주는 방식으로, 우리가 눈으로 직접 보는 현실과 흡사해서 마치 사진을 찍어 놓은 듯하다. 사실적 양식은 '있는 그대로'를 표방하지만 실은 현실인 듯한 비현실을 표현하는 양식이라 할 수 있다.

연극은 꾸며낸 이야기이다. 그러나 다른 예술과 마찬가지로, 연극의 허구는 작품이 창작되고 상연되는 그 시대나 사회의 실제 삶의 모습을 반영하고 있다. 사실적 양식의 연극은 관객이 경험할 수 있는 세계의 문제를 다루고, 실생활에서와 같은 시간 순서로 구성되어 연극이 마치 현실 세계와 같다는 인상을 준다. 연극에서 표현된 모습이 자신이 알고 있는 현실과 흡사할 때, 관객은 그 내용을 쉽게 이해할 수 있으며, 연극적 허구를 마치 현실처럼 받아들일 수 있게 된다. 따라서 사실적 연극은 매우 직접적인 호소력을 지니게 된다. 이렇게 사실적 연극은 관객이 연극을 마치 현실처럼 받아들일 때 발휘되는 연극적 효과를 얻기 위해 노력한다.

사실적 양식은 허구를 사실적인 기법으로 표현한다. 비록 허구라 하지만 현실에서 일어날 수 있는 차원의 내용이며, 무대장치, 의상, 소품 등도 생활 주변에서 볼 수 있는 것들을 객관적으로 관찰하여 그대로 재현하고, 배우의 대사나 동작도 일상적인 표현으로 이루어진다. 그러나 사실적 연극의 표현 대상은 어디까지나 '현실임직한 비현실'이다. 즉, 관객들이 현실처럼 느끼도록 잘 짜서 표현하지만 실제 현실에서 그렇게 앞뒤가 맞아 떨어지는 일은 일어나기 어렵다.

사실적 양식의 연극은 사실적인 무대장치와 조명, 음향, 평범하거나 고증에 의해 재현된 의상과 자연스러운 분장 등을 통해 사실적 표현의 효과를 높인다. 사실적 작품에서 묘사된 무대는 매우 구체적이며 실제에 가깝다. 일상생활 공간을 그대로 보여주기 위해서 한 벽면(제4의 벽)을 제거하고, 그곳을 통해 관객이 무대의 삶을 들여다보는 프로시니엄 무대를 사용하는 경우가 많고, 일상의 집이나 거리와 같은 공간을 무대 위에 실제와 똑같이 꾸미기 위해 벽난로를 무대에 세우거나, 안락의자나 소파와 같은 가구뿐 아니라 작은 물건들 하나까지도 실물을 그대로 가져다 옴으로써 사실성을 높인다. 〈인형의 집〉에 등장하는 심부름꾼은 그 역할에 알맞게 허름한 서민의 겨울의상을 입고 문 앞에 나타난다. 이때 관객들은 그의 의상차림만 보아도 신분이나 직업을 짐작해 볼 수 있다. 이렇게 사실적 연극에서는 주로 고증에 의한 실제 의상을 의상으로 사용하는 경우가 많은데, 캐릭터가 입은 의상만 보아도 당대 현실에서 실제 입었던 의상을 알 수 있거나 인물의 역할이나 성격 등을 짐작할 수 있다. 또한 캐릭터의 의상에 맞게 모자를 쓴다거나 담뱃대, 부채, 가방 등의 손 도구들을 지참한다든가 하면 더욱 효과적인 표현이 가능하다.

무대의상 디자인

다양한 신분의 사실적 양식의 의상들 (연극 〈안녕, 모스크바〉, 극단 지구연극, 의상디자인 장혜숙)

현대를 배경으로 한 사실적 양식의 의상들
(연극 〈뜨거운 양철 지붕 위의 고양이〉, 예술의전당, 의상디자인 장혜숙)

2) 비사실적 양식과 의상

비사실적 양식은 어차피 현실이 아니므로 어떤 내용을 어떻게 표현하든 가능하다. 그래서 비사실적 연극은 사실적 연극에 비해 표현이 훨씬 자유로우며, 일상의 차원이 아닌 꿈과 환상, 공상까지도 소재로 사용한다. 예를 들어 꿈을 꾸는 것은 현실에서 가능한 일이지만, 그 꿈의 내용은 비현실적일 수 있다. 비사실적 양식의 연극에 등장하는 인물은 일상에서 흔히 볼 수 있는 존재가 아닌 경우가 많다. 때로는 인간이 아닌 동물이나 식물, 심지어 사물의 모양으로 등장하기도 한다. 주로 과장되고 양식적인 연기가 자주 활용되며, 추상적이고 유형화된 인물 묘사나 시적인 언어, 상징적인 몸짓, 마임, 노래, 춤, 독백, 방백 등의 활용도 두드러진다. 관객들은 이를 현실이라 믿지 않지만 어느 순간 그것이 인간과 사회의 본질을 다루고 있음을 이해한다. 실제로 매일 나오는 뉴스 중에는 정말 말이 안 되는 일들이 많다. 분명 발생한 일이지만 말도 안 되는 일이라고 생각하는 것이다. 즉, 비사실적 양식의 연극은 '비현실임직한 현실'을 표현하여 전달한다. '비현실임직한 현실'은 비록 사람들이 믿지 않거나 믿기 싫지만 엄연히 존재하는 현실을 뜻한다. 관객들은 무대와 배우의 연기에 거리를 두고 극을 객관적으로 감상한다. 그래서 편하게 맘껏 웃으며 삶의 활력을 회복하는 경우가 많다. 그러나 한참 웃다가 그것이 결국 인간과 사회의 본질이자 자신의 모습임을 알고 크게 충격을 받는 경우도 있다. 특히 그 웃음이 자기보다 못한 자에 대한 조롱이나 비웃음이었을 때 그 충격은 더욱 크게 된다.

비사실적 양식의 무대장치는 상징이나 추상으로 채워지거나 가상으로 이루어지는 경우가 많다. 작은 초록색 천 하나를 걸어 숲을 표현하기도 하고, 일상에서는 결코 볼 수 없는 형태의 물건 하나를 이리저리 돌려가며 여러 용도로 사용하기도 한다. 비사실적 양식에서의 의상도 색상을 의도적으로 한가지로 통일 시키거나 사실적 요소들을 상징화하고 추상적으로 배치한다. 또 어느 하나의 요소를 대표적으로 과장하거나 추상적으로 변형하여 시대나 캐릭터를 표현하기도 하는데, 양식화된 모양이나 불균형적이고 왜곡된 가상의 형태로 나타나기도 한다.

무대의상 디자인

비인간화된 캐릭터들
(연극 〈한여름 밤의 꿈〉, 연세극예술연구회, 의상디자인 장혜숙)

한국의 전통요소들을 단순화하고 상징화한 의상과 분장
(토리극 〈정약용 프로젝트〉, 극단 아리랑, 의상디자인 장혜숙)

사실적 양식과 비사실적 양식의 차이점

사실적 양식	비사실 양식
* 우리가 눈으로 직접 보는 현실과 흡사하다. * 장소, 시간, 방 안 모습, 의상 입는 방식 등이 일상생활 속에서 예측 가능한 논리를 따른다. * 실제 삶과 가까워 진짜라고 생각하게 만들어 직접적인 호소력을 지니며, 그 진위여부를 재빨리 수용한다. * 주로 고증에 의한 실제 의상을 의상으로 사용하는 경우가 많고, 배우가 입은 의상만 보아도 당대 현실에서 실제 입었던 의상을 알 수 있거나 인물의 역할이나 성격 등을 짐작할 수 있다.	* 표면적으로 드러나는 사실성에 부응하지 않는 것들로 이루어진다. * 일상 언어로 표현이 어려워 시, 무용, 음악 등과 함께 상징과 은유를 사용하기도 한다. * 현실과 거리가 있는 표현방식은 황당한 내용이나 위험한 상황까지도 쉽게 수용하도록 한다. * 의상은 사실적 요소들을 상징화하여 추상적으로 표현하는 경우가 많으며 양식화된 모양이나 왜곡된 가상의 형태로 나타나기도 한다.

2 시각적 스타일의 전개

1) 대본으로부터의 시각적 스타일의 전개

스타일이란 뭔가 특징적인 표현과 방법을 의미하는 용어로 간략하게 정의하기도 단정 짓기도 힘들어서 이 용어를 통한 디자인 계획은 종종 애로점으로 작용한다. 작품마다 특정 스타일을 지닌 채 표현되고자 한다면 스타일이 무엇을 의미하는지, 그 스타일은 어떻게 표현되어야 하며, 무대의상과 스타일은 어떤 관계를 가지고 있는지, 그리고 통일된 스타일을 유지하기 위해서는 어느 점들을 고려해야 하는지 등에 대해 고민을 해야 한다.

어떻게 대본에서 시각적 스타일이 있는 무대의상으로 변형시킬까? 단순한 극의 의상을 구성하는 데에는 큰 문제가 없을 수 있지만, 복잡한 극들을 위한 의상들은 철저하고 체계적인 시각적 계획이 요구된다. 또한 문자로 된 대본을 분석할 때 그것이 무대 위에서 표현되었을 때의 모습을 구체적으로 시각화할 수 있는 연극적 상상력이 필요하다. 표현되어야 할 극의 세계에 대한 첫 암시는 대본이 줄 것이며, 주제와 대사는 디자이너에게 효과적 접근을 유도할 것이다. 모든 디자이너는 개념을 가지고 시작하며, 주제 또한 그 과정에서 만들어 진다. 시대, 줄거리에만 기초한 아이디어는 전반적인 디자인 접

무대의상 디자인

근에는 충분하지 않을 때가 많다. 확실한 콘셉트를 구축하기 위해서는 반드시 작가 혹은 연출의 관점으로부터 시작해야 한다.

스타일에 영향을 주는 것은 작품의 줄거리보다 톤과 구조이며, 셰익스피어 작품을 16세기 의상으로 공연해야 하는지 아닌지에 관한 논의보다는 극작가의 플롯, 캐릭터, 대사, 주제, 리듬, 그리고 스펙터클을 어떻게 구성하고, 선과 질감, 색을 어떻게 연관시킬 수 있는가하는 토론이다. 이러한 접근법을 염두에 두고, 의상 디자이너는 단지 캐릭터의 성격이나 특징 그리고 이야기 전달만을 위해 디자인 하지 않아야 하며, 다양한 장면들이 어떻게 발전되고, 많은 행동들이 어떻게 얽히는지, 장면들의 대비가 치밀한지 등의 극의 구조를 분석해야 한다. 그리고 한 인물이 지배적인지, 두 경쟁자들이 다른 등장인물들보다 부각이 되는지, 극의 핵심이 그룹인지, 개인인지를 염두에 두어야 한다. 또한 대사가 절제되었는지, 상상이 풍부한지, 예리하고 치밀하게 주고받는 캐릭터 간의 관계가 어떠한지 세심한 분석을 해야 하며, 극의 주제와 리듬은 어떤 시각적 접근으로 표현될 수 있는지 연구되어야 한다. 결국 디자이너는 작가에 의해 주어진 정보를 기본으로 색, 선, 질감 선택의 충분한 고려를 통해 의상을 계획하고 준비해야 한다.

연출과 디자이너가 극을 위한 의상을 토론할 때는 주로 줄거리와 극의 구조 안에서 이루어지지만 종종 작품의 특징과 주제를 우선으로 그에 필요한 시각적 요구들에 집중할 때가 있다. 예를 들어, 몰리에르작품을 위해 디자이너들은 종종 17세기 루이14세 시대의 복잡하고 패셔너블한 의상들과 화려한 장식, 그리고 사치를 통해서만 쥬르당의 경박함을 보여주려고 한다. 그러나 중요한 것은 그의 작품에서 보여지는 특징인 성격화에 초점을 맞추거나 극의 깔끔하고 단순한 플롯에 의한 강한 통일성과 단순성을 생각해야 한다.

제작자나 연출이 새로운 접근을 위해 극이 쓰인 때와 다른 시대를 설정했을 때는 일반적으로 대본의 표면적 변화를 불러 올 것이다. 그러나 극의 구조와 구성에 의해 요구되는 색, 선, 질감을 위한 감각이 유지된다면, 새로운 시대 설정은 오히려 흥미롭게 성공적으로 전개될 수 있다. 어떤 극은 특정한 의상 스타일이 문화적 관습들과 연결되어 있어서 시대 변화가 매우 어려울 때가 있지만, 보편적인 인간적, 철학적 세계관을 가지고 있는 극에서 디자인들이 밀접하게 극의 구조와 연관되어 있다면 오히려 시대 이동이나 추상으로의 이동은 새롭고 흥미로운 시각 효과들을 얻을 수도 있다.

극의 방향이 대본으로부터 많이 벗어난 경우에도 디자이너는 대본의 기초적인 구성 방법을 분석하는 것을 멈추어서는 안 된다. 비록 오래된 극을 나타낼 새로운 방법을 위해, 그리고 흥미로운 연극적 장치를 위해 새로운 방법을 찾을 때라도, 디자이너는 시각적 콘셉트에서 독단적이거나 혹은 표면적이 되지 않아야 한다. 극작가들이 같은 주제로부터 어떻게 완전히 다른 효과를 얻는지, 같은 이야기가 작가에 의해 다른 문화에서는 어떻게 달라지는지, 그 시대의 예술적 스타일 혹은 보편적인 견해를 통해 극에 어떻게 생명을 불어 넣을지를 연구할수록 디자이너는 더욱 더 발전할 수 있다. 디자이너는 경직된 방법론을 이용하지 말아야 한다. 무대의상 디자이너는 단지 시대의상을 디자인하거나 재능을 발휘하는 그 이상이며, 문화적, 역사적 그리고 사회적으로 강화된 능력으로 예술적이고 지적인 것을 모두 망라하여 작업에 접근해야 하기 때문이다.

3 무대의상과 스타일 그리고 시대

1) 무대의상과 스타일

무대의상의 스타일은 작품의 장르 및 양식과 연관하여 의상의 모든 요소들이 조합되고 결합되어 완성된 이미지로 만들어진 결과이다. 무대의상은 재현적이거나 제시적일 수도 있고, 사실적이거나 환상적 혹은 과장된 세계를 창조할 수도 있다. 또한 무대의상의 스타일을 표현하는데 사실주의 작품에서는 더욱 사실적으로, 비 사실주의 작품에서는 현실의 반영정도에 따라 추상화의 정도를 달리 할 수 있다. 디자이너는 극과 캐릭터 측면에서 그 시대를 언급하기 위해 그 시대의 자료를 충분히 사용할 수 있으며, 다른 측면에서는 의상의 효과를 추상화시켜 관객이 그 시대의 문화적, 역사적 배경보다는 공연의 본질에 집중하도록 할 수도 있다. 무대의상의 스타일은 배우들에게도 영향을 미치는데 비사실적이고 양식적인 스타일의 의상을 입었을 때와 사실적 스타일인 의상을 입었을 때의 배우들의 행동과 연기는 사뭇 다름을 알 수 있다.

무대의상 스타일에는 클래식 스타일, 로맨틱 스타일, 모던 스타일, 에스닉 스타일,

판타지 스타일, 아방가르드 스타일, 내추럴 스타일, 키치 스타일 등 다양한 스타일이 공존한다. 스타일을 통해 작품의 장르에 따른 분위기, 연출의 방향, 그리고 디자이너의 개성과 철학을 엿볼 수 있고 스타일에 따라 디자이너 자신이 선호하는 색상, 선, 질감보다 사실성이나 추상적 가치를 더 강조할 수도 있으며, 전체적으로 단순하면서도 잘 계획된 색, 선, 질감을 강조하는 양식화(stylization)된 스타일의 디자인을 강조할 수도 있다.

2) 무대의상과 시대

무대의상의 시대에 대한 충분한 지식은 디자이너에게 많은 도움이 될 뿐 아니라 그 시대를 꿰뚫을 수 있는 객관적인 눈을 가지게 된다. 그러나 극은 역사적 정확성이나 사회적 기록으로서가 아닌 사건이나 주제의 진실을 표현하고자 하므로 역사적 사실을 훨씬 넘나들면서, 극적 효과를 위해 캐릭터와 관계를 통한 사건과 갈등의 해석이 다루어지고 있다. 역사적 정확성에 대한 의상의 지나친 집중은 배우를 극의 본질과 동떨어진 실체로 만들 수도 있다. 배우의 시대적 모습이 그가 표현하고자하는 역할의 모습과 같지 않을 수 있고 크게 과장되거나 축소되어버릴지도 모르기 때문이다. 시대에만 집중한 의상은 자칫 잘못된 인상을 전달할 수도 있고, 일반적이고 평면적인 이미지에만 관객의 기대가 머무를 수 있다. 모든 디자인 요소가 전체적으로 조화를 이룰 수 있도록 균형있게 작업되어야 한다. 또한 시대의상과 함께 등장하는 소품도 동일한 주의가 요구된다.

오늘날 무대의상 디자이너는 현대적인 직물과 소재에 의해 영향을 크게 받는다. 디자이너가 살고 있는 시대의 시간과 장소에서 작품에 적합한 시대의 직물, 패턴, 재봉 기술로 의상을 제작하기 위해 그 자신을 과거로 돌릴 수는 없기 때문이다. 그로 인하여 시대의상의 많은 부분이 현대적 스타일과 연관 관계를 갖는 결과를 낳기도 한다. 또한 현실과 대중사이에서 현재 살고 있는 문화에 의해 영향을 받는 디자이너는 다른 시대의 시각적 현상을 무대 위에 구축하는 것이 쉽지는 않은 것이 사실이다. 아무리 디자이너가 객관적이고 자기 비판적인 사고로 자신의 작업에 대해 접근할지라도, 그리고 과거의 모든 시각적 요소에 대해 많은 시간을 연구할지라도 디자이너는 그가 존재하는 시대의 문화와 개성 그리고 경험과 훈련에 의해 채색되어진 개인적인 해석이 대중에게 표현되는 것은 당연한 일인지 모른다.

VI

무대의상의 구조와
역사성

1 무대의상의 구조

무대의상은 인간의 몸을 가리는 의상 그 이상으로 그것의 착용 방법과 형태는 그가 속한 사회에 대한 개인의 심리적, 미적 반응이다. 그러므로 연출, 배우, 디자이너는 역사의 흐름을 통해 의상의 구조가 왜, 어떻게 변화되어 왔는지 알아야 하며, 여러 가지 심리적, 사회적 이유를 이해해야 한다.

인류 역사의 시작부터 장식과 보호로서 동물의 가죽과 나뭇잎이 사용될 때 인간은 어떻게 의상을 입어야 하는지 선택을 해야 했다. 만약 가죽과 나뭇잎이 몸을 타이트하게 감쌌다면 그것들은 우선적으로 몸의 보호를 위해 따뜻하게 하려고 사용된 것이고, 만약 몸에 둘러지거나 매달린다면 장식적, 권위적, 과시적인 의도로 사용된 것이다. 만약 동물 머리가 인간 머리 위에 놓인다면 동물의 네 다리 가죽은 팔과 등 위로 떨어지고 꼬리는 뒤로 떨어져 동물세계를 지배하는 위대한 이미지가 생성될 뿐 아니라 인간과 야수의 융합된 힘이 만들어 진다.

이런 흐름으로부터 크게 두 가지의 구조가 만들어지고 이는 무대의상 디자인의 기본구조가 되었다. 몸에 두르는 효과와 늘어지는 효과이다. 직조술이 가능했던 신석기 시대에 이 두 가지 구조는 인간이 의상을 몸의 형태에 맞도록 만드는 또 다른 기본 구조의 발명을 가능하게 하였다. 이 방법은 재단, 바느질, 핀 착용, 묶는 방법으로, 구조적 형태로 볼 때 그 이후의 모든 의상은 두르기(wrap), 늘어뜨리기(drape), 재단을 통해 몸에 붙게 하기(cut-to-fit)의 진화에 의한 것임을 알 수 있다. 즉, 무대의상의 역사를 돌아

보면 원시적으로 거칠게 몸에 두르거나 걸치는 의상을 시작으로 후대까지 이어지는 4가지 일반적인 구조타입을 볼 수 있는데, 그것은 두르는 형태(The draped costume), 헐렁한 형태(The semi-fitted costume), 몸에 붙는 형태(The fitted costume), 인위적인 형태(The artificial costume)이다.

그리스, 로마시대의 대부분의 의상은 둘러지거나 늘어 떨어지는 것이었고 초기 기독교시대를 거쳐 중세시대를 본다면 헐렁하거나 몸에 붙는 의상까지의 점진적인 변화를 볼 수 있다. 또한 서양 복식사에서 볼 때 가장 경직되고 과장되며 인위적으로 왜곡된 실루엣의 시기는 르네상스시대라 할 수 있다. 물론 르네상스 이후엔 이전의 고전적 실루엣을 동경하면서 복고풍으로 흐르기도 했다.

일반적으로 이 4가지 구조적 형태는 특정 사회에서 인간의 몸과 본성에 대한 개념과 관계가 있다. 사회가 너무 경직되지 않고, 몸과 본성이 중시된다면 의상은 그들의 감각적 가치를 위해 사용되어 주로 두르거나 헐렁한 형태의 다양화를 이룰 것이며, 만약 사회에 불안, 억압, 금지가 팽배하고 정상적인 인간 본성이 중시되지 않으면 의상의 구조는 몸을 많이 가리거나, 형태를 왜곡, 변형시키는 경향을 지닐 것이다.

무대의상은 작품의 시대와 콘셉트에 따라 대부분 위의 4가지 구조를 따르지만, 인위적인 구조형태에 속하는 경우가 많다. 왜냐하면 극장의 크기에 적합한 극적 시각효과를 위해 인위적으로 형태를 과장하고 왜곡되어야 할 경우가 많고, 늘어지는 실루엣이나 접고 부풀려진 의상은 공연동안 그 위치에 견고하게 유지되어야 하기 때문에 기본 실루엣 위에 인위적인 무언가를 만들어 덧대고 고정되어야 할 경우가 많기 때문이다.

1) 두르는 형태(The draped costume)

둘러진 천 밑으로 최대한 몸에 많은 움직임을 부여하며 최소한의 바느질과 여밈을 갖는 구조이다. 착용자의 유연한 움직임과 우아함에 의존하며 몸을 예찬하고 자연스런 움직임을 중시하였다. 예로 그리스, 로마시대의 의상이 있다.

2) 헐렁한 형태(The semi-fitted costume)

대부분 T형태의 튜닉과 가운, 파자마에 적용되었고, 헐렁한 원피스, 상의와 바지의 조합이다. 그것은 두르는 형태에서 몸에 붙는 형태사이로의 변환기이며, 인위적이고 왜곡된 의상으로의 점진적인 변화의 구조적 전환기이다. 예로 초기 기독교시대의 달마티카, 코메디아 델 아르떼의 피에로 의상 등이 있다.

3) 몸에 붙는 형태(The fitted costume)

의상 패턴의 분할로 되도록 몸의 굴곡과 윤곽을 드러내고 몸의 움직임을 최대한 표현하고자 했으며, 의상을 신축성있는 소재를 이용해 부드럽게 몸에 붙는 의상으로 만들려고 노력했다. 예로 중세 고딕시대의 의상이나 광대 제스터 의상 등이 있다.

4) 인위적인 형태(The artificial costume)

의상에 솜을 두어 부풀리거나 풀을 먹여 빳빳하게 하고, 뼈나 와이어를 대어 변형시키거나 왜곡시켜 의상을 인간 몸의 형태와는 다른 모습으로 만든 구조이다. 예로 르네상스 시대의 과장되고 경직된 의상 등이 있다.

두르는 형태	헐렁한 형태	몸에 붙는 형태	인위적인 형태

2 무대의상의 역사성

무대의상은 인간에게 알려진 예술 형태 중 가장 오래된 것 중의 하나이다. 무대의상은 상징적인 것부터 일반의상에 가까운 것까지 문화적, 종교적 사상을 제시하는 의상에서부터 개성과 사회적 지위를 표현하는 의상까지 광범위하다. 그동안 연극의 기원에 관한 많은 자료를 통해 자연적 숭배와 종교적 의식이 언제 어디에서 드라마와 연극의 영역으로 발생했는지 수많은 연구들이 일어났다. 그 역사를 보면 고대 원시인이 입은 초기의 무대의상은 종교적 의식과 관련이 있으며 무용, 노래(구음) 등과 같은 연극적 개념들과 연관되며 상징적으로 얽혀 있다. 원시인들은 자연과 예측 불허한 삶의 변화에 대한 두려움에 맞서고 신과 자연 뒤에 숨어 있는 힘에 영향을 미치기 위해 희생을 제공했다. 이런 희생이 행해질수록 제의식은 몸의 움직임, 노래, 낭송, 특이한 의상과 액세서리, 소품 등을 포함하여 많은 극적 효과를 보여주는 복잡한 의식이 되었고 제의식을 행하는 사람들은 성직자가 되어 그 의식을 이끌었다. 자신을 동물이나 신으로 변장하고 타인 앞에서 행위를 하는 능력과 함께 연극적 표현의 토대를 만들었으며, 사냥장면, 동물의 죽음, 부족의 치료를 행함으로 일종의 캐릭터를 지니게 되었다. 제의식을 위해 동물의 머리와 가죽을 이용한 마스크와 의상을 착용하고 춤을 추거나 의식을 행하였는데, 이런 행위들은 정신세계의 염원, 사냥, 날씨, 다산 등의 기원을 위해 만들어졌다. 원시인들의 머리 장식으로부터 기원된 헤드드레스는 신장을 크게 해주어 존재감을 강조하였고, 원시인들의 목에 착용된 목걸이는 칼라가 되었으며, 허리를 강조하기 위해 엉덩이 근처에 둘러진 장신구와 부적은 후에 벨트, 에이프런, 스커트로 전개되었다. 그러나 문명의 발전과 시대의 변천에 따라 우리의 눈과 사고는 더 이상 나체가 매력적으로 보이지 않게 되면서 의상이 발전하게 되었다.

그리스극의 의상에서, 영웅과 신들은 이상화된 인간을 대표하고 반면에 코믹 인물들이나 인간화된 새와 동물들은 인간 본성의 사악한 면을 대표하였다. 그때 사용된 거대하고 과장된 가면, 상징적 소품과 장신구들은 일반 의상의 연장선을 넘어선 것들이었다. 등장인물들은 대부분 그리스 의상을 착용하였고 의상, 가발, 가면은 고정인물을 묘사하였다. 노예는 붉은 가발, 노인은 회색 가발, 젊은이는 검정, 창녀는 노란 가발을 착용하였다. 로마극의 의상은 로마극과 예술이 그렇듯이 가면, 가발, 의상에 사실적인 요소와 코믹하고 해학적인 요소가 좀 더 강조되었지만 대부분 그리스로부터 차용된 것들이었다.

반면에 중세극의 의상은 사실성과 상징성이 놀라울 정도로 혼합되어 있었다. 중세 신비극, 기적극, 도덕극의 의상은 그림과 조각을 기반으로 만든 상징적 이미지였고, 시각적 측면에서 일단 캐릭터의 심리적, 사회적 지위를 분명히 한 후 종교적 의미를 상징적으로 표현하는 중세 연극의 이원론이 나타났다. 신은 장엄한 가운을, 성모마리아는 파란 가운을 입었고, 악마는 뿔과 꼬리가 특징이었으며 양치기들은 유럽의 시골의상을 착용하였다.

르네상스극에서의 의상은 액세서리나 장신구로 치장한 그 당시의 일반 의상에 좀 더 가까워졌고 귀족의 후원을 받거나 배우 자신이 의상을 준비하기도 했다. 심리적, 사회적 상황을 넘어선 장면이나 이국적이고 초월적인 캐릭터를 위해서는 상징적으로 표현하였다. 엘리자베스 시대 연극에서 관객들은 배우가 그들 동시대의 화려한 의상에 상징적인 액세서리를 걸쳤다면 그를 왕으로, 토가나 튜닉, 투구를 착용했다면 로마 지도자나 무어인 장군으로 흔쾌히 받아들였다. 이국적인 의상들은 아시아 등 타 지역의 인물을 묘사하였으며, 왕들은 그리스 신처럼 힘이나 권력을 상징하는 의상을 입기도 하였다.

18세기 무대의상은 신분과 국적에 맞는 상징들과 함께 역사적 시대감이 화려한 의상에 가미되었다. 또한 동시대 의상과 과거의 의상이 혼재되어 사용되었으며, 무대 관습으로 재사용되는 경우가 많았다. 전체적으로 일상적인 진실된 묘사는 무시당했으며 의상 역시 극의 시간과 장소, 특정 인물과 주제에 잘 부합되지 않았다.

그러나 18세기 말과 19세기 초에는 새롭고 합리적인 면이 강조되면서, 극의 역사성을 위해 역사적 고증이라는 개념이 무대의상에 나타났다. 19세기 중반에는 극장경영자들이 전문 디자이너에게 연극의 의상을 의뢰하기 시작했다. 역사적 정확성은 일부 진보적인 무대예술가에 의해 주창되고 따르고자 하였으나, 인식의 부족과 예산과 시간 등 제작 여건에 의해 디자이너, 연출, 배우에게 많은 한계가 있었다.

연극의 발전과 함께 19세기 후반과 20세기 초 무대의상은 새로운 무대기술이 도입되고 대본에 대한 연출의 의도를 강조하면서 다른 작품 요소들과 함께 그 필요성이 인지되기 시작하였다. 그리고 작품의 개념을 이해하고 작품성과 예술성이 중시되면서 무대의상은 통일되고 단순화되었으며 심미적이고 아름다워졌다.

어떤 특정 목적을 위해 고안되고 양식화된 의상들은 분명 극적효과를 지녔다고 할 수 있다. 극적 효과를 위한 의상은 연극의 역사만큼 오래되었지만 극 전체를 해석하고 캐릭터를 정확히 나타내도록 계획된 요소로서의 무대의상은 비교적 근래의 일이다. 머리에 긴 가발을 쓰고 법관 표시가 있는 검정 가운을 입은 남성을 볼 때 우리는 그가 '시대적(historical)' 의상을 입었다는 사실 외에 그의 역할과 신분, 그리고 성격을 추측할 수 있듯이 무대 위에서 표현되는 캐릭터는 대략 그들이 입고 있는 의상에 의해 정의된다.

무대의상은 현재와 과거를 넘나들며 그것이 태동한 극과 현실의 지식을 기반으로 이루어져야 하며, 창조된 극 속의 인물과 역할의 배경이나 실제에 대한 이해에 근거해야 한다. 과거는 현재에 영향을 미치고 미래를 위한 잠재력을 지니고 있으므로 무대의상을 이해하기위해서는 반드시 연극의 발달을 통해 본 무대의상의 역사와 서양복식의 흐름에 대해서 알아야 한다. 이 부분은 뒤의 부록에서 상세히 기술하였다.

Chapter II

무대의상 디자인의 이론과 실제

I
무대의상의 시작과
완성

무대의상은 대본의 글자에서 출발하여 발상과 영감을 거쳐 무대 위에서 배우가 입고 연기를 할 때까지 길고 복합적인 과정을 통해 완성되며 독자적이고 세분화된 작업 과정을 거친다. 그러나 작품의 장르나 내용, 그리고 콘셉트에 따라 그 과정은 달라질 수 있다. 디자이너의 아이디어 전개나 개념 설정도 순서가 정해져 있는 것은 아니다. 아이디어는 시간과 장소를 불문하고 떠올랐다가 사라지기도 하고 작업 과정 뒷부분에 떠오른 아이디어가 최상으로 선택될 수도 있는 것이다.

이 책에서는 가장 일반적인 과정을 제시하고 있으나 디자이너에 따라 혹은 작품에 따라 어느 정도 자유로운 방식을 택할 수 있을 것이다.

1. 대본 읽기 및 분석

대본을 읽고 작가의 세계관과 작품의 주제 및 구조를 이해하고 줄거리와 장르, 스타일을 파악한다. 캐릭터에 대해 심도있는 분석은 물론 의상디자인에 관련된 여러 요소들의 근거와 관계를 해석하며 틀을 만드는 작업이다.

2. 연출과의 토론과 아이디어 도출

작품의 전반적인 공연 상황을 공유하고 연출이나 타 디자이너들과의 협의를 통해 만들어진 작품의 목표와 방향을 향해 토론한다. 작품에 대한 이미지와 아이디어를 끌어내고 콘셉트를 만들어가는 과정이다.

3. 디자인 자료조사

콘셉트 구축을 하여 사실적 근거에 의한 조사와 발상과 영감에 근거한 주관적 자료 조사가 이루어지는 작업이다.

4. 콘셉트 구축

자료의 조사와 분석 그리고 정리를 통하여 디자인의 기준을 세우고 방향을 정하여 중심 개념을 구축하는 작업이다. 글과 이미지로 콘셉트 작성을 해보고 이를 통해 이미지, 스타일, 분위기, 색상, 소재, 질감 등의 콘셉트 맵이 만들어 질 수 있다.

5. 러프 스케치

정해진 콘셉트를 중심으로 전체 및 캐릭터별 콘셉트를 구축시키고 디자이너의 아이디어를 전개시킨다. 러프 스케치를 통해 색상, 선, 실루엣 그리고 소재를 계획, 발전시키는 단계이다.

6. 최종 디자인 완성

작품의 특성과 제한을 기반으로 실제 무대의상 디자인을 완성하는 작업이다. 의상의 실루엣, 색상, 선, 질감, 소재 점검을 통해 장면별, 캐릭터별, 아이템별로 디자인을 구체화하고 스케치를 완성한다. 효과적인 의상이 제작될 수 있도록 작업지시서와 소재 스와치 작업을 병행한다.

7. 의상제작

디자인을 실물로 구현하여 현실화시키는 단계이다. 평면 위의 디자인 스케치를 입체화시키는 작업으로 의상 및 장신구, 특수의상까지 제작되며, 작업지시서를 바탕으로 패턴제작, 재단, 봉제, 가봉까지 이루어지는 작업이다. 의상 준비과정은 제작뿐 아니라 구입, 리폼, 대여, 협찬, 보유품 선택 등의 여러 방법이 있으며, 의상의 완성도뿐만 아니라 시간과 예산부분에서 효율적인 작업 과정이 이루어지도록 세밀한 업무 계획을 세워야 한다.

무대의상 디자인

8. 가봉

의상디자인에 적합한 패턴을 제작하여 재단한 후 임시로 시침질하거나 재봉하여 배우에게 입혀보는 과정을 가봉이라 하며, 광목가봉과 원단가봉이 있다. 비슷한 치수라도 배우들의 몸은 모두 다르므로 의상을 최종 완성하기 전에 배우의 몸에 의상을 맞추어보고 배우의 움직임에 적합한 의상이 되도록 하는 의상제작의 필수 과정이다. 세밀한 가봉이 이루어질수록 배우에게 알맞은 의상이 제작된다.

9. 의상 조합 및 스타일링

준비된 의상과 소품 및 장신구 등을 인물별로 조합하여 원하는 조화를 만들어내고, 인물별 착장을 통해 최종 질감이나 장식 및 디테일 부분까지 점검해보는 스타일링 과정이다. 이를 통해 각 인물의 세부적인 특징을 잘 표현할 수 있는 무대의상을 최종 완성한다.

10. 드레스 퍼레이드와 드레스 리허설

의상을 착용한 배우들을 무대 위에 일렬로 행진하게 하는 과정을 드레스 퍼레이드라 하고 배우들이 의상과 분장을 완벽히 갖추고 실제 공연과 같이 흐름을 끊지 않고 연습해보는 최종과정을 드레스 리허설이라 한다. 이 과정에서 무대의상의 장면별 의상전환 및 배우들의 동작에 따른 착장상태를 점검할 수 있다. 또한 무대 및 조명과의 전체적인 조화를 확인할 수 있으며, 드레스 리허설에서 점검된 수정 사항에 따라 추가 작업을 할 수 있다.

11. 공연

공연기간 동안 무대의상을 최적상태로 유지하고 보수하는 일은 워드로브가 맡게 되는데, 공연 시작 전 필요한 의상을 정리하고 배우들의 원활한 의상전환을 위해 착장을 도와주며, 필요에 따라 의상의 세탁 및 수선, 관리를 담당하여 공연을 원활하게 이루어지게 한다.

12. 정리 및 사후 관리

공연 종료 후 배역별, 아이템별, 색상별로 구분하여 정리, 세탁하고 손상된 의상은 디자이너와 협의하여 수선한다. 무대의상의 사후관리란 공연 종료 후 의상디자인 및 제작에 관련된 여러 문서를 정리하고 의상을 분류, 보관, 관리하는 작업으로 재공연과 재활용을 위해서 반드시 이루어져야 한다.

무대의상 디자인

무대의상 디자인 및 제작 과정

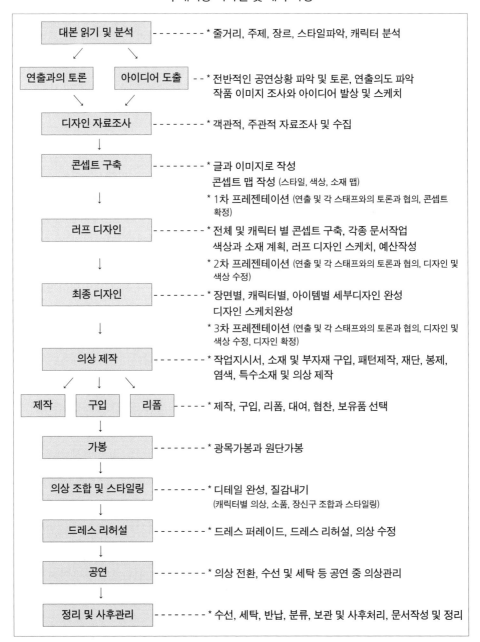

대본 읽기 및 분석 - - - - - - - * 줄거리, 주제, 장르, 스타일파악, 캐릭터 분석

연출과의 토론   아이디어 도출 - - - * 전반적인 공연상황 파악 및 토론, 연출의도 파악
작품 이미지 조사와 아이디어 발상 및 스케치

디자인 자료조사 - - - - - - - * 객관적, 주관적 자료조사 및 수집

콘셉트 구축 - - - - - - - * 글과 이미지로 작성
콘셉트 맵 작성 (스타일, 색상, 소재 맵)
* 1차 프레젠테이션 (연출 및 각 스태프와의 토론과 협의, 콘셉트
확정)

러프 디자인 - - - - - - - * 전체 및 캐릭터 별 콘셉트 구축, 각종 문서작업
색상과 소재 계획, 러프 디자인 스케치, 예산작성
* 2차 프레젠테이션 (연출 및 각 스태프와의 토론과 협의, 디자인 및
색상 수정)

최종 디자인 - - - - - - - * 장면별, 캐릭터별, 아이템별 세부디자인 완성
디자인 스케치완성
* 3차 프레젠테이션 (연출 및 각 스태프와의 토론과 협의, 디자인 및
색상 수정, 디자인 확정)

의상 제작 - - - - - - - * 작업지시서, 소재 및 부자재 구입, 패턴제작, 재단, 봉제,
염색, 특수소재 및 의상 제작

제작   구입   리폼 - - - - * 제작, 구입, 리폼, 대여, 협찬, 보유품 선택

가봉 - - - - - - - * 광목가봉과 원단가봉

의상 조합 및 스타일링 - - - - - - - * 디테일 완성, 질감내기
(캐릭터별 의상, 소품, 장신구 조합과 스타일링)

드레스 리허설 - - - - - - - * 드레스 퍼레이드, 드레스 리허설, 의상 수정

공연 - - - - - - - * 의상 전환, 수선 및 세탁 등 공연 중 의상관리

정리 및 사후관리 - - - - - - - * 수선, 세탁, 반납, 분류, 보관 및 사후처리, 문서작성 및 정리

II
무대의상 디자인의
세부적 접근

디자이너가 확고한 목표를 가지고 있다면 극을 위해 무대의상을 디자인하는 과정은 상당히 가치있고 보람된 일이다. 디자인이라 불리는 신비스러운 과정을 어떻게 진행해야 하는지에 대해 고민할 것이며, 새로운 도전과 함께 흥미로운 세상의 탐구가 시작될 것이다. 디자인 과정은 매우 흥분되고 긴장되는 작업인데, 디자이너가 익숙한 대본으로 시작한다 해도 타인과 아이디어 교환은 물론 원활한 상호소통을 이루어야 하기 때문이다. 디자인 과정의 각 단계는 서로 밀접하게 얽혀 있으며 서로 독립되어 있지 않다. 그러므로 각 단계별로 세심한 토론과 협의가 요구된다. 그러나 이 단계들의 순서는 완전히 정해진 것은 아니다. 디자이너들이 항상 동일한 순서로 일하는 것도 아니며, 동일 디자이너가 매 공연마다 다른 방법으로 작업하는 것도 아니다.

무대의상은 극의 시대나 캐릭터의 사실성보다는 '본질'을 추구하고자 하며, 작품과 연출 그리고 타 디자이너와의 객관적 이해로부터 발전한 기본 콘셉트로부터 전개된다. 신중하고 잘 계획된 콘셉트는 극의 분석을 통해 전개되고 각 인물은 콘셉트의 여러 측면들에 기초한다. 작품의 전반적인 콘셉트가 설정되면 디자이너는 각 인물에 대한 아이디어를 전개시키며 점차 주제와 캐릭터의 성격을 발전시킨다. 어느 경우에는 주인공 캐릭터에 부여된 설정으로부터 출발하여 전반적인 콘셉트가 발전되어지기도 하며, 어느 경우엔 캐릭터 조사와 설정이 이루어지기도 전에 디자인 콘셉트가 구축되기도 한다.

현명한 협업은 모두가 조화롭게 작품에 기여한 훌륭한 공연으로 이끈다. 공연까지의 시간부족에 대한 압력은 언제나 모두에게나 존재한다. 그러나 모두가 무엇이 왜 그 방향으로 가야 하는지에 대한 확고한 이해로부터 작업이 진행된다면 모든 단계에서의

무대의상 디자인

결정은 빠르고 확실할 것이다. 무대의상 디자이너는 이런 협업을 통해 극을 좀 더 강화시킬 수 있는 디자인을 위해 노력하여야 하고 배우의 성격이 잘 표현될 수 있는 의상이 제작되도록 노력해야 한다.

1 대본읽기와 분석

1) 희곡과 대본 그리고 공연

희곡을 단지 연극을 위한 대본으로 정의하는 것은 자칫 연극의 구성요소로 폄하시킬 수 있다. 희곡은 시, 소설과 함께 문학의 3대 장르로 문학적 독자성을 가지고 있으며 연극성을 가지고 있다. 즉, 문학장르로서의 희곡은 희곡 양식으로의 특성을 말하고, 공연예술로서의 희곡은 대본으로서의 기능을 일컫는다.

희곡은 행동과 대화를 통해 인물들의 삶을 묘사하는 작품으로, 연극적 특징의 하나인 시간과 공간의 제약이 있지만, 언어와 문자로 사상과 감정을 전달한다는 점에서 문학적 가치를 지닌다. 희곡은 첫 번에 많은 정보를 얻을 수 없는 경우가 대부분이다, 그래서 읽을 때마다 조금씩 깊은 인상이나 다른 정보를 얻는 것이다. 공연마다 무대 환경이나 여건이 달라지는 이유도 있겠지만 동일 연출가가 동일 작품을 작품화했을 때도 작품이나 인물에 대한 해석이 달라져 매번 다른 작품이 탄생하게 되는 이유가 되기도 한다.

희곡은 대부분 공연이 되리라는 기대 하에 쓰여지는 것으로 공연을 통해 관객에게 뭔가 보여주기 위한 것이다. 수많은 희곡들 중에는 이미 공연이 된 것도 있고 앞으로 공연을 기다리는 희곡들도 있다. 그러나 희곡을 그대로 공연하는 경우는 거의 없고 연출이 배우들과 함께 토론을 통하여 수정을 가하기도 하는데, 대부분 그들의 시대에 적합한 공연이 되도록 희곡을 재해석하고 재구성하여 대본을 만든다. 그 경우 삭제와 첨가 그리고 수정이 가해지는데 이는 원작을 충분히 이해했을 경우에 가능하며 자칫 원작의 훼손이 되지 않도록 유의해야 한다.

공연은 원작의 텍스트를 완벽하게 재현하거나 설명하기는 쉽지 않다. 공연은 텍스트에 대한 또 다른 시각과 해석의 결과이고 실제의 공간과 신체를 통해 이뤄진 결과물이기 때문이다. 대본은 공연을 통해 완성된다. 하나의 목표물을 향하고 있는 대본과 공연은 매체가 서로 달라 다른 접근법이 요구되지만 서로 상호 보완적 관계에 있는 것만은 분명하다. 함축적이고 많은 것이 숨겨져 있던 대본이 현실성을 내포한 입체적인 공연으로 구체화하는 것이고 대본에서 공연까지의 과정자체가 관객을 감동시키는 위대한 변형인 것이다.

희곡과 대본 그리고 공연

	내용
희곡	공연이 되리라는 기대 하에 읽혀지도록 씌어 진 문학작품
대본	희곡을 원작의 훼손이 되지 않은 범위에서 삭제, 첨가, 수정을 가해 그 시대에 적합한 공연이 되도록 만든 텍스트
공연	대본에 의한 연출가 및 공연 관련자들의 또 다른 시각과 해석의 결과로, 상상력과 창의력을 바탕으로 실제의 공간에서 신체를 통해 이뤄진 예술 작품

2) 대본읽기

연극은 가상의 이야기를 배우가 직접 연기를 통해 표현하는 공연예술로서 놀이문화의 일종이다. 대부분의 연극작업은 대본으로 시작된다. 압축과 응축을 특성으로 하는 대본이지만 그 속에서 많은 아이디어와 정보를 얻을 수 있으므로 꼼꼼히 여러 번 읽어야 한다. 대본은 청사진이자 계획표이지 완성된 작품이 아니다. 그것은 대사, 인물 정보, 연기의 방향들을 함유하며, 배우의 연기표현을 통해 관객에게 작가의 철학과 사상, 그리고 감정을 전달한다. 많은 극들은 한 방향 이상으로 해석될 수 있지만, 연출가에 의해 결정된다. 즉, 어느 극이고 단 하나의 해석은 있을 수 없고 그 방법에 있어서도 정답은 없다.

다양한 극을 이해하기 위해서는 대본읽기에 연구와 경험이 필요하며, 대본을 제대로 읽을 줄 알면 어떤 희곡도 대하기가 훨씬 수월해진다. 또한 공연의 효과적인 해석과 가치있는 공연을 위해 어느 관점에서 바라보고 접근해야 하는지에 대한 답을 얻게 된다. 디자이너의 처음 관심은 대본을 읽고 친숙해지는 것이다. 대본을 제대로 읽지 못하면 아이디어는 얻을 수 있을지 몰라도 정확한 작품의 개념을 얻기는 힘들게 된다. 작품의 많은 것이 드러낼 때까지 대본읽기를 반복한다면 대본읽기의 기술 또한 습득될 것이다.

대본은 직접적이든 간접적이든 디자이너에게 필요한 많은 기본 정보를 말해준다. 역사적 시기, 인물 정보, 변장이나 전환, 그리고 분위기나 스타일에 관해 알려주며, 이런 정보를 파악하기 위해 여러 번의 신중한 대본읽기가 필요하다. 만약 대본이 충분한 정보를 주지 않으면, 디자이너, 연출가나 배우들이 의문점들에 대해 판단을 해야 한다. 토론을 통해 결정하는 것이 바람직하지만 반드시 자신만의 해석이 작품의 본질을 벗어난다고 생각하지는 말아야 한다. 독창적인 해석이 오히려 작품의 창의성에 한발 더 다가갈 수 있을지도 모르기 때문이다.

대본읽기는 특별한 방법이 있는 것은 아니다. 이해도나 관심의 초점과 방향이 저마다 다르기 때문이다. 그러나 첫 인상이 남는 작업이므로 매우 중요하다. 1차 대본읽기는 작품에 대한 통일되고 연계성있는 첫 인상을 위해 쉬지 않고 끝까지 어떤 방해없이 읽는 것이 바람직하다. 첫 인상이 작품의 최종 콘셉트에 끝까지 영향을 미치는 경우도 많기 때문이다. 첫 대본읽기를 통해 감정적으로 초기 영감을 받을 수도 있으나 특정 의상의 문제를 다루는 것은 차후의 일이다.

(1) 1차 대본읽기

처음 1차 대본읽기에서는 작품 속에서 무슨 일들이 일어났는지, 스토리 전개가 어떻게 되어가는지 알기 위해 간단히 페이지만 넘기거나 단순한 체크를 하기도 한다. 이 단계에서는 어떤 한 인물에게 공감을 하지 않도록 한다. 그 인물의 관점에서 바라본다면 작품 전체를 바라보는 데 편견을 가질 수도 있기 때문이다. 즉 어떤 선입견도 가지지 말고 지문에 얽매이지도 않은 상태에서 극의 장르, 배경, 전반적인 사상과 분위기정도만 파악하고 가능한 중립적인 태도를 유지하는 것이 중요하다. 물론 첫 대본읽기 과정에서 제공되거나 인지된 색상, 형태, 느낌 등 중요한 정보와 이미지들을 기록하기도 한다.

(2) 2차 대본읽기

2차 대본읽기는 이미 내용을 알고 있으므로 처음과는 다른 상황이 된다. 디자이너들은 첫 대본읽기가 디자인을 위해서 불충분했기에 두 번째엔 디자인에 필요한 사실과 이미지들을 찾아내기 위해 대본의 해석에 충실하게 된다. 디자이너는 대본으로부터의 의상묘사는 물론이고 대사 사이에 숨은 많은 정보 또한 잘 파악해야 한다. 디자인 정보를 주는 단어, 인물 추적, 인물 관계, 행동, 때와 장소, 주어진 환경 등 대본의 사실들을 모아 실질적 단서나 증거 등을 조사하나 성급히 결론을 내리지 않도록 한다. 또한 작가의 의도, 작품의 주제, 스타일, 인물들의 성격과 느낌 등을 노트한다. 이런 과정을 통해 실제 2차 대본읽기에서는 대본과 관계된 특별한 시각적 이미지가 연상될 것이다. 이미지를 연상시킬 수 있는 구체적인 순간들을 포착하는 것이 중요하다.

이 시점에서 디자이너는 이후 추가 대본읽기를 멈추고 연출이나 배우들의 연습을 보며 디자인 스케치를 위한 시각자료 찾기에 빨리 몰두하고 싶은 유혹에 휩싸인다. 그러나 연출가와 디자인에 대해 토론하기 전에 추가 대본읽기가 필요하다. 물론 추가로 대본을 읽기 전에도 연출이나 다른 분야의 디자이너들과의 회의가 있을 수 있겠지만, 디자이너가 대본에 대한 충분한 이해와 해석 그리고 자기만의 아이디어와 콘셉트를 갖기 위해서는 추가 대본읽기를 게을리해서는 안된다.

(3) 추가 대본읽기

추가 대본읽기를 하다보면 작품에 대해 좀 더 주관적인 해석이 가능해 진다. 주관적인 해석은 상상력이 풍부한 사고와 발상을 가능하게 하며 독창적인 디자인 세계로 이끌게 되는 원동력이 된다. 이때는 극의 템포와 리듬을 충분히 익힐 수 있으며 본격적인 디자인작업 준비를 할 수 있다. 또한 의상 전환의 시간여부와 필요 의상 벌수에 따른 예산 계획 등 기타 세부적인 부분도 구체적으로 생각할 수 있다. 예전에는 연출의 의도나 콘셉트가 중요하고 우선시 되어 그 방향을 따라 일방적으로 진행되기도 했지만, 오늘날은 각 디자이너들의 창의적이며 개별적 과정들이 모아져 전체의 큰 그림을 이루는 시각 창조가 매우 중요한 역할을 하고 있으므로 각 분야의 디자이너는 책임감을 느끼며 창조적 작업에 임해야 한다.

3) 초기 인상과 초기 이미지

(1) 초기 인상(first impression)

대본읽기를 하다보면 무엇인가 스쳐지나가는 인상이 있게 될 것이다. 이것을 초기 인상이라 하며, 무엇인가 디자이너의 사고 속에 막연한 상으로 나타나고 그것이 구체적인 형이 되어 실제로 나타나기도 한다. 이것은 한 순간의 번뜩임으로 영감(inspiration)이라고도 불린다.

초기인상은 분명하지도 않고 초점도 맞추어지지 않으며 연관성도 그리 크지도 않을 수 있지만 향후 디자인 과정에서 매우 중요 역할을 할 수 있다. 디자인에 영감을 주는 기준이나 법칙, 그리고 공식은 없다. 가끔은 영감이 많은 기준들을 정의하기도 하지만, 영감은 가르쳐질 수도 없고 전달할 수도 없으며, 항상 번쩍이며 나타나지도 않는다. 디자인한다는 것은 활발한 상상, 날카로운 인지력, 풍성한 기억력을 필요로 한다. 영감은 경험으로 나타날 때도 있지만 숨겨진 보석처럼 가려져 있기도 한다. 어렸을 적의 강한 시각적 이미지나 경험, 기억이 디자인에 반영되거나 영향을 미치는 등 디자인의 실마리를 찾아주는 경우도 종종 있다. 또는 다른 디자이너는 왜 저런 방법을 택했을까 생각해보는 것도 창조 작업의 첫 걸음이 될 수도 있다.

대본은 디자이너에게 기본적인 정보를 제공하지만, 공연관람, 시나 소설 탐독, 전시장, 박물관, 재활용 센터나 폐차장 방문, 건축과 장식의 공부, 여행 등의 셀 수 없는 많은 경험들은 창조적 과정을 위한 생생한 자료들을 제공한다. 자료가 많이 모이면 모일수록 그것들의 결합과 충돌은 더욱 더 창조적 힘을 낼 것이다. 의상디자이너는 영감을 앉아서 기다리기보다는 열정적으로 찾아야만 한다. 부단한 노력과 끊임없는 자극, 그리고 창조의 불을 지필 생생한 자료들이 필요하기 때문이다. 그림, 사진, 재료와 소재 등을 포함하여 실제로 보여지고 토론되어진 모든 자료들은 디자인 기초를 단단하게 만드는데 도움을 줄 것이다.

(2) 초기 이미지

이미지는 무엇을 정의내리거나 단정하고 제한하기보다는 뭔가를 떠올리게 하고 연상하게 만들며 사고를 확장하게 한다. 미처 알지 못하거나 설명하지 못하는 것을 쉽게 설명할 수 있는 것이며 눈에 보여지는 것 뿐만 아니라 감각적인 것까지도 포함한다. 작은 공간에 많은 정보를 압축하여 보여주는 압축파일과도 같으며 이미지 하나로도 장황한 설명을 대신 할 수 있다. 작품 속의 많은 의미는 관객의 수용 환경과 태도, 그리고 상상력에 의해 다르게 받아들여지고 제한될 수 있다. 작은 표현을 대변해 주는 이미지라도 관객과의 소통을 확장시키는데 도움이 되며 사실과 개념의 영역을 벗어나 연상을 이끌어내고 이를 통해 자유롭고 복잡하게 엮인 작품이라도 잘 이해할 수 있게 된다.

뱅코우	(……생략) 저렇게 시들어 빠지고 괴상한 옷차림을 하고 있는 것들이. 아무래도 땅 위에 사는 것들 같지는 않은데, 그래도 땅 위에 있구나. 너희들은 살아 있는 것들이냐? 우리와 말을 건넬 수 있는 것들이냐? 내 말을 알아듣는 모양이다. 다들 거칠게 튼 손가락들을 시들어 빠진 입술에 갖다 대는 걸 보니. 너희들은 여자들일 것이다. 그렇지만 수염이 있으니, 그런 것 같지도 않고.
맥베스	말을 해 보아라, 말을 할 수 있거든. 너희들은 대체 무엇들이냐?
	(중략)
뱅코우	물에는 거품이 있듯이 땅에도 거품이 있는 모양이다. 저것들이 바로 그러한 것들이구나. 어디로 사라져 버렸나?
맥베스	공중으로 사라져 버렸소. 형체가 있는 것같이 보였는데, 숨결같이 바람 속으로 사라지고 말았소. 좀 더 머물러 있었더라면 좋았을 걸!
뱅코우	우리가 지금 이야기하고 있는 것들이 실제로 여기 있었을까요? 아니면, 우리는 이성을 마비시키는 미치광이 풀을 먹은 것이 아닐까?

- 〈맥베스〉 중에서 -

초기 인상 : 광야, 메마른, 거친, 시들은 죽은 나뭇가지, 괴기스러운 분위기, 황야, 악마의 숨결

초기 이미지의 예 :

연극 〈맥베스〉 초기 인상과 초기 이미지의 예

중심 이미지를 찾는 것은 콘셉트를 구축하는 지름길이다. 디자이너들은 연상된 단어나 이미지들의 반응을 통해 독창적인 콘셉트를 구축할 수 있으며 관객들에게도 똑같지 않은 연상을 불러일으키는 각자만의 소통방식을 가지게 해준다. 이미지는 극의 의미에 대한 중심적 심상들이다. 이미지는 지식의 바구니라 할 수 있으며, 사실과 경험을 강조하여 사실을 더 사실적이고 진실되게 만들기도 하고, 가끔 뜻밖에 튀어나와 복잡한 문제를 해결해주기도 한다. 이미지는 감각을 통해 나타나며 어떤 사물과 사물과의 연관관계를 통해 대표적 특성과 도덕적 가치를 나타내기도 한다. 또는 서로 다른 대체 방법을 통해 우리가 이미 알고 있는 것들을 은유, 직유, 상징을 통해 표현할 수도 있다. 디자이너는 자신의 콘셉트를 충분히 표현하기 위해 글뿐만 아니라 중심개념이 들어간 시각적 사진이나 그림을 준비하여 이미지 맵을 만들 줄 알아야 한다.

4) 대본분석

희곡에 대한 분석은 정답이 있을 수 없다. 완벽한 이해와 해석이 존재하지 않는 것이다. 무대 위에 구체적인 그림으로 그려내기 위해 희곡 속에 숨겨져 있는 관점과 개념들을 찾아내는 과정이 대본분석이다. 대본과 공연은 매체가 다르기 때문에 그 접근방법이 다를 수밖에 없고 대본을 완벽하게 무대작업으로 설명할 수는 없지만, 분석을 통해 대본에 관한 여러 다른 시선과 해석들이 무대 작업으로 나타날 수 있는 것이다. 연극적 표현은 대본이나 시나리오로부터 얻어지는 연극적 아이디어로부터 시작된다. 이것으로부터 연출가는 해석의 주된 관점을 세우고 배우나 디자이너들은 콘셉트를 완성하고자 각자 맡은 분야에서 최선을 다하게 된다.

(1) 극의 의미와 상징

희곡은 의미의 복합체이다. 인간의 경험을 극적 상황과 사건으로 이야기하고 그에 대한 진실을 이야기하면서 비전을 말해준다. 작가의 사상을 통해 작품의 주제를 말해주며 그것이 곧 작품의 의미이다. 단어, 인물, 행동, 사고, 이미지 하나하나가 어떤 의미를 불러일으키며 뭔가를 암시한다. 어떤 의미를 불러일으킨다는 점에서 상징적이다.

상징이란 그 의미 해석이 열쇠구멍과 같다. 열쇠구멍으로 볼 때 잘 보이지 않는 부분은 상상을 하게 되며 조그만 구멍의 각도나 방향, 위치에 따라서 같은 사물이나 이미지도 여러 의미로 확산된다. 상징은 작품 전체를 지배하는 의미, 암시성의 배경을 형성한다. 상징이란 어떤 대상이 지닌 의미를 나타낸 표시, 문장, 모티프 등 상징기호와도 연결되는데, 상징기호는 작가가 작품 속에서 특별한 의미를 부여하기 위해 만든 것으로 의미를 각인시키기 위해 반복 사용되기도 한다. 또한 디자인적 측면이나 인물 연결, 그리고 중심 이미지와 관련된 수많은 내용과도 연결되며, 원형적인 심상이나 반복적인 상상이 모두 기호가 되어 정서를 고양시키며 주제를 부각시키기도 한다.

(2) 사실 발견과 상상력을 위한 발견

희곡은 일련의 사건이나 행동의 집합체이다. 그런 사건이나 행동들을 찾아내어 연결된 관련성을 발견해야 한다. 행동의 도미노와 균형과 방해의 움직임을 찾아야 하며 그 속의 갈등과 충돌을 파악해야 한다. 희곡의 갈등은 캐릭터의 욕구와 그것을 방해하는 장애물이다. 이런 장애물이 디자이너에겐 오히려 종종 강한 디자인 동기로 작용한다. 예를 들어 신분상승이나 부에 대한 강한 욕구가 여러 이유로 장애에 부딪치고 있을 때 이를 의상에 잘 표현할 수 있다.

대본분석 단계는 대본의 사실들을 발견하고 정리해 나가는 과정으로 용어에 대한 정확한 개념과 정의가 우선되며, 작품의 틀을 만들고 계획을 세우는 단계로 정확함을 요한다. 대본의 부분 부분에 무엇이 드러나고 무엇이 감추어지고 있는지 잘 파악해야 하며, 너무 성급하게 정보를 노출한다거나 결과를 보여주어서는 안된다. 이는 작품의 틀을 무너뜨리는 결과를 초래하기 때문이다. 서서히 알게 되는 것과 너무 일찍 결과를 알게 되는 것은 작품 음미에 너무도 큰 차이를 보인다. 의상이 그런 과오를 범하는 일은 없어야 한다.

(3) 대본분석의 접근과 해석

대본분석을 위해서 작품 속의 주어진 환경, 대사, 극적 행동, 캐릭터, 속도, 리듬, 분위기 등을 면밀하게 접근하고 분석할 필요가 있다. 대본분석의 유형에는 가장 일반적인 해석과 관습적인 해석, 그리고 비 관습적이고 주관적 해석이 있다. 일반적이고 관습적인 해석도 필요하지만 때론 비 관습적이고 주관적 해석이 디자이너의 독창성을 살리는 데 도움을 줄 수 있다.

(4) 대본분석 체크 리스트

대본분석을 할 때에는 극의 주제와 형태, 스토리, 희극적, 비극적 요소는 무엇이며 그것들을 다른 방법으로 해석이 가능한지 체크한다. 또한 다양한 등장인물들의 성격과 기능은 무엇인지 파악한다. 그리고 각 인물간의 관계와 갈등에 대해서도 면밀히 분석한다. 극의 시각화를 위해 극 전체를 통해 야기된 이미지는 무엇이며 극의 정신세계를 대표하기 위한 중심 이미지들은 무엇인지, 그 이미지와 색과 질감을 대표할 수 있는 자료들을 찾기 위해 철저한 대본분석이 요구 된다.

대본분석 체크 리스트

1. 극의 형태, 양식, 구조, 스토리는?
2. 극의 희극적, 비극적 요소는?
3. 극의 주제는 무엇인가? 다른 방법으로 해석이 가능한가?
4. 극의 분위기는 어떠한가? 장면과 등장인물이 다양한가?
5. 그들은 어디에 있나? 어느 나라, 도시, 장소, 건물, 방, 야외
6. 인물들은 그곳을 어떻게 묘사하고 있나? 그곳이 어떤 특별한 의미가 있나?
7. 어느 시대, 나라, 달, 계절, 시간. 그때가 어느 특별한 의미가 있나?
8. 그들은 누구인가? 역할, 지위, 신분, 관계, 태도, 정치적, 사회적, 개인적 성향
9. 각 인물간의 연결 관계는? 각 인물간의 갈등 관계는?
10. 극 속의 각 캐릭터의 기능은 무엇인가?
11. 각 캐릭터가 말하는 대화체는 어떠한가? 사실적, 자연적, 문학적, 시적, 기타
12. 극에서 무슨 일이 일어났나? 극이 시작하기 전에 무슨 일이 있었나?
13. 중심장면이나 사건의 전개과정에서 전환점은 무엇인가?
14. 극의 형태, 분위기, 양식에 의해 제시된 색이나 질감은 무엇인가?
15. 극 전체를 통해 야기된 이미지들은 무엇이며 중심 이미지는 무엇인가?

(5) 주제 파악

　　대부분의 작품 속에는 내적 생각이나 이미지가 내포되어 있는데 이를 '주제' 또는 '사상'이라 부른다. 대본분석을 통해 작품이 말하고자하는 주제의식을 도출할 수 있다.

　　주제는 의미이며 극이 담고 있는 화젯거리이다. 주제는 관객과 소통할 수 있는 보편성과 이야기의 신빙성, 흥미 유발을 위해 새로운 시각으로 바라보는 개별성이 있어야 한다. 작가는 극작을 통해 지배적인 생각과 관심 개념에 대해 관객과 소통하고 메시지를 전달하고 싶어 하므로 작가의 작품을 진정으로 이해하려면 그의 작가관이나 사상을 포착해야 한다. 그러나 작품의 작가관이 어떤 사상이나 주제에 반드시 초점이 맞춰져 있는 것은 아니며, 작가들은 철학자이고 지적인 문제를 제시하기 위해 극을 쓴다는 선입견에 빠져들지 말아야 한다. 관객과 독자는 작품의 주제를 찾아내고 연출은 숨은 의미를 잘 표현해야 하지만, 사상이 진지한 극이나 풍자극 등에서는 중요할 수도 있는 반면에 희극이나 멜로드라마에서는 그렇지 않은 경우도 있기 때문이다.

　　대본에는 하나의 주제가 있을 수도 있고 여러 개의 주제가 있을 수도 있다. 주제를 논하는 것은 상당히 어렵고 모호할 경우가 많다. 그리고 연출이나 시대에 따라, 또는 초점의 이동에 따라 주제는 달라질 수 있다. 이것은 사상이나 주제가 극의 구심점 역할이 되는 것이 분명하지만 극 표면에 반드시 드러나기 보다는 플롯이나 캐릭터의 행위를 통해 관객이 스스로 인지하게 되어 있기 때문이다. 처음부터 특정 주제에 몰입되면 극의 다양성을 놓치게 되고 주제를 찾기 위해 동분서주하다 작품 본연의 탐구를 소홀히 하는 경우가 생긴다. 그러므로 대본을 완벽하게 이해해야 초점의 이동에 무리가 없을 것이다. 주제의 표현이 희곡의 목적이 아니기 때문에 주제는 단정적일 수 없으며, 주제는 결과이기 때문에 되도록 나중에 찾는 것이 바람직하다. 즉, 극의 최종적이고 종합적인 의미와 주제 찾기는 분석이 마무리 될 때까지 계속될 것이다. 그러나 대본의 반복 읽기, 작가의 비전과 깊이, 등장인물의 창조, 등장인물의 행동, 이미지 등을 논하다보면 자연히 주제가 부각될 것이다. 또한 대본의 대사를 꼼꼼히 읽고 숨겨진 의미를 찾아낸다면 원작의 재해석이나 해체와 재구성도 충분히 가능할 것이다. 이들도 자의적 해석을 통하기보다는 원작의 대사들의 정보와 내재된 의미 속에서 설득력있는 구성이 되어야 하기 때문이다. 이런 과정을 통해 도출된 주제와 관객을 연결하는 요소를 찾을 수 있으며, 그 위에 사회적, 예술적 가치를 부여할 수 있는 것이다.

(6) 극의 구조 파악

• 플롯(plot)

플롯은 모든 희곡의 구조이자 흐름이고 요약이다. 단순히 줄거리의 의미를 넘어 극에서 일어나는 모든 사건들과 극적행위와 갈등들을 제한된 시, 공간 속에서 이루어지도록 엮어놓은 것이며, 극의 방향을 제시하는 구조적인 틀인 것이다. 플롯을 통해 사건과 캐릭터들의 극적행동을 효율적으로 파악한다면 의상디자이너는 가장 기초적이면서도 중요한 단서를 얻을 수 있게 된다. 극적행동은 캐릭터의 목표이자 행동전략이며 이를 통해 캐릭터의 속성이 나타나기 때문이다. 그러나 극의 짜임새가 단순하지 않은 대본이 많기 때문에 작품 속의 다양한 의미를 지닌 플롯을 알아내는 것이 쉽지는 않다.

극의 구조는 의상을 통해 강하게 또는 미묘하게 나타내질 수 있다. 그래서 의상의 콘셉트는 극의 전개와 클라이맥스, 그리고 대단원 등 극의 구조와 함께 하는 경우가 많다. 만약 작품 전체에 같은 의상이 입혀진다면 오랜 시간동안 흥미를 유지해야 하며, 클라이맥스에서 의상이 효과적이 되도록 하려면 다른 단계에서는 다른 의상 조합을 선택해야 지루함을 피할 수 있다.

• 장면분석표(scene break down)

장면이란 극에서 제시되는 사건의 단위 또는 사건의 맥락을 말하는 것으로 극을 진행하는데 필요한 최소 단위이다. 각 장면은 시작과 끝이 있으며 하나의 장면에서 여러 번의 공간적인 변화가 발생할 수도 있다. 장면에는 목표도 있는데 이는 메시지를 전달하는데 있어서 필요한 해당 장면의 역할을 말하는 것으로 장면이 가지고 있는 비중을 판단하여 설정한다.

장면분석표는 각 장면별 사건 전개의 흐름을 통해 극에 대한 짜임새를 나타내주는 표이다. 또한 캐릭터의 극적 행위들이 충분한 동기를 지니며 사건을 형성해 나가고 있는지 한 눈에 알 수 있게 해 주며, 그 행동을 뒷받침하는 캐릭터의 구체적인 이야기와 배경을 설정하는데 효과적인 표이다. 또한 이 표는 준비단계에서 작성하게 되는데 대본을 바탕으로 각 장면의 간략한 소개와 낮과 밤, 장소, 등장인물 표시, 무대, 의상, 조명, 소품, 세트 등에 관한 정보를 상세히 담고 있다. 작품 구성의 패턴을 이해할 수 있는 이 표는 참여하는 배우들과 제작진이 이 표를 토대로 사건 전개에 대한 이해와 더불어 공연을 제작할 때 자신들이 준비해야 할 것들을 효과적으로 점검할 수 있도록 도와주며, 의상 콘셉트 설정과 의상 전개를 효과적으로 진행할 수 있도록 해준다.

- **의상 플롯**(costume plot)

  의상 플롯은 캐릭터의 극적 행위들이 충분한 동기를 지니며 사건을 형성해 나가고 있는지 흐름을 한 눈에 알 수 있게 해 주는 표이며, 각 캐릭터의 등퇴장과 빠른 전환 등 의상에 대한 정보를 줄 뿐만 아니라 의상의 중요도에 따른 우선순위를 파악할 수 있고 문제점들도 미리 예상할 수 있게 해준다. 또한 캐릭터별 의상 벌수와 공연 전체의상의 총 벌수를 알 수 있다. 의상 플롯은 공연 제작기간 동안 필요시 계속 업데이트할 수 있으며 디자이너나 연출에게 자료조사와 계획을 명료하게 해주어 토론에 집중할 수 있게 해준다. 그리고 캐릭터의 구체적인 행동과 배경을 뒷받침할 수 있는 의상을 효과적으로 계획할 수 있게 한다. 의상 플롯을 통해 다음 정보를 파악할 수 있다.

  - 의상 전환과 벌수

  캐릭터의 의상 전환은 시간의 흐름, 신분의 변화, 심리적 변화 등 극의 전환점을 제시하는데 매우 효과적이다. 대본을 통해 의상이 몇 벌 필요한 지 알 수 있지만 대본에 명시되지 않은 벌수도 있을 수 있기 때문에 면밀히 검토해야 한다. 의상의 고급 정도, 형태, 색상, 질감, 청결도 등이 구체적으로 명시되어 있다면 의상 플롯에 기입하여 디자인 시 참고한다.

  - 빠른 의상전환(quick change)

  어느 장면에서 빠른 전환이 있는지, 몇 분 안에 의상전환이 되어야 하는지의 상황 판단에 따라 디자인과 제작이 이루어져야 한다. 극의 흐름상의 전환시간, 의상탈착의 복잡성 정도, 배우의 위치, 의상의 여밈과 마무리 정도, 탈착을 도와주는 사람을 미리

무대의상 디자인

연극〈햄릿_아바따〉 의상 플롯

캐릭터 (변신캐릭터)	#1	#2	#3	#4	#5	#6	#7	#8	#9	#10	#11	#12	#13	#14	#15	#16	#17	합계
장면	햄릿—죽음과 삶과의 경계	아버지 햄릿과의 만남	결혼식을 위한 장례	사랑사랑 내사랑아	오빠와 아빠	엄마와 또 다른 아빠	다른 엄마	햄릿과 호레이쇼	광대들	광대로의 변신	광대극	엄마와 또 다른아빠의 번민	레어티즈와 클로디어스	오필리어의 자살장면	무덤지기와 장례	결투	에필로그	합계
오필리어영혼 (사제)	❶		❷													❶		2
햄릿		❶	❶	❶			❶	❶	❶	❷		❷			❷	❸ 칼		3
아버지 햄릿 (광대장)		❶					❶	❶	❷	❷ 광대소품								2
호레이쇼		❶	❶ 결혼소품															1
클로디어스 (광대)			❶ 결혼소품			❶			❷	❷ 광대소품		❸	❸	❸				3
거투르드			❶ 결혼소품			❶	❷				❷	❸				❹		4
오필리어			❶ 결혼소품	❷ 책	❷		❷							❸				3
폴로니어스 (광대)			❶ 결혼소품		❷			❷	❸		❸ 광대소품	❷						3
레어티즈 (광대)			❶ 결혼소품		❷ 여행가방				❸		❸ 광대소품		❷		❷	❹ 칼		4
무덤지기 (광대)*2	❶								❷		❷ 광대소품				❶			4
포틴브라스																	❶	1
악사들*5	❶	❶	❶	❶	❶	❶	❶	❶	❶	❶	❶	❶	❶	❶	❶	❶	❶	5
합계																		35

* 〈햄릿_아바따〉는 셰익스피어의 원작 〈햄릿〉을 춤과 소리의 광대 음악극으로 재해석된 작품, 극단 서울공장, 임형택 연출

계획할 수 있다. 이 경우 되도록 한 벌로 붙여진 의상을 준비하거나 여밈을 간단하고 찾기 쉽게 만들어 배우가 의상전환에 대한 조급함을 느끼지 않도록 도와야 한다.

- 소품과 장신구

소품과 장신구는 의상의 완성도를 높여주는 중요 아이템이다. 의상 플롯에 어느 장면에서 어느 소품과 장신구가 필요한지 기입해 놓아야 디자인과 제작, 조합과 스타일링할 때 디자이너의 착오를 방지할 수 있다.

- 신발과 가발

신발과 가발 또한 의상과 캐릭터 창조를 완성시켜 준다. 의상 플롯에 기입하여 총 필요 수량을 파악하여 예산 작성 시 유연하게 대처할 수 있다. 예산이 부족할 경우엔 중립적인 색상의 신발로 모든 변화된 의상에 맞추던가 아니면 배우들의 신발을 이용한다든지, 가발은 값 비싼 가발 대신 모자로 대처하는 등 문제 해결에 앞장 설 수 있다.

• 의상 리스트(costume list)

디자이너는 세밀히 대본을 살펴보고 캐릭터가 각 장면에서 무엇을 입어야 하는지, 혹은 전 장면의 의상을 그대로 입어야 하는지 체크하여야 한다. 의상 리스트는 각 캐릭터 별로 작성되어 의상이 최종 몇 벌이 필요한 지, 각 캐릭터별로 어느 정도의 예산이 필요한지 가늠할 수 있다. 예산의 허용 여부에 따라 각 장면에 허락되는 선에서 의상의 벌수를 조절할 수 있다. 의상 리스트는 남, 여 캐릭터 별로, 혹은 주연과 조연, 앙상블 배우들로 유형을 나누어 작성할 수 있다. 이 목록은 관리를 위한 기본 양식이 되며 제작, 구매, 혹은 대여, 보유품 중에서 찾기 등 일의 분배를 도와준다.

무대의상 디자인

연극 〈햄릿_아바따〉 의상리스트

남자 주연		여자 주연	
햄릿	1. 평상복 2. 광대의상 3. 결투복	오필리어	1. 평상복 2. 장례식복(결혼식 소품) 3. 잠옷
남자 조연		여자 조연	
아버지 햄릿	1. 인도 전통의상 2. 광대장 의상(광대소품)	오필리어 영혼	1. 인도 전통의상 2. 사제복
포틴브라스	1. 평상복	거트루드	1. 평상복 1
호레이쇼	1. 평상복		2. 장례식복(결혼식 소품)
클로디어스	1. 평상복 2. 장례식복(결혼식 소품) 3. 광대의상(광대소품)		3. 나이트 가운 4. 평상복 2
폴로니어스	1. 평상복 2. 장례식복(결혼식 소품) 3. 광대의상(광대소품)		
레어티즈	1. 평상복 2. 장례식복(결혼식 소품) 3. 광대의상(광대소품) 4. 결투복		
남자 앙상블		여자 앙상블	
무덤지기	1. 평상복 2. 광대의상(광대소품)	무덤지기	1. 평상복 2. 광대의상(광대소품)
악사들	1. 악사복		

2 연출과의 토론과 아이디어 도출

1) 연출과의 토론

공연에 임하기에 앞서 제작자, 연출, 디자이너들은 공연에 대한 전반적인 정보를 공유해야 한다. 연습과정에도 적극 참여하여 극이 만들어지는 과정을 함께 공유하며 연습일지도 세심히 숙지한다. 연습과정이지만 배우들의 동선과 움직임을 보면서 의상디

자인에 대한 콘셉트나 기능적인 면에 대한 아이디어를 얻을 수 있기 때문이다. 대본에 익숙해진 디자이너는 연출과 토론을 하게 된다. 이때 연출은 디자이너에게 극의 해석과 방향에 대해 무언가를 이야기하겠지만 서로 상호 아이디어를 교환하며 극이 원하는 목표를 향해 단계별로 나가는 것이 바람직하다. 그러나 연출은 중심적 가이드로서의 연기와 모든 요소들을 균형잡는 연출적 접근에 무게를 둘 것이다. 연극은 협동을 요하는 공동예술이므로 개인의 이기적인 이유로 모든 팀원이 하나의 공동 목표를 향해 가지 않았을 때는 전체 작품의 수준은 기대이하 일 것이다. 디자이너는 팀의 일부로서 기능하며, 팀의 일원으로 모든 분야가 어떻게 흘러가고 있는지를 잘 파악하여야 한다. 가장

연습장면과 연습일지 (극단 서울공장)

효과적인 결과는 연출과 배우 그리고 다른 디자이너들과 잘 공유된 아이디어로 나타날 것이다. 즉, 작품의 일관된 통일성은 원활한 소통과 이해를 통한 팀웍으로 이루어지는 것이다.

무대의상 디자인

2) 아이디어 도출

아이디어 도출은 순간적으로 떠오르는 영감이나 생각의 발상으로 창조적인 디자인의 시작이 된다. 그리고 콘셉트를 구체화하기 위해 조사한 다양한 자료의 분석을 토대로 가치를 설정하는 작업이다. 아이디어 발상을 시작으로 다양한 영역의 접근과 조사를 통해 얻은 아이디어의 차용, 조화, 통합, 변형 작업을 통해 콘셉트가 만들어지는 것이다.

(1) 아이디어 발상의 조건과 종류

새로운 아이디어의 발상과 창조는 두뇌 속에 보관되어 있는 정보의 시각, 청각, 후각, 촉각 등으로부터 들어오는 외부 정보를 종합하여 독자적이고 자유로운 사고 방법을 통하여 새로운 가치를 만들어내는 작업이다.

목적이나 의도를 구체화시킨 조건에서 주제나 상황, 사물과 현상에서 얻어지는 이미지를 유사하게 생각해 보는 유사 발상법과 주제나 사물의 위치, 용도, 형태, 이미지 등을 역으로 혹은 뒤집어 생각해 보는 역 발상법, 그리고 아이템을 항목별로 검토하면서 아이디어를 변경, 전환, 결합, 제거, 추가하면서 아이디어를 단단하게 구상하는 체크리스트법이 있다. 이를 위해 디자이너는 정보의 변형, 가공, 구성, 통합에 대한 훈련이 필요하다.

(2) 아이디어 발상의 예

• 자연물로부터의 발상

발상의 모티브는 자연에서 얻어지는 경우가 많다. 자연의 형태는 라인의 차용, 실루엣이나 디테일에도 활용이 가능하며, 무늬로 표현되기도 한다. 아름답고 조화로운 자연의 색상도 좋은 발상의 자료가 될 수 있다.

• 인공조형물로부터의 발상

인공조형물은 건축물, 조형물, 생활 도구, 도형 등 생활 주변에서 흔히 볼 수 있는 것을 말한다. 특히, 건축과 복식은 밀접한 관계에 있으며 구조, 형태, 소재, 색상 등에서 새로운 아이디어를 얻을 수 있다.

- **예술작품으로부터의 발상**

    화가나 조각가 등의 예술작품에서 아이디어를 얻어 새로운 형태의 디자인으로 발전시키거나 다양한 소재를 개발할 수 있다. 특히 박물관과 미술관들은 의미와 가치가 있는 다양한 장르의 예술품을 보유하고 있으므로, 이곳의 자료를 통해 디자인에 필요한 구조, 형태, 색상, 디테일, 장식 등의 아이디어를 얻을 수 있다. 직접 방문하거나 웹 사이트를 통해 자료를 관찰하고 탐구할 수 있으며 평소에도 항상 관심을 가지는 자세가 바람직하다.

- **역사와 문화로부터의 발상**

    무대의상은 극의 시간과 공간에 밀접한 관계가 있다. 작가가 살았던 시대나 작품의 배경이 되는 시대와 공간의 역사와 문화는 그 시대의 사회적, 경제적 환경, 문화, 가치관, 도덕관, 생활태도, 그리고 복식 등을 반영한다. 시대별 배경과 유적지 및 유물, 예술작품, 건축 및 복식사, 스타일과 매너 등에 관한 지식을 조사하여 디자인의 고증과 창조의 기본 자료가 되도록 한다. 또한 기본 자료를 현대적으로 재해석하거나 디자이너가 표현하고자하는 새로운 스타일로 재창조될 수 있도록 아이디어를 발전시킬 수 있다. 특히 각 민족의 고유한 관습과 생활 방식, 전통 복식과 생활용품, 장신구, 색상과 문양 등의 문화는 독특한 아이디어와 미적 요소로 활용되어 특유의 이미지 표현에 효과적으로 활용될 수 있다.

    그 외 사상으로부터의 발상, 이미지로부터의 발상, 소재로부터의 발상 등 다양한 발상이 있다.

3 캐릭터(character) 이해와 분석

모든 희곡은 캐릭터의 행동과 말을 통해 작가의 메시지를 전달하고 작품의 주제를 표현한다. 극이 진행되는 동안 캐릭터들은 관객의 머릿속에 깊이 각인되며, 관객들은 그들의 두 시간 남짓의 짧은 삶 속에 뛰어들어 희, 노, 애, 락의 인생 여행에 동참하게 된다.

1) 캐릭터의 개념

고대 페르소나(persona) 개념으로 부터 시작된 캐릭터는 단순히 일인 다역을 위한 역할을 의미했던 '가면'의 의미에서 현대로 오면서 '외적 인격', '사회적 인격'이라는 깊이 있는 의미를 지니게 되었다.

캐릭터란 소설이나 연극, 영화, TV드라마, 만화, 게임 등에 등장하는 인물로 작품의 내용과 주제에 따라 개성있는 성격과 이미지가 부여된 존재이다. 캐릭터는 극의 생명이며, 극과 관객을 연결시켜주는 교감의 매개자이자 작가와 연출의 의도와 주제를 전달하는 메신저로서 사건을 구성하는 최소단위이다. 스토리를 전달하는 매개자인 캐릭터가 없다면 관객은 쉽게 작품을 이해하거나 공감하지 못할 것이다. 캐릭터는 작품 속에 수많은 개성과 목소리를 지닌 존재로 각각 특별한 욕구, 취향, 특징 등의 독특한 성격을 지니며 실재 인물인 것처럼 착각하게 만드는 인위적이고 허구적인 인물이다.

2) 캐릭터의 유형
• 원형적 캐릭터

원형적 캐릭터는 문화와 시대를 뛰어 넘어 모든 관객에게 호소력을 지닐 수 있는 보편적 인간성을 구체화한다. 그들은 특수한 조건 속에 놓인 사람들이며, 그들의 행동은 그들이 처한 환경보다 더 큰 의미를 남긴다. 원형은 우리가 세상과 우리 자신에 대해 생각하는 방식을 형성하는데 기여한다. 〈오이디푸스〉와 〈메데아〉 등 대부분의 그리스 비극의 캐릭터들이 이에 속하며, 특히 현대 비극의 〈세일즈맨의 죽음〉에서의 윌리 로만 같은 캐릭터는 우리 모두가 될 수도 있는 보편적 인물의 상징이 된다.

• 심리적 캐릭터

어떤 극작가들이 그려내는 인물은 너무나 깊고 복잡한 내면의 세계를 가지고 있어서 관객들은 그 캐릭터를 온전히 이해하기 어려운 나머지 그의 행동과 동기, 그리고 욕망을 파악하거나 그가 이전에 어떻게 살았는지를 추리해 내는 것조차 불가능할 때가 있다. 이러한 인물을 심리적 캐릭터라 한다. 깊고 복잡한 내면을 지닌 캐릭터들의 등장은 20세기 이후에는 일반적인 것이 되었지만 그 이전에도 심리적 캐릭터는 존재해 왔다. 셰익스피어의 〈햄릿〉의 햄릿은 복잡한 내면 심리를 지닌 대표적인 심리적 캐릭터로 오늘날까지 우리를 끊임없이 매혹시키고 있다.

• 고정 캐릭터

스톡(stock) 캐릭터, 상투적 캐릭터라고도 하며 구두쇠, 허풍장이 군인, 아첨꾼, 영리한 하인, 헌신적 어머니, 순진한 여인 등 성격이 고정되어 변화하지 않거나 보편성을 지니는 캐릭터이다. 심리적 캐릭터의 반대되는 캐릭터 군으로 이들 또한 특정 유형의 대표 캐릭터들이다. 이들은 많은 대사 없이도 단순한 신체적 몸짓만으로 그 성격을 인지시키고 이해시키는 친숙한 성격으로 몇 가지 특징과 속성이 집중적으로 보여 진다. 코메디에서 주로 많이 보여지며 멜로드라마나 TV 시트콤에서도 자주 볼 수 있는 이들은 작품마다 유사하게 개인의 특성이나 역할의 특징보다는 플롯상의 기능에 따라 일정한 모습을 보인다.

• 지배적 기질의 특징을 가진 캐릭터

생물학적 관점에서는 인간의 기질이 인간의 성격과 감정을 지배한다고 말한다. 작품 속에는 지배적인 기질의 특징을 가진 극단적인 성격의 캐릭터들이 창조되어 다른 캐릭터들과의 복잡한 관계를 형성하기도 한다. 이들은 극단적 행동과 심리적으로 깊고 독특한 성격으로 작품을 더욱 더 입체적으로 만든다.

• 비인간화된 캐릭터

20세기 모더니즘과 포스트모더니즘 이후의 많은 연극에서는 냉혹하고 점점 더 비인격적이며 비인간적으로 변해가는 세상에 사로잡힌, 공동체로부터 소외되고 격리되어 있는 캐릭터들을 창조해 내었다. 이들은 어둡고 비관론적인 세계 속에 비인간화된 개인을 대표한다. 관객은 존재감의 상실과 공허함을 채우려는 그들에게 관심을 가지게 되고 그들의 고독과 갈등, 그리고 투쟁에 공감하면서 오늘날 삶의 가치와 정체성, 그리고 인간관계에 의문을 제기한다.

- **해체된 캐릭터**

  인간은 삶 속에서 여러 역할을 연기한다. 어떤 역을 하고 있는지, 타인과 어떤 관계가 있는지에 따라 그의 행동은 다르게 나타난다. 20세기 후반에 인간은 사회적으로 미리 정해진 역할을 하고 있을 뿐 정체성이란 단지 사회 질서를 유지하고자하는 사람들이 만들어 낸 것뿐이라는 것을 폭로하고자 하는 움직임이 있었다. 이런 작품 속의 캐릭터들은 서로 남녀의 성별이나 신분, 심지어 백인과 흑인의 역할을 바꾸어 역할을 함으로써 정체성은 언제든지 바꿀 수 있음을 보여 준다. 이런 인간의 행동과 역할을 해체하여 정체성에 의문점을 내던지는 캐릭터들을 해석하고 이해하기는 쉽지 않지만 이들을 통해 정체성이란 사회와 외부의 상황으로부터 생겨난 것임을 인지하며 우리 자아를 돌이켜 볼 수 있도록 해준다.

3) 캐릭터와 성격

극의 주제는 캐릭터의 성격과 행동에 직접적으로 연관되어 있는데, 캐릭터의 성격이란 사람의 행위를 결정하는 개별적 성질들을 뜻하므로 사상만큼 의식적이거나 합리적인 것이 아닐 수 있다. 성격은 이상과 원칙에 부합하도록 단련된 것이라기보다는 감정적 대응으로부터 나온 것이기 때문이다.

캐릭터의 성격이 지닌 본질적 기능은 그것이 인물의 의도를 담은 복합적인 '행동'으로 표출되어 그를 다른 사람과 차별화시키고 거기에 따라오는 주변의 반응으로 인해 다음 사건을 이끌어내는데 있다. 작가는 개성이 뚜렷한 캐릭터를 창출하기 위해 작품을 통해 드러나지 않은 캐릭터의 섬세한 배경까지 정교하게 계획하기도 한다. 또한 극은 인간 삶의 태도와 욕망의 엇갈림 속에서 생기는 갈등에서 태동하므로 캐릭터와 성격을 어떻게 설정하고 구성하느냐에 따라 목적과 행동이 각각 다르게 진보할 수 있다. 극의 구축에 캐릭터의 성격이 매우 중요한 이유이다.

4) 캐릭터의 성격 창조

극에는 많은 캐릭터들이 나오는데, 각 인물들에게 부여된 특성들에 의한 차별성 때문에 이들의 성격이 구별되어진다. 시간과 공간의 제약이 많은 극은 소설처럼 많은 인물을 등장시킬 수도 없고 많은 사건들을 전개시킬 수도 없다. 그러므로 꼭 필요한 인물들과 사건들만 등장시켜 극적 효과를 높이고자 한다.

캐릭터의 성격 창조란 인물에게 일반적인 인간의 속성과 다른 독특한 개성을 부여하여 다른 캐릭터와 차별되는 성격을 창조하는 것을 말한다. 캐릭터의 성격은 곧 극의 생명이므로, 극의 의미와 캐릭터의 성격을 파악하기 위해 아래의 특성들을 반드시 살펴야 한다.

• 신체적 특성

가장 기본적인 특성으로 인간과 동물, 여자와 남자, 나이, 용모, 신장 등 모든 육체적 특징이며 인물에게 시각적 명백성과 구체성을 부여한다.

• 사회적 특성

문화적, 인종적 배경, 직업, 환경, 경제, 가족관계, 교육수준 등 모든 사회적 요소를 말한다.

• 기질적 특성

캐릭터의 지배적인 기질이나 분위기로 외향성, 내향성, 허풍, 우울한 기질, 염세적 기질 등을 말한다.

• 동기

인생의 태도에서 유래되며 기질이 수동적 성향임에 반해 동기는 욕망으로부터 강력한 행동을 유발하는 능동적 성향이다.

무대의상 디자인

- **사상적 특성**

캐릭터의 생각, 사상, 가치관, 세계관을 포괄하는 특성으로 캐릭터의 생활이나 행동, 감정, 욕망, 삶의 태도에서 나오며, 인물의 대사로 표출되는 생각과 사상은 행동을 만들어내며 극의 주제와 연결된다.

- **선택결정의 특성**

캐릭터가 양자택일의 상황에서 중대 결단을 해야 할 순간에 나타나는 특성으로 그 순간이 자아발견이나 중요한 인식을 하는 경우가 많아 클라이맥스가 되는 경우가 많다. 즉, 결단의 순간으로 이는 도덕적 수준을 결정하기도 하며 관객의 공감여부를 결정하는 순간이기도 하다.

5) 캐릭터의 종류
- **주인공**

극에서 가장 두드러진 인물로 극의 중심 목표를 향해 수행하는 인물이며 사건을 발생시키고 행동을 추진시키는 인물이다. 셰익스피어 작품 속의 햄릿, 맥베스, 리어왕, 〈인형의 집〉에서의 노라 등이 있다.

- **적대인물**

주인공의 목표를 방해하는 대표적 존재로 〈오델로〉의 이아고나 〈피터 팬〉의 훅크 선장, 〈신데렐라〉의 못된 두 언니를 들 수 있다.

- **조역**

주인공과 적대인물들의 대조를 통해 중심인물을 뚜렷이 강조시키는 역으로 다양한 계층과 인물들을 포함하여 극적 세계의 다양성에 기여한다. 주인공만큼 관심과 집중을 받기도 한다.

- **이성적 인물**

　작가의 입장이나 사상을 피력하거나 대변하는 인물이다.

- **사자 (메신저)**

　사건이 무대 밖에서 발생했을 경우 그 사건을 관객이나 인물들에게 보고해주는 인물로 무대 관습과 밀접한 관계가 있다. 그리스 비극에서 많이 등장한다.

- **해설자 (나레이터)**

　무대 위의 사건을 객관적으로 바라보며 설명하거나 평가하는 인물로 관객이 무대위 사건에 감정이입하지 않고 객관적으로 바라보도록 거리를 조성하는 주관과 객관을 겸비한 인물이다. 줄거리의 진행을 이끌며 관객보다 우월한 위치에서 무대 위나 무대밖 사건까지 관장한다. 무대와 관객 사이의 중개자로 사건 진행을 조감하며 해설하고 자신의 생각을 관객에게 직접 호소하기도 한다.

- **코러스**

　코러스는 개별이 아닌 집단의 사회적 태도를 보여준다. 이들의 의상은 통일되거나 조화로워야 하는데 그룹의 이미지를 유지하면서 다양함을 보여줄 수 있다. 즉, 통일된 의상콘셉트를 유지하면서 다양성을 위해 시각적인 흥미를 만들어 낼 수 있다.

- **대사가 없는 역할들**

　많은 극들은 대사없이 단지 무대 위 등장을 통해서만 극을 보조하는 캐릭터들을 가지고 있다. 그들은 '엑스트라'라고도 불리며, 단지 창과 방패를 들고 서 있거나, 무대를 가로질러가는 행인의 역할일 수 있지만 극과 관련이 깊은 경우가 많다. 이들은 극의 상황과 반대이거나 보완하는 역할인 경우가 많고 이들의 의상은 이들의 관계와 일치한다.

6) 캐릭터 분석

　디자이너는 작품을 이해하기 위해서 대본을 철저히 분석해야 하고 극의 주제를 잘 파악하며 캐릭터와 그들의 상호 관계를 잘 이해하여야 한다. 극의 플롯이 어떻게 흘러가고 있는지 알아야 하며 어느 순간에 어느 캐릭터가 초점을 받고 있는지, 단지 장면을 채우고 있는 보조 캐릭터는 누구인지 잘 파악해야 한다. 여러 가지 질문목록을 작성하여 체크하는 것도 좋은 방법이다. 질문은 분석의 다음 단계를 위한 뼈대와 지침역할을 하기 때문이다.

작가는 작품 속에 캐릭터 정보를 많이 담지 않는 경우가 많다. 이때 연출과 디자이너는 대본 속에서 모든 것을 끌어내고 구체적으로 설정하고 만들어가야 한다. 대본 속의 다양한 사회계층 분석 뿐 아니라 캐릭터의 과거의 삶에 대해서도 생각을 할 필요가 있다. 무대 위에 보이는 현재는 과거의 연장선이기 때문이다. 과거를 안다는 것은 현재를 이해하는데 도움이 될 뿐만 아니라 갈등 구조도 설득력을 얻게 되어 작품의 분위기가 달라질 수 있다.

캐릭터 분석은 캐릭터를 구성하는 요소와 골격들을 파악하고 이해함으로써 가능해지며 극이 전개되면서 발전되는 동안 인물의 특징을 포착해내는 작업이다. 극 속에서 보이는 특징을 목록화하면 구체적인 캐릭터 설정에 도움이 된다. 캐릭터들이 말과 행위 속에서 어떤 개성적 특징을 표출해내는가에 따라 달라질 수 있다. 캐릭터는 변화할 수 있는 복합적이며 독특한 개성의 요소를 지녔으므로 목적과 의도에 따라 어떤 행위를 하며 다른 캐릭터와의 관계 그리고 갈등관계는 어떠한지 면밀히 관찰해야 한다. 또한 캐릭터의 시각적, 청각적 특징들은 무대 위에서 하나의 기호로 작용하므로 설정된 캐릭터의 특징을 통해 콘셉트를 이끌어낼 수 있다. 예를 들면 〈맥베스〉에서 키가 크고 볼륨감있고 강단있는 목소리의 맥베스 부인과 키가 작고 우아한 목소리의 맥베스 부인은 작품의 콘셉트도 다르게 만들뿐 아니라 관객들의 관극의 맛도 달라지게 할 것이다.

(1) 인물 관계도

극은 인물과 인물간의 관계 변화를 통해 전개가 이루어진다. 정확하게 캐릭터를 분석하려면 인물간의 관계도를 파악해야 한다. 인물 관계도는 작품 속 캐릭터의 욕망과 목적 그리고 그들 상호관계를 바탕으로, 행동에 방향성을 제시하고 그에 영향을 받는 타 인물들과의 연관성을 개연성있게 발전시키는 중요한 역할을 한다. 극 속에서 우호적이거나 중립적인 관계도 있지만 적대적 갈등 관계는 가장 극적임에 틀림없다. 캐릭터들의 관계와 조건들이 집약된 인물 관계도는 콘셉트 구축은 물론이고 강조와 대비가 잘 표현된 의상디자인을 할 수 있도록 도움을 준다.

(2) 캐릭터 분석 체크 리스트

캐릭터의 내적, 외적 환경을 철저하게 분석하는 작업도 이루어져야 하는데, 대본 속에서 인물에 대한 정체성은 극 전체에 산재되어 있으므로 무엇을 찾아야 할지 목록을 작성하여 작업한다면 인물에 대한 정보를 놓치지 않을 것이다. 이런 정보들을 모아 캐릭터를 구체화시켜야 한다. 텍스트와 캐릭터, 그들에게 주어진 환경과 사건이 '그럴 듯함'을 충분히 지닌다면, 관객은 캐릭터의 행동을 이해하고 믿게 된다. 즉, 관객의 감정적 반응을 적극적으로 유도하는 캐릭터는 관객이 다음 사건을 예측하면서 극적 몰입을 하도록 만들어 작품의 완성도를 높일 수 있다.

캐릭터 분석 체크 리스트는 캐릭터의 성향과 목표를 분석해 행동의 동기와 방향을 결정하는 구체적인 항목을 제시하여 개성있는 캐릭터를 창조하도록 도와준다. 이를 통해 캐릭터의 외적 환경 분석이 이루어지며, 캐릭터의 과거와 현재의 이야기를 보완해 줌으로써 캐릭터 형성의 주된 배경들을 구축해준다.

캐릭터 분석 체크 리스트

항목	세부 내용
1. 캐릭터의 유형	중심인물/ 보조인물/ 전형적 인물/ 추상적 인물/ 우화적 인물
2. 신체적 특징	나이/ 신체적 외모/ 몸가짐(태도)/ 인내/ 활력/ 인종배경/ 버릇/ 말투
3. 정신적 특징	교육/ IQ/ 예술적 성취도나 경향/ 적응력
4. 사회적 지위나 신분	경제적 지위/ 도덕관/ 종교/ 전문성/ 정치관
5. 성격과 인간관계	내성적/ 외향적 / 동료와의 사회적 관계/ 극의 전, 후의 변화
6. 직업	직업 유형 / 직업이 캐릭터에 미치는 영향
7. 건강상태	신체 / 정신
8. 힘	육체적 / 정신적
9. 가치관	캐릭터가 생각하고 있는 가치와 실제 추구하는 가치

10. 이미지	캐릭터 본인의 셀프 이미지와 타인이 판단하는 이미지의 차이는 있는가?
11. 개성과 감정적 상태	개성의 유형/그것이 극이 진행됨에 따라 변하는가?
12. 목표와 믿음	캐릭터가 극작가의 견해나 그 그룹을 대표하는가? 믿음의 원천은?
13. 욕망과 저주	캐릭터는 무엇을 갈망하거나 저주하는가?
14. 비밀과 두려움	캐릭터가 비밀이나 두려움이 있는가? 드러나게 되는 시기와 이유는?
15. 변신과 변장 여부	사실성을 부정, 변장 시도/ 패딩의상이나 가면 등의 특별 항목의 필요여부
16. 사건	캐릭터에게 영향을 미치는 사건들

연극 〈한여름 밤의 꿈〉 인물 관계도

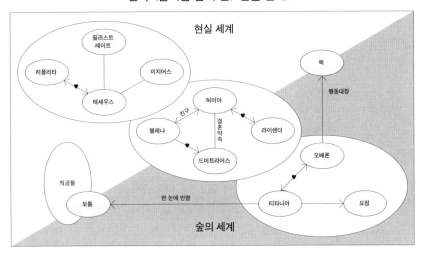

7) 캐릭터 해석

• 일반적 해석

캐릭터는 사건과 이야기를 구성하는 최소의 단위이며, 작품의 주제나 작가의 메시지를 전달하는 살아 움직이는 전달자이다. 이야기 전개를 위해 기본적, 직접적으로 제공하고 있는 캐릭터에 대한 정보들이 있지만 이는 충분하지도 구체적이지도 않다. 대본을 읽는 자는 누구나 알 수 있는 일반적인 정보와 해석만으로는 캐릭터에 대한 심도있는 해석이 힘들뿐 아니라 독창적인 성격과 개성을 구축하기는 어렵다.

- **주관적 해석**

　캐릭터의 제시는 작가마다 다르다. 캐릭터에 대한 정보가 구체적으로 제시되는 경우도 있지만 대부분 완벽하게 설명되는 경우는 드물다. 많은 정보가 주어지는 경우 주의깊게 읽고 분석해야 하지만 작품이 너무 상투적이고 지루하게 흐르게 될 수도 있다. 관객에게 캐릭터는 자기 관점으로 인식하고 해석이 가능한 가장 주관적인 요소이므로 해석의 여지를 많이 남겨 두어야 독창적 인물 창조가 가능하다.

- **캐릭터에 고유한 개성부여**

　캐릭터에 대한 세밀하고 미묘한 주관적 분석과 해석은 일반적인 캐릭터 설정으로부터 벗어나게 한다. 캐릭터의 내면이나 이면의 성격을 부각시키거나 가정할 수 있고, 취미나 버릇, 그리고 취향을 크게 부각시킬 수도 있다. 또한 캐릭터의 비하인드 스토리 속에서 독특한 개성을 도출하거나 가정할 수도 있다. 그러나 엉뚱하고 마구잡이식의 설정과 분석은 설득력없는 디자인 방향으로 흐를 것이다. 자유로운 상상과 설정 속에서도 캐릭터의 기본 정보 범주에서 근거있는 분석 방향을 잡고, 다각적이고 입체적인 분석을 한다면 캐릭터에게 고유한 개성을 부여할 수 있을 것이다. 즉, 숨어 있는 캐릭터의 자세한 배경까지 파악한다면 개성과 목적이 뚜렷한 캐릭터를 만들어 낼 수 있다.

4 자료조사

　각 공연의 실제적 자료조사는 그 극이 일어나는 시대와 문화의 일반적인 이해와 극의 각 캐릭터에 적합한 의상에 관한 여러 정보를 조사하여야 한다. 그 시대와 문화를 이해하는 것은 매우 중요하다. 그 시대와 장소의 어떤 사회적 요인이 의상과 매너에 영향을 미치는가? 그 시대엔 어떤 결혼관이 지배하고 있으며 남녀의 역할은 어떠한가? 세대 간, 미혼과 기혼, 그리고 부자와 빈자 사이에 어떤 차이점들이 있는가? 그 인물들이 살았을 당시 정치, 사회적 제도는 어떠했는가? 종교적 믿음은 어떠했으며 그것이 의상과 매너에 미친 영향은 어떠했는가? 그 당시 성적 유혹을 일으키는 부분은 어디인가? 그 시대엔 무슨 색상과 소재가 유행하였는가? 등 여러 질문에 대한 대답들은 디자인 선택을 위한 상황과 배경을 제공할 것이며 다양한 조사의 필요성을 느끼게 될 것이다.

1) 자료조사의 목표

자료는 디자인 영감을 얻기 위한 기본적인 재료이며, 콘셉트 구축 후 생각과 글로써 표현된 콘셉트를 뒷받침해 줄 수 있는 근거가 된다. 자료들은 머릿속의 생각을 구체적 이미지로 시각화하기 위해 반드시 필요하며 광범위하고 체계적인 자료조사는 성공적인 디자인을 위해서 필요한 중요한 단계이다. 자료조사의 유형과 양은 작품에 따라 다양하다. 특히 시대극은 그림, 문학, 그 시대 물건의 광범위한 연구가 필요하며 모든 자료가 수집된 후 효과적 사용을 위해 자료들을 분리, 평가 그리고 발전시켜야 하는 작업이 필요하다. 의상디자이너에게 자료조사는 생활의 일부이며 문학, 세계사, 예술, 건축, 그리고 연극사 등의 분야에 대한 지식과 정보가 필요하다. 특히 디자이너는 시대극을 위해 복식사에 대한 지식이 필수적이지만, 기본적인 시대 복식자료들은 디자인의 출발 구실을 할뿐 실제적인 디자인을 해결해 줄 수는 없다. 무대의상은 자료나 지식보다는 생각을 깨우는 작업이기 때문이다.

2) 자료조사의 준비와 단계

(1) 자료조사 준비와 유의점

디자이너가 극을 분석하고 의상 플롯과 의상 리스트를 완성시킨 후에는 특정 영역의 자료조사 목록이 만들어진다. 신중한 대본분석은 자료조사 목록을 풍부하게 할 것이다. 자료에는 문헌자료, 통계자료, 그림, 판화, 건축, 패션 화보, 인테리어, 풍경이미지, 기타 실물 이미지 등 다양하며, 도서관, 서점, 시장, 인터넷, 실생활 공간 등의 경로를 통해 조사할 수 있다. 조사 시에는 사실성, 정확성 등에 유의해야 한다. 자료조사를 하다 보면 본인의 경험과 지식의 부족을 많이 느낄 것이다. 자료조사는 부지런함을 요구하지만 모든 것을 수용하는 열린 마음을 요구하며, 자료조사 중 어느 하나의 자료를 통해 순간적인 번뜩임이 디자인 콘셉트와 연결되기도 하는 중요한 과정이다.

현대극을 위한 자료조사는 가끔 어려울 때가 많다. 대중매체의 빠른 변화와 사람들의 잦은 이동은 같은 나라라도 다른 문화를 지니기도 하고 큰 도시에서는 다른 사회적 습성에 의해 의상의 유형에 영향을 미치기도 한다. 현대극을 위한 자료조사는 극 속의 인물이 사는 곳과 유사한 곳을 방문할 수도 있다. 그 지역의 특성과 라이프 스타일을 위한 기록들을 연구하는 것도 유용하다. 광고, 사진, 패션, 운동, 공예 등 특정잡지도 작품 속의 어느 유형의 인물의 모습을 위해 도움이 될 경우가 많이 있다.

(2) 단계별 자료조사

대본을 읽고 작품과 캐릭터 분석을 한 후에 하는 1차 자료조사가 있고 의상디자인 콘셉트가 정해진 뒤에 하는 2차 자료조사가 있다. 물론 그 전, 후에도 꾸준한 다방면의 자료조사가 필요할 것이다.

① 1차 자료조사

처음에 필요한 1차 자료조사는 대본분석을 토대로 기본 사실에 입각한 객관적인 자료수집이 대부분이며 대본에 언급된 내용에 근거하여 이미지와 텍스트를 수집한다. 신중한 대본분석은 목록에 많은 주제들을 포함시킬 것이고 그 시대나 특정 장소의 기본 이미지들은 모두 1차 조사 자료가 될 것이다. 이를 위해서 박물관이나 전시장, 도서관을 방문하는 것도 바람직하다. 1차 자료조사에 그 시대의 기본 복식 및 양식의 조사는 필수적이지만 만약 시대나 출처가 불분명하거나 기본 정보조차 명확치 않은 의상자료는 사용이 부적절한 자료임을 알아야 한다.

② 2차 자료조사

2차 자료조사는 1차 자료조사에 근거하여 좀 더 구체적으로 그 주제나 의미를 내포하거나 대표하여 광범위한 콘셉트를 세부적으로 발전시켜 결론을 끌어낼 수 있는 자료들이다. 1차와 2차 자료를 구분하는 것은 매우 힘들 수도 있으니 신중을 기해야 한다. 초보 디자이너들에게는 인터넷 검색을 통한 자료 찾기도 유용한 방법이나, 좋은 서적

등을 통한 조사는 믿을만한 정보를 제공할 것이며, 광범위한 조사에 의해 밝혀진 다른 자료들을 평가하는데 기준이 될 수도 있다. 2차 조사는 오랜 시간 광범위하게 이루어질 수 있으므로 충분한 시간 할애를 필요로 한다. 특히 의상에 관한 많은 내용들은 그 시대를 재조명하여 작업되거나 다시 그려진 것들이 많고, 화가의 의식적, 무의식적 취향의 그림 스타일이나 예술가나 작가의 편집에 따라 원본과 많이 다를 수도 있으므로 조심이 요구된다.

자료조사 계획표 예시

	내용
공연 작품	〈한여름 밤의 꿈〉
자료 조사 기간	2016. 03 ~ 2016. 04
자료 조사 방법	예술사와 복식사 문헌자료 및 화보, 박물관 사이트, 인터넷자료, 조각상, 화가 작품집 등
자료 조사 범위	그리스 시대 역사적, 지리적 배경, 그리스 신화, 그리스 예술 16세기 역사적, 사회적 배경, 16세기 예술, 16세기 복식사, 다양한 환타지 자료

자료조사 목록표 예시

〈한여름 밤의 꿈〉 자료조사 목록
1. 그리스 시대 자료 　그리스 시대적, 지리적 배경 / 그리스 역사, 신화, 건축, 조각, 복식
2. 16세기 자료 　16세기 역사적, 사회적 배경, 16세기 영국의 생활상, 16세기 예술, 연극, 건축, 복식, 화가
3. 환타지 자료 　요정 이미지 / 숲 속 이미지 / 환상적 이미지 / 꿈 속 이미지 / 꽃 이미지

3) 자료조사의 유형

(1) 사실적 자료조사

　　사실적 자료조사는 역사, 현재 사건, 과학, 기술 등에 근거한 조사로 주로 작품의 배경에 필요한 조사이다. 작품의 배경조사는 그 시대에 관련된 문헌자료와 통계 자료, 회화, 역사기록물들, 사진과 박물관 자료들, 사회, 경제적 배경과 관련된 자료들을 서적뿐 아니라 인터넷을 통해 얻을 수 있는데 모여진 자료들은 유형별과 항목별로 정리하여 제작회의뿐 아니라 디자인 작업에 활용할 수 있도록 한다.

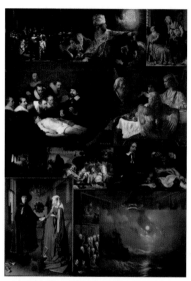

화가의 그림으로부터의 자료조사

조각으로부터의 자료조사

패션 화보로부터의 자료조사

사진으로부터의 자료조사

무대의상 디자인

⑵ 영감적 자료조사

영감적 자료조사는 창조적 해석을 위해 상상을 불러일으키는 조사로 디자인 콘셉트를 잡기 위한 필요한 자료들이다.이 조사는 앞으로 해야 할 디자인 작업의 해결책이 될 뿐 아니라 통일감있는 콘셉트의 뼈대를 만들기 위해 중요한 작업이다. 콘셉트에 맞지 않는 많은 양의 자료수집보다는 하나라도 콘셉트를 위한 정확한 자료수집이 중요하다. 창조적 발상과 영감을 위해 주변의 어느 하나도 그냥 지나치지 말고 항상 긴장된 시각으로 바라보는 자세를 갖는 것이 좋다. 모아진 자료조사를 종합하고 변형하여 본인만의 창조적이고 독특한 시각 표현능력을 키워야 한다.

자료의 신빙성

어느 정도의 자료조사면 충분할까? 작품 디자인을 위해 어느 정도의 신뢰감이 필요할까? 이런 질문들에는 완벽한 답이 없다. 각 디자인의 해결점들은 모두 다르기 때문이다. 일반적으로 작품이 사실적일수록 더 정확하고 분명한 자료조사가 필요하다. 결정은 정보를 바탕으로 이루어져야 한다. 작품이 단순화되고 양식화되었을지라도 시대의 적절한 이해는 디자이너에게 의미있는 선택을 하게 할 것이며, 선택의 여지가 많을수록 최종선택은 더욱 흥미로 울 것이다. 자료조사는 창조성을 제한하지 않을 뿐 아니라 더욱 자극한다. 하나의 완벽한 디테일의 선택이 완벽한 콘셉트를 말해줄지도 모르지만, 자료조사에 제한을 가진 디자이너는 분명히 융통성, 범위 그리고 창조성의 제한을 느낄 것이다.

---

4) 자료의 정리와 보관

이 단계에 오면 디자이너의 아이디어들은 어느 정도 모아지고 디자인 할 수 있는 정도에 도달한다. 다음 단계는 모아진 자료에 다른 생각이나 메모를 분석 카테고리 안에 추가시켜 정리하고 보관하는 것이다.

⑴ 정리

콘셉트 방향에 맞도록 자료를 분류하고 자료 맵을 만든다. 어떤 의상들은 자료조사한 것 자체가 완벽할 수도 있지만 어떤 것들은 형태는 좋지만 소재가 틀렸을 수도 있다. 의상 자료가 아니어도 그림의 색상이 그 극의 분위기를 잘 표현할 수도 있으며, 여러 의상으로부터의 여러 다른 디테일이 한 의상에 모아져 합쳐질 수도 있다. 그리고 작업을 진행하면서 기존 정보를 보충하기 위해 끊임없는 새로운 자료조사가 필요할 수도 있다.

디자인에 활용할 수 있는 자료들을 주제별로 분류하고 스크랩북이나 보드, 컴퓨터에 정리한다. 분류는 자료의 시대별, 주제별로 콘셉트, 스타일, 분위기, 디테일에 따라 캐릭터 이름, 코러스, 엑스트라 등으로 나눠 정리될 수 있다.

① 시대와 공간에 대한 배경 자료를 정리한다.
② 작품 콘셉트에 따른 이미지 자료를 정리한다.
③ 시대에 적합한 복식 자료를 정리한다.
④ 스타일에 따른 자료를 정리한다.
⑤ 색상 콘셉트에 따른 자료를 정리한다.
⑥ 소재 콘셉트에 따른 자료를 정리한다.

(2) 기록

정리된 자료에 키워드나 간단한 설명을 기록하며, 아이디어 발상과 콘셉트 구축 과정을 보여줄 수 있도록 생각의 흐름과 자료 조사의 유형을 고려하여 기록한다. 사소한 아이디어도 잊지 않도록 기록한다.

(3) 보관

진지하게 향후 무대의상의 작업을 생각하는 디자이너라면 평소에 꾸준히 자료를 수집하고 조사한 자료의 보관에 신경을 쓸 것이다. 파일 폴더, 봉투, 파일박스 등에 각 자료의 작품이름, 시대, 지역, 분야, 주제 등이 분명히 기록되어야 한다. 또한 공연이 끝나면 자료는 향후 사용을 위하여 주제별로 정리, 보관되어야 한다. 좋은 자료조사는 여러 번 재사용될지도 모르기 때문이다. 사용 안한 자료는 다음 번 같은 시대의 다른 작품에 유용할지 모르니 버리지 않는 것이 좋다. 심지어 디자이너가 시대 의상을 직접 제작하지 않더라도 패턴과 재단에 대한 자료조사는 매우 중요하다. 디자이너는 패턴과 재단, 테일러링, 코르셋과 페티코트, 패딩 제작법 등에 대해 지식이 있어야 하기 때문이다. 이런 자료도 향후 사용을 위하여 잘 정리 보관되어야 한다. 스와치는 소재 혼용, 사

무대의상 디자인

용, 가격, 구입처 등을 기입하고 패턴도 봉투의 겉장에 의상스케치 및 설명과 함께 보관한다. 개인 자료보관은 디자인 초기과정에서 시간 절약뿐 아니라 외부의 배타적 의존을 막아준다.

(4) 자료조사의 분석

디자이너가 조사한 자료를 분석할 땐 여러 문제점들이 생겨난다. 조사한 예술가들의 스타일, 패션 경향, 동시대의 미의 개념은 의상의 주제표현에 영향을 미칠 수 있다. 즉, 시대적 자료조사의 해석과 평가에 대한 동시대적인 견해는 디자이너의 미의식과 성적 개념, 유행의 유형과 실루엣 등에 영향을 미치기도 한다.

부드러운 소재로 재현된 어느 시대의 경직된 실루엣은 원래와는 다른 느낌을 가지게 되듯이 현대의 유행 소재로 시대의상을 재현하는 것은 그 모습을 변형시킬지도 모른다. 또한 스커트의 퍼짐정도, 소매길이, 목 라인의 깊이나 모양의 미묘한 차이는 의상의 본질적 시대감을 왜곡시키기에 충분하고 특히 장식, 색상, 구두, 그리고 분장과 머리스타일 등은 동시대 유행에 강한 영향을 받기도 하지만, 자료조사에 대한 디자이너의 주장 또한 충분히 반영되어야 한다.

5 협업과 토론

1) 공동 작업으로서의 협업

공연에 관한 모든 정보의 공유는 공연제작에 대한 의의와 가치를 함께 지니며 공동 작업으로서의 협업과 토론의 중요성을 인지하게 된다. 공연에서 어느 분야가 더 중요한가는 상대적이고 주관적이다. 어느 공연은 절제된 연기와 대사로써 심리적 의미가 강조되어야 하며, 어느 공연은 시각성이 더 중요할 수도 있다. 배우 및 모든 스태프들은 공연의 특성을 잘 이해하고 서로 협업에 대해 진지한 태도를 지녀야 한다.

"디자이너와 함께 작업할 때 가장 중요한 것은 템포의 일치이다."라고 이야기 한 영국의 연출가 피터 브룩은 공연제작 시 여러 분야의 전문가들이 함께 하는 협업 과정이 매우 중요하다고 강조하였다. 작품에 대한 해석과 이해의 속도가 다르거나, 연출, 배우, 디자이너 등이 서로 다른 표현세계를 추구하기 위해 충돌한다면 전달하고자 하는 내용과 의미가 일관되지 않는 형태로 공연에 표현될 것이고, 이에 따라 관객들은 작품 이해와 감상의 혼란은 물론 공연에 대한 매력과 흥미를 저하시킬 것이다. 토론이나 회의 및 리허설 참석은 디자이너에게 작품 전체를 통찰할 수 있게 해 준다. 또한 디자이너는 다른 사람의 임무를 알아야만 하고, 한 분야의 결정이 왜 그렇게 되었나, 그것이 다른 분야에는 어떤 영향을 미치는가를 알아야 한다. 즉. 공동 작업에서는 각 분야별 전문가들의 독립된 미적 가치관이 존중되면서 원활한 소통과 이해를 통해서 일관된 주제와 표현 형식을 함께 추구하고 실천해 나갈 때, 비로소 예술적 가치가 높은 공연을 이룰 수 있는 것이다.

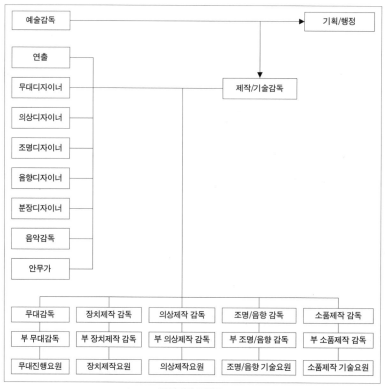

공연제작 조직도

공연정보	
1. 공연 제목	6. 공연 스케줄
2. 공연의 의미와 특징	7. 재공연 계획
3. 공연의 시기와 장소	8. 배우와 스태프 명단
4. 극장의 규모와 유형	9. 공연 조직도
5. 공연의 예산 규모	

(1) 공연작품에 대한 연출과의 토론

연출은 공연의 틀을 만드는 일을 책임지며 중심적 가이드로서의 모든 요소들의 균형유지에 중점을 둘 것이다. 무대장치, 의상, 조명 그리고 연기 스타일의 통일성에 대한 조합은 연출의 책임이며, 공연이 어떻게 보여야 할지에 대한 마지막 권한을 연출이 가지고 있음을 잊지 말아야 한다. 연극은 협동을 요하는 공동예술이므로 각 분야의 스태프들과 공연의 핵심 부분에 대한 긴밀한 토론과 협의가 이루어져야 하며 상호 신뢰를 바탕으로 작업 기간 동안 자유로운 의견을 공유할 수 있어야 한다.

① 공연 상황이나 공연 형식에 대한 토론
② 극의 배경과 시대에 대한 토론
③ 연출이 생각하고 있는 극의 스타일과 양식에 대한 토론
④ 연출이 발전시킨 극의 주제나 콘셉트에 대한 토론
⑤ 시각적 요소의 전반적인 색과 질감에 대한 토론
⑥ 연출이 생각하는 강조점과 극적 효과에 대한 토론

2) 기본 해석의 결정

디자이너가 대본에 익숙해지면 연출과의 토론을 통해 기본 콘셉트를 분명히 하고 사용될 해석들을 정착시킨다. 공연은 종합예술이며 안내지침이 필요하다. 연출은 우선 작품의 열쇠라 할 수 있는 중심 주제에 대한 확신을 지니고 있을 것이며, 시대를 선택할

것이다. 또한 연출을 포함한 모든 디자이너가 모여 작품의 스타일과 사실성의 정도를 정할 것이다. 작품의 시각적 성공여부는 무대, 의상, 조명, 분장의 협력에 달려 있으므로 특정 분위기를 위해 사용되는 스타일과 색상은 모두에게 받아들여져야 하는 것이 바람직하다. 각각의 시각요소들은 전체 효과를 증진시키기 위해 서로 상호작용을 하기 때문이다. 이 시점에서 작품의 독특한 세계를 창조하기 위해 새로운 아이디어가 효과적으로 모아진다면 작품세계는 더욱 확고히 발전될 것이다.

3) 디자이너간의 협업

공연제작 기간 동안 무대, 의상, 조명, 분장은 서로 보충되고 균형이 맞아야 하며, 공연의 방향과 배우의 연기에 보탬이 되어야 한다.

(1) 무대와 의상의 협력

무대나 의상을 위한 아이디어는 어느 것이라도 먼저 올 수 있다. 만약 어느 것의 연극적 가치가 공연을 위해 중요하다면, 그것이 먼저 고려될 수 있다.

(2) 시대와 디자인 재료

어느 디자인 요소가 다른 요소보다 더 사실적인 것이 필요할 수도 있지만, 대부분 비슷한 배경에 근거한다. 디자인 재료도 특정 화가나 서적들을 주요 참고자료로 사용될 수 있는데, 미켈란젤로의 그림부터 백화점 카다로그까지 시각적 영감을 위한 자료는 매우 다양하다. 가끔은 현대적인 조각, 삽화, 그림, 사진, 판화, 잡지 등으로부터 오기도 하고 색상계획에 대한 기본 가이드를 그림에서 찾을 수도 있다. 예를 들면, 〈한여름 밤의 꿈〉은 프라고나르(Fragonard)의 그림에서 파스텔 색상을 계획할 수 있고 렘브란트(Rembrandt)의 그림에서 〈햄릿〉의 암울한 환경을 찾아 표현할 수 있다.

(3) 색과 대비

의도적인 색상제한을 위한 계획은 특정한 극적효과를 만드는데 도움을 줄 수 있다. 전체 공연을 한 가지 색에 근거하거나 특정 색상들을 여러 장면에 할당 할 수도 있다.

무대는 밝은 의상과 함께 더 어둡게 보이거나 어두운 의상에 의해 밝게 보일 수 있다. 만약 밝고 어두움의 정도가 비슷하다면 무대로부터 배우를 분리시키기 위해 특정 색상을 사용할 수 있다. 대비의 관점에서 볼 때 각 요소는 신중히 접근되어야 한다.

보통 조명은 배우의 윤곽을 완성하지만 무대와 의상의 색상이 너무 비슷하면 배우는 배경에 묻혀버릴 것이다. 물론 이런 효과를 원하는 경우도 있다. 만약 어두운 무대와 밝은 의상이 사용된다면 조명은 쉽게 배우를 비출 수 있지만, 밝은 무대와 어두운 의상인 경우에는 얼굴과 디테일이 뭉개지거나 밝은 조명이 너무 강하게 무대를 강조할지 모르기 때문에 문제가 될 수도 있으니 유의해야 한다.

(4) 디테일 유형

디테일 유형에 대한 접근과 정도는 무대, 의상, 소품 등의 관계에 영향을 미칠 수 있다. 만약 한 부분의 디테일이 과장되고 다른 부분은 사실적 수준을 유지한다면 사실적 요소는 그 중요도를 잃을 것이다. 무대가 디테일이 많고 복잡할 때에는 무대로부터 배우를 분리시키는 의상 접근이 필요할 것이며, 어느 디테일이 시대를 강하게 표현하는 수단으로 사용된다면 이는 관객이 다른 요소를 인지하는 방법과 정도에 영향을 미치게 될 것이다.

(5) 움직임과 무대 공간

움직임과 동선에 따른 바람직한 무대 공간은 잘 고려되고 연구되어야 한다. 배우의 움직임이 무대 공간에 얼마나 영향을 받는가? 동작선은 유연하게 만들어지는가? 편안한 움직임을 위해 어떤 의상이 디자인 되어야 하나? 무대에 의해 정해진 공간 안에서 의상의 부피감이 영향을 받는가? 아니면 의상이 무대 공간의 규모를 결정할 수 있나? 무대디자이너와 의상디자이너 그리고 연출은 이런 의문에 잘 대처해야 한다.

(6) 질감과 소재

사실적 공연에서는 어느 정도 사용되어야 할 질감과 소재가 정해질지 모르지만, 디자이너는 돋보이고 싶은 특정 스타일의 질감과 소재에 심사숙고 한다. 무겁고 매듭이 있는 질감, 깊고 풍부한 파일소재, 광택소재, 반사소재, 가볍고 흐르는 듯한 소재 등의 선택을 고민할 것이다. 만약 디자이너가 질감과 소재의 조화에 대한 특별한 생각이 없다면 다른 시각적 부분들과의 불균형의 결과를 초래할 수 있다. 예를 들면, 〈한여름 밤의 꿈〉에서 가볍고 밝은 숲속에 무겁고 볼륨있는 엘리자베스시대 의상을 입은 요정들은 서로 어울리지 않을 것이며, 가볍고 사각거리는 소재가 거칠고 무거운 엘시뇨성의 환경을 에워싼다면 〈햄릿〉의 통일된 시각 세계는 만들지 못 할 것이다. 물론 서로 다른 질감과 소재들이 의외로 정교히 어울릴 수 있는데, 이것은 우연이 아닌 특정결과를 위한 특정의도로 신중한 계획에 의해 사용되는 경우이다.

4) 의상에 대한 연출과의 토론

연출은 이상적으로는 배우와 디자이너의 의견을 폭 넓게 절충하고 시각장면에 대해 더 객관적인 견해를 가지고자 한다. 초기 디자인 과정에서 연출과 서로 공유하고 싶은 내용이나 의문점에 대해 서로 토론하는 것은 소통의 열쇠가 되기도 하며, 의상 콘셉트 구축과정에서의 빈 구석을 채우는 지름길이 되기도 한다.

아래와 같이 의상 콘셉트에 영향을 미치는 여러 부분에 대하여 토론과 협의를 거쳐야 하며, 토론 후 디자이너는 체크 리스트를 재점검하고 그 결과를 잘 분석해야 한다.

① 시대와 공간에 따른 의상의 전반적인 연출의 생각
② 시각요소에 대한 전반적인 연출의 생각
③ 의상과 예산의 문제
④ 강조하고 싶은 장면이나 막
⑤ 캐릭터에 대한 분석과 해석
⑥ 캐릭터간의 관계에 대한 연출의 색다른 해석이나 설정, 강조하고 싶은 캐릭터
⑦ 의상 제작스케줄에 대한 협의
⑧ 재공연이나 순회공연의 계획

의상에 관한 연출과의 협의 체크 리스트

1. 의상에 대해 연출이 가지고 시각적 이미지나 느낌은 무엇인가?
2. 연출이 생각하는 구체적인 스타일과 색상이 있는가?
3. 강조하고 싶은 장면과 캐릭터가 있는가?
4. 연출가는 등장인물을 어떻게 보았고 각 인물들을 통해 어떤 이미지를 투영시키기를 원하는가?
5. 등장인물들의 관계를 어떻게 생각하나?
6. 어떤 역이 1인 2역 혹은 2인 1역인가?
7. 추가하거나 삭제하고 싶은 배역이 있는가?
8. 얼마나 많은 엑스트라를 쓸 계획이며, 어떻게 사용할 것인가?
9. 배역이 언제 결정되는가? 남, 여 캐릭터는 각각 몇 명인가?
10. 각 인물에 얼마나 많은 의상 변화가 있는가?
11. 의상 예산은 얼마이며 어떤 방식으로 지급되나?
12. 의상전환에 대한 특별한 생각이 있는가?
13. 언제 드레스 리허설이 시작되며 그 이전에 필요한 연습 의상 및 소품 항목은 무엇인가?
14. 의상이 완성되어야 하는 마감일은 언제인가?
15. 기타 의상 디자인과 제작 일정에 관한 스케줄에 관한 협의

6 기본 콘셉트 설정

디자이너는 조사한 자료를 바탕으로 작품에 대한 아이디어와 콘셉트가 무르익도록 정리 작업을 통해 기본 콘셉트를 구축한다.

1) 콘셉트의 의미와 중요성

연출과 디자이너는 작품으로부터 뭔가를 추출하여 결정체로 만들어 작품의 비전을 제시하여야 한다. 디자인에서의 콘셉트란 결과물에 대한 특별한 의미이고 특징이며 차별이다. 콘셉트는 쉽고 구체적으로 표현되기도 하지만 주관적이며 추상적으로 표현되거나 막연한 이미지일 수도 있다. 의상 콘셉트는 디자이너의 뚜렷한 의도와 생각, 그리고 철학에 의해 표출되는 디자인의 핵심이며 응집물로서 의상의 주제와 개념을 세울 뿐 아니라 개성을 표출하는 작업으로 특별한 메시지를 통해 의상에 그 가치를 부여한다.

2) 콘셉트 방향 설정

콘셉트는 디자인의 기준이 되므로 모든 의상 작업에 우선하며 선행되어야 한다. 콘셉트 방향을 결정하는 기준들은 다음과 같다.

- 의상을 어느 시대적 감각 안에서 표현 할 것인가?
- 의상의 시대적 고증과 현대화의 차용 정도는 어떠한가?
- 의상을 어떤 스타일로 전달할 것인가?
- 의상을 어떤 분위기와 느낌으로 표현할 것인가?
- 의상을 어떤 색상과 톤으로 표현할 것인가?
- 어느 장면의 의상에 가장 강조를 둘 것인가?
- 의상의 대비와 조화 그리고 강조의 요소를 어디에, 어떻게 둘 것인가?
- 작품이 요구하는 의상의 특정 효과가 있는가?
- 캐릭터 간의 의상 콘셉트를 어떻게 연결할 것인가?

3) 효과적인 의상 콘셉트 작업 전개

(1) 작품에 대한 의문과 질문

콘셉트를 세우기 위해서는 대본에 대한 의문점을 가져본다. 작품의 분위기나 시각적 표현, 그리고 캐릭터와 이야기 전개에도 궁금증을 가지고 질문해본다. 질문과 해답의 과정을 통해 콘셉트에 대한 실마리가 풀릴 수 있다.

(2) 키워드 작업

대본과 캐릭터 분석 과정에서 연상되는 단어들을 나열해 본다. 이것들은 작품이나 캐릭터와 깊게 연관되어 있는 단어들이다. 이 단어들은 대본의 정보나 감정, 그리고 상황을 통해 얻을 수 있으며 디자이너의 해석과 의미를 내포하고 있다. 연상 작용을 통해 얻어진 이 단어들로 키워드 트리를 만들 수도 있으며 바로 시각이미지로 전환되어 콘셉트의 방향을 어렵지 않게 잡을 수 있다.

(3) 구체적인 이미지 상상

대본에 표현되거나 연상되는 단어들을 이미지화 할 수 있는 모든 시각요소들을 떠올린다. 쉽게 떠오르는 이미지부터 여러 방법으로 상상하고 해석한다. 이런 작업을 통해 여러 가지 아이디어를 도출해내고 정리하여 콘셉트를 완성해 나간다.

(4) 다양한 각도의 접근과 해석

콘셉트 작업에는 과감한 역발상도 도움을 줄 때가 있다. 일반적이고 전형적인 해석을 탈피하고 주관적 해석을 해보고 새로운 아이디어 도출을 위해 반대로 보기, 거꾸로 보기, 삐딱하게 보기 등의 다양한 시각적 접근이 의외의 결과를 나타내거나 독창적인 방향성을 제시해 줄 때가 있다.

(5) 일관성 유지

일관성은 작품을 처음부터 끝까지 하나로 응집된 콘셉트를 유지하도록 해주어 콘셉트의 정확성과 완성도를 높여준다. 전체 의상콘셉트 속에서 장면별, 개별 캐릭터 의상콘셉트를 계획할 때 색상, 실루엣, 선, 질감, 장식 등의 디자인 요소를 염두에 두고 신중히 계획해야 일관성 유지에 도움이 된다.

(6) 작품의 구조와 변화의 시점 파악

작품은 대부분 사건의 연결과 함께 독특한 구조를 지닌다. 그 구조를 따라 캐릭터들의 감정선도 바뀐다. 디자이너는 작품의 구조를 잘 이해하고 캐릭터의 심리변화를 표현하기 위해 의상에 변화를 주거나 강조를 할 수 있는 시점을 파악한다. 이를 통해 섬세하고 깊이있는 의상 콘셉트가 구축될 수 있다.

4) 콘셉트 표현

(1) 글로 표현하는 방법

글은 디자이너가 무한한 생각을 할 수 있도록 상상의 나래를 펼쳐준다. 대본을 읽고 분석하는 과정에서 마구잡이로 벌려 놓았던 생각들을 정리하게 해주고 연출과 디자이너의 의도가 반영된 콘셉트의 방향을 설정하게 해준다. 설정된 방향과 정리된 생각들을 글로 표현하는 방법은 매우 효과적이고 설득력이 있다.

(2) 시각이미지로 표현하는 방법

글로 표현된 콘셉트를 시각이미지로 표현하는 방법으로 구체적이고 상세하게 설명을 할 수 있는 방법이다. 이미지는 무엇을 정의내리거나 단정하고 제한하기보다는 뭔가를 떠올리게 하고 연상하게 만들며 사고를 확장하게 한다. 미처 알지 못하거나 설명하지 못하는 것을 쉽게 설명할 수 있으며 눈에 보여지는 것 뿐 만 아니라 감각적인 것까지도 의미한다. 시각 이미지는 콘셉트를 가장 잘 표현하고 대표할 수 있는 것이어야 한다. 많은 양의 이미지보다는 적더라도 정확한 이미지가 효과적이며 오히려 많거나 부정확한 시각이미지는 혼란을 초래할 수 있으니 조심해야 한다.

기본 콘셉트 설정 과정

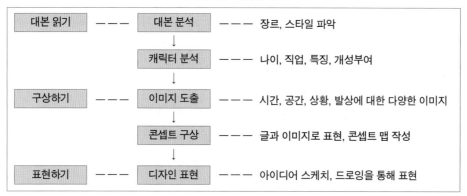

〈수전노〉 의상 콘셉트

의상디자이너 ○○○

- 첫인상

유쾌한, 거짓, 가려진, 어둠, 모순된 상황, 빠른 결말, 비극적인, 희극, 원초적 욕망, 유치한

- 콘셉트

* 돈으로 대표되는 물질에 얽매여 사는 인간의 모습을 통해 물질 만능주의 시대를 비판한다.
* 돈과 사랑, 거짓, 계략의 중첩을 대표 이미지의 과장성으로 표현한다.
* 각자의 욕심이 가려진 모순된 상황을 비대칭과 불균형 배치로 희극성을 강조한다.

- 인물 별 콘셉트

* **아르파공**(유아적인, 돈에 집착) : 모든 상황에서 돈만 있으면 행복해하는 모습을 보며 장난감을 주면 울음을 그치는 어린아이 같다는 생각. 장난감 돈이 주렁주렁 매달려 있는 모습.
* **끌레앙뜨**(적극적인 사랑=입체적) : 자신의 마음을 숨기려 하지만 숨길 수 없고 마리안느를 향한 마음이 적극적이며 입체적인 인물.
* **마리안느**(소극적인 사랑=평면적) : 끌레앙뜨를 사랑하지만 그와 달리 소극적이며 평면적인 인물.
* **메뜨르쟈끄**(광대) : 극 중 가장 솔직하고 어리석은 인물로 우스꽝스럽게 표현.
* **라플레쉬**(절뚝이) : 돈과 사랑이 얽매어져 있는 모든 문제를 희극적 결말로 마무리하게 해주는 열쇠같은 느낌. 극 중 다리 한쪽을 절뚝거리는 모습을 열쇠모양 지팡이로 유희적으로 표현.
* **프로진느**(아첨꾼) : 달콤한 말을 잘하는 아첨꾼. 자신의 모습을 가장 숨기고 있는 인물로서 큰 모자와 얼굴이 감춰지는 분장.

〈수전노〉 이미지 콘셉트

〈햄릿〉 의상 콘셉트

의상디자이너 ○○○

* 엘시뇨성은 감옥이나 정신 수용소. 폐쇄된 공간. 가치의 혼란
  전통적 사랑과 우정이 부재. 불신과 감시의 분위기 속에 불확실과 혼돈으로 가득 찬 사회

* 인물들 모두 연기(과장, 변형)를 하고 있고 깨진 거울을 이용해 은폐된 진실, 서로의 가면을 벗기려 하고 있음

* **이미지**
  부패 - 부식 - 거짓 - 오염 - 버블 - 깨진 거울 - 위선 - 음모 - 은폐 - 포장 - 끈으로 동여짐
  - 편견 - 불균형 - 모호성

* **대칭 이미지**
  부패 ⇔ 사랑과 미의 외형적 모습
  무광 ⇔ 광택
  뻣뻣, 둔탁, 거침 ⇔ 부드러움
  폐쇄, 밀폐 ⇔ 노출
  잔인성 ⇔ 사색적
  폭력성 ⇔ 비폭력성
  이색, 보색관계
  앞, 뒤, 안, 밖의 뒤바뀜

* 중세의 복식 라인을 기본으로 실루엣의 과장과 비대칭, 질감, 볼륨감, 부피감, 공간감 강조

* **클로디어스** - 부식된 황금, 깨진 거울, 오염된 버블
  패치워크 (지나간 역사의 흐름. 선왕의 큰 가운을 착용)

* **거투르드** - 부식된 황금, 깨진 거울 (모자이크 기법), 밀폐된 앞면과 노출된 뒷면, 긴 트레인.
  오염된 웨딩 가운

* **폴로니어스** - 독버섯, 화려, 과장(패딩)

* **오필리어** - 나약함과 위선(창녀의 화장). 여러 겹 겹쳐진 의상과 일부의 신체 노출

* **햄릿의 변화**
  상복의 햄릿 - 광기의 햄릿 - 종교적 햄릿
  (사색적, 우울) (망령 만난 후) (수도승, 예수의 이미지)

* **로젠크랜츠, 길든스턴** - 권력의 광대들. 폭력적 의상.
  우스꽝스러운 변장

엘시뇨 성의 세계

Key word: 부패, 오염, 부식된 황금, 깨진 거울, 파편, 폐쇄, 불균형, 모호성, 광기, 폭력, 음모

〈햄릿〉 이미지 콘셉트

무대의상 디자인 콘셉트 구축과 전개

1 캐릭터 콘셉트 구축

캐릭터는 목적있는 행동으로 그 존재 가치를 나타내고 관객의 공감을 이끌어 낸다. 캐릭터의 창조는 고정된 이미지가 아니라 타인과의 차별화된 개성과 의식을 지닌 캐릭터의 '성격창조'(characterization)를 의미하고, 독특한 스토리의 흐름과 전개를 가능하게 하며, 작품의 주제를 표현하는 기능을 수행한다. 극이 전개되고 사건과 갈등들이 연쇄적으로 상호작용하는 동안 캐릭터는 극 초반과는 다른 인물로 변화된다. 캐릭터의 진화와 변화 과정은 캐릭터의 시각적 이미지로 구현되고 의상을 통해 구체적으로 표현될 수 있다.

무대의상 디자인과정에서 디자이너는 의상이 창조될 캐릭터에 대한 분명한 이해가 필요하다. 캐릭터 탐구의 시간은 공연마다 디자이너마다 다양하며, 공연의 여러 특징과 상황들을 고려해 신중한 캐릭터 묘사가 진행되어야 한다. 연극은 놀라울 정도로 시각적이고 유연한 예술형태이다. 무엇을 행함에 있어 배타적으로 반드시 '옳은' 방법은 없다. 공연 종사자들은 그들의 창의성을 특별한 상황에 적용할 만큼 충분히 지식이 있어야 하며, 아이디어의 개선, 수정, 변화에 대처할 수 있도록 유연하며, 기술과 표현에서도 자신감이 있어야 한다.

1) 역할의 상징화에 대한 고려

의상은 캐릭터에게 역할과 성격을 부여한다. 그러나 반드시 의상이 그 역할을 상징화하지는 않는다. 타이트하고 번쩍이는 짧은 드레스를 입은 여성이 반드시 평판이 나쁜 여성일 이유는 없으며, 질투심 많은 부인이 반드시 보라색 의상을 입을 필요는 없다. 그리고 연인들이 서로 파스텔 핑크, 블루 색상을 커플로 입을 이유는 없다. 왜냐하면 그럴 경우 관객이 한눈에 결론을 미리 알아차리기 때문이다. 배우가 관객과 소통하는 주요 수단 중 하나가 의상이기 때문에 의상표현은 신중해야 한다. 물론 드러내놓는 상징이 필요한 경우도 있다. 이 경우는 캐릭터 자체가 잘 정의되지 않거나 연기가 순간적일 경우, 혹은 2차적인 인지를 필요로 할 때이다.

2) 신중한 주관적 캐릭터 암시

관객은 비록 어느 배우가 그 의상을 왜 입고 있는지 그 이유가 잘 이해되지 않더라도 그 의상이 그 장면에 적합하다고 판단된다면 받아들이는 경향이 있다. 디자이너가 아주 보수적인 캐릭터에게 뭔가 암시를 위해 짙은 네이비 수트와 밝은 블루 셔츠를 입히고 그를 옥죄고 있는 싫증나는 삶의 틀을 깨버리고자 빨간 페이즐리 타이와 행커치프를 첨가한다면 이는 미묘한 깊이감을 줄 수 있다. 그러나 그것들이 잘못 위치한다면 배우의 역할 수행과 상징의 효과를 바꿔버릴 수도 있으므로 신중을 기해야 한다. 이런 미묘하고 주관적인 캐릭터 암시는 효과적으로 다루어져야 하는데 의상의 디테일에 신중한 의도를 부여함으로서 가능할 수 있지만 우선 주관적 암시가 관객에게 잘 이해가 될지 안 될지에 대한 상황을 먼저 잘 판단해야 한다.

캐릭터가 잘못된 방향으로 암시된다면 관객들에게 상당한 혼란을 줄 수도 있다. 만약 그 외의 것이 주관된 해석을 보강해준다면 문제없지만 일방적이고 독자적인 방향으로 출발한다면 캐릭터 구축이 자칫 다른 길로 흐를 위험이 있다.

2 의상 콘셉트 전개

의상은 그 캐릭터가 무엇을 말하고 행동하는지로부터 전개된다. 그러나 작가나 연출의 의도에 의해 처음엔 그 캐릭터가 정확히 그려지지 않고 분명하지 않다가 극의 전개를 통해 서서히 캐릭터의 존재와 변화가 드러날 수 있다. 이때 의상 또한 그 변화를 강조하기 위한 방향으로 전개되어야 한다. 의상은 장소나 시간, 분위기의 변화, 한 인물 안에서의 감정적 변화를 나타내고 캐릭터 전개와 강조에 많은 도움을 줄 수 있지만 미리 동작을 예견하거나 그 결과가 예측되지 않도록 신중히 디자인 되어야 한다.

의상디자이너는 각 캐릭터 의상과 전체적인 의상 그리고 그들의 균형을 고려하여 접근해야 한다. 작품의 전체 콘셉트보다 스타나 주연배우의 의상만을 염두에 두고 디자인했을 경우에는 조화와 통일성 부족이 두드러진다. 공연에서의 의상이 단순히 장식적이고 상징적일 수도 있겠지만 일반적으로 캐릭터 의상은 극의 본질에 적합한 시각적 표현이 우선 되어야 한다. 캐릭터 의상은 어떤 역에 표현된 극적 요소의 해석으로부터 나오는 반면에 장식적 의상은 배경의 연장에 불과할 수 있기 때문이다.

1) 유연한 디자인 전개

공연의 다른 부분처럼 의상디자인도 항상 한 단계에서 다른 단계로 부드럽게 넘어가지는 않는다. 한 단계에서 진전이 잘 안되거나 여러 단계가 동시에 진행될 때도 있고 거꾸로 단계를 되돌아 다시 갈 때도 있다. 디자이너는 이 과정에서 유연한 마음가짐을 가지고 디자인 작업에 임해야 한다.

디자이너는 대본을 혼자 분석하지는 않는다. 작가가 기본 바탕을 만들어 주고 디자이너와 연출이 그 위에 분석과 토론의 힘을 보태며, 배우가 연기를 행하면서 그 해석이 더욱 발전되듯이 연출, 배우, 디자이너는 연습기간 동안 함께 캐릭터를 발전시켜야 한다. 캐릭터 나이, 신체적 여건, 직업, 사회적 지위 등과 같이 캐릭터의 분명한 표시는 캐릭터를 가장 중요하고 정확하게 묘사하기 위한 가장 최고의 방법이다. 캐릭터 개성을 위한 확실한 시각적 그림의 완성을 위해서 많은 디테일이 무시되는 것은 바람직하지 않으며, 디자이너는 대본으로부터 얻은 정보를 시각적으로 강화시키기를 주저하면 안된다. 그러나 캐릭터의 심리적 상태와 주변 환경, 그리고 다른 인물과의 관계를 밝히는 것은 애매모호할 때가 많다. 주어진 사실보다는 해석에 의해 작업하는 경우가 많기 때문이다. 특정 의상에 대해서도 관객이 실질적으로 디자이너의 의도를 알아차리지 못하더라도 의상은 극적 순간을 위해 나름의 근거를 가지고 있어야 한다. 또한 관객이 너무 쉽게 이해하고 알아차린다면 디자이너 나름의 콘셉트를 포기해야 할 수도 있다. 만약 무대 위에서 같은 파스텔 블루 톤의 의상을 입은 소년, 소녀가 있다면, 처음에 서로 모른 채 많은 부분을 티격태격하는 연기를 펼친다 해도 막이 내리기 전에 관객은 그들이 서로 키스를 나누며 사이좋게 석양 속으로 걸어가리라 예측을 할 수 있을 것이다.

디자이너는 캐릭터를 잘 이해하고 정의하기 위해 좋은 의상을 디자인하는 방법을 찾아야 한다. 그것은 극이 어느 시대이건 상관이 없다. 디자이너가 캐릭터 분석과 자료 조사를 철저히 했다면 관객에게 살아있는 캐릭터로 다가올 수 있도록 디자인 할 수 있는 요소들을 찾게 될 것이고, 그 요소들의 선택 안에서 캐릭터가 단단하게 정의되고 구축될 것이다.

2) 단계별 의상 콘셉트 전개

전체 의상 콘셉트를 구상한 후 장면별, 캐릭터별 의상 콘셉트를 설정한다.

의상 콘셉트 구상 과정

전체 의상 콘셉트 구상
작품 창조를 위한 디자이너의 철학과 의도가 담긴 전체적인 콘셉트 구상
· 작품분석을 토대로 작품의 주제와 장르를 정한다. · 직품의 주제와 장르에 따른 스타일과 연출의 의도를 구현한다. · 디자이너의 의도에 따라 작품 전체 의상 콘셉트를 구상한다.

↓

장면별 의상 콘셉트 구상
각 장면의 상황과 전개에 따라 캐릭터의 특징을 부여하는 디자인 콘셉트 구상
· 각 장면의 상황과 사건 전개에 따른 캐릭터의 심리 및 감정변화를 면밀히 분석한다. · 전체 의상 콘셉트 범위 안에서 강조되어야 할 장면의 의상 콘셉트를 설정한다. · 장면별로 등장하는 캐릭터의 의상 콘셉트를 구상한다.

↓

캐릭터별 의상 콘셉트 구상
각 캐릭터의 개성과 특성을 부여하는 색과 스타일, 디자인 콘셉트 구상
· 캐릭터 분석을 통해 특징과 개성을 부여한다. · 전체 의상 콘셉트 범위 안에서 캐릭터의 특징과 개성을 표현할 수 있는 스타일을 구상한다. · 캐릭터 간의 관계를 고려하여 캐릭터에 적합한 색상을 부여한다.

3 캐릭터별 의상디자인 콘셉트 맵 완성

콘셉트 맵은 콘셉트의 내용을 간결하게 전달하고, 연상되는 이미지를 시각 도구를 사용하여 표현한 것이다.

1) 캐릭터 별 이미지 자료수집

작품의 시대 및 지역, 공간으로부터 얻을 수 있는 이미지 자료와 콘셉트로부터 연상되는 이미지와 캐릭터에 적합한 세부적인 색상, 형태, 소재와 관련된 감각 및 감성에 부합되는 이미지 자료를 수집한다. 화보 및 디자인 관련 잡지, 카탈로그, 인터넷 사이트에서 찾거나 직접 촬영한 이미지를 자료로 사용한다.

2) 이미지 자료 분류

콘셉트와 캐릭터에 따라 자료를 분류한 후 색상, 형태, 소재를 기준으로 비슷한 이미지들끼리 분류한다. 그룹별로 중심이 되는 이미지부터 배열하고, 중복되거나 모호한 이미지는 배제시킨다. 카테고리 별로 이름을 부착하여 분류하여 놓고, 컴퓨터 작업 시에는 폴더를 생성하여 찾기 쉬운 키워드로 폴더 명을 정하고 해당 파일들을 저장해 둔다.

3) 콘셉트 맵의 구성

콘셉트의 영감을 떠올리게 하는 자료, 연상되는 색상, 재질감, 형태감이 나타나는 이미지 자료들을 콜라주(collage)나 기타 표현방법을 사용하여 구성한다. 이와 함께 디자인 의도를 간략하게 설명하는 헤드카피, 대표 색상정보를 나타내는 컬러칩과 재질감을 느낄 수 있는 소재 스와치를 첨부하기도 한다. 콘셉트 맵 구성 시 중심이 되는 이미지를 상단 또는 중앙, 우측 또는 좌측에 배치하기도 하나 이미지의 배열은 디자이너의 의도에 의해 자유로이 위치할 수 있다. 콘셉트 맵의 구성은 전반적인 의상 콘셉트의 방향을 확고히 구축하는데 필요하다.

4 캐릭터에 따른 의상디자인의 전개

경험이 부족한 디자이너들은 디자인을 시작하려할 때 무엇을 어떻게 시작해야 할지, 혹은 아이디어를 어떻게 표현해야 할지 당황하는 경우가 많다. 디자이너는 대본이나 연출이 제공하는 정보, 그리고 조사를 통해 모아진 자료를 이용하여 시각적 요소로 캐릭터를 표현할 수 있어야 한다. 각 캐릭터에 대해 추가로 부여된 설정들은 디자이너의 생각이나 아이디어를 강조하는데 도움을 줄 수 있다. 만약 연출이 원하는 유형에 적합하지 않는 배우가 캐스팅 되었다면 캐릭터 콘셉트의 조절이 필요하거나 혹은 과장이나 약화를 통한 신체의 변형이 필요할 수도 있다.

캐릭터별로 조사하고 모아둔 자료를 정리하는 것은 디자이너가 본격적으로 일을 시작하는데 큰 도움을 준다. 어떤 분위기가 그 캐릭터에게 적합할까? 어떤 디자인 요소와 원리가 그 특징을 잘 표현할까? 그것들이 캐릭터 콘셉트를 잘 투영할까? 색상, 선, 질감이 연관성을 가지듯이 액세서리, 몸에 붙는 정도, 실루엣 등의 특징들은 캐릭터 표현과 연관성을 갖는다. 모든 면에서는 아니지만, 의상디자인 특징의 대부분은 관객에게 전달될 분명한 메시지를 위해 일관성을 갖는 것이 바람직하다.

1) 캐릭터에 따른 의상의 특징

스커트 길이와 풍성함, 목 라인의 깊이, 소매의 길이, 그리고 허리선은 여성 캐릭터들의 나이를 대변하며 어림, 젊음, 원숙 그리고 노년의 스타일을 좌우한다. 디자인 특징들은 역사적 시대에 받아들여진 유행과 관계가 있다. 만약 좁은 스커트가 유행이면 넓은 스커트는 농부나 노동자들의 여유있는 의상처럼 유행에 둔감한 캐릭터에게 적합하며, 풍성한 스커트가 세련된다고 생각되면 풍성하지 않은 스커트는 소재 절감을 이유로 농부나 노동계급에 적합할 것이다. 어느 시기이건 노동자 계급과 중산층, 그리고 노년층은 지나간 유행을 거부하지 않는다. 더욱이 이 그룹들은 새로운 스타일을 받아들일 때도 좀 더 보수적 성향들을 택한다. 자료조사는 모든 캐릭터를 위해 이루어져야만 한다. 어느 작품에서도 개성, 지위, 나이가 다른 사람들이 존재하므로 의상에서 그들을 표현할 수 있는 방법을 찾아야 한다.

'극적 허용'은 역사적 정확성으로부터 어느 정도 자유로워지기 위한 용어이다. 이런 자유는 주로 주제의 본질이나 정신을 분명히 하고 극적 미학을 위해 취해진다. 극적인 의상은 효과적인 극적 해석과 표현을 위함이지 정확한 재현을 위한 것은 아니기에 과장과 환상이 자주 도입된다.

시대의상의 재창조 문제 또한 의상디자이너에게는 매우 중요한 사항이다. 디자이너는 연출가에게 시대 고증의상의 장점과 제약점을 사전 언급해야 하고, 제작 상 문제가 있다면 그 점에 대해서도 논의해야 한다. 시대의상의 경우 대부분 역사적 자료조사를 통하나, 수정없이 제작되는 경우는 거의 없다. 패턴이나 장식이 무대에서 보여지기 위해서는 크기가 커질 수 있고, 연기나 동작이 불편할 경우 제작법이 달라질 수도 있기 때문이다. 수정은 캐릭터, 움직임, 주제, 분위기, 그리고 극의 형태 등 작품이 허락하는 한에서 이루어져야 한다. 현대적 의상들은 움직임에 제약이 많지 않지만 시대 고증의상은 배우의 움직임을 심각하게 제한할 수 있다. 바디스 디자인, 스커트의 폭과 길이, 코르셋 착용, 신발은 모두 움직임에 영향을 미치며, 움직임이 정교하면 할수록 의상 또한 정교함이 필요하다.

아래의 표들은 디자인을 위해 사용하고 조절할 수 있는 일반적인 관계를 나타내는 표이다. 주어진 역사적 시대의 요구는 분명히 디자인 선택에 영향을 미치지만, 이런 점들은 동시대의 유행이나 취향에 따라 바뀔 수 있으며, 복잡한 캐릭터일수록 의상은 더욱 미묘하고 복잡하게 될 수 있다. 특정 상황에서 연관성들을 역행하게 되는 많은 이유들도 분명 있겠지만 그것들은 자료조사와 러프 스케치들을 전개하는 과정에서 정리될 것이다.

나이를 표현하는 의상의 특징

특징	노년	중년	젊음	어린아이
스커트, 바지 길이	긺	긺	짧음	가장 짧음
소매	긺	중간 혹은 긺	길거나 짧음	길거나 짧음
목라인	높거나 중간	낮거나 높음	낮거나 중간	중간이나 높음
여성머리	구식머리나 헝클어짐	나이든 머리 모양	풀어진 머리	길거나 딴 머리
남성머리	대머리나 헝클어짐	간결하게 빗음	자유스타일	느슨하거나 긴머리
색상	낮은 채도와 명도	중간 채도, 명도	강한 파스텔, 삼원색	파스텔
Fit 정도	몸에 붙거나 늘어짐	몸에 붙거나 시대와 연관	단정하나 몸에 붙음	느슨하거나 몸에 붙지 않음
실루엣	복잡 또는 단순	가장 복잡	단순에서 중간 복잡	가장 단순

성격을 표현하는 의상의 특징

특징	사랑스러움	감각적임	순진함	사악함	욕심많음	엄격함
디자인	개방적, 유연한, 얌전함	화려, 개방적, 사치	여유 있음, 간소함	꼭 맞음 직선 재단	꼭 맞음 직선 재단	꼭 맞음, 직선 재단
Fit 정도	여유있거나 몸매 드러냄	몸매 드러냄	여유있는 몸매	몸매 드러냄	풍성하거나 몸매 드러냄	몸매 드러냄
질감	부드럽고 보풀있는	부드럽고 광택, 매끄러운	부드럽고 올이 고움	거칠고 깔깔함	거칠고 단단하거나 울퉁불퉁함	질감이 거칠고 단단
머리	부드럽고 풍성한 볼륨	우아, 풍성한 볼륨, 섹시함	부드럽고 느슨하게 맴	거칠거나 광택, 격렬, 헝클어짐	격렬하거나 헝클어짐, 부풀려올려짐	격렬하거나 짧은 머리
색상	따뜻, 중간 채도 높거나 낮은 명도	따뜻하거나 강함 높거나 낮은 명도	중간 채도, 높은 명도	높거나 낮은 채도, 낮은 명도	차고 중간이나 낮은 채도, 중간이나 낮은 명도	중간 혹은 낮은 채도, 중간에서 낮은 명도
실루엣	둥글거나 타원	타원이거나 사선	둥글거나 타원	직선이나 사선	둥글거나 직선	직선
선	부드러운 곡선	물결치거나 굽이치는 선	부드러운 곡선	딱딱한 직선이나 지그재그 선	딱딱한 직선, 과도한 곡선	딱딱한 직선, 지그재그 선

무대의상 디자인

지위나 신분을 표현하는 의상의 특징

특징	부유층	중간층	빈곤층
스커트 길이	가장 긺	긺	가장 짧거나 중간 길이
스타일	가장 복잡	단순, 복잡	단순
색상	선명, 강렬	낮은 색상과 명도	더 낮은 색상과 명도
Fit 정도	적절한 fit	단정, 적절한 fit	헐렁하거나 남루
실루엣	유행 실루엣	최신 실루엣은 아님	오래된 실루엣
질감	부드럽고 광택	약간의 질감, 광택이 적음	거칠고 엉성한 질감
상태	새 것, 깨끗	입던 것, 깨끗	입던 것, 해짐, 더러움

개성을 표현하는 의상의 특징

특징	외향적	내성적
디자인	화려, 복잡, 낮은 목 라인, 짧은 스커트, 민소매나 짧은 소매	얌전, 수수, 높은 목 라인, 긴 스커트, 긴 소매
Fit 정도	몸매가 드러남	몸매를 감춤
질감	크거나 거칠고 광택	중간정도나 작음
머리	헐렁하거나 대범한 스타일	머리에 붙는 스타일
색상	따뜻한 색상, 높은 채도와 명도	차가운 색상, 낮은 명도와 채도
실루엣	단순, 드라마틱하거나 복잡	단순
선	과장된 곡선, 심하지 않은 지그재그, 대각선	곡선, 직선

2) 의상 이미지와 스타일

　캐릭터가 관객과 소통하는 주요 수단 중 하나가 의상이며, 의상은 캐릭터에게 역할과 성격을 부여한다. 의상 콘셉트를 이루는 구성 요소 하나하나는 캐릭터의 성격 창조를 이루는데 매우 중요하므로, 의상의 이미지와 스타일, 그리고 색상에 대한 선행연구는 필수적이다.

(1) 의상 이미지

- **드라마틱 이미지(dramatic image)**

   강하고 크고 대담한 느낌으로 역동적인 느낌의 이미지

- **내추럴 이미지(natural image)**

   꾸미지 않은 듯한 자연스러운 색상과 소재 등으로 소박하고 단순한 이미지

- **클래식 이미지(classic image)**

   보수적이면서 고전적이고 전통적인 이미지

- **페미닌 이미지(feminine image)**

   여성스러움을 최대한 강조하며 화려하지 않으면서도 우아한 이미지

- **로맨틱 이미지(romantic image)**

   섬세하며 사랑스럽고 여성스러우면서도 잔잔한 이미지

- **민속적 이미지(ethnic image)**

   어느 특정 지역의 민속 의상이나 민족 특징의 이미지

- **한국적 이미지(Korean image)**

   한국 전통예술이나 공예 등 한국적 이미지의 소재나 문양, 액세서리 등을 활용한 이미지

(2) 의상 스타일

- **클래식 스타일(classic style)**

   고전적인, 전통적인 것을 뜻하며 보수적이어서 오랜 기간 유행에 크게 좌우되지 않는 스타일

무대의상 디자인

- **엘레건트 스타일**(**elegant style**)

  고상하고 품위있는 우아한 분위기로서 세련되고 지적인 느낌의 스타일로 소재의 고급스러움을 중요시하는 스타일

- **로맨틱 스타일**(**romantic style**)

  꿈과 낭만을 추구하는 여성스러운 스타일로 주로 프릴과 레이스, 자수 등의 장식 기법을 많이 사용하는 스타일

- **페미닌 스타일**(**feminin style**)

  여성적 느낌의 분위기로 여성미를 자연스럽게 표현하고 화사하면서 산뜻한 분위기의 스타일

- **매니쉬 스타일**(**mannish style**)

  테일러드 재킷이나 팬츠 수트같은 남성복이나 남성적 분위기의 스타일

- **모던 스타일**(**modern style**)

  현대적인 도시의 세련된 분위기로 합리주의, 기능주의를 추구하며 단순한 선과 무채색 등의 차가운 색과 현대적 느낌의 소재로 대담하고 미니멀한 이미지

- **소피스트케이트 스타일**(**sophisticate style**)

  세련된 도시감각의 미의식으로 도전적이고 앞서가는 이미지이며 지성미와 교양미를 최대한 표현한 스타일

- **아방가르드 스타일**(**avant-garde style**)

  전위적 분위기로서 미래적인 구조나 소재의 스타일

- **내츄럴 스타일**(natural style)

  자연적이고 과장이나 인위적인 요소가 없는 소박하고 부드러우면서 안락감을 느끼게 하는 스타일

- **에스닉 스타일**(ethnic style)

  어느 지역의 민족풍이나 민속 특유의 이국정취의 이미지 스타일

- **레트로 스타일**(retro style)

  복고풍으로 과거의 복식을 회고하는 것으로 이전의 모습이 똑같은 모습으로 재현되는 것이 아니라 새로운 감각으로 재해석되어 표현되는 스타일

- **그런지 스타일**(grungy style)

  히피에 대한 동경에서 시작된 스타일로 빛 바랜 낡은 이미지와 올이 풀려 지저분하고 오래된 것 같이 찢어 너덜거리는 스타일

- **빈티지 스타일**(vintage style)

  약간은 촌스럽고 낡은 듯한 이미지의 스타일

- **젠더리스 스타일**(genderless style)

  성 구분이 모호한 스타일로 유니섹스와 비슷한 개념의 스타일

- **키치 스타일**(kitsch style)

  유치하고 저속하며 품위없는 싸구려 액세서리 등을 과잉 장식하여 지저분하고 천박한 이미지를 나타내는 스타일

- **펑크 스타일**(punk style)

  1970년 말 런던을 중심으로 등장하였고 헤어스타일, 핑크나 초록색등으로 염색한

머리, 기분 나쁜 화장, 안전핀이나 면도 날, 송곳같은 혐오감 주는 액세서리, 구멍난 의상, 징, 가죽, 사슬, 그물 스타킹 등 안티패션으로 저항의식을 표현한 스타일

3) 색상 배합과 이미지

색상의 배합은 두 가지 이상의 색상을 서로 잘 어울리도록 배치하여 캐릭터를 세부 묘사하는 작업이다. 즉, 색상의 시각적인 이미지를 통해 캐릭터의 성격과 감각을 표현하는 것으로, 어울리는 색의 조화에서 오는 안정되고 편안한 느낌, 어울리지 않는 색의 충돌에서 오는 어색함, 불안함, 경박함 등의 색상 배합이다.

색상배합과 이미지

색상 배합	캐릭터 이미지
비슷한 배색	안정되고 부드러운 이미지
촌스러운 배색	코믹한 이미지
멀티 배색	경쾌하고 발랄한 이미지
충돌 배색	불안한 이미지
독특한 배색	묘한 이미지

스타일과 이미지

스타일	이미지	주요 색상
엘레강스	우아한, 고상한, 여성적	
로맨틱	여성스런, 귀여운, 밝은	
클래식	안정된, 보수적, 고전적	
모던	첨단, 도회적, 중립적	
스포티	경쾌한, 밝은, 활동적	
매니시	어두운, 단단한, 중후한	

톤과 이미지

톤	톤명(톤기호)	이미지
	white (W)	청결한, 차가운
	light Gray (ltGy)	도시적인, 첨단의
	midium Gray (mGy)	검소한, 도시적인
	dark gray (dGy)	어두운, 중후한
	black (BK)	엄격한, 세련된
	pale (p)	가벼운, 연약한
	light (lt)	맑은, 귀여운
	bright (b)	명랑한, 건강한
	soft (sf)	부드러운, 평온한
	strong (s)	동적인, 정열적인
	vivid (v)	생생한, 화려한
	dull (dl)	탁한, 차분한
	deep (dp)	진한, 전통적인
	light grayish (ltg)	차분한, 은은한
	grayish (g)	탁한, 수수한
	dark grayish (Dkg)	남성적인, 중후한
	dark (dk)	완숙한, 단단한

무대의상 디자인

색상과 이미지

색	색명(색기호)	이미지
	red (R)	정열적인, 쾌활한, 강렬한, 위험한, 감각적인
	orange (YR)	유쾌한, 우아한, 활기찬, 따뜻한, 활력적인
	yellow (Y)	명랑한, 빛의, 질투의, 여성스러운, 밝은
	yellow green (GY)	신선한, 휴식의, 성장의
	green (G)	생명의, 평화의, 안전한, 건강한, 젊은, 신선한
	blue green (BG)	심원의, 태동하는, 차가운, 청결한
	blue (B)	차가운, 냉정한, 젊은, 신선한, 위엄, 평화적인
	blue violet (PB)	냉철한, 청초한, 숭고한, 예민한
	purple (P)	우아한, 신비로운, 고귀한, 고상한, 명상적인
	reddish purple (RP)	화려한, 감미로운, 몽상의
	white (W)	순결한, 깨끗한, 순수한, 밝은, 희망의, 고상한
	gray (G)	중립의, 도시의, 우울한
	black (BK)	어두운, 죽음의, 엄숙한, 신비스러운, 우울한

5 실제적 제한점들의 고려

이 시점까지 디자이너는 극에 대해 단계적인 접근과 해석을 해왔다. 구체적인 의상 디자인으로 전개시키기 전에 디자이너는 공연 상의 여러 제한점들을 다시 돌아보고 공연의 목표와 방향에 맞추어 그것들을 발전시켜야 한다.

1) 시간과 예산의 제한

　　필요한 의상 벌 수, 의상의 복잡성, 제작시간, 팀원과 제작예산 등은 의상디자인 결정에 영향을 미친다. 의상디자인의 실현 가능성은 디자이너의 책임이다. 10벌의 의상을 광목으로 만들고 3벌의 의상을 실크 소재와 정교한 디테일로 만든다면 의상의 통일성은 얻을 수 없다. 소재와 디테일의 선택은 의상제작 계획과 예산 안에서 이루어져야 한다. 만약 정교한 재단과 디테일의 의상을 제작할 충분한 시간과 인력이 없다면 제작 가능한 제작소를 찾아야 할 것이며, 시간과 예산 제한으로 인해 보유품을 재사용해야 한다면 디자이너는 무엇이 유용하고 그것을 작품과 어떻게 조합시키며, 리폼이 가능하다면 어떻게 할 것인지 결정하기 위해 보유품들을 유심히 살펴 보아야 한다.

2) 공연 공간에 의해 야기되는 제한점들

　　무대요소나 공간에 의해 생기는 제한점들 또한 의상이 디자인될 때 고려되어야 한다. 전체 무대 공간에서 의상이 차지하는 공간과 몇 명의 캐릭터가 제한된 공간에 있게 되는지를 알아야 한다. 만약 좁은 공간에서 3명의 여성 배우가 직경 1m가 넘는 폭 넓은

대형 프로시니엄무대장치 (오페라 〈가면무도회〉, 수지 오페라단, 무대디자인 오윤균)

드레스를 입고 연기하기엔 부담스러우며, 그들 스커트의 뒷자락은 길지 않아야 한다. 계단이나 경사각은 스커트의 뒷부분에 사용되는 직물의 양과 연관이 있다. 길고 완만한 경사는 스커트 뒷자락을 배우 뒤에서 우아하게 흐를 수 있게 해주지만, 급한 경사는 천을 잡고 있지 못해 뒷자락을 어색한 다발뭉치로 만들 수 있기 때문이다. 극장의 실제 크기는 디자인 콘셉트에 영향을 미친다. 관객과 가까운 작은 무대는 미묘한 디테일들도 매우 효과적으로 표현될 수 있고 1,000석의 프로시니엄 무대에서는 관객의 일부만이 의상의 미묘한 디테일을 인지할 수 있을 것이다. 그 경우엔 극장의 규모에 맞추어 좀 더 넓고 큰 장식이 필요할 것이다. 반대로 작은 공연공간에 크고 과장된 디테일은 작품의 목적에 상반되는 효과를 불러일으킬 것이다.

3) 의상을 통한 외형 변화의 한계

효과적인 의상은 배우의 신체를 향상시키고 특정 캐릭터를 위해 몸의 외형을 수정한다. 하지만 일반적인 제한점들도 가지고 있다. 코르셋은 더 좋은 실루엣을 위해 날씬하게 몸을 조절할 수 있게 하지만 거기엔 호흡과 움직임의 한계가 있고 몸의 사이즈를 줄이는 데도 한계가 있다. 목이 깊게 파인 드레스를 입은 가슴이 납작한 여배우를 가슴이 매우 큰 여성으로 바꾸기는 쉽지 않다. 또한 빈약한 가슴과 허리, 팔뚝 위에 입혀져 거대 몸통으로 변신시키는 패딩 수트(padding suit)는 살찌고 우스꽝스러운 모습을 제공하기도 하지만, 패딩 역시 어느 정도 한계를 지니고 있어 신중한 계획 하에 진행되어야 한다.

디자인의 선은 몸의 특정 부위를 강조와 함께 보강할 수 있다. 어깨는 소매 윗부분과 몸의 대각선에 의해 넓게 보일 수 있는데 그것은 몸통의 V형태를 강조함으로써 허리가 가늘어 보이는 효과가 있다. 가는 허리는 힙의 너울거리는 프릴에 의해 강조될 수 있고 큰 힙은 수직선을 강조함으로써 축소되어보이게 할 수 있다. 의상의 볼륨감은 배우의 시각적 강조를 높여 배우를 크게 보이게 하지만, 의상의 볼륨이 그 이상으로 과도하다면 오히려 배우를 작고 하찮게 보이게 하거나 의상의 부피 속에서 배우의 존재감이 상실될 수도 있을 것이다.

무대의상 디자인 발전

1 무대의상 초기 스케치

초기 스케치에는 아이디어 스케치와 러프 스케치가 있는데, 이를 통해 작품과 캐릭터에 대한 정보와 디자인 아이디어를 제시한다. 디자이너는 충분한 아이디어 스케치와 러프 스케치를 거친 후 회의에서 발표하도록 준비한다.

1) 아이디어 스케치(idea sketch)

디자이너는 모아진 아이디어와 자료를 가지고 일련의 아이디어 스케치를 하는데 퀵 스케치(quick sketch)라고도 한다. 아이디어 스케치는 주로 연필과 펜 등으로 캐릭터의 대략적인 윤곽이나 형태만을 그려 아이디어 제시 정도에 그치는 스케치이다. 아이디어와 이미지 요소들은 구조적이고 시각적으로 표현되어 콘셉트와 밀접한 관계를 지니며 캐릭터에게 연극적 생기와 동기를 불어 넣는다.

오페라 〈마술피리〉 코러스 아이디어 스케치

2) 러프 스케치(rough sketch)

러프 스케치는 캐릭터의 의상 전반에 대한 대략의 스케치로 의상의 주요 아이디어, 실루엣과 형태를 포함한다. 엄지손가락만 하게, 혹은 좀 더 큰 꼬마 스케치로 그리기도 하고 색상을 입히기도 한다. 많은 러프 스케치를 그리는 동안 기본적인 실루엣이 디자이너의 머릿속에 자리 잡게 될 것이다. 디자이너는 의상 플롯과 자료조사, 캐릭터 분석을 이용하여 각 의상에 대해 어느 정도 형태와 실루엣에 대한 확신이 설 때까지 많은 러프 스케치를 필요로 하는데, 작은 러프 스케치는 초기 디자인 단계에 시간 절약을 해 주지만, 초보자들은 어느 정도 크게 그리는 것이 스케치 능력 개발에 도움이 될 것이다.

연극 〈햄릿_아바따〉 러프 스케치

어떤 디자이너들은 러프 스케치를 연습을 보며 배우의 자세나 신체적 특징을 통해 발전시키기도 한다. 그러나 안타깝게도 모든 공연제작 스케줄이 이 방법을 허락하는 건 아니다. 스케치가 어떻게 진행되던 간에 캐릭터 유형과 전반적인 실루엣, 자세 등이 러프 스케치 단계에서 고려되어야 한다. 디자인 초기 단계에는 의상의 전반적인 느낌이 디테일보다 더 중요하며, 러프 스케치를 통해 의상을 다듬고 전개시킨다. 디자이너는 이런 연속의 스케치를 통해 최종 디자인 결정을 하게 된다.

오페라 〈마술피리〉 주요인물 러프 스케치

몰리에르 〈수전노〉 러프 스케치 (박수민)

무대의상 디자인

2 무대의상 디자인 요소와 원리

모든 다른 시각예술과 같이 무대의상 디자인의 많은 부분도 디자인 요소와 원리들을 이용하여 이루어진다. 이들은 주어진 상황과 목적에 맞게 사용되어야 하며 특별히 선택된 것들은 디자인에 개성과 효과를 부여하여 심리적, 심미적으로 효과적인 무대의상 디자인을 이룬다.

역사를 통해 볼 때 인간은 인간 몸을 둘러싸거나 포함되어 있는 공간의 분할과 형태에 관하여 매우 창의적이었다. 의상의 끊임없는 실루엣의 변화가 이를 잘 말해 준다. 공간, 선과 형태의 인지는 조사된 자료를 스케치로, 스케치를 패턴으로, 패턴을 의상으로 전환시키는 열쇠이므로 디자이너는 이를 통해 캐릭터의 의상에 표현될 효과와 특징들을 염두에 두어야 한다.

1) 공간

화가가 캔버스 위에서 작업을 하듯이, 무대의상 디자이너는 배우의 몸, 그리고 무대나 스크린의 전체 공간에서 작업을 하게 된다.

(1) 실루엣에 의한 공간

실루엣은 내부의 구성선이나 장식적인 요소를 무시한 캐릭터의 몸이나 의상의 윤곽을 말한다. 무대의상 디자이너는 실루엣을 정하고 각 캐릭터에게 바람직한 효과를 이루기 위하여 실루엣에 의해 정해진 공간을 세분화한다. 분할에 의한 공간을 잘 다루는 것은 볼륨, 길이, 넓이의 인지에 영향을 미쳐 신체적, 심리적으로 의상의 효과를 배가시킬 수 있으며 관객의 감정적 반응까지 영향을 미친다.

다양한 실루엣 이미지

아우어글라스 실루엣				
핏티드	프린세스	머메이드	버슬	크리놀린
스트레이트 실루엣				
슬림	튜블러	엠파이어	트라페즈	시프트
벌크 실루엣			알파벳 형태의 실루엣		
벌룬	배럴	박시	A 라인	H 라인	T 라인

(2) 무대 공간

　　연출과 디자이너는 무대 공간의 분할을 통해 관객이 보는 이미지들을 신중히 조절
할 수 있다. 일반적으로 균등하지 않은 분할은 매력적일 수 있고, 너무 일상적으로 균등
한 분할과 극단적인 불균등은 오히려 흥미를 반감시킬 수 있다. 무대는 기본적으로 프
로시니엄, 돌출, 원형의 세 가지 무대형태로 나뉜다. 무대와 관객과의 거리와 연기공간

무대의상 디자인

의 형태 및 특징에 따라 배우와 관객의 관계 및 공간 공유감은 달라질 것이며, 그 무대 공간을 어떻게 이용하는가에 따라서도 더욱 입체감있는 공연이 만들어 질 수 있을 것이다.

의상 디자이너는 무대 공간에서 여러 캐릭터 그룹간의 공간적 관계를 인지하여야 한다. 어느 극의 군중 장면에서 코러스는 통일된 의상을 입고 한 덩어리로 움직일지도 모르고 다른 극에서 코러스는 개개인으로 움직일지도 모른다. 다르게 혹은 비슷하게 그룹을 나누어 공간을 나누는 것은 무대그림의 전체적 효과를 바꾸게 되므로 신중한 계획이 필요하다.

2) 선(line)

의상디자이너는 캐릭터의 심리적, 신체적 특징을 강조하거나 약화시키기 위하여 선의 다양한 특징을 사용한다. 선은 의상의 형태와 실루엣, 그리고 시각적인 이미지를 결정하는 중요한 요소 중의 하나로 경로, 두께, 연속성, 형태감, 윤곽, 일관성, 길이, 방향을 나타내며, 각각의 특징과 함께 외형적, 심리적 효과를 전달한다. 긴 길이의 선이 짧은 길이의 선보다 시선을 더 끌며 동일 길이에서 곡선은 직선보다 시선을 더 이끈다. 얇은 직물을 표현하는 선은 두꺼운 모직을 표현하려는 선과는 다를 것이고 바삭바삭한 타프타의 표현은 저지의 늘어지는 표현과는 다를 것이다. 가볍고 흐르는 듯한 쉬폰 의상의 선은 가늘고 부드러워 몸의 윤곽을 보일 듯이 암시할 것이다. 소재가 바삭하고 얇으면 선은 짧고 움직임을 나타내기 위한 강약이 다양하고, 소재가 무겁고 두터우면 선의 두께 역시 굵고 투박하다. 일반적으로 수직선은 길이를 강조하고 올곧음과 거대함을 표현하고 수평선은 비활동적이고 견고하며 부피감을 표현한다. 그 외 선의 반복과 조화 그리고 점진 효과 등은 의상의 표현에 다양하게 영향을 미친다. 무대에서 주로 서 있거나 앉아있는 캐릭터들의 의상의 기본선은 대부분 수직선이지만, 무대 위에서의 움직임에 따라 다양한 선이 연출되고 선의 지각정도가 달라지면서 사용된 소재의 재질과 색에 따른 느낌 또한 달라진다.

가늘고 부드러운 선과 두껍고 딱딱한 선

직선과 곡선

점진효과

반복과 각도의 조화

3) 형과 형태(shape & form)

형은 선에 의해 둘러싸인 납작한 공간이고 형태는 표면에 의해 둘러싸인 3차원적 공간이다. 기본적인 형과 형태에 대한 인지는 디자인 작업에 유용하다. 디자이너는 형을 세분화시킴으로써 형에 대한 관객의 인지를 바꿀 수 있으며 더 작게 나누어 진 형으로 다양한 분위기와 환상을 창조할 수 있다. 인간의 몸은 머리, 팔, 몸통, 다리의 구조로 이루어진 형태이다. 궁극적으로 무대의상은 캐릭터 몸 위에서 작업되어야 하며 캐릭터 몸의 구조는 디자이너가 사용해야 하는 주어진 조건이다. 디자이너는 치수 재는 것 외에 몸이 균형이 잡혔는지, 신장이 큰지, 말랐는지, 각이 졌는지, 둥근 지, 단단한지, 어깨가 굽거나 넓은지, 힙이 좁은지 등을 분석해야 하며, 배우의 몸이 캐릭터 유형과 부합되는지, 신체적 혹은 시각적 변형이 필요한지 등에 대해 연구해야 한다.

형과 형태

형과 형태	모습	선	특징
사각형과 스퀘어	□ □	직선과 가로선으로 구성	안정성, 자신감, 단호함을 표현
삼각형과 펜타곤, 다이아몬드	△ ⬠ ◇	대각선으로 구성	역동성과 변화, 불안정함을 표현
원형, 타원형, 하트, 키드니, 페이즐리	○ ○ ♡	곡선으로 구성	부드러움과 섬세함, 미묘함 표현

무대의상 디자인

의상 형태에 따른 시각적 효과

의상 형태					
시각적 효과	형태를 세로로 구분하여 시각적으로 길고 좁게 보이게 한다.	형태를 가로로 구분하여 시각적으로 짧고 넓게 보이게 한다.	몸으로부터 바깥으로 펼쳐져 인체에 무게와 부피감을 준다.	헐렁한 형태로 몸의 형태와 사이즈를 감출 수 있어 뚱뚱하거나 마른 인물을 변화시키기 수월하다.	몸에 꼭 맞는 의상은 몸의 윤곽을 강조하고 인체의 사이즈를 두드러지게 한다.

3 무대의상디자인 원리

1) 통일(unity)

통일은 조화의 미와 질서감을 창출해 낼 수 있는 디자인 원리 중의 하나로 두 가지 이상의 상호관계에서 공통성이 있을 때에 얻어진다. 모든 요소가 서로 분리되지 않고 전체적으로 하나의 감각적인 효과를 발휘하는 것을 말한다.

2) 조화(harmony)

디자인 요소들이 서로 조합되거나 대비되었을 때 각각의 요소가 서로 그 성격을 침해하는 일없이 잘 융화되어 아름다움을 만들어 내는 상태를 말한다. 이것은 두개 이상의 요소가 각각의 특징이 부각되면서도 연결되어 균형의 미를 창출한다. 유사조화, 대비조화, 부조화가 있다.

3) 균형(balance)

균형이란 하나의 축을 중심으로 힘이 균등하게 분배되어 있는 상태이다. 균형감은 양쪽에 같은 양의 힘이 있어 미적 균형의 상태로 심리적, 시각적으로 안정감과 차분함을 느낄 수 있다. 균형이 깨지면 불안정감을 느끼나 시각적 자극은 강해진다. 대칭균형, 비대칭균형이 있다.

4) 리듬(rhythm)

리듬은 여러 가지 디자인 요소들을 규칙적으로 반복시키거나 점진적으로 변화시킴으로서 시각적 율동감을 느끼게 하는 원리이다. 사람의 눈길을 한 눈에서 다른 곳으로 자연스럽게 유도하는 힘을 지니고 자연스럽고 흥미있는 움직임으로 각 부분에 연계성을 주어 디자인에 변화와 흥미를 준다.

5) 강조(emphasis)

강조는 한 범위 내에서 지배적인 성격을 가지고 흥미를 유발하는 중심적 성격이다. 관심과 흥미를 이끌기 위해서는 한 범위 내에서 다른 곳보다 두드러지고 돋보이는 곳이 있어야 하며 다른 부분은 적절하게 절제하여 보조적인 역할이 되도록 해야 한다.

6) 비례(proportion)

비례는 길이나 면적의 크기가 두개이상 존재할 때 그 차이와 수치에 대한 개념으로서 비율, 규모의 개념이 모두 속한다. 즉, 비례란 하나의 디자인 내에서 각 요소의 부분과 부분, 부분과 전체에 대한 길이와 크기의 적절한 관계를 의미한다.

디자인 요소와 원리의 진출 효과와 후퇴 효과

	후퇴 효과	진출 효과
공간	작음, 닫힘, 잘라짐	큼, 열림, 잘라지지않음
선	곡선이 진, 잘라진, 얇은, 거품이 있는, 수평의, 짧은, 작은 구멍이 많은	직선의, 계속적인, 두꺼운, 날카로운, 단단한, 사선의, 수직의, 긴
형태	작은, 오목한, 다공성의	큰, 단단한, 직선 모서리, 볼록한
빛	어두운, 차가운, 흐릿한	따뜻한, 밝은, 촛점있는
색상	차가운 색상, 어두운 명도, 흐릿한 채도	따뜻한 색상, 밝은 명도, 밝은 채도

무대의상 디자인

질감	부드러운, 유연한, 구멍이 많은, 얇은, 세밀한	거친, 부피가 큰, 빳빳한, 두꺼운
패턴	우아한 모티프, 부드러운 모서리, 미묘한 그림자, 약한 색상들, 전체적인 작은 패턴	대범한 모티프, 날카로운 모서리, 납작하고 밝은 색상들, 기하학적 모양, 테두리 있고 공간감있는 모티프, 숫자와 지표 성향
방향	전이	점진, 중심성, 강조
리듬	부드러운, 흐르는, 조용한	스타카토, 역동적인, 드라마틱
대비	미묘한, 닫힌	대범한, 극단적인
균형	형식적인, 단순한	형식 차리지 않는, 복잡한
규모	작은, 우아한	큰, 대담한

4 타 무대요소와 무대의상과의 관계

1) 무대장치와 무대의상

무대장치와 무대의상은 밀접한 상호관계가 있다. 무대장치의 스타일과 무대의상 스타일의 관계는 작품의 콘셉트 방향, 시대감에 따른 연출과 디자이너의 의도에 의해 정해진다. 의도에 의해 서로 다른 스타일을 선택하는 방법도 있겠지만 같은 스타일을 유지하여 조화로운 공연이 되도록 하는 경우가 많다.

무대장치의 배경 색상과 의상의 색상이 동일계열일 경우에는 배우는 무대에 파묻혀 인지가 잘 안될 것이며, 소파의 색상이나 패턴이 의상과 비슷하다면 소파 위의 배우는 관객의 눈에서 사라질 것이다. 또한 무대장치의 선과 규모는 의상의 실루엣이나 크기와 어느 정도 조화를 이루어야 어색하지 않을 것이다. 의상 스커트의 넓이가 넓고 높은 가발을 착용한 배우의 등퇴장을 위한 무대장치의 문이 작고 낮다면 배우의 등퇴장은 어색할 수밖에 없을 것이다.

무대장치는 안전을 염두에 두고 설치되어야 한다. 무대 위의 가파른 경사는 배우의 자세를 불안정하게 할 뿐 아니라 움직임과 연기에 위험요소를 주기도 하고 계단의 높이와 경사 또한 배우의 움직임에 영향을 주므로 심각하게 고려하여야 한다. 물론 의도적으로 극적 효과를 위해 불안정한 요소를 도입하기도 한다. 무대바닥은 거칠거나 미끄럽지 않은지도 점검해야 할 중요한 부분이다. 공연에 따라 맨발로 연기하는 경우도 많고 무대바닥의 상황에 따라 신발의 바닥이 달라질 수도 있기 때문이다. 또한 무대장치는 약간의 움직임에도 무너질 염려없이 안전하게 설치되었는지, 날카롭거나 뾰족한 부분은 없는지, 무대장치 어딘가가 배우의 옷자락을 잡아 챌 부분은 없는지 면밀히 체크해야 한다.

캐릭터들의 역동적 움직임이 가능한 무대 (뮤지컬 〈청이야기〉, 서울예술단, 무대디자인 이태섭)

2) 무대조명과 무대의상

　　무대에서의 조명은 심미적 목적을 위해 조절된다. 조명은 모든 디자인 요소들의 시각인지를 가능하게 할 뿐 아니라 선과 형태, 색상, 질감과 양감, 구도 등을 구체화하며 공연의 시각적 디자인을 완성시킨다. 무대 위에는 조명디자이너가 투사한 빛 외에도 피사체의 표면 특성에 따라 형성된 2차 조명인 반사광이 존재한다. 무대조명의 변화는 의상을 순간순간 다르게 보이게 하는데 이는 조명에 의상의 표면 특성이 반응하여 나타나는 현상이다. 따라서 의상디자이너는 장면에 따라 변화하는 무대조명의 성격과 의상과의 관계를 충분히 고려하여야 한다.

(1) 무대조명의 특징과 효과

의상의 표면은 빛의 반사, 흡수, 투과, 산란 현상과 밀접한 관계가 있다. 따라서 직물과 장식의 선택은 의상의 다양성과 입체감을 이루는데 결정적인 영향을 미친다. 조명디자이너가 방향, 밝기, 색상, 형태, 퍼짐 등의 빛의 특성을 결정한다하여도 의상디자이너는 조명이 비춰지는 의상표면을 잘 조절함으로써 다양한 시각효과를 만들어 낼 수 있다. 공연이 완성될 때까지 의상디자이너와 조명디자이너의 끊임없는 협업이 요구되는 부분이다.

무대조명의 특성과 효과

방향	효과
윗광 / 두광 (Top light)	배우의 머리 위에서 비추어지는 빛을 말한다. 배우의 얼굴을 그늘져 보이게 하므로 얼굴 윤곽을 제대로 볼 수는 없으나 배우를 공간적으로 독립시키는 효과를 주고 배우의 키를 작아보이게 한다.
뒷광 / 후광 (Back light)	배우의 뒤에서 오는 빛을 말한다. 배우의 얼굴은 전혀 볼 수 없고 실루엣만 보여준다. 배우를 무대배경으로부터 분리시키는 효과가 있다.
옆광 / 측광 (Side light)	무대의 왼쪽 또는 오른쪽에서 들어오며 배우의 옆면을 비추는 빛을 말한다. 배우를 중심으로 45°의 위치에서 들어오는 상측광은 가장 자연스럽게 배우를 입체적으로 보이도록 해주며 배우의 키 높이에서 들어오는 중측광은 배우를 어느 정도 추상적으로 입체화시킨다. 바닥으로부터 1미터가 넘지 않는 낮은 높이에서 들어오는 하측광은 부자연스럽지만 배우를 매우 강하게 입체화시킨다.
앞광 / 전광 (Front light)	배우의 정면에서 비추는 빛을 말한다. 배우의 얼굴을 가장 뚜렷하게 보여주지만 평면적으로 보이게 하며 배우를 무대배경으로 밀어내는 단점이 있으므로 다른 방향에서 들어오는 빛과 잘 혼합하여 사용할 때 보다 효과적이라고 할 수 있다.
바닥광 / 각광 (Foot light)	무대 앞쪽 바닥에서 배우의 얼굴을 향해 위쪽으로 비추는 빛을 말한다. 부자연스러운 느낌을 주고 커다란 그림자를 무대배경에 만들지만 극적인 효과를 위해 적절하게 사용할 수 있다.

출처 〈무대예술전문인 자격검정 표준교재 무대 조명Ⅱ〉

(2) 직물에 따른 조명 반사력

딱딱하고 매끄러운 표면은 반사력이 높고, 보풀이 있거나 불규칙한 표면은 빛을 흡수한다. 배우의 움직임에 의해 제공된 직물의 표면적과 반사력이 다르기 때문에 다양한 빛 감각이 나타나게 된다. 같은 면적이라도 시퀸(sequin)같은 높은 반사력을 가진 직물과 반사력이 낮은 직물이 반사하는 빛에 대한 느낌은 다를 것이다.

직물에 따른 조명 반사력

높은 반사	거울, 시퀸, 라메, 비닐, 새틴, 필름, 폴리에스테르, 라메, 기타 광택 직물
중간 반사	실크, 브로케이드, 타프타, 크레이프, 친즈
높은 흡수	벨벳틴, 벨벳, 모직, 면, 벨루어, 니트
투과	오간자, 시폰, 모슬린, 스크림 반투명 막, 망사, 그물모양의 명주, 레이스

(3) 직물색과 조명색의 관계

조명디자이너는 극의 수많은 순간과 장면들의 분위기와 극적 효과를 위해 다양한 조명색을 사용한다. 연기공간에 집중된 조명은 중요한 순간에 관객의 시선을 미묘하게 혹은 극적으로 끌어들일 수도 있고 분위기를 순간 증진시킬 수 있다.

디자인 초기과정에 의상과 조명디자이너는 색 콘셉트에 대해 협의와 토론을 거친다. 일단 의상에 사용될 대부분의 직물이 선택되면, 사용될 주요 조명하에서 직물의 색상, 반사력, 질감 등을 확인하는 과정을 거친다. 이 과정에서 의상디자이너는 직물의 색상을 바꾸거나 톤을 수정하기도 하고 조명디자이너는 사용하고자 하는 조명색이 의상을 효과적으로 돋보이게 하는지, 아니면 다른 색 조합이 필요한 지 신중히 판단하게 된다.

직물에 놓여진 많은 색조명의 효과는 반사광이 어떻게 작용하는지를 통해 예측될 수 있다. 파란 조명에서의 붉은 소재는 붉게 보이지 않는다. 그것은 파란 조명은 붉은 파장을 반사할 파장은 가지고 있지 않으므로 탁하고 어두운 톤으로 보인다. 붉은 조명 아래에 오렌지 소재는 붉게 보인다. 오렌지 소재는 붉고 노란 파장을 반사하지만, 붉은 조명은 붉은 파장만을 제공하기 때문이다. 그러나 오렌지 소재에 초록 조명이 비춰지면

무대의상 디자인

오렌지보다는 초록에 가깝게 보이게 된다. 초록 조명은 원색으로서 초록색 파장만을 제공하기 때문이다. 색 이론은 이해하기 쉽지만 염색, 페인트, 조명에서의 색 요소는 항상 예견치 못한 다양성이 발생한다.

무대는 거의 한 가지 색만이 비춰지지 않는다. 그래서 한 가지 톤의 결핍은 다른 것으로 보충될 수 있다. 그래서 많은 다양성이 존재하고 특정 색상이 특정 소재에 어떻게 작용하는지 말하기 곤란하기도 하다. 색은 관객에게 강한 인상을 주는 시각요소이며 많은 요인들이 인지에 영향을 미치기 때문에 조절하기 어렵다. A라인 스커트는 항상 A라인 스커트이지만 노란 스커트는 여러 색으로 변할 수 있기 때문이다. 훌륭한 색 조절은 예리한 판단력과 결정을 필요로 한다. 다음 도표는 직물과 조명색의 관계를 나타낸 것으로 가산혼합이 가능한 빛의 3원색인 Red, Green, Blue와 2차색으로 감산혼합의 기본색이라 할 수 있는 Cyan, Magenta, Yellow를 기본으로 작성한 직물색과 조명색의 일반적인 관계도이다. 조명색과 직물의 색상, 톤, 채도, 그리고 질감에 따라 조금씩 다르게 반응할 수 있으며 직물색과 조명색의 혼합도에 따라 보이는 색상 또한 다양하게 나타날 것이다.

직물과 조명색의 관계

조명색	조명색					
	1차색			2차색		
직물색	빨강 (Red)	초록 (Green)	파랑 (Blue)	사이언 (Cyan)	자홍 (Magenta)	노랑 (Yellow)
노랑	빨강	노랑-초록	노랑-초록	노랑-초록	주홍	밝은 노랑
주황	밝은 빨강-주황	밝은 갈색	밝은 갈색	밝은 갈색	주홍	주황
빨강	밝은 빨강	적갈색	보라-검정	어두운 적갈색	주홍	밝은 빨강
보라	어두운 회색	보라	어두운 보라	어두운 보라	진한 보라	어두운 갈색
파랑	회색	밝은 파랑	진한 파랑	밝은 청회색	밝은 파랑	어두운 청회색
청록	검정	어두운 초록	어두운 파랑	어두운 청회색	어두운 파랑	초록-파랑
초록	어두운 회색	초록	밝은 그린	밝은 초록-회색	청갈색	밝은 초록

조명을 통한 강한 집중 (무용 〈Images–비천사신무〉, 정승희무용단, 의상디자인 장혜숙)

5 무대의상 디자인과 착시

1) 착시와 무대의상

　　무대의상에서의 착시는 관객의 눈이 포착하는 상과 그에 따른 뇌의 판단을 조절함으로서 지각의 틀을 수정하여 배우의 신체에 대한 시각적 판단을 바꾸는 데에 이용할 수 있다. 즉, 바람직한 인물 창조를 위한 표현 방법으로 시각적 이론을 바탕으로 한 착시를 응용하여 효과적이고 바람직한 무대의상 디자인을 할 수 있다. 관객과 무대와의 공동체의식을 전제로 하는 공연예술이 배우와 관객의 상호 관계 속에서 작가나 연출의 의도를 자신의 신체를 사용해서 전달하는 것이 캐릭터의 궁극적 목표임을 상기해 볼 때 배우의 시각적 외모가 관객에게 미치는 영향은 상당히 클 것이다. 작품 속에서는 마르고 성마른 인물, 비만하고 탐욕스러운 인물, 허리가 날씬한 매력적인 인물, 권위적인 인물, 왜소한 인물, 귀여운 인물, 유머러스한 인물 등 다양한 유형 및 특정의 등장인물들을 필요로 한다. 그러나 캐스팅 된 배우들을 보면 창조되어야 할 인물과 부합하는 이상적인 신체 또는 분위기를 가지고 있지 않은 경우가 적지 않다. 이럴 경우 무대의상 디자이너는 고민에 빠질 수밖에 없게 되지만, 어느 정도 디자인 표현 수단의 하나인 착시의 원리를 이용하여 효과적인 디자인을 얻을 수 있게 된다. 작품속의 다양한 등장인물의 창조를 위해서 배우들의 어느 부분들은 강조되어야 하며 동시에 어느 부분들은 위장되어져야 할 때가 많은데 착시의 다재다능함은 강조나 위장 모두를 가능케 하는 시각효과이다. 효과적인 무대의상디자인을 위해서는 착시의 원리와 특성을 이해하고 선, 형, 색채, 재질에 있어서 어떤 착시의 사용이 어떤 효과를 가져 올 것인가를 이해함으로서 배우들의 신체 비례, 분위기, 연령, 개성, 상황에 적합한 효과를 얻을 수 있을 것이다.

2) 캐릭터 창조에 영향을 주는 착시와 디자인

　　단순히 오해되거나 오용된 시각적 단서이지만 다양한 원인과 메카니즘을 가지고 있는 착시는 의도적으로 시점이나 윤곽을 변형시키거나 시지각 상의 모순을 생기도록 하여 새로운 시각 경험을 불러일으키게 하는 표현 방법이다. 착시는 선, 형, 공간, 색채들이 서로 상호 작용할 때 일어나며 그런 복합적 상호 작용은 캐릭터의 신장, 체형, 나이 등 물리적 시각효과는 물론 위엄, 안정감, 쾌활함, 젊음, 유머러스한 느낌같은 성격이나 분위기에 까지 영향을 미친다.

조형요소에 의한 착시의 원리와 특성을 이해하고 의상에 관련된 여러 종류의 착시효과를 이용한다면 배우의 체형 및 분위기를 조정하기 위해 그것을 교묘히 다룰 수 있다. 기계가 아닌 인간만이 느낄 수 있는 고유한 현상으로서의 착시는 관객과 배우의 상호교감이 이루어지는 무대의상에서는 간과할 수 없는 현상일 뿐 아니라 착시를 통해 얻을 수 있는 효과는 매우 크다고 할 수 있다.

착시와 무대의상 디자인

유형	디자인	착시현상
배우의 신장에 영향을 주는 착시와 디자인	(1) (2)	눈은 수평선보다는 수직선을 따라 올라가는데 노력이 많이 들기 때문에 수직선의 착시를 이용한 디자인은 시선을 위쪽으로 끌어서 신장을 커 보이게 하는 효과를 만들 수 있다. (1), (2)는 시선을 수직으로 유인하므로 신장이 길어 보인다.
	(1) (2)	관객의 눈은 의상을 볼 때 항상 전체와 부분을 동시에 보고, 전체와 부분과의 관계에서 형태를 이해하려고 한다. (1)의 분절선은 의상의 중심에 있어 폭이 넓어 보이는 효과가 있으며 (2)는 두 개의 사각형 중 위 부분이 길어 전체가 긴 인상으로 착시되므로 가늘고 길어보게 된다.
배우의 체형에 영향을 주는 착시와 디자인	(1) (2)	(1), (2)처럼 볼륨감이 있거나 가로선 또는 옆을 강조하는 디자인의 의상을 입은 배우는 비만해 보이거나 풍만해 보인다.
	(1) (2)	대부분의 서양 여성드레스는 스토마커를 통해서 늘씬한 허리를 강조하였다. (1)보다 (2)가 허리에서 만나는 선의 각이 날카로워 훨씬 가늘고 날씬한 느낌을 준다. 또한 중앙부분이 양쪽 부분에 비해 좁을 경우 전체적인 형태가 가늘어 보인다.

배우의 나이에 영향을 주는 착시와 디자인	(1) (2) (3) (4)	동일한 스타일의 의상이라도 신체의 보이는 정도에 따라서 배우의 나이의 정도가 차이난다. 다양한 나이의 배우에게 입혀지는 무대의상에 있어서 목 라인, 소매와 스커트의 길이는 많은 암시를 나타낸다. (1)의 짧은 길이에서는 귀여움이, (2)에서는 젊고 상쾌함이. (3)에서는 성숙함이, 그리고 (4)의 긴 길이에서는 원숙미와 노련함이 착시된다.
배우의 성격 및 분위기에 영향을 주는 착시와 디자인	(1) (2)	(1)처럼 가로의 대담하고 강한 선은 신장이 커 보이고 단호하고 위엄이 있어 보이며 안정감이 있는 반면에 변화와 율동감이 적다. (2)의 대담한 사선들은 불안정해 보이지만 변화와 율동요소가 보이며 발랄하고 약동하는 분위기와 캐쥬얼한 느낌을 준다.
	(1) (2)	(1)처럼 크게 분할된 공간들은 고요함, 안정감, 확실성, 대담함, 개방, 평온, 단순 또는 지루함을 전달해 주며, (2)의 작은 공간들은 우아, 섬세함, 여성다움, 흥미로움, 복잡한 디테일을 암시하고 답답한 느낌을 전달해 준다.
	(1) (2)	(1)의 유동성 무늬는 배우가 움직일 때 역동감과 활기를 느끼게 해 주고, (2)처럼 움직이지 않는 상태에서도 운동감, 즉 리듬을 느끼는 것은 시선이 일정한 방향으로 이동되기 때문이다.

출처 〈착시를 이용한 바람직한 무대의상 연구〉

6 색 조절

색상은 무대의상 디자인에서 매우 중요한 구성요소이다. 선이나 디테일보다 관객의 눈에 먼저 인지되며 그것은 강한 시각적 충격이 될 수 있다. 색에 의해 야기되는 감정적, 심리학적 반응은 한 사회에 의해 공유되는 문화의 광대한 축적일 뿐 아니라, 각 개인 특성의 결과이다. 색에 대한 아이디어는 초기 대본읽기 단계에서부터 시작되어야 하며, 공연의 모든 요소들과 긴밀히 함께 고려되어야 할 부분이다. 바람직한 색의 효과를 위해 신중하고 균형있는 명도, 채도의 대비가 필요한데 명도, 채도의 대비가 클수록 효과는 더 강하고 극적이며, 심리적 효과도 더 심각하고 대범하다. 미묘한 대비는 얻기가 쉽지 않으나 의미에 있어서는 정교함과 섬세함을 내포한다. 조화는 일반적으로 색상환에서 가까이 위치하거나 반대에 있는 색의 배합으로 얻어진다. 매우 가까운 색들의 배합은 무대 위에서는 조명에 의해 잘 구분이 안되거나 함께 섞여지는 경향이 있다. 디자이너는 표현하고자 하는 효과를 위해 색에 대한 다양성과 연관성을 잘 살펴야 한다.

1) 색의 효과

가장 흥분되고 강력하며 자극적인 디자인 요소가 색이다. 무대는 관객과의 거리가 존재하므로 다양한 무대조명의 추가와 함께 색의 시각적 혼합이 풍부해진다. 의상디자이너는 색의 실질적, 심리적 효과에 대해 잘 알아야 한다.

(1) 색의 실질적 효과

- 동일색은 다른 배경색에 따라 다르게 보인다. 같은 색의 의상이라도 다른 색상의 무대 배경 앞에서 다른 색상으로 보이게 된다.
- 2가지 보색은 서로 서로를 강하게 한다. 빨간 머리를 지닌 배우에게 초록색 의상은 빨간 머리를 강조 한다.
- 2가지 가까운 유사색은 서로를 밀치는 경향이 있다. 그러나 그 중간색이 첨가될 때 그들의 유사성을 강조하기 위해 그 색들을 끌어당기기 위한 연결이 제공된다. 빨간색 의상을 입은 배우와 보라색 의상을 입은 배우는 서로 독립적이나 그 중간인 붉은보라의 의상을 입은 제 3의 배우가 나타났을 땐 색상그룹이 형성된다.
- 빨강, 오렌지는 밖으로 퍼져 보이고, 서로 또는 다른 색들과 합쳐지는 경향이 있다. 반면에 초록, 파랑, 보라는 분리시키고 윤곽을 짓는 경향이 있다.
- 흰색의 테두리는 가벼워 보이며 다른 것과 합쳐져 보이고, 검정 테두리는 날카

무대의상 디자인

로워 보이며 분명한 구분을 지어 보인다. 예로 흰 테두리의 선이 둘러진 스커트는 가볍고 섬세해 보이고, 검정 테두리 선의 스커트는 무겁고 움츠려 보이지만 분명해 보인다.

- 비슷한 명도나 채도의 색상 사이의 테두리는 흐려져 보이는 경향이 있다.
  예로 별로 눈에 띄지 않아야 되는 코러스 그룹이 중간 명도와 낮은 채도의 파랑-초록의 유사색의 의상을 입는다면 덜 튈 것이다.

(2) 명도의 실질적 효과

- 명도차가 강할수록 그 효과는 더 심각하고 대범하며, 명도차가 약할수록 그 효과는 부드럽고 미묘하다.
- 밝은 명도는 진보적이고 크게 보이며 어두운 명도는 후퇴되어 작게 보인다. 밝은 명도의 의상을 입은 주인공은 다수의 코러스 앞에서 분명히 잘 보일 것이다.
- 명도가 다른 같은 크기의 두 가지 형태가 중성 배경에서 보여 진다면, 어두운 것이 무게가 더 나가보인다. 즉, 상의가 어둡고 하의가 밝은 의상에서 상체가 무거운 느낌을 준다.
- 밝고 어두운 명도가 나란히 있으면 서로 분리하여 그 차이점을 강조하려 한다. 밝은 명도는 어두운 명도를 더욱 어둡게 보이게 하고, 어두운 명도는 밝은 명도를 더욱 밝게 만든다. 의상의 명도 대비가 강할수록 인물들은 서로 연관성이 적어 보인다.
- 관객들은 강한 색상대비를 더 인식한다. 그러므로 의상들의 명도가 비슷할 때 색상의 선택이 더 중요해진다.

(3) 채도의 실질적 효과

- 밝은 채도들은 더 많은 관심을 끈다. 일반적으로 채도가 높을수록 효과를 위한 필요 색들이 적어진다. 예로 검정색 드레스 위에 밝은 빨간 악센트는 작더라도 주의를 끈다.
- 밝은 채도들은 진보적이고 크게 보이며 탁한 채도는 후퇴해 보인다. 주인공들이

입은 밝은 채도의 의상은 낮은 채도그룹의 색상들로부터 튀어 보인다. 비슷한 채도들의 그룹은 무대 조명의 양을 줄이거나 조명 색을 바꿈으로써 더 낮아질 수 있다. 그룹 중 한 사람을 집중 조명하면 낮은 조명의 나머지 그룹보다 더 높은 채도의 의상을 갖게 할 수 있다.

- 넓은 면적의 밝은 채도의 색은 보는 사람을 피곤하게 한다. 이것 역시 무대조명에 의해 수정될 수 있다.
- 다른 채도의 색들은 색에 관계없이 서로를 강화한다. 높은 채도의 빨강과 낮은 채도의 파랑을 함께 사용하면 시각적으로 분리되며 서로를 구분한다. 중간 채도의 색들은 서로 덜 구분되며 먼 거리에서는 더욱 더 불분명해 진다.
- 작은 부위의 밝은 채도는 넓은 부위의 낮은 채도와 균형이 맞는다. 예로 많은 등장인물들이 낮은 채도의 의상을 입고 있다면 그들은 작고 밝은 채도의 액세서리(스카프, 꽃, 모자, 타이)로 쉽게 강조될 수 있다.

(4) 색의 심리적 효과

색에 대한 반응은 색에 대한 무의식적 연관성에 대한 자극의 결과이다. 이는 어린 시절 색의 인지와 반응의 축적으로부터 시작한다. 우선 빨강, 노랑, 초록, 파랑의 밝은 채도와 중간 명도의 색은 어린이들의 관심을 끌며, 성장과 함께 일상의 경험이나 사물들과 연관을 갖게 된다. 예로 파랑-하늘, 갈색 - 땅, 초록-나무는 보편적 연관성을 가지며 계절 변화에 따른 색상은 시간의 흐름, 나이, 온도 그리고 기후와 연관이 된다. 비슷한 경험의 그룹들은 같은 색의 연관성을 공유할 것이다. 종교는 수세기동안 상징적 색상을 표현해 왔고 대부분 국가의 국민들은 그들의 국기 색상과 강한 연관성을 가지고 있어서 국기가 없이 색상만으로도 애국심을 불러일으킬 수 있다.

일부 색의 연관성은 개인의 독특한 경험으로부터도 나온다. 이 경험들은 긍정적, 부정적일 수도 있고 관객의 감정적 반응에도 영향을 미칠 수 있다. 디자이너는 특정 색의 다양한 연관성을 무시하지 말아야 하지만 또 너무 제약을 받지도 말아야 한다. 또한 이런 연관성을 관객우선으로 다룰 수 있음도 잊지 말아야 한다. 그러나 혹시 일부 색에 대한 편견들이 디자이너의 색상 선택에 영향을 미칠 지도 모른다. 그런 연관은 작품의

무대의상 디자인

분위기나 캐릭터와는 관련없는 개인 선호 색상이므로 작업에 방해를 받지 않도록 해야한다.

- 어떤 색들은 빛이나 불과 연관성이 있다. 타오르는 석탄의 빨간색, 촛불의 노란색과 오렌지색은 난색이라 하고 색상환의 반대쪽 색상들, 파랑, 초록, 보라는 하늘, 산 그리고 물과 관련이 있으며 이들을 한색이라 한다.
- 노랑-초록과 붉은보라는 한색과 옆에 있는 따뜻한 효과가 있는 색이다 그러나 이것들은 난색과 섞이게 될 땐 한색으로 작용한다.
- 난색은 진보적이고 한색은 후퇴의 성격이 있다. 거리는 물체의 크기와 관계가 있어서 진보적인 난색의 물체는 크게 보이고 후퇴하는 한색의 물체는 작게 보인다.
- 색의 연관성에서 의상에서의 초록은 여름, 성장, 중성의 이미지와 관계있으나 초록색 피부는 외계인이나 병, 테러 분위기를 내포한다.

(5) 명도의 심리적 효과
- 명도는 색 효과에 영향을 미친다.
  예로 붉은 기가 있는 밝은 핑크는 아주 열정적이거나 화려하게 생각되지는 않지만 아직 따뜻하고 사랑이나 희생으로 표현된다. 어두운 붉은 갈색은 열정이나 위험을 나타내지만 조절이 가능한 세련된 색으로 표현된다.
- 밝은 색은 열을 적게 흡수하여 빛을 발산하고 어두운 색은 빛과 열을 흡수한다. 대체로 따뜻한 기후의 사람들은 밝은 색 의상을 선호하고 추운 지방의 사람들은 어두운색 의상을 선호한다. 이런 연관성은 기후, 계절과 연결되며 심리학적으로도 연관되어 있다.

(6) 채도의 심리적 효과
- 색의 채도를 낮추면 그 색의 효과를 낮추게 된다.
  예로 낮은 채도의 오렌지색은 조용하고 안정된 효과를 준다.

- 색이 중성화 될 땐 그 효과는 더 중성적이 된다.
- 높은 채도의 색은 단순, 젊음, 역동적으로 보이고, 낮은 채도의 색은 성숙, 세련, 복잡성을 주며 드러내기 보다는 넌지시 암시하는 느낌을 준다.

2) 공연으로의 색 접근

(1) 대본에 언급된 색상 인지

대본에 특정 색상이 언급되어 있는지 그것이 반드시 필요한지 혹은 적절한 다른 색상으로 바꿀 수 있는지를 결정한다. 간혹 색상으로 강한 메시지를 전달하길 원하는 작품이 있다. 일반적인 공식 파티복이 검정과 흰색이라면 승리를 자축하는 파티에서 입은 붉은색 의상은 확실한 시각적 강조가 될 것이다. 색상은 관객에게 감정적 반응을 유도하므로 작품을 설정할 때 공간이나 의상에 특정 색상을 지정하거나, 제한된 색상을 설정할 수있다.

(2) 색 아이디어의 조율

대본으로부터 혹은 연출로부터도 색 아이디어가 나올 수도 있다. 그러나 공연 전체에 대한 장면별 색의 배분과 선택은 디자이너의 몫이다. 예를 들어 〈한여름 밤의 꿈〉의 마지막 장면인 결혼 파티와 무도회 장면을 금색과 흰색을 사용하려 한다면 그 전 장면들에는 그 색들을 사용하지 않아야 끝부분의 시각적 강조를 이룰 수 있을 것이다.

연출의 색 아이디어가 디자이너와 일치되지 않는 경우도 있다. 이 경우엔 디자이너가 제시한 것과 공연을 위해 최선으로 보이는 것 사이에서 색 아이디어를 향상시키는 것이 효과적이다. 대부분 만족스러운 해결은 진지한 토론을 통해 만들어지며 어느 문제이건 한 가지 색의 해결책만 있는 경우는 거의 없다.

(3) 캐릭터 인지를 위한 색상

색은 관객에게 캐릭터의 관계를 지속적으로 추적할 수 있게 해주는 중요한 요소이며, 많은 등장인물이 나오는 큰 공연에서 개인 식별보다 그룹 식별이 중요한 경우에는 더욱 그러하다. 색상 조절로 관객에게 갈등 관계의 인물들, 반대 그룹, 선과 악의 대립을 쉽게 인지 할 수 있게 해준다. 예로 〈로미오와 줄리엣〉에서 몬테규가와 캐플릿가를, 〈리차드 3세〉에서 그룹별 색상 차이로 리차드 지지자들과 리치몬드 지지자들의 대립을 표현 할 수 있다.

3) 색상 계획

　디자이너는 좋은 색 감각을 지녀야 하지만 연출이나 타 디자이너들의 색 감각과 같지 않을 수 있다. 색상은 색상환이나 칼라 스와치를 가지고 이야기하는 것이 좋다. 초기의 색에 대한 아이디어는 공연에 대해 무언가를 말해주는 사진, 그림 등에서 올 수 있다. 그것은 정확하거나 완벽할 필요는 없지만 초기 토론을 위한 좋은 대화의 시작이 된다. 이후에 디자이너는 좀 더 정확한 색상 계획을 할 수 있고, 공연의 감정적, 미적 표현에 신중을 기할 수 있다. 색상 프레젠테이션은 기존의 사진이나 그림, 칼라 스와치를 이용하여 만든 콜라주 혹은 다른 형태를 취할 수도 있다.

　색상 계획 시엔 질감과 동떨어져서 생각되면 안된다. 어떤 사진이나 그림은 적합한 질감을 내포하기 있기 때문에 선택되기도 한다. 오래된 나무 제품의 빛바랜 사진은 탈색된 갈색톤을 지니고, 현대 오피스 빌딩 사진은 차가운 회색톤이다. 만약 질감있는 소재로 오래된 느낌의 유색의상이라면 빛바랜 사진이 적합하고, 깨끗하고 건조하며 스타일리쉬하다면 후자 사진이 적합하다. 의상 콜라주는 디자이너에게 공연의 질감과 색감을 표현할 수 있는 좋은 기회를 제공할 수 있다. 왜냐하면 색상의 상상력을 자극하면서 모든 가능성을 열어놓을 수 있는 요소들이 혼합될 수 있기 때문이다.

(1) 색상 설정

　색상 조절은 공연의 전체적인 감정적, 시각적 효과를 통일하기 위해 사용된다. 공연에서 자주, 파랑, 보라가 궁중장면에서 사용된다면 갈색, 오렌지, 초록, 노랑은 숲속 장면을 위해 사용될 수 있듯이 그룹별이나 공간별로, 혹은 장면별로 색상을 제한하거나 명도, 채도의 정도를 한정 지을 수 있다.

　색상의 채도를 낮추는 것은 통일된 장면을 유지하는데 도움을 준다. 브레히트의 〈억척어멈〉에서는 공연 전체의 반 이상을 중성화시킨 색상을 사용할 수 있는데 색상의 제한이 극적효과를 결코 무디고 둔탁하게 만들지는 않는다. 갈색 색조 안에서만 만들어진 공연 또한 굉장히 멋질 수 있는데 갈색 안에서도 맑고, 어둡고, 따뜻하고, 차갑고 회색빛 도는 다양한 갈색이 있기 때문에 매우 컬러플한 효과를 줄 수 있다. 회색만으로도, 혹은 검정과 흰색만으로 만들어진 공연도 매력적일 수 있는 이유는 제한된 색상 파레트 안에서 색의 조합과 소재 질감의 다양성이 있기 때문이다.

일반적으로 캐릭터의 성격과 비슷한 이미지의 색상으로 접근한다면 보다 쉽게 그 캐릭터를 이해할 수 있게 되고, 반대되거나 의외의 색상으로 접근한다면 캐릭터 이면에 숨겨져 있는 성격을 표현할 수 있다. 여러 색상이 혼합된 배색으로 접근을 한다면 캐릭터의 다면적 성격이나 복잡한 심리를 표현하는 효과가 있다. 그러나 이러한 색 접근은 작품의 특징이나 콘셉트에 따라 달라질 수 있다.

(2) 색상 전개

극의 진행과 함께 색상 변화 및 전개를 계획할 수 있다. 공연 처음부터 끝까지 한 가지 색상과 톤으로만 진행된다면 자칫 단조로운 극이 만들어 질 수 있으므로 유의해야 한다. 색상 전개는 극의 플롯이나 그 구조와 함께 하는 것도 한 방법이다. 브레히트의 〈억척 어멈〉에서 계속되는 전쟁이 배경과 그 속의 생물들로부터 서서히 삶을 빼앗듯이 색상을 빼앗을 수 있고, 혹은 극 초반에는 회갈색이다가 점점 색상을 얻도록 설정을 할 수도 있다.

(3) 무대와 조명 그리고 의상의 색상 조합

단독으로 성공적인 색상 조합은 없다. 의상은 항상 주변공간이나 배경, 조명과의 관계에서 보여 진다. 순진성이 돋보이는 소녀가 밝고 선명한 노란색의 의상을 입을 지도 모르지만 무대가 노란색이라면 아마도 그녀는 흰색이나 다른 색상의 의상을 입어야 할 것이다. 매우 유사한 톤들도 어느 정도 차이가 있는 것이 바람직하다. 가끔 무대 위의 색들을 일부 함께 섞어 놓기도 하는데, 그것은 소파를 만들고 남은 천으로 의상을 만든 것처럼 당황스러울 것이다. 밝고 가벼운 조명에서의 검정 의상은 시선을 집중시키며 따뜻한 색상 속에 하나의 찬 색상의 의상도 시선을 집중시킨다. 무대와 조명 그리고 의상디자이너는 반드시 우호적인 협력관계에 놓아져야 한다. 누구의 아이디어가 더 중요하고 먼저 고려되어야 하는 가에는 규칙은 없다. 모든 것이 상호 아이디어를 교환하고 최상의 가능성을 찾도록 색상 계획은 전개되어야 하며, 토론을 통해 독자적 아이디어와 공동 아이디어가 수용되어야 한다.

(4) 색상 스와치 보드(color swatch board)

대본에 명시되거나 대본으로부터 얻어진 색상의 영감으로부터 출발하여 전반적인 색상과 질감계획이 전개된다. 이런 계획은 극의 분위기에 도움을 주는 그림, 사진, 직물 등으로 부터 색상 스와치 보드로 전개되어 디자이너가 공연을 시각화시키는데 많은 도움을 준다. 색상 배열은 초기 디자인 단계

의상 캐릭터별 스와치 보드

나 그 후에도 계획될 수 있지만, 주로 연출과 초기 디자인 토론 때 이야기 하는 것이 바람직하다. 공연을 위해 직물 시장에서 모은 스와치이거나 디자이너 개인 소장 스와치로부터 선택된 색상 스와치, 색표(color chip)들은 디자인 스케치 종이나 색상 스와치 보드에 붙여진다. 캐릭터의 의상을 위해 색 배열에 사용되는 스와치는 의상에서 보여지는 비율이나 위치대로 배열한다. 이것은 완성된 의상이 어떻게 보일지 시각화하는데 도움이 될 것이다.

4) 색상 계획안에서의 사실주의와 양식화

사실적인 효과를 강하게 주어야 하는 의상은 설정된 시대나 지역에서 보통 사용되는 색으로부터 색상조합이 나오거나 적어도 특정 시대와 지역에 가장 보편적으로 받아들여지는 것이어야 한다. 현대시대를 표현하기 위해서 칼라사진은 좋은 자료가 되며 한참 이전의 시기를 위해서는 그 당시 화가에 의해 그려진 그림이 그 시대를 잘 풍미할 수

있다. 화가의 그림으로부터 16세기 엘리자베스 비극의 깊고 풍부한 색상과 18세기 로코코 시대의 가볍고 밝은 파스텔풍의 톤 차이는 분명히 구분될 수 있다. 그러나 디자이너가 시대 감을 벗어난 특정색상을 사용한다면 극은 양식적인 모습으로 보일 수 있다. 18세기 몰리에르 극이 검정, 흰색, 회색의 의상으로 만들어졌다면 관객에게는 틀에 박히지 않은 자유로운 방식으로 만들어졌다고 느끼게 해준다. 그러나 양식화는 색상만의 문제는 아닐 것이다. 흥미 효과를 창출하기 위해 디자인의 과장과 변형을 통한 양식화도 함께 사용될 수 있다.

5) 색상 계획안에서의 캐릭터별 의상

색상 콘셉트는 전체 공연에 대한 색상 계획을 제공한다. 이 콘셉트로부터 디자이너는 각 장면에 사용될 색상을 선택하고 후에 캐릭터별 의상에 대한 색상과 톤을 고르며, 장면분석표와 플롯을 통해 어떤 장면에서 어떤 색상 조절이 효과적일지 판단하는 것이 바람직하다. 이 방식은 각 장면의 색상이 한 면에 펼쳐지므로 읽기가 쉽다. 지배적인 색상과 보조 색상들이 보여 질 것이다. 컴퓨터는 이 단계에서 매우 유용한 도구이다. 의상을 위한 색 블록을 만들뿐 아니라 배경색도 만들 수 있고 바로 색상 계획을 수정할 수도 있기 때문이다.

디자이너가 장면에 사용될 색상을 생각할 때는 반드시 장면의 연기를 고려해야 하며 극적인 강조를 도와야 한다. 만약 대관식 장면이라면, 왕이 입은 의상과 색이 다른 의상보다 강조되어야함에는 어떤 의심도 없어야 하며, 햄릿이 극중극 장면을 보고 있을 때 무대는 많은 궁중 사람들로 채워져 있겠지만 햄릿이 그 장면에서 극적인 강조를 받을 수 있도록 다른 캐릭터들과의 색상 관계를 잘 생각해야 할 것이다.

6) 캐릭터별 의상 안에서의 색상

캐릭터별 의상에 대한 색상 계획을 세우기는 쉽지 않지만, 기본 색상이론에 대한 지식, 철저한 대본과 캐릭터 분석 그리고 전체적인 색상 콘셉트에 대한 심사숙고가 있으면 실제로 어느 캐릭터에게 어떤 색상이 최상인가 결정하는 것은 그리 어렵지 않다.

색상 조화는 색, 명도, 채도의 조절을 통해 얻어지지만 대부분의 의상은 강조를 필요로 하고 그 강조는 보통 캐릭터 몸의 특정 부분을 향한다. 시골 농부의 간단한 의상이 한 가지 색상을 필요로 할지 몰라도 얼굴이나 머리에 색상의 강조가 있을 수 있다. 많은 색상이 들어갈 경우, 관객의 관심이 잘못 가지 않도록 더 많은 주의가 요구된다. 어느 신사가 흰 셔츠와 검정 양복을 파랑 줄무늬 넥타이와 함께 입었다면 셔츠와 넥타이는 몸의 상체를 강조하는데 도움을 줄 것이다. 만약 그가 빨간 구두를 신었다면 관객의 눈은 모두 아래로 쏠릴 것이다. 예로 몰리에르의 〈서민귀족〉에서 쥬르당의 의상 색상은 당시 유행한 상류층의 파스텔 색상을 강하게 반영하고 과도한 액세서리나 장식의 강조로 귀족세계에 소속되고 싶은 강한 열망을 나타낼 것이다. 반면에 쥬르당 딸의 구혼자 클레앙트는 솔직하고 정직한 그의 성격에 적합한 중간색상에 의해 균형을 이룰 수 있다.

색상은 질감과 결코 분리될 수 없다. 사용될 소재가 그 색을 어떻게 받아들일지 판단이 필요하다. 질감은 효과적인 의상을 위해 다양성과 강조를 제공하기 때문이다. 밝은 녹색의 면, 새틴, 벨벳은 모두 다른 색감을 나타낸다. 전통적으로 신부는 전체적으로 흰색의 드레스를 입지만 베일, 레이스, 장식 등의 단조롭지 않은 디테일로 다양한 질감과 강조가 표현된다.

어느 색상 조합에서 어떤 것은 앞으로 나와 보이고 어떤 것은 후퇴해 보이며 어느 톤은 가벼워 보이고 어느 것은 무거워 보인다. 이 효과는 그 색상들이 함께 놓여 져 있는 방법에 따라 영향을 받으며 디자이너는 그 의도에 대한 효과를 잘 판단해야 한다. 디자이너가 캐릭터의 체형 문제를 최소화하고자 할 때 색상의 공간적 특징을 이용하면 유용하다. 뚱뚱한 여성을 위해 드레스의 바디스 앞을 밝은 색으로 하고 옆면을 어두운 색으로 하면 날씬한 효과를 얻을 것이다. 밝고 가벼운 톤은 튀어나와 보이므로 뚱뚱한 여성의 의상으로는 적합하지 않다.

7 질감과 패턴(texture & pattern)

물체의 질감은 표면의 촉감적인 특징 혹은 표면의 촉감적 시각 표현이라 할 수 있다. 이는 뭔가 거친 질감과 관련이 있을 것 같지만 질감이란 단어는 천의 부드럽고, 거칠고, 보풀이 있고 매듭이 있는 것 등의 모든 표면의 촉감에 적용된다. 디자이너는 많은 경험으로 모든 표면을 보고 만지면 그 질감의 느낌을 알 수 있게 된다.

직물은 수없이 다양한 질감을 가지고 있다. 무대의상 디자이너는 질감으로 다양한 캐릭터를 표현하며 의상에 각종 장식, 턱킹, 주름, 셔링, 루싱, 러플, 스모킹, 자수, 아플리케, 퀼팅같은 디테일과 함께 질감적 흥미를 더 할 수 있다.

1) 질감의 양상

직물은 섬유, 실, 직조 그리고 가공의 요소들에 의해 다양한 드레이프성이나 촉감의 질감이 만들어진다. 디자이너의 질감 사용은 각 캐릭터 의상의 다양성을 창조해내고 전체 그룹의 연관이나 대비를 만들어낸다. 다양한 질감을 사용함으로서 디자이너는 완전히 다른 디자인 콘셉트를 만들어 낼 수 있고, 다른 질감의 직물들을 연관있는 장식으로 통일시킬 수도 있다.

다양한 질감의 용어

다양한 구조적, 시각적 질감의 용어
따끔거리는, 무거운, 바삭거리는, 보송보송한, 곱슬거리는, 곱고 부드러운, 자갈 깔린 듯한, 얇고 건조한, 뻣뻣한, 꺼칠꺼칠한, 털북숭이, 매끈한, 단단한, 거친

2) 질감의 실질적 효과

질감은 조명, 색, 선과 형태의 실질적 인지를 바꾸거나 도울 수 있다. 거친 질감은 형태의 모서리를 부드럽게 할 수 있고 불규칙한 외곽선을 만들 수 있으며 조명을 끊을 수 있고 흐리게 할 수도 있다. 거친 질감은 외형을 크게 보이게 할 수 있고, 실제적으로 축소시키진 않아도 작게 보이게 할 수도 있다. 매끈하고 딱딱한 질감은 형태를 분명히 보이게 하고 강하고 날카로운 조명을 반사한다. 거친 질감은 강한 선의 효과를 부드럽게 하며, 부드러운 질감은 선의 효과를 강하게 보이게 한다. 또한 거친 질감은 색의 효과를 부드럽게 혹은 무디게 하고 매끈하고 단단한 질감은 색을 강조한다. 광택있고 부드러운 질감은 앞으로, 무딘 질감은 후퇴해보이므로 새틴 드레스를 입은 배우는 모직코트를 입은 배우보다 튀게 된다.

　질감에 있어서 극단적 대비는 여러 흥미로운 효과를 주고, 대비가 약한 질감은 단조로울지도 모른다. 디자이너는 의상의 다른 디자인요소의 효과를 강화시키거나 수정하기 위해, 또 흥미나 다양성 창조를 위해서도 질감을 잘 사용할 줄 알아야 한다.

3) 질감의 심리적 효과

　질감은 디자이너에게는 강한 도구가 될 수 있다. 질감은 색상, 선, 형태의 심리적 효과를 수정하거나 보조할 수 있으며 다양한 질감 사용으로 캐릭터, 지위, 개성, 세련도, 나이, 직업, 계절 등을 나타낼 수 있다. 심한 육체적 노동을 하는 농부 캐릭터 의상에는 강한 힘에도 잘 견딜 수 있는 거칠고 구김있는 마섬유를 사용할 수 있고, 부드럽고 매끈한 얇은 직물은 섬세하고 연약한 캐릭터 의상에 사용할 수 있다. 무대에서 질감을 계획할 땐 디자이너는 관객과 무대와의 거리를 고려해야 한다. 섬세한 질감은 먼 거리에선 잘 보이지 않아 그 효과가 관객에게 전달되지 않기 때문이다.

질감 효과

질감	실질적 효과	심리적 효과(분위기)
매끈함, 바삭함	날카로운 실루엣, 충분한 빛 반사	세련, 딱딱함, 기분 좋은, 쾌활한, 고상
매끈함, 부드러움	날카로운 실루엣, 충분한 빛 반사	감각적인, 긴장이완, 사치스러운
벨벳처럼 부드러움	확대, 덜 세련, 조밀, 적은 빛 반사	부유, 사치스러운
솜털느낌	확대, 덜 세련, 조밀, 적은 빛 반사	사치스러운, 껴안고 싶은, 원시적인, 길들지 않은
거침	유연한 실루엣, 적은 빛 반사	스포티, 자연적, 천하고 난폭, 거친, 원시적, 우연
올이 거칠게 성김	확대, 덜 세련, 적은 빛 반사	천하고 난폭한, 촌스러움, 야만의
규칙적인 중간 질감	중립, 중간 빛 반사	사무적, 성숙한, 안정적, 보수적
불규칙적인 중간 질감	중립, 중간 빛 반사	안정적, 활동적인, 따뜻함

4) 패턴

패턴은 시각적 질감의 특별한 형태로 무대에서 특별한 느낌을 준다. 일반적으로 공연에서 사용되는 패턴은 규모나 스타일과 관련이 있다. 인지될 만한 패턴은 보는 사람에게 심리적 반응을 나타내고 캐릭터에 대해 색상을 제외한 다른 요소보다 강한 메시지를 보낸다. 관객과 배우의 거리는 패턴의 인지에 영향을 미치는데 너무 작은 패턴은 보이질 않고 중간이나 큰 패턴은 질감보다 더 효과적일 때가 많다. 반복되는 패턴사이의 작은 공간은 패턴을 뭉개버리거나 인지를 약화시키고 얼룩덜룩한 효과를 만들기도 한다. 또한 한 의상에서 여러 패턴의 사용은 부주의하거나 순진해보이거나 혹은 반대로 극도의 세련됨을 줄 수 있다.

패턴이 주는 느낌이 무엇이던 간에 패턴은 사실적, 양식적 그리고 추상적으로 표현이 되며, 어떤 방법으로든 해석이 가능하다. 효과적인 패턴의 사용은 의상 전체를 흥미롭고 다양하게 하므로 디자이너는 캐릭터, 시대, 공연스타일, 그리고 콘셉트에 따라 패턴 선택에 신중을 기해야 한다.

(1) 패턴의 종류

패턴은 크게 자연, 인공, 가상, 상징의 네 가지 종류로 구분된다.

① 자연으로부터의 패턴은 기쁨과 잔잔함을 주고 심히 왜곡되지 않으면 긍정적 관계를 나타낸다.

② 인공과 관계된 패턴은 시간, 장소, 물건, 성, 사건 등과 강한 관련이 있다.

③ 가상의 패턴은 기하학과 추상의 형태로 구분할 수 있다. 완벽한 기하학적 패턴은 자연에서는 보기 힘들지만 수세기동안 예술가들은 기학학적 디자인으로 의상이나 일상품들을 꾸며왔으며 추상형태의 패턴으로 실제 사물보다는 느낌이나 분위기를 잘 표현할 수 있다.

④ 상징적 패턴은 특별하거나 넓은 의미를 내포할 수 있고 순간적으로 크고 복잡한 아이디어를 나타낼 수도 있어 의상에서 매우 유용하게 이용될 수 있으나 식상하지 않게, 시대에 적합한 방법으로 사용해야 한다.

〈자연으로부터의 패턴〉

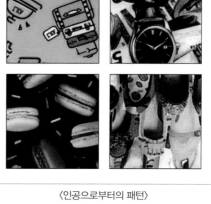

〈인공으로부터의 패턴〉

〈기하학적인 패턴〉

〈추상적인 패턴〉

〈상징적인 패턴〉

〈전면적인 패턴〉

(2) 패턴의 실질적 효과

　　패턴은 선, 색상, 형태, 공간 등 여러 요소들과 혼합되어 있기 때문에 디자인의 실질적 효과의 원인이 된다.

① 패턴은 그것을 사용하는 부분을 강조시킨다.

② 패턴은 구조적 디자인을 보강한다.

③ 패턴은 시각적 흥미를 증진시킨다.

④ 패턴은 실루엣으로 관심을 유도하기도 하고 덜 흥미로운 몸의 윤곽으로부터 시선을 다른 곳으로 전환시키기도 한다.

⑤ 날카로운 윤곽의 모티브는 흐릿한 모티브보다 더 강조되고 극적이며 확대되어 보인다.

⑥ 착시를 일으키는 패턴은 혼란스럽고 시각적으로 피곤하게 한다.

다양한 패턴을 사용한 의상 (오페라 〈마술피리〉, 성남아트센터, 의상디자인 장혜숙)

PERNELLE　　　　TARTUFFE

몰리에르의 〈타르투페〉, 의상디자인 신선아

(3) 패턴의 심리적 효과

　① 근접한 모티브는 복잡하고 압박감을 주며, 넓은 모티브는 얼룩덜룩 효과를 낸다.

　② 그림자나 입체감 없는 납작한 모티브는 젊고 단순하며 캐주얼하고 유머러스하
　　게 보인다.

　③ 식물, 꽃, 흐르는 모티브는 여성적이며 동물, 기하학적 모티브는 더 남성적으로
　　보인다.

　④ 큰 모티브는 동적이고 대담해보이며 작은 모티브는 고상하고 우아해 보인다.

8 의상라인의 발전과 강조

1) 개인적 강조

　각 디자인은 강조 부위를 가지고 있어야 한다. 대부분의 캐릭터들에겐 머리와 얼굴, 그리고 상체가 강조되지만 무용수들에겐 다리와 발, 마술사에겐 손, 그리고 살찌고 쾌활한 인물에게는 배가 강조될 때가 있다. 어느 부위가 주목을 끌지, 어떤 부위가 캐릭터의 동작과 개성에 관계가 있을지가 의상에 강조되기도 한다. 앞에서 볼 때 목 부분의 초커가, 옆이나 뒤로 돌았을 땐 스커트 드레이프 자락과 주름진 버슬 뭉치가 흥미를 끌수도 있다. 강조는 많은 방법으로 만들어 질 수 있지만, 어느 한 부위의 강한 라인과 형태, 그리고 색상의 사용은 가장 효과적인 강조 방법 중의 하나이다.

2) 배우의 신체적 특징 고려

　일단 배우가 캐스팅되면 디자이너는 배우의 신체적 비율 등을 캐릭터의 이상적인 모습과 연관하여 생각해야 한다. 어떤 신체적 특징이 그 캐릭터에 중요하다 싶으면 디자이너는 그 특징을 시각적으로 강조시킨다. 연출은 캐스팅 시에 목소리나 연기능력을 우선 시하여 실제 배우나

소매 겨드랑이 무(gusset) 부착 의상

캐릭터의 신체적 차이점들을 무시하는 경우가 종종 있다. 특히, 오페라의 경우 목소리가 우선이고 시각적인 면들은 그 뒤에 고려되는 경우가 많이 있다. 디자이너는 가능한 원하는 시각적 해석과 가까운 캐릭터로 보이도록 디자인 원리와 요소의 효과에 대한 신중한 연구가 요구된다. 캐스팅된 배우들과의 대화는 디자이너가 각 배우의 신체적 특징과 문제점, 그리고 취향 및 선호도 등 배우에 대한 통찰력을 갖게 해준다.

디자이너는 배우들의 모든 요구를 다 들어줄 수는 없고 작품 전체를 우선으로 생각하고 작업하지만, 배우의 혐오색이나 스타일들에 대한 강한 요구를 무시한다면 후에 문제를 야기 시킬 수도 있다. 또한 체촌이나 가봉 시에 배우의 비정상적 인체 비율이나 특별 사이즈 필요 등의 문제에 대한 대처는 재치와 매너를 필요로 하며 그 문제 해결을 위해 당연히 시간을 할애해야 한다.

3) 균형 조절

각 인물에 대한 디자인이 잘 발전되어가고 있나? 캐릭터에 따른 개성이 의상에 충분히 반영되었나? 같은 스타일 안에서 같은 규모로 디자인 되었나? 어떤 캐릭터가 그룹 간 이동하여 소속되어도 그 캐릭터 표현은 충분히 전달되나? 주인공이 장면별로 강조되나? 캐릭터들의 강조가 균형있게 조절되었나? 등 다양한 질문에 스스로 답을 하며 정리를 해 나가야 한다.

캐릭터들의 관계는 디자인, 색상, 질감에 있어서 의상에 의해 제시될 수 있는데, 사실적 스타일이 표현될수록 더 미묘한 관계가 필요하고, 양식화되거나 추상적일수록 더 분명한 관계가 필요할 경우가 많다. 작품 속에서 캐릭터들의 관계나 그룹간의 관계, 선과 악의 관계들이 적절한 균형을 이루도록 조절되어야 한다.

4) 움직임과 의상

무대의상은 배우의 움직임에 의해서 더욱 입체감이 나고 살아있는 의상으로서 진정한 빛을 발하게 된다. 이를 통해 관객들은 움직이는 몸과 의상의 조화를 만끽하게 되는 것이다. 그러나 무용, 뮤지컬, 아크로바틱 등 신체의 움직임이 큰 공연에서 간혹 의상으로 인해 문제점들이 발생하곤 한다. 움직임을 고려하지 않은 의상으로 인해 충분히

무대의상 디자인

팔과 다리를 들 수 없거나 불편함으로 인해 연기나 춤에 지장을 받는 경우를 초래해서는 안된다. 이때 구조적으로 움직임에 적합한 디자인, 스판텍스나 탄성이 좋은 소재 선택, 움직임에 맞게 트임을 주거나 의상의 적재적소에 무(gusset)를 대거나 폭을 넓게 하여 신체의 자유로움을 유지해주어야 한다.

움직임이 큰 배우들을 위한 풍성한 여유의 바지
(연극 〈햄릿_아바따〉, 극단 서울공장, 의상디자인 장혜숙)

5) 의상소품과 장신구

무대의상에는 의상 뿐 아니라 의상소품과 장신구 또한 중요한 아이템으로 포함된다. 이에 따라 신발, 모자, 헤드드레스, 장갑, 핸드백, 지팡이 등 소품과 장신구에 대한 신중한 고려가 필요하다. 일부 아이템은 대본에서 요구되기도 하고 일부는 시각적 혹은 실제 목적을 위해 연출가나 디자이너에 의해 요구되기도 하는데 작은 아이템이라도 시각적 흥미를 일으키거나 사건 전개의 실마리를 제공하므로 중요시 되어야 한다.

신발은 캐릭터의 걸음과 자세 그리고 시대감을 부여하는데 매우 중요하다. 러프 스케치 때 굽 높이, 무게, 신발 유형 등을 제시하여 연출가와 토론한다. 일반적으로 무거운 신발은 무거운 걸음을 유도하고 부드러운 굽의 신발은 가볍고 탄력있는 걸음을, 무거운 굽과 단단한 밑창은 권위있는 걸음을 유도한다. 높은 굽의 신발은 엉덩이의 흔들림이 많은 걸음을 유도하므로 배우의 자세와 균형이 조절되어야 하며, 몸무게가 굽이 실리게 되어 걸을 때 골반이 앞으로 나오게 된다. 또한 더 곡선적인 다리를 만들어 섹시함을 증가시킬 수 있다. 샌들과 슬리퍼는 발을 끌며 걷는 모습을 보여준다. 춤을 추는 캐릭터는 외형적 고려보다는 춤의 유형에 적합한 신발을 착용하도록 한다. 무대 위에서 배우가 신발이나 구두를 신고 걸을 때마다 소리가 나는 경우엔 반드시 밑창의 재료를 부드럽고 소리 안 나는 것으로 교체해야 한다. 너무 딱딱한 밑창은 오래 서있어야 하는 배우들을 피곤하게 하거나 특히 뮤지컬 배우들에게는 춤추는데 제약을 준다. 초보 디자이너들은 신발의 중요성을 간과하기 쉬운데 배우들이 연습과정 중 착용하는 신발과 연관이 있을 뿐 아니라 신발 구매가 주요 예산 품목이므로 신발의 초기 결정이 중요한 이유이다.

핸드백의 크기와 스타일, 또 손에 드는 다른 소품들도 초기 디자인 단계에서 결정하여야 한다. 이런 아이템은 연습 시에도 필요하여 배우가 핸드백의 크기나 개폐, 그리고 조작에 익숙해져야 한다. 모자나 헤드드레스의 크기와 스타일은 의상을 완성하는 주요 요소로서 역시 초기에 결정되어야 한다. 20세기 중반까지는 모자는 남, 여, 빈자, 부자 모두에게 중요한 품목이었다. 특히 모자챙의 넓이는 배우의 얼굴을 가리거나 무대 위 조명과 밀접한 관계가 있으므로 유의하여 선택한다. 모자제작이나 구매는 시간과 예산이 필요한 아이템이므로 철저한 계획 하에 이루어져야 한다. 그리고 브로치나 헤어핀 등 장신구, 기타 액세서리의 색상과 크기 그리고 부착 위치도 신중히 고려해야 한다. 장신구의 날카로운 부분이 연기 중에 배우들에게 상처를 주지는 않는지, 장기 공연 중에 쉽게 손상되지는 않을지 안전과 내구성 등도 면밀히 체크하여야 한다.

9 의상 통일성을 위한 디자인 가이드라인

디자이너는 진행되고 있는 무대의상의 모든 것들이 하나의 작품을 위해 통일성을 이루는지 여러 면에서 점검하고 특히 선과 디테일, 색상과 소재를 조절하여야 한다. 그리고 이 시점에서 '어떤 요소들이 이 작품에 기여를 할 수 있을까?'를 생각하는 것이 바람직하다.

1) 선과 디테일을 통한 통일성

의상디자이너가 작품을 발전시킬 때, 의상의 관점에서 대본의 내용을 풍족하게 할 세계와 무대 위의 시각적 세계들을 위해 계획을 잡는 것은 당연한 일이다. 목표는 선과 디테일을 통한 의상의 통일성이다.

사실성이나 양식화 정도가 결정되면 사용될 시대가 설정된다. 그 시대의 감정은 예외적인 감정이 아닌 가장 전형적이고 대표적인 부분을 선택하도록 한다. 선택된 시대의 기본 실루엣 그 자체가 상당히 적합해 보일 수 있어도 실루엣의 다른 해석이 그 극의 분위기를 더 잘 보강시킬 수도 있다. 어떤 경우엔 복잡한 디테일을 지닌 시대 의상을 극에 맞추어 양식화시킨 경우처럼 실루엣이나 디테일의 단순화를 필요로 한다.

실루엣 위의 디테일 작업은 의상효과를 통일시키는데 매우 유용하다. 큰 부피감과 질감의 강조, 그리고 적은 디테일의 사용은 의상의 강한 표현을 위해 효과적일 수 있고, 실루엣에 많은 장식이 추가되었다면 그 의상만의 확실한 스타일이 만들어질 수도 있을 것이다. 중세 초기 의상은 매우 적은 장식과 함께 길고 흐르는 라인이 전형적이었다. 반면에 엘리자베스 시대의 디테일은 중세의 디테일과는 아주 달랐고 화려함은 물론 의상 모든 부분에서 디테일이 발견된다. 그래서 한 의상에서 어느 특정 부분에 전형적인 장식이 아닌 전반적으로 과도한 디테일을 지닌 장식의상의 유형으로 간주되기도 한다. 그러나 디자이너는 이런 디테일들을 제한하고 양식화시킴으로써 오히려 더 극적인 의상으로 통일시키고 강조시킬 수 있다.

2) 색상과 소재 컨트롤

관객은 무대에 조명이 켜지면 색상을 처음으로 인지하고 형태와 질감에 대한 반응은 그 다음에 따라온다. 이것은 색상 조절이 디자이너에게 가장 우선되는 점임을 말해 준다. 왜냐하면 무대 위의 의상들에서의 색상 관계를 통해서 강한 통일된 감정이 얻어지거나 개인 캐릭터의 성격이 보강될 수 있기 때문이다.

모든 캐릭터들이 한 가지 색상의 의상을 입었다면 분명히 시각적으로 통일이 되겠지만 이것은 캐릭터나 플롯의 흥미 부여에는 거의 기여를 할 수 없을 것이다. 왜냐하면 다양성없는 통일감은 지루하기 때문이다. 디자이너는 극의 분위기에 가장 적합한 범위를 선택하여 색상을 작품 구성에 창조적으로 포함시킬 수 있고, 캐릭터를 정의시키는 범위 안에서 색상을 다양하게 발전시킬 수 있다.

예로 〈햄릿〉은 깊고 풍부한 색상 효과를 위해 보석 톤의 색조를 중간이나 어두운 명도, 순 채도나 중간 채도에서 생각할 수 있다. 반면에 브레히트의 〈억척어멈〉은 지배적인 갈색 톤과 중간 채도의 중성적이고 중간이하의 낮은 명도로 디자인되어 생존을 위한 투쟁과 갈등 그리고 땅과의 연관성을 전달하는 결과를 얻을 수 있다. 또한 색은 서로 다른 그룹을 분명히 하는데도 사용될 수 있다. 〈로미오와 줄리엣〉에서 몬테규가는 파랑, 초록, 보라 색조의 의상을 입고 캐플릿가는 빨강, 오렌지, 노랑의 의상을 입을 수 있다. 색조가 강한 대비를 이루지만 전체적인 색상 효과의 통일을 위해 명도나 채도를 조절하여 사용할 수 있다.

의상을 위해 선택된 소재는 전반적인 디자인 계획의 중요한 부분이다. 만약 그 시대에 사용되어왔던 전형적인 소재가 선택되었다면 자연스럽겠지만 그 반대라면 양식화를 향한 단계로 향할 것이다. 13세기의 의상 실루엣은 변형이 되었더라도 모직으로 만들어졌다면, 쉬폰으로 만들어진 같은 디자인의 의상보다는 관객에게 더 품위 있는 의상으로 받아들여질 것이다. 영국 르네상스 시대의 의상이 광택있는 얇은 면소재로 제작된다면 영국궁정에서는 받아들여지기 힘든 극의 세계를 보여 줄 것이다. 소재 선택은 의상디자인 성공의 핵심이다. 왜냐하면 적절한 제작법과 드레이핑이 표현되어야 하기 때문이다. 디자이너는 디자인 아이디어를 충족시킬 소재에 대해서 충분히 알아야 하고 극에 적합하고 의상의 통일성을 충족시킬 소재를 선택해야만 한다. 조명과 함께 최고의 효과를 이루고자하는 공연에서, 뻣뻣한 얇은 면과 벨벳으로 만들어진 가운은 어색함을 자초할 것이며, 안감용 타프타로 만든 드레스는 매끄러운 새틴과 실크로 만들어진 다른 드레스와는 결코 어울리지 않을 것이다. 또한 디자이너는 무늬가 있는 것 대신 단색 소재의 사용, 거친 질감 대신에 부드러운 표면 질감의 사용, 혹은 이들 사용의 조합을 결

176

정해야 한다. 의상 전반에 걸쳐 산재해 있는 단색과 패턴물의 조합은 상당히 효과적일 수 있지만, 디자이너는 항상 시각적 균형을 고려해야 한다. 만약 무대 위에서 복잡한 무늬의 드레스를 입은 한 명의 엑스트라를 제외하고 모든 캐릭터가 단색의 의상을 입었다면 많은 집중이 그 무엇보다도 단 한명의 엑스트라에 몰릴 것이다.

신중하게 결정된 의상의 통일성은 최종 확정 전에 한번 더 단계를 거쳐야 한다. 그것은 무대와 조명과의 협의이다. 의상디자이너가 기본 콘셉트를 발전시키기 전에 이미 다른 디자이너들과 협의를 통했고 그때 전반적인 방향에 접근하기 위한 기준들이 세워졌지만, 각 디자이너는 각자 작품 속에 깊게 빠져들고 새로운 아이디어를 도출했을 수도 있다. 전에는 분명하지 않았던 점들을 새로이 설정한 것들도 있고 이 가운데 무대와 조명과의 협의가 추가로 필요한 부분들이 생기게 된다. 여러 문제들이 고려되는 동안 색상 결정은 특별히 중요하다. 첫 드레스 리허설에서 주연 여배우가 소파에 앉았을 때 그 존재감이 사라져 버리거나 넓은 드레스를 입은 여배우가 무대의 문을 통해 등, 퇴장을 하기 힘든 경우가 있어서는 안된다. 왜냐하면 이때는 소파 천 갈이를 하거나 새로운 무대나 의상을 제작하기에는 너무 늦기 때문이다.

10 예산 작성하기

초기 디자인 단계에서 예산의 제한점에 대한 고려가 병행되어야 한다. 모든 디자이너들은 제작 규모에 따른 예산 한계 안에서 작업해야 한다. 디자인이 아무리 좋다하더라도 그것을 실현할 방법이 없다면 디자이너는 그 접근을 바꿔야 한다. 전체 의상예산은 평균 한 벌의 의상단가로 나눠져야 하고 각각의 바뀌는 의상은 별도의 한 벌로 계산되어 의상 수가 결정되어야 한다. 신발, 모자 등의 가격 산출도 전체 의상 예산을 세우는데 필요하다. 재정적 제한이 때론 의상의 연극적 해결이나 창조적 의상을 위한 자극이 되기도 한다. 간단하게 잘 제작된 의상이 제작이 힘들고 시간이 오래 걸리는 고가의 정교한 의상보다 더 효과적일 수도 있다. 관객은 디자이너의 스케치가 아니고 실제적으로 무대 위에서 보여지는 의상만을 본다는 사실을 명심해야 한다.

간혹 디자이너는 아주 적은 예산으로 완벽한 작업을 요구받기도 한다. 이 경우 디자이너는 본인의 경력이나 경험을 위해 말도 안되는 적은 예산으로 이 작업을 해야 할지 결정해야 한다. 무대의상을 일반 의상으로 착각하거나 심지어 간단한 의상이라 해도 무대의상 제작의 과정과 비용, 그리고 특징을 납득하지 못하는 경우이다. 디자이너는 이런 문제들에 대해 무대의상에 대한 인식을 인지시키고, 현실적인 제작예산과 시간의 산출로 제작자나 연출가와 타협해야 한다. 의상은 공연의 성패를 좌우할 뿐 아니라 디자이너나 의상 제작팀원들의 노고를 가치없게 만들어서는 안되기 때문이다. 실질적인 예산 작성은 Chapter III에서 자세히 언급하였다.

무대의상 드로잉과 표현

1 무대의상 드로잉

무대의상 드로잉은 인물이 지닌 삶과 감정, 그리고 정신을 표현하는 것이다. 다양한 장르와 수많은 작품속의 캐릭터를 원하는 스타일로 포즈와 표정을 그리는 것은 매우 어려운 작업이다. 특히 캐릭터의 특징과 태도를 파악하고 신중히 분석하는 일은 스케치에 앞서는 매우 중요한 일이다. 패션 드로잉은 상당히 우아하고 심플하기도 하며, 의상의 어느 부분만을 강조하기 위해 구체적인 캐릭터 표현은 하지 않거나 성을 무시하기도 한다. 반면에 무대의상 드로잉은 캐릭터의 구체적인 표현을 위해 고군분투한다.

무대의상 드로잉은 작품의 주제와 콘셉트를 바탕으로, 작품의 스타일 표현 및 극적 효과를 우선으로 하며 캐릭터의 시대적, 공간적 배경, 성격, 나이와 신분을 표현해야 한다. 무대의상 드로잉은 캐릭터의 현실을 잘 표현해야 하므로 되도록 사실적으로 그리되 대본과 캐릭터 분석 후에 적합한 동작, 움직임, 태도 등을 고려하여 캐릭터의 포즈를 선택한다. 마치 극 속에서 캐릭터가 하고 있을 듯한 포즈나 그 캐릭터의 가장 극적인 순간의 포즈도 좋은 선택이다. 그러나 캐릭터의 움직임과 태도는 연극, 뮤지컬, 오페라 등 작품의 장르에 따라 달라질 수 있다. 뮤지컬이나 무용 작품에서는 몸의 움직임이 매우 동적이며 리듬과 흐름을 강조하고 결합시키는데 중점을 둘 것이기 때문이다.

디자이너마다 다른 드로잉 스타일은 더욱 흥미를 부여한다. 더 현실감있게 그릴 수도 있고 커리커처처럼 그릴 수도 있다. 현실감과 특정스타일을 결합시킬 때 무대의상만의 독특한 디자인스케치가 탄생한다. 드로잉할 때 비율과 선호 동작을 설정한 후 인물의 키, 방향, 팔과 발의 위치, 머리, 어깨, 가슴, 골반의 각도와 뒤틀림정도를 고려한다. 이는 완벽한 포즈가 완성될 때까지 계속 비교 및 대조를 해야 한다. 캐릭터가 무엇을 입고 있느냐도 중요하지만 어떻게 입고 있느냐를 잘 파악하여 의상 표현을 할 줄 알아야 한다. 물론 드로잉을 잘 그리는 사람이 반드시 훌륭한 무대의상 디자이너가 될 수 있는 것은 아니다.

연극 〈맹진사댁 경사〉, 맹진사

대부분 무대의상 관련자들은 현장 작업과 다른 관련분야에 대해 알아가기도 벅차기 때문에 인물 해부학에 대해 배우거나 드로잉을 충분히 연습할 시간이 부족한 경우가 많다. 그러나 디자이너의 의도를 충분히 잘 표현하기 위해서는 인체에 대한 기본 지식은 물론 핸드 드로잉 및 컴퓨터 드로잉에 대한 충분한 연습이 필요하다. 또한 디자인의 요소 및 원리는 무대의상 드로잉을 하는 데 있어서 기본과 핵심이 된다. 가령 부드럽고 섬세한, 또는 거칠고 딱딱한 실루엣을 나타내고 싶다면 다양한 종류의 선을 사용해야 한다. 또한 명암, 포즈 그리고 비율을 잘 나타내기 위해서는 균형을 잘 맞추어야 하고 콘셉트를 잘 살리기 위해서는 색상 조합과 각자 해석에 따른 중요한 부분들을 강조해야 한다. 뿐만 아니라 디자인의 아이디어가 주목 받고 전체적으로 연속성이 느껴질 수 있도록 통일되고 조화롭게 그려야 한다.

2 드로잉 표현 방법

무대의상 드로잉은 작품 속의 수많은 캐릭터들의 인체에 의상을 표현하여 캐릭터의 개성과 함께 의상의 정확한 느낌을 전달할 수 있어야 한다. 디자인 표현을 위해 아이디어 스케치, 러프 스케치를 거쳐 상세한 최종 스케치를 완성한다. 표현 방법에는 핸드

드로잉, 컴퓨터 드로잉 등 평면적 표현뿐 아니라 콜라주 등 입체적 효과를 지닌 표현이 있는데 최근엔 짧은 시간에 효율적인 작업효과를 위해 컴퓨터 드로잉이 주로 이루어지고 있다. 또한 정확한 의상 제작을 위해 주문서이자 설계도인 도식화를 그려야 한다. 도식화는 실제 완성할 의상을 정확한 비율로 축소하여 의상을 그리는 것으로 비례의 정확성과 앞, 뒷면의 세밀한 디자인 표현이 중요하다.

의상의 심미성과 조형성을 부각시키는 독창인 기법들 속에서 자신만의 드로잉 스타일을 표현하는 데 필요한 도구와 재료의 특성을 잘 알고 표현 방법을 익히기 위해 많은 연습이 병행되어야 한다.

연극 〈태풍〉, 프로스페로, 캘리번, 요정

〈고아의 뮤즈들〉 (의상디자인 박이슬)

수채화 물감을 이용한 핸드 드로잉

1) 핸드 드로잉

핸드 드로잉은 손을 사용하여 그리는 방법으로 연필, 잉크, 수채화 물감, 아크릴 물감, 색연필, 펜, 마커, 목탄, 붓 등의 다양한 도구를 이용하여 아이디어를 표현한다. 주로 선명하고 빠르며, 모든 층의 톤을 보여주면서 쉽게 잘 섞이는 수채화 물감과 빨리 마르고 한번 마르면 방수가 되어 굉장히 두껍게 칠할 수도 있고 물과 섞어서 투명하게 얇은 층으로 칠할 수도 있는 아크릴 물감을 많이 사용한다. 색연필은 깔끔하고 빠르며 휴대하기 용이하며 특히 빠르게 스케치 할 때 매우 유용하다. 다른 색과 혼합되고 섞일 수도 있으며, 덧칠도 많이 할 수 있고 반투명 혹은 완전히 불투명한 효과를 낼 수 있는 것은 색연필의 또 다른 장점이다. 그 외 다양한 재료를 사용하여 드로잉을 할 수 있다.

핸드 드로잉으로 등장인물과 의상 벌수가 많은 작품의 의상 스케치를 하기 위해서 디자이너는 많은 시간을 할애해야 한다. 러프 스케치를 통해 연출과 토의하고 또 수정된 부분을 다시 그리고 색상을 입히는 과정을 반복하면서 최종 스케치를 완성하려면 상당한 시간이 필요하게 된다. 인내심을 가지고 드로잉에 임하고 시간을 절약하기 위해서라도 신중한 디자인 접근과 고민이 우선되어야 한다.

2) 컴퓨터 드로잉

컴퓨터 드로잉은 컴퓨터 기기나 디지털 기기를 이용하여 이미지를 그려내는 기술이다.
포토샵이나 페인터, 일러스트레이션 등의 그래픽 프로그램으로 드로잉에서 채색까지 처리하거나 밑그림을 스캔 받아 채색을 하기도 한다. 컴퓨터

뮤지컬 〈균〉, 컴퓨터 드로잉

기술의 발달로 그래픽 소프트웨어들이 지속적으로 개발되어 이미지의 병합 및 편집, 사진 합성, 콜라주, 프린트 등에 활용되고 있다. 이들은 소재를 사실적으로 표현하기도 하며, 포즈를 다양하게 변화시키거나 반복으로 구성하고 색상 또한 자유로이 변화시킬 수도 있으며, 고도의 정확성을 제공할 뿐 아니라 확대, 축소, 변형, 교체 등으로 드로잉을 마무리를 하기 까지 빠르게 지속적으로 작업 할 수 있는 장점이 있다.

최근에는 최종 디자인 완성까지 수많은 드로잉과 수정을 거쳐야 하는 무대의상 드로잉에 많이 사용되고 있으며 구직 시에도 컴퓨터 드로잉 능력이 요구되고 있다. 컴퓨터 드로잉은 상당히 복잡하고 깊은 메뉴들을 가지고 있지만 반복된 연습을 통해 익숙해지며 효율적으로 디자인 업무수행을 할 수 있다. 컴퓨터 드로잉이든 핸드 드로잉이든 지속되는 연습과 노력은 디자이너의 예술적 감각과 기술을 증대시킬 것이다.

연극 〈리차드 2세〉, 컴퓨터 드로잉

3) 콜라주(collage)

　　사진이나 잡지, 원단 및 부자재 등 다양한 자료에서 장점이나 특징적인 부분을 취하고, 여러 가지 방법으로 조합하여 입체적으로 표현하는 방법이다. 콜라주에서 직물, 종이, 장식, 레이스, 부자재 등 디자이너의 아이디어를 표현할 수 있는 모든 것들을 스케치 종이나 보드에 붙이고 페인트 등과 함께 조합한다. 간혹 디자인 스케치의 인물과 비율이 맞는 재료를 찾기가 어려울 때가 있지만 콜라주는 복잡한 의상의 실제적 느낌을 표현하는데 상당히 효과적이다.

연극 〈피가로의 결혼〉

〈유령신부〉 (의상디자인 한유경)

무대의상 디자인

〈아이다〉 (의상디자인 양재원)

게임 〈Final fantasy XIV〉 (의상디자인 이종현)

3 얼굴표정과 포즈

1) 얼굴 표정

작품 속의 다양한 인물 군을 나타내기 위해 얼굴 표정의 표현은 매우 중요하다. 머리끝부터 발끝까지 그려야 하는 무대의상 드로잉에서 얼굴은 1/8 정도를 차지하지만 캐릭터의 성격과 태도 그리고 감정을 드러내므로 얼굴표정은 몸의 움직임 못지않게 중요한 부분이다. 이는 작품 콘셉트뿐 아니라 그 속의 캐릭터에 대한 정의를 내리는데 영향을 미치기 때문이다.

사람의 기분과 행동은 인종과 성별, 국가, 나이에 관계없이 모두 얼굴 표정에 나타난다. 뇌는 감정을 통제하고 감정은 각 인체부위의 형태를 변화시킨다. 눈은 영혼을 비추는 창문으로 인물의 기분과 감정의 거울이 된다. 인물이 웃을 때 눈은 좁아지고 눈 바깥은 많은 주름이 형성된다. 화남, 기쁨, 슬픔, 환희는 눈, 콧구멍, 입, 볼, 그리고 턱에 그대로 반영된다. 얼굴에 감정이 나타날 때 각각 부위들은 곧바로 영향을 주고받는다. 어느 한 부위만 변화를 주면 진짜 감정 표현이 아닌 어색한 표정이 만들어 질 것이다. 또한 표정이 없다면 마네킹 같거나 밋밋하고 싱거울 것이다. 살아서 이야기를 하는듯한 표정은 그 인물의 영혼뿐 아니라 감정까지도 이야기하는 듯하며 마치 우리 삶 속의 인물을 보는 듯하다. 얼굴 표정은 인물의 나이, 성별, 직업, 지위 등의 구별을 가능하게 해주므로 얼굴 길이와 폭, 광대뼈의 돌출 정도, 코의 유형, 입술의 두께와 입 꼬리, 눈썹의 크기와 색상 그리고 위치 등을 그리는데 다른 인체 부위보다 더 많은 시간을 할애하여 세심하게 그리는 이유이다.

감정에 따른 다양한 표정

2) 인물 포즈

포즈나 제스처는 착용자의 태도, 의상의 스타일과 구성 및 드레이프성 등 중요한 디자인 요소를 보여주며 의상을 돋보이게 한다. 생동감있는 인물 포즈는 캐릭터의 성격과 특징, 그리고 콘셉트를 잘 표현해주어 협의과정에서 연출과 다른 스태프들과의 소통을 수월하게 도와준다.

(1) 시대에 따른 포즈

다양한 포즈 연구를 위해서는 의상의 역사를 알아야 한다. 수천 년동안 끊임없이 변화해온 의상은 그 시대 사람들의 문화, 종교, 사상, 관습을 내포하며 의상의 스타일에 지대한 영향을 끼쳐왔다. 각 시대마다 도덕적, 사회적 관습에 차이가 있어서 사람들의 포즈와 태도가 달랐다. 중세시대엔 겸손의 미덕으로 양손을 모아 의상 속으로 넣어 가려야 했으며, 18세기엔 연약한 여성의 모습을 나타내기 위해 얼굴이 15° 정도 기울어진 연약한 모습을 연출하기도 하였다. 왕정복고 시대 여성의 얼굴은 앞으로 튀어나와 공격적인 모습을 띠기도 했으며, 19세기 남성들을 한손을 자켓 가슴부위 안쪽에 넣기도 했다. 또한 시대별로 고유의 미적 기준이 있어서 강조하는 체형부위가 다 달랐다. 가슴은 납작하게 누르고 허리를 조이기 위해 코르셋을 착용할 때도 있었지만 오늘날은 가슴을 크게 과장하기 위해 수술을 하기도 하고 남성들은 운동을 통해 근육을 키우기도 한다. 이렇듯 무대의상 디자이너는 그 시대의 의상 특징을 잘 살릴 수 있는 체형과 태도 그리고 포즈를 연구해야 한다.

(2) 상황과 성격에 따른 포즈

상황에 맞추어 캐릭터의 성격이 반영된 포즈나 제스처는 디자인에 의미와 흥미를 부여하며, 캐릭터의 많은 부분을 대변해준다. 상황에 따른 포즈에는 크게 정적인 포즈, 동적인 포즈, 춤추는 포즈, 권위적인 포즈 등으로 나눌 수 있다. 포즈를 그릴 때는 보통 3/4 각도를 선호하는데 이는 완전 정면이나 측면보다 캐릭터의 많은 부분을 보여줄 수 있으며 머리의 측면과 한쪽 뺨과 다른 쪽 뺨의 일부분을 보여주는 동시에 눈썹, 눈, 코, 볼, 턱을 좀 더 입체적으로 보여 줄 수 있다. 그러나 디자인에 따라 뒤 부분이 중시 된다면 후면을 그려야 하듯이 캐릭터 의상의 중요부분을 가장 잘 표현할 수 있는 부분을 그리되 앉아있는 포즈를 그리는 것은 바람직하지 않다.

무용 〈Images—비천사신무〉의 동적인 포즈 (정승희 무용단, 의상디자인 장혜숙)

무대의상 디자인

4 나이와 체형에 따른 특징

1) 나이에 따른 특징

작품 속에는 젊고 늙은, 날씬하거나 뚱뚱한, 혹은 키가 크거나 작은 인물들이 섞여 있다. 이러한 유형들의 특징과 차이를 잘 묘사할 수 있는 방법을 안다면 각각의 등장인물을 효과적으로 표현하는데 큰 도움이 될 것이다.

여성의 체형은 아치형의 등, 작거나 넓은 허리 선, 풍만한 가슴, 부드러운 몸과 작은 얼굴을 지닌 아름다운 곡선이다. 남성의 체형은 툭 튀어나온 뼈 구조, 각진 몸, 그리고 근육들로 구성되어 강하고 건강해 보인다. 체형을 그릴 때, 대부분 여성의 몸은 부드러운 곡선으로 이루어져야 하며, 어깨 라인이 힙 라인보다 좁은 경향이 있다. 남자의 체형은 각진 모양으로 어깨 라인이 힙 라인보다 넓다. 이러한 요소들은 드로잉하기 전에 반드시 알아두어야 할 사항들이다.

(1) 아이의 얼굴 및 체형

보통 아이들의 머리는 전체 비율에 있어서 다른 몸보다 더 크다. 유아의 체형은 약 4등신 정도로 큰 머리, 작은 목, 통통한 몸, 짧은 다리 그리고 굽어진 몸의 윤곽선으로 이루어진다. 4살에서 6살 아이들의 체형은 5등신, 7살에서 12살의 아이들은 7등신으로 좀 더 날씬하다. 또한 아이들의 눈의 위치와 눈썹, 그리고 눈동자와 이마의 크기가 어른들과는 조금씩 다름을 인지해야 한다.

(2) 10대의 얼굴 및 체형

13살부터 17살 사이에 속한 10대들의 몸의 비율은 거의 다 성장한 8등신으로 대부분 어른들보다 날씬하다. 10대들은 젊음, 개성, 유연성, 대담함, 불안함, 아름다움, 건강함 그리고 천진함의 특성이 있다. 이들을 그릴 때에는 자유분방함을 잃지 않도록 하고 동작을 통해 그들만이 가지는 즉흥성이 배어나올 수 있도록 그려야 한다. 특정 상황이 아닌 한 그들의 몸과 팔다리는 유연하고 역동적이며 제스처는 자신감이 넘치는 자세일 것이다.

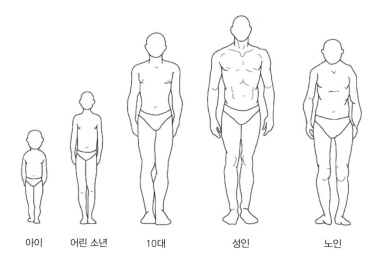

아이　　어린 소년　　10대　　　성인　　　노인

(3) 청, 장년의 얼굴 및 체형

　청, 장년은 18살부터 30대 후반까지 포함한다. 완전히 몸이 다 자라고 체형에 거의 결함이 없는 이 나이는 삶의 절정에 해당한다. 이들을 그릴 때에는 에너지, 희망, 진취적 기상, 열망, 아름다움, 사랑, 건강, 화려함, 매력, 강함 그리고 실험정신을 보여주도록 한다.

(4) 중년의 얼굴 및 체형

　중년의 나이가 되면 피부의 탄력과 아름다움, 선명한 곡선, 건강함을 잃게 되는 경향이 있고 허리, 배, 다른 모든 부위들이 동시에 살쪄간다. 축 처진 눈과 주름살, 반점들이 얼굴에 보이고, 그들의 다리와 팔은 약해져 축 늘어지게 되며 일부는 허리도 구부정해지고 흰머리가 나기도 한다. 중년들의 체형을 그릴 때에는 체중이 늘어나 맥이 없고 축 처진 살들을 특징으로 그린다. 근육은 견고함과 부드러움, 각진 모양을 많이 잃게 되고 이중 턱이 생기기도 한다.

(5) 노년의 얼굴 및 체형

　구부정한 등과 굽어진 무릎, 툭 튀어나온 배는 노년기 체형의 특징이다. 노년의 체

190

형을 그릴 때에는 늘어지고 건조한 피부, 반점, 얼굴의 크고 작은 주름, 축 처진 살, 앞으로 굽은 등을 강조해서 그려야 한다. 이러한 특징들을 잘 살려내기 위해서는 적절한 주름과 명암을 잘 이용해야 한다. 노년의 마른 체형은 튀어나온 뼈 부분이 많으며 얼굴에는 깊게 파인 크고 작은 주름살이 많다. 뚱뚱한 체형은 대개 깊은 주름살보다는 살이 부풀어 오르면서 주름이 함께 생기고 살이 축 처지게 된다.

2) 체형에 따른 특징
(1) 뚱뚱한 체형

아름다움의 유형은 시간과 문화에 따라 변한다. 오늘날 아름다움의 이상은 날씬한 체형으로 체중에 관한 문제가 끊임없이 이어지고 있지만 고전의 위대한 예술 작품들에 나타난 체형들을 보면 모두 풍만하고 둥글둥글한 모습을 하고 있다. 로마시대에도 오늘날의 기준에 의하면 상당히 통통한 여성이 이상적인 여성으로 선호되었듯이 풍만하고 둥글둥글한 체형은 행복, 건강, 부, 복, 지위, 힘, 그리고 아름다움과 연관되어 있다. 뚱뚱한 체형을 그릴 때는 기본적인 몸의 비율을 사용하되 몸의 윤곽선과 지방조직을 곡선으로 이어서 그린다. 만약 이중 턱이나 불룩 튀어 나온 배와 같이 축 늘어진 살들을 보여주고 싶다면 근육보다는 뚱뚱하고 부드러우며 둥그스름한 모양을 표현하는 것이 좋다. 의상을 팽팽하고 꽉 조이게 그리는 것도 이러한 이미지를 만들어 내는데 큰 도움이 된다.

(2) 마르고 키가 큰 체형

키가 작은 체형은 머리가 더욱 커 보이고, 통통하고 부피가 크게 보이는 반면 마른 체형의 키는 더 커 보이고 머리는 더욱 작아 보인다. 이러한 체형을 그리는 데 있어서 8등신 비율은 적절하지 않을 수 있다. 정확한 비율의 체형을 그리기 위해서 가랑이 부분을 몸 위아래를 반으로 가는 선으로 사용하고 그 후 몸통의 길이에 따라 팔과 상반신의 위치, 허리선, 골반 선의 위치를 정하도록 한다. 이 원리는 성인의 체형에도 이용될 수 있다. 큰 머리는 몸을 더 작게, 작은 머리는 몸을 더 커 보이게 한다는 점에 유의한다. 키가 크고 마른 체형을 그릴 때는 좁고 긴 느낌의 외형을 강조하기 위해 뼈를 앙상하게 표현하고 선을 각지게 그리며 뼈 구조를 쫙 펴진 느낌으로 그리는 것이 바람직하다.

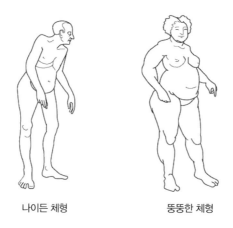

나이든 체형   뚱뚱한 체형

5 무대의상 드로잉 시작과 완성

드로잉은 디자이너에게 가장 중요한 의사소통의 도구로 시각적 이미지와 콘셉트를 발전시키며, 캐릭터와 의상디자인을 표현해 주는 유용한 기술이다. 드로잉은 많은 연습을 통해 숙련될 수 있으며 그 과정을 통해 캐릭터의 성격을 구축할 수 있다. 인체는 입체적 구조, 움직임, 감정들로 이뤄진 복합체이므로 드로잉하기 전에 캐릭터의 성격, 태도, 시대, 신분, 나이 등에 대해 철저히 연구하지 않으면 적합한 동작과 움직임 그리고 표정을 그릴 수 없다. 드로잉을 할 때는 캐릭터의 적합한 성격묘사를 위해 신체의 어느 면을 강조해야 할지 또 어떻게 부각시켜야 할지를 고려한다. 의상의 실루엣과 형태는 전반적인 디자인 요소와 원리를 이용하여 전개시키고 디테일과 장식을 통해 완성시킨다. 그리고 다양한 재료와 방법을 통해 의상을 채색한다.

1) 인물 드로잉

인물 드로잉은 우선 인체 구조를 충분히 이해하고 기본적인 뼈의 구조를 생각해야 한다. 인체의 중요한 부분인 머리, 가슴, 골반의 위치와 얼굴, 머리, 목, 어깨 각도, 팔다리 등의 세부 사항들을 그리기 전에 각 인체 부위들이 어떻게 움직이고 서로 어떻게 지지해 주는지 그 관계를 살펴야 한다. 체중을 지지해주는 발의 위치를 잡는 것은 균형을 이루는데 핵심이 된다. 특히 몸의 움직임과 동작을 위해 목부터 발밑까지 이어지는 몸의 중심선은 똑바로 서 있을 때는 직선이지만 어떤 동작을 취할 땐 곡선이며 격한 움직임일 때는 곡선의 정도가 심해진다. 이런 움직임을 나타낼 땐 기본 중심선을 중심으로 구성을 단단히 해야 하며 머리끝부터 발끝까지 그리되 기본 윤곽을 잡기 전에는 자세히 그리지 않도록 한다.

2) 인물 드로잉 시 유의점

① 모든 선에 의미를 부여한다.

캐릭터가 뭔가 말을 하고 움직임을 통해 감정을 표출해 낼 것 같은 깊은 인상과 느낌을 지니고 있어야 한다. 캐릭터와 의상을 표현하는 선의 강약과 형태, 부드럽고 끊어짐의 정도에 따라 다른 의미가 부여될 수 있다.

② 비율, 균형, 동작에 초점을 맞추고 얼굴 표정을 부각한다.

③ 종이의 반대쪽이나 거울에 비춰보았을 때도 균형있는 자세인지 확인해본다.

④ 의상 안의 몸의 동작과 위치를 파악한다,

모든 인체의 움직임은 골격의 기본 구조에 의해 좌우되고 이 골격구조는 몸의 윤곽을 이루는데 영향을 미치며, 근육의 곡선과 모양은 몸의 윤곽을 더욱 분명히 해준다. 전반적으로 부드러운 곡선의 여성 몸을 그릴 때는 윤곽선이 이어지게, 반면에 남성 몸은 끊기는 윤곽선으로 근육의 실루엣을 부각시킨다.

⑤ 인체의 윤곽선은 머리부터 발끝까지 전체적으로 그린다.

머리끝부터 발끝까지 그리는 것은 무대의상 드로잉의 기본이다. 머리끝부터 발끝까지 배우가 착용한 것은 모두 다 무대의상의 범주에 들어가기도 하지만 손끝, 발끝의 제스쳐가 캐릭터의 미묘한 심리까지도 나타낼 수 있기 때문이다.

3) 인물 드로잉 과정

① 종이 위에 인물의 머리 위 끝부분과 발아래 끝부분을 표시한다.

② 키와 비례한 몸의 비율을 조절하기 위한 어깨, 허리, 가슴, 가랑이 등의 표시선을 그리되 움직임에 따른 각도를 설정한다.

③ 표시선에 의해 머리와 몸통, 그리고 골반의 덩어리를 잡는다.

④ 포즈에 따른 몸의 중심선과 움직임 선을 직선 및 곡선으로 표시한다. 머리 모양의 윤곽을 잡고 어깨와 엉덩이 선을 잡는데 몸의 중심선을 지나는 이 선들은 극적인 움직임이면 각이 지거나 기울어진 선이 된다.

⑤ 체중을 유지하는 다리와 발의 위치를 무게 중심선이 끝나는 지점에 잘 잡아야 안정감 있는 포즈가 된다.

⑥ 이후에 인체부위의 나머지를 그리는데 가슴과 골반의 윤곽을 잡아야 한다. 머리, 가슴, 골반은 척추를 중심으로 연결되어 함께 움직이고 균형을 위해 서로 반대방향으로 움직이며, 머리와 얼굴, 가슴과 팔, 골반과 다리는 한 부위로 함께 움직인다.

⑦ 얼굴 각 부위의 윤곽선을 그릴 때 얼굴 중심선을 따라 자리를 잡으며 쇄골 및 목은 항상 뚜렷하게 보이도록 한다.

⑧ 여성의 가슴을 그릴 때 가슴골을 강조해야 하고 윤곽선은 부드럽고 섬세해야 한다. 남자의 가슴은 근육질에 각진 선으로 윤곽선을 그린다.

⑨ 다리의 윤곽을 잡을 때 허벅지의 곡선 모양으로 인해 안쪽 윤곽선이 상대적으로 바깥쪽 선보다 더 직선이다. 종아리의 곡선은 다양할 수 있다. 종아리의 바깥쪽 부분의 특징은 안쪽 곡선보다 더 높고 약간 더 넓다.

⑩ 발목뼈의 윤곽을 그릴 때 안쪽 발목뼈가 바깥쪽 뼈보다 높다.

⑪ 손의 윤곽을 그릴 때 얼굴의 크기와 비교해서 그려야 하는데 이는 대부분 양손과 얼굴이 가장 잘 보이기 때문이다. 동작을 설정하고 살아있는 느낌을 전달하기 위해서는 손과 손목 사이에 각이 생기도록 한다.

⑫ 발을 그릴 때에는 안정감을 보여줄 수 있도록 발 사이에 각이 생기도록 한다. 무게 중심선에 발이 위치하는지 확인한다. 또 안정감을 실어 주기 위해서는 체중을 지지해주는 다리와 발이 무게 중심선이 끝나는 중간 지점에 위치하는지도 확인해야 한다.

무대의상 디자인

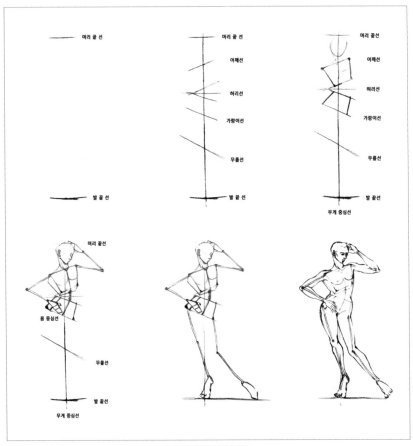

인물 드로잉 순서 예시

4) 무대의상 드로잉

무대의상 드로잉은 콘셉트에 따라 실루엣을 구상하여 의상의 형태를 표현한다. 실루엣은 인체의 윤곽선뿐 아니라 구조를 따르므로 동작과 관절의 움직임을 고려해서 드로잉해야 한다.

• 의상의 윤곽선은 인체의 입체적인 윤곽선과 모양을 따라가야 한다.

인체는 평평한 표면이 아니라 입체적인 원통 모양이므로 스커트 밑단, 허리선 등은 직선의 수평선이 아닌 약간의 곡선을 이룰 것이다.

• 움직임에 따른 주름 및 구김들을 의상에 그려 넣는다.

　몸이 움직일 때 의상에 많은 주름과 구김들이 생기게 된다. 주로 어떤 동작에서 관절이 굽혀지고 뒤틀려서 생기는지 잘 파악해서 이를 강조해서 나타내도록 한다. 주름과 구김들이 잘 보이는 곳은 가랑이, 겨드랑이, 가슴, 허리선, 그리고 굽혀진 팔꿈치와 무릎이다. 의상이 몸에 닿을 때는 몸의 형태와 관절이 그대로 드러나고 의상이 몸에서 떨어질 때 그 부위는 보이지 않는다.

• 다양한 소재의 질감과 실루엣을 표현해 주는 선을 사용한다.

　무대의상에는 다양한 색상, 문양, 중량, 질감 등의 소재가 사용되므로 이를 표현해 주는 적합한 선의 사용은 의상 소재의 종류를 결정짓는 데 핵심이 된다. 막 갈겨 그은 선은 거칠고 두꺼운 재질을 표현하고 거칠고 굵은 선은 분명한 주름과 구김을, 가늘게 이어지는 선은 부드러운 주름과 구김을 표현하는데 사용될 수 있다. 깊게 그늘진 부분은 무거워 보이며, 선명하게 하이라이트가 들어간 부분은 빛나 보인다. 이들 각각의 기법은 의상의 느낌, 움직임, 실루엣을 표현하는 데 중요한 역할을 한다.

　의상의 스타일은 실루엣에 따라 정해진다. 실루엣은 가늘고 헐렁할 수도 있고, 몸에 딱 붙어 잘 맞거나 꽉 조일 수도 있으며 직물은 가볍거나 뻣뻣하거나 부드러울 수도 있다. 이러한 요소들을 표현하기 위해 효율적인 선들을 사용하도록 한다. 부드러운 소재의 의상은 흐르듯이 늘어지고 부드러운 실루엣을 형성한다. 거칠고 두꺼운 소재는 특히 한데 뭉쳐있을 때 몸에서 퍼진 특정한 모양을 형성하며, 이는 풍만하고 불룩한 실루엣을 만들어 낸다.

• 디테일과 장식을 구체화시킴으로서 의상 드로잉을 완성한다.

　디테일과 장식은 얼굴 및 머리모양과 잘 어울리도록 한다. 주머니 위치와 크기, 의상 깃이나 단추 크기, 장식 등의 모든 디테일 작업은 의상과 균형이 잘 맞아야 하며 리듬감, 조화 그리고 통일성을 염두에 두고 작업되어야 한다. 또한 의상의 디테일들은 극적으로 크고 과장되게 혹은 작고 미묘하게 표현될 수도 있다. 최종 의상 드로잉은 캐릭터의 성격과 역할이 돋보일 수 있도록 완성되어야 하며 소품을 통해 강화될 수 있다. 소품은 의상디자인의 한 부분으로 극적인 효과를 표현하거나 캐릭터를 강조하며 특정 외형을 지니도록 해준다.

5) 무대의상 드로잉의 채색 작업

각 디자인에 대부분의 세부결정이 내려지면 무대의상 드로잉은 거의 완성이 되어진다. 드로잉은 세밀히 그려져야 하며 연필 드로잉만으로는 부족하여 신중한 채색 작업이 요구되는데 명암 및 질감, 무늬 등의 표현으로 입체감나게 전달하여야 한다. 드로잉이 완성되면 디자이너는 수채화, 아크릴, 파스텔, 마커, 색연필 등의 적절한 재료를 이용하거나 혼합하여 채색하거나 컴퓨터를 활용하여 채색을 하게 된다.

(1) 명암 표현하기

물체에 빛을 비추면 명암이 나타난다. 명암은 깊이와 재질을 구별할 수 있도록 해주기 때문에 입체적으로 보이도록 한다. 명암은 몸에 자연스럽게 나타나야 하는데, 인체부위 중 튀어나온 부분을 밝게 처리하고, 들어간 부분은 어둡게 처리한다. 의상 드로잉에 명암을 넣는 목적은 몸의 특징을 묘사하고 윤곽을 잡기 위한 것이며, 의상의 재질을 보여주기 위한 것이다. 적당한 명암의 사용은 캐릭터를 생동감있게 만들고 분위기 창출은 물론 디자인 효과를 부각 시킬 수 있다. 명암은 과장되거나 극적으로도 사용할 수도 있고 미묘하게 나타낼 수도 있다. 그러나 의상 디자인을 할 때 간단한 명암 사용이 바람직하다. 왜냐하면 너무 지나친 명암의 사용은 의상의 재질과 색상에 영향을 미치기 때문이다. 그리고 얼굴에는 몸 부위보다 명암을 더 적게 사용함으로써 얼굴 표정에 초점을 맞출 수 있도록 해야 한다.

(2) 소재에 따른 재질감 표현하기

소재표현을 위해서는 드로잉 전에 표현하고자 하는 소재의 특성을 이해하고 어떻게 보이며 어떻게 표현해야 하는지 연구하고 결정해야 한다. 소재의 특성을 결정하는 것은 색상, 무늬, 조직과 질감이며, 실루엣, 드레이프, 주름 등을 표현해야 전체 의상의 이미지가 완성된다. 표현을 하기 전에 소재를 직접 만져보고 늘어뜨려 보고 조금 떨어진 곳에서 바라보면서 느낌을 확인하는 것이 좋다.

- 빳빳하고 두꺼운 소재는 보통 단단하고 직선적인 주름을 보여주며 풍성한 실루엣을 형성한다. 이런 소재는 거친 느낌을 주기 위해 빈틈없고 날카로운 선들을 사용한다.
- 섬세하고 부드러운 느낌의 소재는 늘어지거나 달라붙어 몸의 윤곽을 드러낸다. 부드러운 소재로 된 의상의 밑단은 가는 선을 사용하여 흐르는 듯한 곡선으로 표현한다.
- 표면이 거친 소재는 굉장히 입체적이다. 이런 종류의 소재를 그릴 때에는 짧게 끊어진 선, 점, 면, 또는 갈겨 그은 선들을 사용하는 것이 바람직하다.
- 반짝이는 소재는 색상에 있어서 넓게 하이라이트가 생겨서 확실한 대비를 이룬다.
- 벨벳, 벨루어와 같은 촘촘히 짜인 소재는 빛을 흡수하고 늘어지며 무겁다. 또 짧고 털이 많은 표면으로 이루어지며 부드러운 선의 주름과 구김이 생긴다. 이런 소재의 표현은 선들을 문질러 표현하는 것이 부드러운 선과 털을 표현하는 데 도움이 된다. 직물 표면에 털이 많아 보이게 하기 위해서 의상의 윤곽선을 따라 짧은 선들을 그려 넣는다.
- 모피의 곱슬거리는 정도는 털 길이의 길고 짧음으로 나타낼 수 있다. 각각의 털은 다른 방향으로 나지만 끝은 항상 가늘게 자란다. 끝이 가는 선을 사용하면 털처럼 보이게 할 수 있다. 층별로 톤을 다르게 해서 엷게 칠한 다음 털이 자라는 쪽의 끝을 가늘게 처리한다.
- 스웨이드는 부드러운 가죽에 비해 몸을 두껍게 보이게 한다. 마른 붓을 사용하여 선을 긋는 것이 스웨이드 소재의 느낌을 살리는 데 가장 좋은 방법이다. 때때로 표현이 거친 종이를 선택하는 것도 거친 느낌을 살리는 데 효과적이다.
- 가죽은 아주 어둡거나 아주 밝은 것처럼 명암의 대비를 크게 하면 부드러운 가죽의 표면을 표현할 수 있다. 밝아야 하는 부분과 어두워야 하는 부분을 먼저 구분하고 조심스럽게 그 부분을 칠한다. 밝고 어두운 면 사이의 경계선은 날카롭고 뚜렷하게 나타낸다.

드로잉 과정

- 특정 색상 또는 여러 색상으로 혼합되어 있는 재질의 의상은 간단히 하나 또는 몇 개의 원하는 기본 색으로 먼저 칠하고 종이가 완전히 마를 때 까지 기다린다. 그 다음 원하는 무늬를 그려 넣고 대비되는 몇 가지 색을 고른다. 색의 대조가 클수록 더 잘 표현된다.

6 프레젠테이션(presentation)

1) 프레젠테이션의 목적

제작회의에서 연출과 스태프들에게 의상 콘셉트와 디자인을 보여주는 프레젠테이션이 계획되어 있을 것이다. 프레젠테이션은 궁극적으로 디자인의 전달과 공연 관계자들과의 원활한 소통을 목적으로 한다. 프레젠테이션은 디자이너가 구현한 디자인을 실현하기 위해 여러 번 거쳐야 하는 과정으로, 작품 분석을 통해 연출 및 여러 디자이너들과의 토론과 협의를 바탕으로 완성된 의상 디자인의 콘셉트 구축과정과 이미지 맵, 그리고 그룹별, 개인별 캐릭터 의상을 단계별로 정리하여 최종 발표하게 된다.

2) 프레젠테이션의 요소

프레젠테이션의 요소는 기획과 구성, 콘셉트와 디자인 표현, 발표와 전달로 볼 수 있다.

(1) 기획과 구성

프레젠테이션의 목표와 내용에 따라 체계적으로 구성되어야 하는데, 분석과 콘셉트에 따른 자료조사와 수집, 그리고 이미지 맵과 디자인 전개가 논리적으로 기획되어야 하며 설득력 있는 자료로 명쾌하게 보여지도록 구성해야 한다.

무대의상 디자인

(2) 콘셉트와 자료조사 그리고 디자인 표현

주제 선정과 작품의 콘셉트 도출, 그에 따른 자료조사를 통해 세부 디자인의 이유와 그 효과에 대해 설명하면서 디자인을 발표한다. 자료와 내용은 도식과 이미지를 이용하여 시각화하거나 단계별 세부 디자인 과정을 스케치를 통해 분명하게 표현해야 한다. 캐릭터 관점과 시각적 관점에서 의견이 오고 갈 수 있도록 준비한다.

(3) 발표와 전달

프레젠테이션은 참여자들의 관심과 주목이 중요하다. 보고 듣는 참여자들과 시선을 맞추며, 편안하면서도 자신있게 진행한다. 프레젠테이션은 전달하고 표현해야 할 주제나 콘셉트가 분명해야 참여자들을 이해시키고 설득시킬 수 있다. 허락된 적절한 시간 내에 준비한 자료의 내용을 명확하게 전달하며 발표 후 이어지는 의견과 질문에 성의 있게 답변한다. 여러 의견들 가운데 의상에 긍정적이거나 합당한 의견은 적극 수용하고 콘셉트에 부합되거나 논리에 적합지 않는 의견은 충분한 이유를 통해 설득시킨다.

3) 프레젠테이션의 방법

프레젠테이션은 주요 장면의 주요 인물이 우선 다루어지며 조연과 코러스들은 후에 다루어질 수 있다. 두 가지 접근법이 가능한데, 하나는 1장부터 장면별로 등장인물이 보여지는 것이고 또 하나는 캐릭터별 모든 의상이 보여지는 것이다. 어느 방법을 택하든 그것은 개인의 선택이지만 첫 번째 방법이 사실적이나 앙상블 유형의 극에는 더 적합하다고 볼 수 있고, 두 번째 방법은 몇 명의 인물이 중심이 되는 극에 더 적합하다고 할 수 있다. 어떤 방법이 사용되든 디자이너는 신중하게 준비된 의상 콘셉트와 디자인을 설명할 수 있도록 준비하여야 한다. 디자이너는 모든 토론 내용을 비판적이거나 공격적이 아닌 겸허한 태도로 수용하고 노트를 하는 자세가 필요하다. 잘못된 방향의 대본분석과 콘셉트로 스케치가 만족스럽지 못할 때도 있는데 필요에 따라서는 회의 중간에 즉석 스케치가 이루어지기도 한다. 오해나 잘못된 정보, 빈약한 스케치 발표, 빈약한 자료조사, 편견 등에 기초한 부정적 반응은 토론을 거쳐 수정, 보강될 수 있다. 디자이너는 토론 후 결과를 잘 분석하고 체크 리스트를 재점검해야 한다. 만약 수정부분이 거의 없거나 사소하다면 디자이너는 의상 스케치 완성을 진행할 수 있다.

프레젠테이션은 디자인 콘셉트를 전달하기 위하여 파워포인트를 이용한 자료들의 레이아웃에 각별히 신경 써야 한다. 그러기 위해서는 콘셉트를 정확히 전달할 수 있는 좋은 레이아웃을 편집할 수 있는 디자이너의 감각과 구성능력이 필요하다.

① 디자인 콘셉트에 따른 색과 스타일 등 파워포인트 레이아웃 콘셉트를 정한다.
② 제목과 목차, 작품 분석 및 콘셉트 설정, 자료조사 및 이미지 맵, 장면별, 캐릭터별, 아이템별 의상 디자인 등 발표 내용에 따라 순서를 정해서 논리적으로 구성한다. 순서는 큰 콘셉트에서 작은 콘셉트로, 큰 디테일에서 작은 디테일로 정리한다.
③ 이미지 자료는 선별하고 가장 대표성이 있는 이미지를 가장 크게 탑재한다. 너무 많거나 정확치 않은 자료 제시는 오히려 콘셉트를 와해시키므로 주의한다.
④ 파워포인트의 각 페이지마다 색과 스타일에 일관성을 유지하고 제목과 설명 등은 동일 위치에 배치하는 것이 보기 좋다.
⑤ 표지 작성은 물론 배경 색이나 글자 폰트 등도 통일시키고 제목과 이름도 잊지 않는다.

프레젠테이션 체크 리스트

점검 내용
1. 의상 콘셉트가 연출의 의도와 부합했으며 잘 전달되었나?
2. 의상 스타일이나 실루엣은 만족스러웠나?
3. 의상의 전반적인 분위기와 느낌이 작품과 잘 부합되었나?
4. 특정 캐릭터에 대한 연출의 수정된 생각이 있는가?
5. 어떤 의상들이 거부되었나?
6. 향후 어떤 작업이 진행되어야 하나? 추가 자료조사가 필요한가?
7. 의상 콘셉트에 영향을 미치는 무대장치와 조명작업은 어떻게 진행되고 있나?
8. 의상 디자인에 대한 타 스태프들의 반응은 어떠한가?

연극 〈리차드II〉 프레젠테이션 자료

VI

무대의상 디자인 검토,
완성하기

1 디자인 검토

    캐릭터가 의상을 입고 연기하는데 지장이 없도록 디자인 되었는지, 캐릭터 간 비중과 강조가 잘 적용되었는지 디자인 검토가 필요하다. 캐릭터별, 아이템별, 컬러별, 소재별 디자인 검토를 통해 콘셉트에 맞는 디자인이 개발되었는지 확인하고, 검토 시 발생하는 의견을 통해 추가 수정, 보완을 계획할 수 있다.

무대의상 디자인 검토 체크 리스트

1. 의상이 작품의 역사적 시대와 콘셉트에 적합한가?
2. 의상이 캐릭터의 나이, 사회적 신분, 그리고 개성을 정의하였는가?
3. 배우가 의상을 입고 필요한 연기를 할 수 있나?
4. 의상의 장신구가 적절한가? 그것들은 캐릭터 창조에 도움을 주고 있는가?
5. 의상이 흥미로운가? 상상력이 풍부한가? 드라마틱한가?
6. 비율이 재미있나? 규모가 드라마틱한가?
7. 의상의 실루엣이 잘 표현되었는가? 코르셋이나 패딩이 필요한가?
8. 의상들의 뒷모습은 어떠한가?
9. 각 의상의 강조점은 어디인가? 각 장면에서 누가 돋보이나?
10. 자료조사가 더 필요한가? 다른 액세서리가 필요한가?
11. 한 공연에 모든 의상이 등장하나? 그 경우 그룹 간 차별성이 보이나?
12. 전체적으로 주요 인물들이 그룹에서 돋보이나?
13. 의상을 통해 캐릭터들의 관계가 보여지나?
14. 의상이 극의 형태나 양식을 반영하나?
15. 의상과 무대장치가 효과적으로 잘 조화되나?

16. 서로 모순되고 갈등 관계의 캐릭터가 잘 표현이 되었나?
17. 캐릭터를 너무 많이 드러내는 의상이 있는가?
18. 의상의 실루엣, 재단, 장식, 소재, 질감, 색상이 캐릭터를 시각적으로 정의하는데 충분한가?

2 디자인의 수정 및 보완

디자인 요소별로 수정과 보완이 필요한 부분을 분석하여 형태, 색상, 소재를 중심으로 새로운 디자인을 전개한다. 실루엣과 디테일에 변화를 주고, 장식 기법을 고려하여 디자인 아이디어를 발전시킨다. 색상, 명도. 채도를 조절하여 조화를 이루도록 하며, 소재의 재질감이나 무늬를 수정하고, 부자재를 고려하여 디자인 아이디어를 구체화한다.

1) 콘셉트 방향에 따른 디자인 수정 및 보완

디자인 콘셉트에 적합한지를 파악하여 적절하지 않은 디자인은 수정 과정을 거친다. 색상, 소재, 스타일을 함께 고려하여 디자인을 수정하고 보완한다.

2) 장면별, 캐릭터별 분석에 따른 디자인 수정 및 보완

장면별로 등장하는 캐릭터들의 의상을 비교, 분석하여 색상 콘셉트와 주요인물과 보조인물, 코러스 간의 디자인 주종 관계를 검토하여 수정하고 보완한다.

3) 코디네이션 분석에 따른 디자인 수정 및 보완

색상 코디네이션과 소재 코디네이션 분석을 통해 부족한 색상과 소재를 보완하고, 아이템 간의 조화를 검토하여 수정하고 보완한다.

VII

무대의상 소재와
재료 연구

1 무대의상 소재의 이해

디자인을 입체적 구조로 완성시켜주는 소재는 우리주변에 너무도 많고 다양하다. 다양한 섬유와 직물에 대한 용어와 속성의 이해는 디자이너가 소재에 대해 쉽게 접근할 수 있도록 해주며, 무대 위 캐릭터에게 가장 효과적인 소재를 선택할 수 있도록 도와준다.

섬유(fiber)를 원료로 실(yarn)을 만들고, 실을 원료로 직물(fabric)을 만든다. 또한 섬유 구성, 조직 그리고 표면 가공은 직물의 표면적 속성, 유용성, 내구성을 결정한다. 디자이너는 기본적인 직물의 속성과 함께 의상의 움직임과 드레이프성을 위한 중량감, 질감의 정도, 내구성, 세탁 등 관리 문제, 염색, 표백, 표면효과 가능여부 등에 대해 꼼꼼히 생각해야 한다.

1) 섬유(fibers)

섬유는 가늘고 길며 굽힐 수 있는 천연 또는 인조의 선상의 물체로, 직물을 구성하는 가장 기본 단위이며 직물에 독특한 특성을 부여하고 능력을 결정한다. 섬유에서 실이나 직물로 짜여지는 과정에서 염색, 가공 등 여러 방법에 의해 직물의 성격이 어느 정도 변경되지만 직물을 구성하는 섬유는 그 직물의 중요한 특성을 좌우한다.

섬유는 길이에 따라 단섬유(staple)와 장섬유(filament)의 두 가지 형태가 있다. 단섬유는 면, 양모처럼 길이가 짧고 함기성이 많아 보온성이 좋고 부드러우며 통기성과 투습성이 좋다. 반면에 장섬유는 치밀하고 광택이 좋으며 촉감이 차갑다.

■ 천연섬유(natural fibers)

(1) 식물성 섬유(셀룰로오스 섬유)

　① 면섬유(cotton)

　·유래 : 면은 인도에서 BC 3000년에 사용한 흔적이 있으며 중국, 이집트로 전파되
　　　　　었다. 우리나라에는 고려 공민왕 때 문익점이 원나라로부터 들여와 재배
　　　　　하였다.

　·특징 : 흡수성이 좋으나 무겁다. 세탁성과 염색성이 우수하다. 구김이 잘 생긴다.

　·성분 : 목화씨에 붙은 솜. 셀룰로오스와 기타 6%의 불순물로 구성되어 있고 불순
　　　　　물은 정련으로 제거가 가능하다.

　·용도 : 속옷, 일상복, 운동복, 작업복, 양말, 타월 등 모든 의복소재에 사용된다.

　·연소 : 태우면 종이 타는 냄새와 흰 재가 남는다.

　·종류 : 포플린, 옥양목, 데님, 코듀로이, 캔버스 등

　② 마섬유

　·유래 : 인류가 재배한 섬유 중 가장 오래된 섬유로 고대 이집트 고분의 미라에서
　　　　　아마포가 발견되었다.

　·특징 : 강도가 좋고 흡수성 우수하다. 열에 강하고 구김이 잘 생긴다. 보온성 작고
　　　　　통기성이 좋아 시원하다.

　·성분 : 마섬유 줄기

　·용도 : 아마, 저마는 주로 의류용으로 사용되며 대마는 강도가 우수하여 로프, 구
　　　　　두, 가방, 산업용이나 인테리어 소재로, 황마는 포장재료, 벽면용 도배지
　　　　　등에 사용된다.

　·연소 : 종이 타는 냄새와 흰 재가 남는다.

　·종류 : 아마(린넨), 저마(라미), 황마, 대마, 마 혼방직물

(2) 동물성 섬유(단백질 섬유)

① 견섬유(silk)

· 유래 : 중국에서 처음 생산되었으며 누에고치로부터 얻는다.

· 특징 : 촉감과 광택이 우수하며 염색이 잘된다. 부드럽고 탄력이 있으며 가볍고
　　　　따뜻하다. 흡습성과 투습성이 좋고 강도와 신도가 비교적 강하다. 탄성과
　　　　레질리언스가 좋아 구김이 잘 안 생긴다. 일광에 약하고 단백질 섬유이므
　　　　로 세탁 후 방충제를 사용한다.

· 성분 : 누에고치에서 얻으며 주성분은 피브로인이라는 단백질로 두 올의 섬유가
　　　　세리신에 둘러싸여 있다.

· 용도 : 우아한 광택의 섬유로 드레스, 블라우스, 한복, 스카프, 넥타이 등에 사용한
　　　　다.

· 연소 : 머리카락 타는 냄새가 난다.

· 종류 : 명주, 본견, 노방, 산탄, 수직실크, 야잠견

② 양모섬유(wool)

· 유래 : 면양의 털을 양모라 하며 기원전 6,000년 전부터 중앙아시아에서 사육되
　　　　었고 가장 오래된 직물은 이집트에서 발견되었다.

· 특징 : 열전도율이 작고 흡수성이 좋으며 보온성이 우수하다. 탄성과 레질리언스
　　　　가 좋아 구김이 안 생긴다. 단백질이므로 해충의 우려가 있고 드라이클리
　　　　닝을 하는 것이 좋다.

· 성분 : 양의 체모, 케라틴이라는 단백질

· 용도 : 스웨터, 내복 등 거의 모든 의류용 소재로 적합하며 카펫, 모포, 침구류, 인
　　　　테리어 등에 사용된다.

· 연소 : 머리카락 타는 냄새가 난다.

· 종류 : 양모(캐시미어, 울), 수모(다른 동물 짐승의 털로 산양, 알파카, 캐멀)로 다양하
　　　　다.

■ 인조섬유(man-made fibers)

면 린터나 목재펄프 등의 재생섬유 원료와 화학성분이 혼합된 천연중합체와 화학섬유를 결합시켜 만든 합성중합체를 원료로 화학적, 기계적 공정을 거쳐 긴 섬유를 만드는데, 이것을 화학방사라 하고 이렇게 얻어진 섬유를 인조섬유 혹은 화학섬유라 한다.

(1) 인견(rayon, 재생섬유)

· 유래 : 목재 펄프를 20%의 수산화나트륨용액에 60-90분간 담가두어 연한 갈색의 점액으로 만들고 이것을 방사구로 밀어내어 섬유를 뽑아낸다.
· 특징 : 흡수성이 크고 염색성이 좋다. 강도가 약하고 형태안정성이 나쁘다. 마찰에 약하고 구김이 잘 생긴다. 매끄럽고 광택이 좋다.
· 성분 : 목재펄프나 면 린터 등 셀룰로오스를 원료로 하여 만든 재생섬유
· 용도 : 블라우스, 셔츠, 드레스, 란제리 등에 사용되며 안감용으로 우수하다.
· 연소 : 면섬유와 비슷한 종이 타는 냄새가 난다.

(2) 아세테이트(acetate, 반합성섬유)

· 유래 : 목화를 원료로 한 초산 셀룰로오스를 만들고 이것을 아세톤으로 용해 후 이 점액을 공기 중에서 방사하는 건식 방사법으로 만든 인조섬유이다.
· 특징 : 견에 가까운 광택과 촉감을 지니고 우수한 드레이프성을 지녔다. 강도가 약하고 흡수성이 낮으며 보온성이 좋다. 탄성과 레질리언스가 좋아 구김이 잘 안 생긴다.
· 성분 : 목화를 원료로 한 초산 셀룰로오스
· 용도 : 여성복, 아동용 옷감, 셔츠, 잠옷, 넥타이 양복, 안감, 스웨터, 커튼 등에 사용된다.
· 연소 : 녹으면서 연소되어 둥근 알맹이를 남기고 아세트산 냄새가 난다.

■ 합성섬유(synthetic fibers)

(1) 나일론(nylon)

- 유래 : 1938년 미국 듀퐁사에 의해 개발된 최초의 실용적인 합성섬유이며, 우리 나라는 1963년에 생산되기 시작했다.
- 특징 : 가볍고 강도와 신도가 크고 탄성과 레질리언스가 좋아 잘 구겨지지 않는 다. 흡수성과 투습성이 낮아 쉽게 건조하지만 위생성이 떨어진다. 열가소 성이 우수하나 일광에 약하다.
- 성분 : 석유
- 용도 : 스타킹, 양말, 란제리, 등산복, 스포츠용품과 카펫, 어망, 로프, 칫솔, 방탄조 끼, 차량 커버 등에 사용된다.
- 연소 : 녹으면서 타고 검고 단단한 구슬모양의 알갱이가 남는다.

(2) 폴리에스테르(polyester)

- 유래 : 1941년 영국에서 섬유를 얻는데 성공했으며, 그 후 테릴렌, 테이크론, 테토 론 등이 생산되었고 우리나라는 1968년에 생산하기 시작했다. 합성섬유 생산량 중 반 이상을 차지하며 광범위한 용도로 사용된다.
- 특징 : 가볍고 강도도 우수하다. 흡수성이 낮아 쉽게 건조하며 구김이 생기지 않 는다. 광택과 촉감이 좋다. 염색성이 좋지 않으나 모든 약품에 강하다. 양 모, 면, 아마 등과 혼방하면 강도 및 형태 안정성을 향상할 수 있다.
- 성분 : 석유 또는 천연 가스
- 용도 : 신사복, 셔츠지, 숙녀복, 아동복, 작업복, 스포츠 웨어, 공업용 등 모든 제품 에 사용한다.
- 연소 : 녹으면서 타고 검고 단단한 구슬모양의 알갱이가 남는다.

(3) 아크릴(acryle)

- 유래 : 1944년 미국 듀퐁사에서 아크릴 섬유 개발하고 그 후 오올론, 카시밀론, 크 레슬란 등이 사용되었으며 우리나라는 1965년 한일론, 에이스란이 생산되

었다.

· 특징 : 가볍고 촉감이 좋고 보온성이 크고 가벼워 모 대용품으로 사용되며, 구김
이 생기지 않는다. 세탁 후 보풀이 생기고 늘어지기 쉽다. 가볍고 따뜻하며
촉감이 부드러워 양모 대용으로 많이 사용된다.

· 성분 : 폴리아크릴로니트릴을 주성분으로 하는 고분자로부터 습식 또는 건식 방
사법으로 제조되는 합성섬유이다.

· 용도 : 스웨터, 내의, 작업복, 담요, 카펫, 의자커버, 커튼, 천막, 인조 잔디 등에 사
용된다.

· 연소 : 녹으면서 타고 검은 구슬모양의 알맹이가 남는다.

■ 무기섬유(fiber blended)

금속섬유, 유리섬유, 탄소섬유, 스테인리스강섬유 등의 무기화합물로 만들어 지는
섬유로 공업용이나 우주과학 등 특수용도에 많이 사용된다. 특히 금속섬유는 오래전부
터 귀족들의 금사, 은사 등의 장식효과를 위해 사용되었다. 오늘날에는 철, 알루미늄 박
등 여러 금속사가 생산되고 있으며 금속사중 루렉스와 라메는 일명 '반짝이' 소재로 무
대의상용으로 많이 사용되고 있다.

> 탄성과 레질리언스(resilience)
> 탄성은 섬유가 외부 힘에 의해 늘어났다가 힘이 사라졌을 때 원래의 길이로 돌아가려는 성질이고, 레질
> 리언스는 외부 힘에 의해 신장, 압축, 굴곡의 변형을 받았다가 힘이 사라졌을 때 원래의 상태로 돌아가
> 려는 성질을 말한다.

섬유의 특징

	섬유	직물	장점	단점	관리	감별
천연섬유	면	광목, 골덴, 데님, 타월, 벨벳틴	강하고 흡수성과 염색력 우수	구김이 잘 감	물세탁	끝까지 쉽게 타고 종이 타는 냄새
	마	린넨	강하고 흡수성 우수	염색이 잘 안되고 구김이나 수축 가능	물세탁이나 드라이 클리닝	끝까지 쉽게 타고 종이 타는 냄새
	견	브로케이드, 새틴, 시폰, 크레이프	강하고 흡수성과 염색력, 드레이프성 우수, 구김이 잘 안감	일광에 약하고 단백질 섬유이므로 세탁 후 방충제 사용	드라이 클리닝이나 손세탁	지글지글 녹는 듯 타고 머리카락 타는 냄새
	모	프란넬, 개버딘	흡수성이 매우 좋음. 염색력 우수, 구김이 잘 안감, 드레이프성 좋음	약하고 수축 가능, 피부 자극 가능, 조명 아래서 더움	드라이 클리닝이나 간혹 손세탁	지글지글 녹는 듯 타고 머리카락 타는 냄새
인조섬유	레이온	레이온 혼방	강함, 흡수성 좋음, 염색 잘됨	잘 다루어지지 않으면 주름, 수축, 늘어남	드라이 클리닝이나 물세탁	끝까지 쉽게 타고 종이 타는 냄새
	아세테이트	안감용 타프타, 레이스, 트리코트	염색우수, 곰팡이, 늘어남, 수축성 없음, 견 대용품으로 사용, 가격 저렴	강도가 약하고 흡수성이 낮아 정전기 발생	드라이 클리닝이나 손세탁	녹으면서 타고 식초 냄새
합성섬유	나일론	새틴, 트리코트, 시폰, 니트	강함, 주름과 곰팡이에 강함, 탄성	흡수성 약하고 정전기 발생, 일광에 약함	물세탁 가능	녹으면서 오그라들며 타고 독특한 냄새
	폴리에스테르	더블 니트, 안감, 면/폴리 혼방제품	강함, 열가소성 좋음, 주름과 곰팡이에 강함	흡수성 약함, 정전기 발생	물세탁 가능	녹으면서 오그라들며 타고 달콤한 방향족 냄새
	아크릴	인조모피, 니트, 플리스, 울/면/레이온 혼방	강함, 주름 잘 안감, 염색 잘됨, 곰팡이에 강함, 울 대용	흡수성 약함, 필링생기고 늘어지기 쉬움	물세탁 가능	녹으면서 오그라들며 타고 독특하고 자극적인 냄새
무기섬유	금속섬유, (유리섬유, 탄소섬유, 스테인리스 강섬유)	레이스, 루렉스, 라메, 브로케이드,	독특한 시각적, 질감적 특성 지님	무거움. 약하고 흡수성 전혀 없음, 염색 잘 안되고 플라스틱 코팅으로 다뤄지지 않으면 변색 가능	물세탁 또는 드라이 클리닝	녹으면서 오그라들며 탄다

2) 실(yarn)

실은 단섬유나 장섬유, 혹은 다른 재료로부터 만들어진 섬유 집합체의 긴 선상의 가닥으로, 서로 짜지거나 연결되어 직물표면을 만들 수 있을 정도로 튼튼해야 한다.

① 필라멘트사(filament yarns)

실을 구성하는 섬유가 매우 긴 실로 광택이 있고 강한 강력을 지니며 견과 나일론사가 이에 속한다.

② 방적사(spun yarns)

면, 마, 모 같이 짧은 스테이플 섬유로 만든 실로 함기량이 커서 따뜻하고 촉감이 부드러우며 통기성과 투습성이 우수하다.

3) 직물(fabric)

직물은 의상 디자이너에 의해 입체적 형태로 탈바꿈되는 유연한 2차원적 표면물체이다. 직물은 경사(날실, 세로실)와 위사(씨실, 가로실)가 서로 아래위로 교차하여 짜여 진 어느 넓이의 천을 말한다. 섬유와 실이 촉감과 드레이프성을 결정한다면 직물의 전반적인 특성은 실과 섬유의 구성과 직조, 가공과정에 어떤 방법이 사용되었는가에 따라 결정된다.

■ 직조 직물(woven fabric)

직조란 일정한 굵기를 가진 경사와 위사 두 종류의 실을 직각이나 규칙적으로 교차시켜서 직물을 만드는 작업으로, 직조에 따라 다양한 직물이 만들어 지며, 실의 강도와 질감이 직물의 특성을 결정한다.

① 평직(plain weave)

직물에 체크무늬가 만들어지는 짜임이며 씨실과 날실이 각각 한 올씩 번갈아 교차되는 가장 기본적인 조직이다. 조직점이 많고 짜임새가 단단하여 실용적인 직물에 많이 사용된다.

- 종류: 광목, 옥양목, 플란넬, 거즈, 시폰, 머슬린, 오간자, 포플린, 캔바스, 옥스포드 면

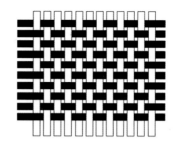

② 능직(twill weave)

직물에 사선이 형성되는 짜임이며, 씨실이 2개의 날실 위와 아래로 지나간다. 표면에 사선을 나타내는 능선이 나타나고 평직보다 광택이 많으며 촉감은 유연하다.

- 종류: 개버딘, 데님, 서지

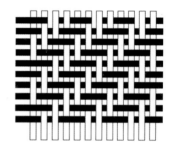

③ 주자직(satin weave, 수자직)

씨실이 4개의 날실 위를 지나고 하나의 날실 아래로 들어간다. 씨실이 길게 연속하여 표면에 떠오르는 조직으로 실의 교차점이 적기 때문에 직물 표면은 더욱 부드럽고 광택이 좋으나 마찰에는 약하다.

- 종류: 공단(새틴), 목공단

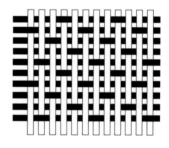

④ 문직물

무늬를 나타내는 직물로서 도비직물과 자카드 직물이 있다.

• 도비직물

직물에 비교적 작은 무늬나 바둑무늬, 스트라이프, 체크무늬를 표현한 직물이며 도

비 직기로 직조한다. 도비직물(피케), 스트라이프 직물, 체크직물(하운스 투스 체크, 타탄 체크)가 있다.

- 자카드 직물

자카드 직물은 복잡한 문양이나 곡선 형태의 문양을 직조할 수 있다. 자카드 직기로 직조하며 다마스크, 브로케이드, 양단 등이 있다.

■ 편성 직물(knitted fabrics)

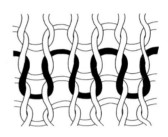

씨실 또는 날실 1개의 실에 의해서 형성된 루프가 연결되어 만들어진 제품의 총칭이다. 니트의 특성은 직조보다 덜 강할 수 있으나 자유로운 신축성과 보온성 그리고 자유 성형을 가능하게 한다.

- 종류: 저지, 스웨터 니트, 인터록 니트, 트리코트, 레이스, 그물

■ 섬유로부터 직접 만든 직물

섬유의 수축, 융해, 엉킴 등에 의해 만들어진다. 실 대신 섬유를 이용해 의류소재로 사용할 직물을 만들어내려는 연구가 지속되고 있다.

(1) 펠트

모 섬유가 습기, 열, 압력 등을 가하면 섬유가 서로 엉키고 줄어드는 축융성을 이용하여 천과 같이 만든 것으로 탄력성, 보온성이 좋고 올 풀림이 없다. 인장과 마찰에 약하며 드레이프성이 나빠 일반 옷감보다는 모자와 의복 장식, 흡음재등 공업용에 사용된다.

(2) 부직포

섬유를 직조공정을 거치지 않고, 웹 또는 시트상의 섬유집합체를 접착제로 고정하거나 열, 압력을 가해 시트상으로 고정한 것이다. 가볍고 보온성이 좋으며 통기성, 투습

성이 좋다. 그러나 표면이 매끈하지 못하며 드레이프성이 부족하고 내구성도 작다. 절단부분이 풀리지 않아 재단, 봉제가 쉽다. 의상의 심감, 특수 용도의 일회용 의상 재료, 기저귀, 물티슈, 방음제, 보온재 등에 사용된다.

(3) 원료 중합체로 바로 만든 직물

합성수지를 직접 시트 상으로 만들어 직물로 만들고 성형물이라고도 한다.

① 필름(film)

피막, 합성섬유 제조와 같이 원액(점액)을 만들고 섬유와 같이 가늘고 긴 틈새에서 밀어내 응고시켜 만든 것이다.

② 폼(foam)

합성고분자 원료로부터 바로 천의 형태로 변형된 것으로 가볍고 탄력이 있으며, 함기량이 크고 보온성이 풍부하기 때문에 충전재, 방한재 등으로 이용된다.

③ 인조가죽(fake leather)

직물이나 니트에 염화비닐수지를 필름형태로 코팅하여 만들어 가격이 고가인 천연가죽 대용품으로 개발되었다. 표면이 매끄러우나 통기성, 내열성이 약하다. 의류, 구두, 가방, 벨트 등에 이용된다.

4) 그 외 다양한 소재

두 가지 다른 직물이 접착제, 열과 압력으로 합쳐진 직물이나 누빔 등의 복합포(bonded fabric)는 양면으로 사용될 수 있으며 중량과 경직감이 더해지므로 외투나 벌키감이 필요한 의상을 만들 때 적합하다. 그 외 모피, 가죽, 비닐, 종이, 플라스틱, 금속 등이 있다.

5) 안감과 심지

(1) 안감

안감은 겉감과 심지만으로는 얻을 수 없는 기능을 보완하기 위해 사용된다. 일반적으로 겉감을 보조하는데 사용하는 경우가 대부분이며, 겉감과 동일색이거나 겉감의 신축성, 중량, 경연도 등과의 적합성 등을 고려해서 선택한다.

- 겉감만으로는 부족한 두께감을 주어 실루엣을 안정시킨다.
- 흡습성이 나쁜 겉감의 단점을 보완한다.
- 안에 착용한 의상과의 접촉을 부드럽게 하여 착, 탈 시나 활동할 때 저항을 적게 한다.
- 겉감만으로 부족한 보온성을 얻을 수 있다.
- 안감을 사용함으로써 의상이 잘 구겨지지 않도록 한다.
- 겉감이 잘 늘어나는 소재인 경우에는 늘어남을 방지한다.
- 겉감이나 시접, 심지가 비쳐 보이는 것을 막아주며, 또 그와 반대로 안감이 비치게 해서 그 효과를 이용하기도 한다.
- 안감을 강조하고자 하는 색상으로 이용하여 디자인 효과를 낸다.

(2) 심지

심지에는 모심지, 마심지, 부직포, 접착심, 팜비치 등이 있으며, 심지의 선택은 겉감의 소재와 디자인, 그리고 부위에 따라서 달라지며 여러 목적에 따라 사용된다.

- 실루엣을 만든다.
- 형태를 안정시킨다.
- 부분적으로 부풀림을 만든다.
- 겉감을 뻣뻣하고 힘있게 해준다.
- 겉감의 단점을 보완한다.

- 체형의 단점을 보완한다.

6) 직물 가공

직물을 완성하는데 있어서 마지막 단계는 다양한 가공법으로 처리하는 것이다. 오늘날 직물 가공은 낮은 가격으로 더 비싸고 좋은 직물을 모방하기 위한 중요한 공정이다. 가공은 촉감이나 외관을 변형시켜 표면을 변화시키는 가공과 직물의 속성을 더 좋게 증진시켜 실용성, 관리성, 경제성 등의 기능을 향상시키는 가공으로 나뉘며, 직물의 촉감, 질감, 흡수성, 착용감, 염색성을 변화시킬 수 있다. 때때로 직물이 사용되기도 전에 부스러지거나 망가질 수도 있으므로 원하는 직물로서의 적합성을 정확히 판단하기 위해 가공방법을 정확히 알아야 한다.

다양한 직물가공

표면을 변화 시키는 가공	기모가공, 리플가공, 머서화가공, 번아웃가공, 본딩가공, 워싱가공, 주름가공, 코팅가공, 캘린더가공, 축융가공, 플로킹가공
기능을 향상 시키는 가공	방염가공, 발수가공, 방오가공, 방추가공, 방축가공, 소취가공, 위생가공, 투습방수가공

2 소재의 재질감과 느낌

재질감은 촉각, 시각 뿐 아니라 넓게는 청각에 의해 직물에서 인지되는 느낌으로 일반적으로 섬유가 가지고 있는 고유한 성질이며, 직물로 짜여 졌을 때의 조직이나 밀도 등이 통합되어 만들어진다. 즉, 재질의 특성은 직물의 원료인 섬유의 성질, 실의 구조, 직물의 조직, 가공 등에 의해 결정되므로 섬유에서부터 최종 가공단계에 이르기까지 소재가 만들어지는 모든 단계의 영향을 받는다. 재질감은 어떤 스타일이 얼마나 그 형태를 잘 유지하는가를 결정하는데 중요한 요소가 된다. 같은 디자인의 경우에도 서로 다른 재질로 만들어진 의상은 서로 다른 분위기를 전달한다. 재질감은 연령에 대한 암시, 성차, 계절감, 인성, 세련미 정도 등 다양한 측면에서 나타나며 이러한 느낌은 과거의 경험이나 관습으로부터도 기인한다. 연약한 재질은 심리적으로 섬세한 분위기를 보여주고 튼튼한 재질은 스포티하게 보이듯이 재질에 따라 다양한 느낌을 전달한다.

3 소재의 선택

1) 소재 고려하기

무대 위에서 거친 재질의 값싼 소재로만 만들어진 배우의 의상 위로 한 줄기 조명이 비추어졌을 때 뭔가 원하는 효과적인 장면이 만들어 진다면 디자이너의 만족도는 더욱 높아질 것이다. 의상디자인에서 소재의 중요성은 이루 말할 것도 없다. 어떤 소재를 선택하느냐에 따라 캐릭터의 이미지는 물론 성격 창출이 달라지며, 각 의상의 완성된 모습에 중요한 영향을 미친다. 의상의 실루엣과 디테일은 소재의 성격 및 외관적인 특성에 따라 달라지기 때문이다. 같은 디자인이라도 소재가 다른 의상은 캐릭터의 나이, 개성, 경제적 수준을 다르게 나타낼 수 있다. 여러 소재로 디자인 된 한 그룹의 의상들은 재미가 있고 사실적인 느낌을 준다. 그러나 반면에 적은 소재를 사용한 의상은 매우 강하게 통일되고 양식화되는 경향이 있다. 작품 콘셉트, 시대, 캐릭터의 개성, 예산 그리고 통일성 유지에 적합한 소재의 선택이 필요하다. 그러므로 다양한 소재의 특성을 이해하고 실루엣과 디테일의 형태를 예측하여 표현하는 것이 중요하다.

많은 디자이너들은 아이디어 스케치나 러프 스케치 동안 소재를 모으기 시작한다. 만약 드로잉을 채색하기 전에 소재 결정이 이루어진다면 선택된 소재는 최종 드로잉에 표현될 수 있지만 그렇지 않다면 소재는 드로잉에 의해 제시될 것이고 후에 그것을 표현하기 위한 적합한 소재를 선택해야 할 것이다. 의상의 소재선택에 영향을 미치는 요인은 원하는 시각적 효과, 시대에 적합한 소재, 내구성, 계획된 소재 처리, 예산의 한계 등이다.

(1) 원하는 시각 효과

디자이너의 첫 고민은 원하는 시각효과를 이룰 수 있는 소재를 찾는 것이다. 대부분의 디자이너들은 적합한 색상 안에서 소재를 찾으려 하지만 소재의 유연성과 움직임 정도는 색상보다 더 중요할 때가 많다. 색상은 보통 염색이나 다른 방법으로 수정될 수 있기 때문이다. 소재가 시대적으로 정확하지 않더라도 캐릭터의 개성을 표현하기 위해 가볍고 흐르는 듯한 소재를 찾을 수도 있고, 두껍고 무거운 소재는 깊고 분위기 있는 캐릭터를 표현하기 위해 선택될 수 있다. 만약 장식적인 문양과 질감은 적합하더라도 소재가 너무 부드러워 원하는 실루엣을 표현하지 못한다면 적당한 두께의 안감이 사용될 수 있다. 또한 소재가 너무 뻣뻣하다면 세탁을 하거나 섬유 유연제를 첨가할 수도 있다. 무대와 관객사이에서 많은 디테일이 사라질 수 있으나 의상의 유연성과 무게감은 먼 거리에서도 보인다.

캐릭터를 표현하기 위한 질감 선택 또한 고려해야 한다. 무대에서 잘 보이지 않는 질감이라도 전체적인 의상의 느낌에 깊이감과 풍부함을 줄 수 있다. 캐릭터의 몸에 둘러진 여러 겹의 얇은 소재는 한 겹의 소재보다 더 흥미로우며, 색상의 깊이감과 질감에서 다양성을 준다.

디자인 스케치의 색상과 맞는 적합한 소재를 찾는 것은 시간과 인내를 요구한다. 한 캐릭터의 색상 변화는 다른 캐릭터의 색상 선택에 영향을 미친다는 사실을 명심하고 진행해야 한다. 염색으로 원하는 색상이나 톤으로 맞추는 추가 작업이 필요할지도 모른다. 또한 적절한 반사력을 지닌 소재와 문양을 지닌 소재를 찾아야 할 때가 있다. 원하는 문양의 적합한 사이즈를 선택하는 일 또한 초보 디자이너들에겐 어려운 과제이다. 극장이 클수록 문양은 커야 하지만 너무 크게 되면 원하지 않게 코믹하게 흐르게 될지도 모른다. 연관된 색상과 디자인에서 원하는 문양이나 직조를 찾는 것은 시간이 걸리지만 효과적이고 흥미로울 수 있다. 문양이 있는 직물의 조합은 시각적으로 풍성한 의상을 만들어낼 수 있기 때문이다.

(2) 시대에 적합한 소재선택

시대 의상의 연구는 디자이너를 그 시대의 소재나 제작법과 친숙하게 만들고 원하는 의상 제작을 가능하게 할 것이다. 어느 한 시대의 의상처럼 보이게 하고 싶으면 디자이너는 소재선택에 더욱 신중해야 한다. 자료조사에는 그 시대와 문화 안에서 사용된 소재의 유형에 대한 조사도 포함해야 한다.

사실적인 작품일수록 시대적으로 적합한 소재의 사용을 필요로 하며, 디자이너가 고증을 원할수록 더 신중한 소재 선택이 이루어져야 한다. 그러나 공연에서 고증이 유일한 고려사항은 아니다. 현대적 소재의 사용은 공연을 현대적으로 만들기도 하지만 오히려 시대극의 새로운 해석과 특정 효과를 위해 현대적 소재나 재료의 사용을 필요로 할 때도 있다. 예를 들면, 특정시대에 사용되었던 면 머슬린 소재는 다루기 어려운 점이 많아 구김방지가 된 면 소재나 폴리에스테르 소재가 대체품으로 환영받고 있다. 만약 극이 현대화되거나 양식화되었다면 소재 선택은 더 자유로울 수 있다. 양식화된 작품에서 디자이너는 시대 모습의 재현보다는 콘셉트 전달을 위한 소재 선택에 집중할 것이기 때문이다.

20세기 중반까지 모든 섬유는 천연섬유였고 합성섬유와는 다른 온화함과 흡수성을 지니고 있었다. 의도적인 현대화가 바람직하지 않는 작품이라면 극의 시대감과 함께 중량감, 반사력 등이 고려된 소재를 선택하여야 한다. 합성섬유는 강하게 빛을 반사시키는 경향이 있다. 이러한 반사력 때문에 많은 디자이너들은 무대 위에서 천연섬유를 선호한다. 그러나 안타깝게도 오늘날 의상예산이 100% 천연섬유를 사용할 수 있도록 충분하지 않을 경우가 많아 면, 모, 실크와 합성섬유의 혼방소재가 경제적인 대체품이 되고 있다.

(3) 직조와 중량

직조와 중량은 의상의 드레이프성과 움직임을 결정하므로 우선적으로 고려되어야 한다. 색상이나 질감은 후에 염색 등 여러 기법으로 변화를 시킬 수 있지만 중량의 가감은 쉽지 않으며 직물의 유연성을 확연히 바꾸기는 어렵기 때문이다. 직물의 느낌이나 늘어짐 정도 또는 형태감, 늘어뜨렸을 때 공중에서 머무는 정도 등을 정확히 판단해야 한다.

(4) 색상

색상은 염색이나 탈색으로 어느 정도 바꿀 수 있다. 특정 색상이 필요한데 염색이 불가능한 경우 디자인이 원하는 색상과 가장 가까운 색상의 직물을 택할 수 있다. 색상은 다양한 조명에 의해 달라질 수 있는데 직물을 구입했던 상점과 의상제작소에서 다른 색상으로 보이는 경우이다. 또한 젤라틴을 사용하는 무대조명은 의상의 색상에 영향을 미친다. 무대조명 아래 최종 의상이 놓여 졌을 때 색상의 톤이나 섬세함, 미묘함이 사라질 수도 있음을 염두에 두고 사전에 조명디자이너와 논의하는 것이 바람직하다. 가능하면 직물 스와치를 사용될 조명아래에서 미리 볼 수 있도록 하고 만약 색상이 조명에 의해 심하게 변경된다면 연출이나 조명디자이너와 색상문제를 해결하도록 한다.

(5) 질감

질감은 색상이 변화되는 것과 같은 방법으로 직물에 추가될 수 있다. 확실하지 않은 질감과 무늬는 함께 섞여 보일 수 있으며 먼 거리에서는 단색으로 보일 수 있다. 질감이나 패턴의 효과를 결정할 수 있도록 관객석에서 각 직물을 보도록 한다.

(6) 내구성 필요

내구성은 마찰과 늘어남, 파열 등의 외부 힘에 견디는 정도를 말한다. 의상이 오랜 공연과 순회공연을 생각하고 제작되거나 대여나 재사용을 위해 보관까지 염두에 두고 제작된다면 내구성 좋은 소재의 선택이 중요하다. 무용, 아크로바틱 혹은 결투와 같은 격렬한 연기를 위한 의상은 견고한 소재와 안감의 사용을 계획해야 하며, 거친 바닥재, 피, 분장, 거친 호흡, 빈번한 세탁, 그리고 퀵 체인지 등의 무대 환경 또한 의상의 내구성을 필요로 한다. 의상소재는 공연동안 아니면 적어도 합리적 시간동안 이런 외부 저항을 잘 견뎌야 한다. 만약 적합한 소재로 제작된다면 의상은 잦은 수선이나 교체가 필요 없을 것이다. 신축성있는 소재가 어느 정도 문제를 해결해 줄 수도 있고 몇몇 섬세하고 얇은 소재는 적절히 안감을 대거나 심지를 붙여 내구성을 좋게 할 수도 있다. 안감들도 예산과 겉감 소재에 따라, 원하는 효과와 효용성에 따라 선택되어야 하며 소재 특성상 겉감과 함께 사용되었을 때 세탁 시 문제가 없어야 한다.

(7) 계획된 소재 처리

디자이너는 종종 적합한 소재와 적합한 색상 사이에서 어느 쪽을 선택해야 할지 갈등을 겪기도 한다. 이때는 시간과 예산이 허락한다면 적합한 소재를 택해 원하는 색상으로 염색하는 방법이 바람직 할 것이며 신중히 선택된 소재에 적합한 염료가 선택되어야 할 것이다. 만약 소재의 종류나 혼용을 모르겠으면 그 소재의 작은 조각을 이용해 태워보기 감별 테스트를 하면 도움이 된다.

(8) 예산

각 의상에 허용된 예산은 소재 선택에 중요한 요소이다. 디자이너는 소요량에 따른 예산 지출에 대해 합리적이어야 하나 작은 양이 필요할 때엔 과감히 돈을 지출할 수 있다. 소재의 예산 계획은 신분이 높거나 중요한 캐릭터, 혹은 디자이너가 중점을 두는 의상들에 우선 순으로 할당되어야 할 것이다. 소재의 소요량 산출은 정확하게 해야 하나 항상 추가 제작이나 변동사항을 염두에 두고 소요량 및 예산 계획을 할 필요가 있다. 향후 사용이 확실한 소재의 경우 대량구입이나 온라인 구입은 예산을 절감하는 또 다른 방법이 될 수도 있다.

2) 무대의상에서 자주 사용되는 소재

의상은 시대, 캐릭터의 개성, 작품의 콘셉트, 예산 등에 따라 적당한 소재가 선택되어야 한다. 우리 눈은 소재의 촉감과 중량감을 느낄 수 있으며 질감에 반응한다. 또한 캐릭터 몸 위에 드리워진 소재의 움직임이나 속성에 의해 착각에 빠질 수도 있다. 대부분의 소재는 무대의상에 사용될 수 있지만, 가격과 구입성, 그리고 적용성이 좋아 무대의상에 자주 사용되는 소재들이 있다.

무대의상에서 자주 사용되는 소재

> 면, 마, 모, 견, 타프타, 캔바스, 아세테이트, 아크릴, 브로케이드, 자카드, 펠트, 레이스, 오간자, 쉬폰, 벨벳, 폴리에스테르, 나일론, 트리토트, 레이온, 스판텍스, 인조모피, 인조가죽, 저지, 라메, 새틴, 기타 혼방직물

3) 올바른 소재 선택

아래 사항과 같이 여러 가지 각도에서 생각하고 선택한다.

소재 체크 리스트

	체크 리스트
콘셉트	소재가 콘셉트를 따랐으며 캐릭터를 정의하는데 도움을 주었나?
드레이프	시대감과 드레이프성 정도는? 두께감은? 안감이나 추가 심지가 필요한가?
내구성	공연의 장르나 공연기간에 적합한 강도를 지니고 있는가? 세탁력은?
조명	조명에 대한 소재의 반응은 어떠한가? 조명을 흡수하나? 반사하나? 원하는 소재를 못 찾은 경우 대체 소재는 무엇인가?
색상	조명이 소재에 비추어졌을 때 보여지는 색상은 어떠한가? 원하는 색상으로 염색이나 페인팅이 가능한가?
질감	느낌과 입체감은 어떠한가? 조명을 비추었을 때 특수효과를 원하나? 원하는 질감을 못 찾은 경우 기본 소재에 추가 질감처리를 할 것인가? 그 처리를 위한 시간과 인력이 충분한가?
문양	무대의 규모나 작품의 스타일에 문양이 크기나 형태가 적합한가?
소요량	의상제작에 필요한 소요량은 얼마이며 충분한 양을 확보할 수 있나?
예산	소재가 예산 안에서 가능한가? 무엇을 우선시하여 소재를 구입할 것인가? 전체 예산 안에서 캐릭터별로 적절하게 배분이 되었나?

① 색상

어느 장면에서 어떤 다른 색상들과 조합되나? 그것이 시대나 작품의 분위기를 제시하나? 그것이 디자이너가 원하는 분위기나 인상을 만드나?

② 질감

소재가 자연스럽게 떨어지나? 뻣뻣하게 뻗치나? 아니면 흐르는 듯 유연한가?

③ 조명

소재에 떨어지는 조명에 반응하는 정도가 어떠한가? 새틴처럼 빛을 반사하나? 벨벳처럼 흡수하나?

④ 현실성

공연 기간 동안 요구되는 충분한 내구성을 지녔나? 세탁, 염색과 페인팅이 잘되나?

⑤ 비용

예산이 허락하나? 추가 제작을 위한 예산 책정이 되어 있나?

4) 스와치(swatch) 작업

스와치는 직물의 작은 샘플을 일 컫는다. 소재를 결정하기 전에 원단시 장에서 스와치 조사 및 수집이 선행되 어야 한다. 각 스와치나 스와치북에는 판매처의 연락 정보과 함께 소재 혼용 율, 야드 당 가격, 소재의 폭 넓이 등이 명시되어 있다. 정보가 명시되어 있지 않은 스와치북은 무용지물일 경우가 많다. 수많은 판매처 중 어디인지 가 격은 얼마인지 기억하기 힘들기 때문 이다.

수집된 다양한 스와치들

스와치 작업은 시간이 많이 소요되는 힘든 과정이다. 디자이너는 여러 가능성 속에 신중한 준비와 구성이 필수적이다. 구매 전에 캐릭터별, 아이템별, 유형별로 소재 리스 트를 작성하고 소요량, 가격대 등을 조사해야 하며 스케치 복사본도 준비해야 한다. 이 런 정보와 준비가 없으면 소재를 찾는데 시간을 허비할 뿐 아니라 원하는 충분한 양을 사지 못하는 경우가 있다.

가구나 커튼용 소재가 시대의상에 유용할 때가 많다. 넥타이나 모자 같은 특정 아 이템, 안감, 심지, 장식 등을 위한 특수 소재 취급소도 또한 조사되어야 한다. 디자이너는 다양한 소재들의 스와치북들을 잘 정리해 두거나 개인 파일들을 만들어 향후 사용을 위한 자료로 보관하는 것이 좋다. 이렇게 모아진 스와치북들은 색상계획을 하거나 소재 선택 시, 필요한 소재를 설명할 때 유용하게 사용될 수 있다. 안감, 심지, 장식 등의 스와치에도 판매처와 가격 등의 정보가 명시되어야 한다. 스와치 작업을 통해 최종 소재 결정이 이루어지는데, 소요량이 많은 것부터 이루어져야 하며 그룹 의상, 복잡한 재단이나 특별한 가봉이 필요한 의상을 먼저 다루는 것이 바람직하다.

5) 스와치 보드와 소재 구입 리스트 작성

수집한 소재와 부자재 샘플을 이용해 캐릭터별, 아이템별로 스와치 리스트를 작성한다. 이때 구입처 상호와 위치, 필요량, 소재의 폭, 단위별 가격 등을 기입하면 구입 시 편리하다. 의상 아이템 별 스와치를 붙일 때는 소요량이 많거나 보여지는 면적이 많은 소재를 더 크게 붙이고, 상, 하 아이템에 맞추어 소재를 상, 하 위치에 적절히 배치하여 전체적인 의상의 색감이나 조화가 어떠한지 미리 가늠해 볼 수 있으며 의상별 조화와 대비를 체크해 볼 수 있다.

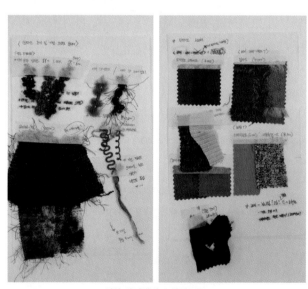

의상 아이템별 스와치 보드

무대의상 디자인

소재 구입 리스트

Character :	박대디
Act(Scene) :	1막.3막
Item :	가운.연복

연극 <뜨거운 양철지붕 위의 고양이>   예술의 전당 토월극장

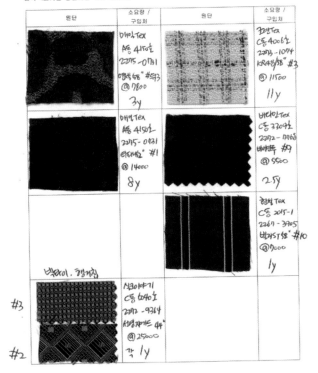

원단	소요량 / 구입처	원단	소요량 / 구입처
	대영Tex A동 4150호 2275-0731 양색58" #543 @7800 3y		조엔Tex C동4006호 2213-1074 KR48/58" #3 @11500 11y
	대영Tex A동 4150호 2275-0731 연다색 #1 @14000 8y		버디안Tex C동3309호 2272-7768 바탕폭 #7 @5500 25y
백타이. 행거칩			현성Tex C동 2015-1 2267-3705 백거58" #10 @7000 1y
#3 #2	실크아기 C동 6040호 2272-9364 선염자가드 44" @25000 각 1y		

소재 구입리스트

VIII
다양한 공연 장르에 따른
무대의상의 특징 및 고려사항

1 오페라(opera)와 의상

1) 오페라

오페라는 르네상스 말기의 이탈리아에서 시작되었고 이탈리아를 중심으로 독일, 프랑스, 영국, 미국 등지로 확산되어 전 세계적인 예술의 장르로 자리매김하였다. 오페라는 문학적 요소를 가진 대사와 음악이 중심으로 구성되며 독창, 중창, 합창, 관현악을 사용하는 규모가 큰 음악극이다. 독창 부분은 보통 아름답고 서정적인 아리아와 음악이 끊어지고 이야기를 하는듯한 레치타티보로 구분한다. 중창은 때때로 극 중의 주요 대화를 위해 쓰이며, 합창은 군중이 노래하며 극적인 박력을 강조하기도 한다. 또한 관현악은 전곡을 통하여 노래 반주 및 장면의 분위기를 강조하며 극 전체의 성격을 암시한다. 오페라는 노래, 연기, 무대장치, 의상, 조명, 분장 등이 함께 요구되는 종합예술로 시각적, 청각적 욕구를 모두 충족시킬 수 있는 예술의 극치라고 할 수 있다.

2) 오페라의상 디자인과 제작 시 고려할 점

① 오페라는 대형무대에서 공연되는 경우가 많다. 무대와 객석의 거리를 감안하여 디자인의 과장과 강조가 이루어져야 하며, 이를 통해 관객의 집중과 시각적 만족감을 충족시켜야 한다.

② 오페라 배우는 발성을 해야 하므로 의상은 호흡에 편리해야 한다. 특히 체촌 시 숨을 들이마셨을 때 확장된 가슴둘레가 고려된 의상을 제작해야 불편함없이 노

래를 할 수 있다.

③ 현대는 시대적인 제약없이 절제되고 개성이 강한 오페라가 많이 공연되고 있다. 특히 추상적 표현이 가미된 재해석된 작품들이 많이 공연되고 있지만 시대를 배경으로 하는 오페라인 경우에는 코르셋, 페티코트 등의 시대적 보정의상을 착용하는 경우가 많다. 이때 이 보정의상들은 호흡에 지장을 주거나 착용에 불편함을 주지 않도록 해야 한다.

오페라 〈나부코〉 (고양 문화재단, 의상디자인 박진원)

오페라 〈마술피리〉 (대전 예술의전당, 의상디자인 장혜숙)

④ 대부분의 오페라에는 많은 캐릭터가 등장한다. 주인공과 코러스, 그룹간, 계층간의 색상과 소재 그리고 질감의 균형과 조화를 이룬 디자인 콘셉트가 요구된다.

⑤ 오케스트라 연주와 함께 진행되므로 머리스타일과 장식은 듣는 것에 방해되지 않아야 한다.

2 뮤지컬(musical)과 의상

1) 뮤지컬

　　뮤지컬은 음악과 춤이 긴밀하게 극의 플롯 전개에 짜 맞추어진 극으로 연극과 무용, 노래, 음악, 기악, 무대장치, 의상, 조명 등이 융합된 종합예술 장르이다. 19세기에 유행한 오페레타의 직접적인 후예로 새로운 신생국인 미국의 문화 사회적 배경 하에서 성장하여 현대 대중들에게 가장 호응을 받는 공연형식이다. 뮤지컬은 노래와 연주를 통해 이야기 전개와 등장인물 심리 상태를 표현하고 춤은 연기, 음악과 더불어 극적인 분위기를 고양시킨다. 연극이 스토리와 배우의 대사, 제스처에 초점이 맞추어진다면 뮤지컬은 음악적인 요소가 작품을 지배한다고 할 수 있다.

뮤지컬과 오페라의 차이

	오페라	뮤지컬
스토리	저명한 문학작품이나 역사적, 신화적 인물을 다룸	대중적, 일상적
창법	정통 클래식 창법과 관현악 연주도 클래식에 바탕	창법과 반주는 훨씬 대중적이며 다양 발라드, 재즈, 레게, 랩 등
발성	배역에 따라 음역이 구분, 테너, 바리톤, 베이스, 소프라노, 메조소프라노, 알토, 자연스런 목소리로 라이브 공연	음역 구분이 없다. 소리의 확장을 고려해 마이크 사용
진행방식	순전히 가수들의 독창, 중창, 합창으로 진행, 대사가 없다	노래 이외에 대사가 있다
연기와 춤	노래 중심이기 때문에 연기와 춤의 활용이 극히 제한적	연기와 춤이 이야기 전개에 핵심요소
극장	대규모 전문극장에서 공연되며 레퍼토리가 한정	작품의 종류와 규모, 극장크기 등의 선택의 폭이 다양

2) 뮤지컬의상 디자인과 제작 시 고려할 점

① 무대 위에서 끊임없이 이루어지는 노래와 춤, 연기로 동작이 크고 역동적이므로 실루엣과 디자인, 색상이 기능적인 동시에 화려하게 디자인되는 경향을 지니며 표현 방식과 형식이 개성적이고 정형화되지 않아서 캐릭터 표현이 자유롭다.

② 디자인 시 시각적 효과를 얻기 위해 무대와 객석의 거리를 고려하여 크기와 비율을 선택하고, 특히 밝고 강한 조명아래 공연이 이루어지므로 색상과 톤의 신

뮤지컬 〈균〉 (서울시립뮤지컬단, 의상디자인 장혜숙, 박진원)

뮤지컬 〈천상시계〉 (극단 아리랑, 의상디자인 장혜숙)

중한 선택이 요구된다. 또한 배우의 신체적 특성과 안무, 그리고 의상의 기능적인 요소까지 고려해야 한다.

③ 배우의 움직임과 춤을 위해 신축성과 통기성 그리고 내구성있는 소재를 사용하고 기능성을 위하여 신체 부위에 여유나 무를 대주는 경우가 많다.

④ 공연 중 빠른 의상전환을 위하여 착탈의 용이성과 적절한 여밈 장치가 이루어져야 한다.

⑤ 정교한 장식이 많거나 화려한 의상 등 세탁이 어려운 의상일 경우 땀이 많이 나는 겨드랑이 등의 부위에 착탈 가능한 땀 패드 부착 등 배우의 최고 컨디션을 유지할 수 있는 방법을 연구해야 한다.

⑥ 장기공연을 대비하여 내구성있는 소재 선택과 견고한 봉제가 필요하다.

⑦ 노래하는 배우의 발성과 호흡에 방해되지 않도록 제작되어야 하며, 마이크 장착 등의 착용 위치도 고려하여 디자인, 제작 되어야 한다.

⑧ 일반 공연과 달리 주요 배역과 코러스의 구분이 확실하다. 코러스는 배역과 조화를 이루면서 시각적으로 주인공이 부각되도록 해야 하며 배역간의 상하관계, 대립관계 등이 잘 표현될 수 있도록 색상 조합과 디자인이 되어야 한다.

⑨ 대부분 규모가 큰 의상제작이 이루어지므로 실질적 제작에 대한 예산 책정, 제작 전문인력 확보, 일정에 대한 철저한 작업계획 및 관리가 필요하다.

3 무용(dance)과 의상

1) 무용

무용의 기원은 원시시대로 거슬러 올라가며 정령과 토템숭배, 모방, 유희, 제의식 등에 의해 발생했다고 본다. 무용은 신체의 표현운동이 예술적으로 되었을 때 생기는 신체의 율동적 운동으로 항상 흐르고 움직이며, 그 움직임 속에 멈추고 흐르는 독특한 인간의 표현이다. 무용은 시적 감정을 직접적으로 가장 완벽하게 표현하는 예술로 인체예술이고 현장예술이며 종합예술이다. 즉, 인간의 신체운동으로 사상이나 감정, 감각을 표현하고 또한 미적 가치를 나타내는 예술라고 할 수 있다.

무용의 종류

무용	종류
한국무용	전통무용 (궁중무용(당악정재, 향악정재), 민속무용)
	창작무용 (신무용, 창작무용)
외국무용	발레 (클래식 발레, 모던 발레)
	현대무용 (현대무용, 재즈, 캐릭터댄스)

2) 무용의상 디자인과 제작 시 고려할 점

① 무용의상은 무용수 신체의 일부로 무용수의 표현기교나 감정표현과 떨어질 수 없는 관계에 있으며 다양한 무용의 특성에 맞게 디자인되어야 하며 춤 동작들이 의상의 방해없이 세밀하게 표현될 수 있도록 해야 한다.

② 움직임을 자유롭게 하기위해 의상에 많은 여유를 주기도 하지만 타이츠나 레오타드같은 의상으로 밀착되게 하여 인체의 윤곽미를 효과적으로 표현하기도 한다.

③ 무대의상이 현실의 반영으로 '사실성'을 강조하는 경우가 많다면 무용의상은 '추상성'을 지니는 경우가 많다. 또한 움직임의 생동감이나 율동감을 위해 곡선이나 비대칭을 요소를 도입하기도 하고 강조하고자 하는 부분에 포인트를 주어 강한 상징성을 나타내기도 한다.

④ 무용수의 움직임을 제한하지 않는 단순한 실루엣과 구조선으로 인체를 따라 자연스럽게 흐르는 선으로 인체를 표현하는 방법에 대한 연구가 필요하다.

⑤ 소재는 의상의 무게를 느끼지 않고 편안하게 움직일 수 있을 정도로 가볍고 신축성있는 소재가 바람직하며 율동감을 위해 공중에 머무르는 시간이 가미된 중량감에 따른 소재 선택이 중요하다.

⑥ 상대 무용수나 타 무용수와의 접촉을 염두에 두어 날카롭거나 신체를 자극할만한 장식이나 무용수 의상에 부착된 깃털이 파트너의 코를 자극하는 등의 문제를 야기하지 않도록 한다.

⑦ 의상디자이너는 무용테크닉과 연관된 의상제작, 재료 및 무대조명과 질감과의
  효과에 대해서도 항상 염두해야 한다.

무용 〈Images—비천사신무〉 (정승희 무용단, 의상디자인 장혜숙)

4 퍼포먼스(performance)와 의상

1) 퍼포먼스

퍼포먼스는 인간의 원초적인 표현 욕망을 연극적으로 표출한다는 차원에서 그 기원을 원시종합예술로까지도 생각한다. '손으로 만든 그림대신 행위를 보여주는 것'이라고 정의되며, 그림을 '무대화(staging)'하는 여러 가지 방법 중의 하나로 실험적인 성격이 강하며, 회화, 조각 등 전통적인 장르개념으로는 충족할 수 없는 표현 욕구를 신체를 이용하여 실제 관중 앞에서 시간의 흐름에 따라 표현하는 예술행위를 말한다.

퍼포먼스는 미래파작가, 다다이스트, 초현실주의자들이 20세기 초에 전통적인 영역의 경계를 넘어서기 위한 표현수단으로 처음 이용하였고 1970년대 이후부터는 현대예술의 한 장르로서 본격적으로 행해지고, 80년대 중반에 퍼포먼스는 현장감을 주고 실험적인 성격이 강하며 즉흥성을 갖는다고 하여 '행위예술' 또는 '행위미술'이라는 명칭이 붙기도 했다. 퍼포먼스는 가장 열린 예술형식이며 가장 포괄적인 매체로 무수한 상황 등이 우연히 만나는 즉흥성, 우연성의 개념을 함축하며 현장성, 참여성, 일회성, 총체성, 과정성 등의 특징을 갖는다. 현대에 들어와 새로운 것을 받아들이면서 다양한 실험이 이루어지고 있다.

2) 퍼포먼스의상 디자인과 제작 시 고려할 점

① 퍼포먼스는 신체를 이용해 타인에게 행위자의 의도를 전달하므로 퍼포먼스 의상은 무한한 가능성과 다양한 표현의 요소를 지니도록 한다.

② 퍼포먼스 의상은 재료나 제작방법의 구애없이 신체를 확장, 강조, 왜곡하기도 하면서 특정의 캐릭터에게 고유의 감성을 부여하도록 한다.

③ 의상이 입혀진 신체는 주제와 감정을 형상화하는 움직임을 만들어내며 움직임을 통해 의상과 몸의 상호적 연관성을 나타낸다. 또한 행위자의 의도나 상황에 따라 신체이외의 표현매체인 오브제나 가면 등 표현의 의미를 강화시켜줄 수 있는 것들을 사용하기도 한다.

④ 퍼포먼스는 야외에서 이루어질 경우가 많으므로 의상은 눈, 비, 바람 등의 날씨

에도 대처가능한 견고한 재료사용이 필요하고 특히 야간공연일 경우 시각적으로 눈에 들어올 수 있는 색상사용이 요구된다.

다양한 주제와 유형의 퍼포먼스 (상명대학교)

5 축제(festival)와 의상

1) 축제

축제는 주로 음악, 춤, 음식, 스포츠 등이 함께하는 국가, 지역 사회, 단체 등에서 주최하는 행사이다. 축제의 의미는 성일을 뜻하는 라틴어에서 유래해 그 기원이 종교의식에 있음을 알 수 있다. 즉, 축제는 개인 또는 집단이 특별한 의미가 있는 시간과 행사를

무대의상 디자인

기념하기 위해 벌이는 일종의 의식을 말한다. 축제는 놀이로서의 기능뿐 아니라 전통과 문화계승을 위한 종교적, 사회문화적 기능을 지니고 있는데 최근에는 지역을 기반으로 한 문화예술 산업으로 인식되어 경제적 가치, 문화콘텐츠와 엔터테인먼트의 관점에서 그 가치가 주목받고 있다. 각 나라와 지역마다 많은 수의 다양한 축제가 열리고 있다.

카니발(carnival)은 축제와 동의어로 사용되기도 하지만 그 의미가 조금은 다르다. 카니발은 유럽이나 아메리카, 카톨릭 국가의 도시에서 사순절 전에 행하는 요란스런 의식을 말한다. 카니발의 어원은 라틴어로 살코기를 끊는다는 뜻으로 다가오는 금욕 기간에 앞서 실컷 먹고 마시자는 의미에서 시작된 축제이다. 카니발은 특이하고 크고 요란스런 의상과 가면을 착용하거나 과감한 분장을 하고 큰 인형이나 풍선, 꽃마차 등과 함께 거리를 퍼레이드하기도 하며, 각종 다양한 프로그램으로 볼거리가 많은 축제행사이다.

축제의 종류

축제	종류
종교적 축제	강릉의 단오제, 일본의 텐진 마츠리
계절적 축제	중국 하얼빈 빙등제, 일본 삿포로 눈축제, 미국 할로윈 축제, 단풍축제,
예술적 축제	칸느 영화제, 바그너 음악축제
지역 축제	천안 흥타령축제, 울산 고래축제, 토마토축제, 독일 맥주축제, 세계불꽃축제
카니발 축제	브라질 리우 카니발, 이탈리아 베네치아 카니발, 프랑스 니스 카니발

2) 축제의상 디자인과 제작 시 고려할 점

① 축제의 주제와 의미에 적합한 의상들이 디자인되어야 한다.

② 많은 축제 인파 속에서도 시선집중을 위해 과장되고 유희적인 디자인이 선호된다.

③ 축제는 주로 야외에서 장시간 열리므로 기후에 대처가능하고 내구성이 강한 소재로 견고하게 제작되어야 한다.

④ 거리 페레이드 의상은 야외에서 가시성이 있어야 하므로 선명한 색상과 과장된 디자인이 요구되며 야간에 열리는 경우도 많으므로 조명 장치를 부착하거나 발광 소재를 사용하기도 한다.

〈WSD (World Stage Design)〉 거리 퍼레이드 (상명대학교)

〈하이서울 페스티벌〉 거리 퍼레이드 (상명대학교)

〈서울연극제〉 거리 퍼레이드 (상명대학교)

Chapter III

무대의상 제작

무대의상 제작 준비

1 무대의상 디자인 분석과 제작 검토

1) 무대의상 디자인 이해와 분석

무대의상 디자인이 많은 과정과 협의를 거쳐 완성되면 디자이너의 초점은 디자인이 의상으로 완성되기 위한 작업으로 옮겨진다. 디자인 스케치는 의상완성을 위한 계획표이자 청사진이므로 디자이너는 제작 과정을 고려한 세밀한 스케치를 완성해야 한다. 제작에 임하기 위해서는 전반적인 디자인의 이해와 분석이 필요한데 시대적 배경분석, 작품의 유형 및 스타일 분석, 배역별 디자인 요소 및 세부 디자인 분석, 작품과 장면별 제한점에 따른 고려, 그리고 극적 효과에 대한 분석 등의 과정을 거치게 된다.

우선 의상 각 부분의 형태를 분석하며 장식을 제외한 기본 구조를 파악하고 시각화할 수 있어야 한다. 어떤 패턴과 재단법이 가장 적절하고 효과적일지 패턴 방법을 결정해야 한다. 이 의상은 어떻게 움직여지는지, 그 형태를 유지하려면 어떤 보정 의상이 필요할지, 몸판 바디스는 어떤 스타일이고 목 라인은 어느 정도 파졌는지, 스커트의 폭은 어느 정도이고 어느 정도 끌려야 하는지, 장식은 언제 어떻게 부착되어야 하는지 등의 세밀한 분석 과정을 통해 가장 효율적인 제작접근법을 택해야 한다.

디자인 분석을 위한 체크 리스트

1. 의상의 기본 형태는 어떠한가?
2. 각 부위들이 독립되어 있나? 연결되어 있나? 어떤 패턴들이 필요한가?
3. 그 부위들이 얼마나 좁은가? 풍성한가? 길이는? 몸에 어떻게 연결되어 있나?
4. 몸에 붙는 정도는 어떠한가? 다아트, 플리츠, 고어, 개더링, 턱킹을 사용했나?
5. 의상의 올은 식서방향을 사용해야 하나? 바이어스 방향을 사용해야 하나?
6. 어떤 패턴과 재단법을 사용해야 하나? 전통적인 시대 패턴을 사용해야 하나?
7. 평면 패턴법이 좋을까? 입체 패턴법이 좋을까? 어떤 방법이 빠를까?
8. 여밈은 어디에 있나? 어떤 여밈이 바람직하나?
9. 어떤 소재가 사용되나? 의상 구조 상 안감, 심지, 와이어나 망사가 필요한가?
10. 어떤 소재표현 기법이 필요한가? 염색? 페인팅? 낡게하기? 어느 단계에서 이 기법들이 처리되어야 하나? 이들은 의상 제작소가 아닌 외부에서 작업되어야 하나?
11. 어떤 타입의 장식이 사용되나? 의상 위에 덧붙여지나? 솔기에서 같이 박아져야 하나? 손 박음질? 재봉틀 박음질? 본드나 글루건으로 붙이나?
12. 특별한 보정의상이 필요한가? 필요하다면 재고를 사용하나? 구매하나? 제작해야 하나?
13. 그 의상을 입고 배우는 무엇을 하나? 춤을 추나? 싸움을 하나? 운동을 하나?
14. 이 의상의 중요도는 다른 의상들과 비교하여 어떠한가? 상? 중? 하?
15. 이 의상의 사용 빈도와 시간은?
16. 이 의상의 디자인과 질을 저하하지 않고 제작할 수 있는 가장 효율적인 방법은 무엇인가?

디자인 스케치와 분석표

디자인 스케치	디자인 분석
 오페라 〈아빠 나 몰래 결혼했어요〉, 카롤리나	1. 의상의 기본 형태와 구조는 어느 시대를 기본으로 했나? 2. 어떤 패턴과 재단법을 사용해야 하나? 3. 바디스의 타이트한 정도는 어떠한가? 안에 코르셋을 착용했나? 아니면 바디스에 심지나 뼈대를 넣어 제작해야 하나? 4. 여밈은 어디에 있으며 어떻게 이루어졌나? 5. 소매의 길이는 어디까지 오며 소매 프릴과의 비율은 어떠한가? 6. 스커트의 퍼짐정도는 어느 정도이며 허리에서 어떻게 작업되었나? 개더링인가? 플리츠인가? 7. 스커트 길이는 어디까지 오나? 8. 어떤 소재로 작업되어지며 스커트 밑단 장식의 소재는 무엇인가? 9. 스커트 밑단의 장식배색의 크기는 얼마이며 어떻게 부착되나?

무대의상 디자인

의상디자인 시방서

Character	매창(기녀)	
Item	치마1 / 치마2 / 자켓1 / 자켓2	Design 설명
Design		기녀 매창의 기본의상은 보색대비를 이용한 강렬한 컬러의 의상으로 치마1을 기본치마로 보고, 치마2는 부풀려지고 비대칭 길이의 장식치마로 치마1 위에 덧입어 화려함을 돋보이도록 한다. 자켓1은 1막의 화려한 느낌을 주기 위한 멀티칼라가 프릴장식으로 들어간 자켓이고, 자켓2는 수수한 느낌의 자켓으로 앞장면의 화려한 치마를 많이 가릴수 있는 기장으로 디자인 한다.	Swatch

2) 제작 검토

공연은 여러 신분과 지위의 캐릭터, 장면 전개와 캐릭터의 심리적 변화에 따라 다양한 의상이 요구된다. 공연에서의 의상은 대부분 제작, 구매, 대여, 보유품 사용의 혼합으로 이루어지며 그 비율은 예산, 보유품, 제작 인력의 정도에 따라 달라진다. 한 공연의 많은 의상 중 일부 의상은 제작하기 수월하고 일부는 도전적인 작업이 되기도 한다. 코트나 망토 등 덧입는 의상들은 제작 시간과 예산이 많이 필요하므로 신중히 고려해야 하고 예산이 문제가 된다면 안에 착용하는 의상이나 속옷은 재고나 배우 개인의 것을 사용하는 것도 고려할 수 있다. 제작을 위해 다음 질문들을 검토한다.

① 얼마나 많은 수의 의상이 필요한가?
　장면별, 캐릭터별 필요 의상을 파악하고 오염 및 장기공연에 따른 여벌의상, 더블 캐스트 혹은 추가제작이 가능할지 모르는 의상까지도 파악한다.
② 제작, 구입, 대여, 리폼, 보유품 사용 등 어떤 구현방법을 선택할 것인가?
　의상 구현방법에 따라 제작기간 및 예산책정이 달라질 수 있다. 제작소 선정, 구

입 및 대여를 위한 시장조사 또한 필수적이다.

③ 제작할 의상들의 제작난이도는 어떠한가?

의상의 시대, 신분, 유형 등을 고려해야 한다. 엘리자베스 시대나 무도회 의상은 농부의 의상과 제작난이도가 확연히 다르다. 제작난이도에 따라 A, B, C 유형을 나누어 분류한다.

④ 의상들을 제작하는데 얼마의 시간이 소요되나?

의상디자인의 벌수와 유형, 그리고 디테일 정도는 제작시간에 많은 영향을 미친다. 공연 일정에 따른 제작이 가능한지 파악한다.

⑤ 제작에 필요한 원·부자재 등의 구입에는 문제가 없나?

디자이너가 원하는 의상구현을 위해 필요한 소재와 부자재는 예산과의 문제, 소요량에 따라 혹은 원단업체의 상황과 시기에 따라 구입이 어려울 때가 있다. 사전에 미리 상황 파악이 필요하다.

⑥ 제작 환경과 여건은 어떠한가?

제작 공간의 크기와 배치 그리고 기타 환경은 어떠한지, 제작 팀원의 수 및 제작원의 기술 수준도 매우 중요하다.

⑦ 의상 제작에 얼마의 예산을 사용할 수 있는가?

예산은 의상의 완성도에 밀접한 관계가 있다. 돈으로 시간을 살 수는 없지만 예산이 충분하다면 더 많은 제작인원과 기술력있는 제작원 구성으로 수준 높은 의상을 제작할 수 있다.

⑧ 제작을 위해 필요한 패턴, 재단, 제작기법은 어떠한가?

3) 제작 과정

① 디자이너와 제작자가 함께 디자인 스케치를 검토한다.

② 디자이너와 직물과 소재 그리고 필요량에 대해 토론한다.

한 방향 재단, 줄무늬, 체크무늬, 문양, 수축률 정도를 사전 확인하여 필요량을 정한다.

③ 직물과 소재를 준비한다. 세탁 시 수축여부를 확인하고 직물의 올을 바로잡고

다림질한다.

④ 적합한 안감과 심지 등을 준비한다.

⑤ 시대 패턴일 경우 사전 조사하고 적용여부와 적용정도를 확인한다.

⑥ 착용할 배우의 특이성을 파악하고 패턴을 발전시킨다.

⑦ 광목이나 실제 사용할 직물과 유사한 두께와 분위기의 저가 직물로 가봉용 의상을 만든다. 가봉용 의상도 재단 시 시접을 두어야 하며 중요한 부위의 라인과 위치를 표시한다.

⑧ 광목 가봉을 한다. 가봉 시에는 시간을 충분히 할애하여 꼼꼼히 확인한다. 이 단계에서의 수정은 어렵지 않다. 디자이너는 각 선의 위치와 비율, 전체적인 실루엣을 확인한다. 수정사항은 즉시 메모를 하며 광목 위에 지워지지 않은 색상 펜으로 표시를 하기도 한다.

⑨ 가봉 시 수정사항을 패턴에 옮기고 최종 패턴을 완성하여 본 작업 재단 시에 사용한다.

⑩ 본 작업 용 원단을 재단한다.

⑪ 칼라, 커프스, 안단 등을 부착하기 전에 재단한 부분들을 모은다.

⑫ 의상의 겉 부분만을 봉제하여 1차 원단 가봉을 한다. 이때 배우는 의상 안에 입혀질 적절한 속옷과 보정의상 그리고 신발을 착용한다. 배우의 움직임에 따른 의상의 상태를 확인하고 특히 소매둘레와 허리단, 밑단을 체크한다.

⑬ 추가 수정사항이 있는 경우 패턴을 수정하고 이를 이용하여 안감과 심지를 재단한다.

⑭ 시간 절약을 위해 재봉틀 박음질로 장식을 추가한다.
    안감과 심지까지 봉제된 후 장식을 추가하려면 손박음질로 작업을 해야 한다.

⑮ 안단, 허리단과 칼라를 부착하기 전에 지퍼나 훅 앤 아이를 부착한다.

⑯ 안단을 봉제하고 밑단둘레를 마무리한다.

⑰ 거의 완성된 의상을 2차 가봉한다. 이때도 안에 입을 속옷과 보정의상 뿐 아니라 신발, 장신구등을 착용한 상태로 가봉한다. 의상의 균형은 맞는지, 솔기가 부드러운지, 밑단의 길이는 어떠한지를 체크한다. 대부분의 사람의 소매길이는

양쪽이 다르므로 각각 길이를 체크한다. 어깨 패드, 단추, 포켓, 장식도 체크한다. 마지막으로 배우의 움직임에 의상이 지장을 주지 않는지 확인한다.

⑱ 안감과 단추, 장식, 밑단 정리를 하며 최종 마무리한다. 안감은 뒤 중심에서 주름으로 약간의 여유를 주어 겉감을 잡아당기는 일이 없도록 한다.

⑲ 다림질하여 의상을 최종 완성한다.

2 양식과 서류 작업

의상 제작을 위해서는 의상디자인 시 작성된 의상 플롯과 의상 목록표를 기본으로 구체적인 양식과 서류들이 필요하다.

1) 의상 플롯(costume plot) 작성

캐릭터의 극적 행위들이 충분한 동기를 지니며 사건을 형성해 나가고 있는지 과정을 쉽게 알 수 있게 해 주는 표이며, 각 캐릭터의 등퇴장과 의상에 관계된 일, 그리고 장면에서의 빠른 전환에 대한 정보를 준다. 의상 플롯을 통해 의상 중요도의 우선순위를 파악할 수 있고 의상 전환 그리고 기타 문제점들도 미리 예상할 수 있다. 또한 캐릭터별 의상 벌수와 공연 전체 필요한 의상의 총 벌수, 필요 장신구, 신발, 가발 등도 파악할 수 있다.

2) 의상 제작 목록표 작성

각 캐릭터에게 필요한 의상 목록은 디자이너에게 공연 전반의 필요사항을 알게 해 준다. 디자이너는 극의 흐름과 순서에 따라 각 캐릭터의 의상스케치를 모은 후 의상 각각의 겹을 생각하며 현대 속옷을 제외한 의상과 장신구 등의 목록을 작성한다. 의상의 형태를 이루기 위해서 무엇이 필요한지, 캐릭터가 무대 위에서 의상을 입고 벗는 장면이 있는지, 시대에 적합한 속옷이 필요한지, 그 속옷을 동일 캐릭터의 모든 의상에 사용해도 괜찮은지, 추가하거나 삭제할 의상이 있는지 등을 검토한다.

의상 제작 목록표

공연 : 〈리차드 2세〉				제작	구매	대여	보유품	기타
캐릭터	장면	의상	아이템					
리차드	3장	포멀수트	검정 롱자켓			○		
			흰색 셔츠		○			
			검정 바지		○			
			행커치프		○			
			검정 구두		○			
	6장	전투복	가죽 자켓	○				
			전투복 바지		○			리폼
			검정 티셔츠		○			
			전투 장식	○				
			전투 워커		○			
헨리 볼링브로크	1장	펜싱복	펜싱 자켓		○			
			펜싱 바지					
			조끼	○	○			
			펜싱 장갑				○	
			부츠		○			
	5장	전투복	전투복 자켓	○				
			전투복 바지		○			리폼
			전투 장식	○				
			전투 워커		○			

　　의상 목록표가 완성되면 의상 구현에 어떤 방법이 적합한지 결정해야 한다. 예산을 생각해서 제작, 구매, 대여, 보유품을 사용하거나 배우의 것을 사용할 수도 있다. 초보 디자이너들은 스스로를 기억력이 좋아 모든 정보를 머리에 담을 수 있다는 생각 하에 목록작성을 거부하기도 한다. 이를 위해 소중한 시간을 허비했다고 생각될지 모르나 제작 목록표는 기본적으로 작업의 분배와 관리를 수월하게 해주며, 어느 것 하나도 쉽게 간과되어서는 안 됨을 일깨워 준다.

　　의상 종류와 구현방법에 따른 그룹 작업과 분배는 여러 의상팀원들의 작업과 업무

분담을 수월하게 해 줄 것이다. 의상을 각각 하나씩 준비하는 것보다 자켓 전체, 스커트 전체, 신발과 페티코트, 타이즈 등 동일 아이템을 한 번에 다루는 것이 효율적인 작업 처리 방법 중 하나로 시간과 노고를 절약해준다.

3) 캐릭터별 의상 구현 목록표

캐릭터별 의상 구현 목록표

공연: 〈피가로 결혼〉	막/장: 1막	캐릭터: 백작부인	배우 이름: ○○○
의상	레이스, 러플로 장식된 자카드 실크소재의 18세기 핑크 가운		
보정 의상	코르셋, 파니에 착용		
헤어 / 가발	18세기 가발, 브라운 색상		
액세서리	손수건, 쵸커, 귀걸이		
양말 / 스타킹	무릎길이의 스타킹		
신발	자카드 원단 소재의 5cm 굽의 힐		
세탁 및 관리 노트	드라이클리닝, 스커트 밑단의 끌림 및 오염 점검		
기타			

4) 의상 작업지시서

① 공연명과 공연일시, 공연장, 배역이름과 배우이름, 의상 디자이너, 제작업체, 연락처를 기입한다.

② 무대의상 아이템, 무대의상 디자인드로잉, 의상의 앞, 뒷면의 도식화, 세부 신체 치수를 기입한다.

③ 원단 및 부자재 샘플, 제작방법을 상세히 기입한다.

④ 디자인의 세부설명을 위해 디자인 일부를 확대해서 그릴 수 있다.

⑤ 도식화는 치수와 비율에 맞추어 정확히 표기한다.

⑥ 기타 제작 시 요구되는 유의사항을 기입한다.

무대의상 디자인

의상 작업 지시서

공연명	오페라 〈아빠 나 몰래 결혼했어요〉	공연일시	2002.5	공연장	예술의전당 토월극장	디자이너	장혜숙
배역	로빈슨 백작	배우 이름	○○○ (010○○○○○○○)	막/장	1막	제작업체	○○○○○○

의상 항목 : 드레스 코트 / 무릎 바지	신체부위	치수(cm)

	신체부위	치수(cm)
디자인 / 도식화	총장	145
	어깨넓이	42.5
	등길이	42.5
	가슴둘레	100
	허리둘레	85
	소매길이	58
	목둘레	44
	다리길이	100
	엉덩이둘레	100
	종아리둘레	50
	머리둘레	55
	키	175
	기성복치수	100
	신발치수	270

원단 및 부자재 샘플

작업 시 유의사항

* 코트 앞 쪽과 소매단의 스캘럽 배색장식 곡선을 매끈하게 봉제할 것
* 코트의 옆 부분 주름이 균일하게 잡혀 잘 떨어지도록 할 것
* 단추는 25mm 싸개 단추로 하고 여유 단추를 코트 안쪽에 달아줄 것

5) 의상 바이블(costume bible)

의상스케치 사본, 치수표, 제작 스케줄, 예산 지출장부, 작업 및 리허설 스케줄, 의상 플롯, 의상 리스트, 캐릭터별 의상 구현 목록표, 제작 리스트, 구매/대여/협찬 리스트, 스와치 리스트, 부자재 리스트 등 모든 관련정보를 한 곳에 모아놓은 책자를 의상 바이블이라 한다. 이것은 누구라도 그 공연의 의상에 대해 알 수 있도록 정리된 것이며 향후 재공연을 하거나 해외 공연이 국내 제작을 통해 공연 될 경우 반드시 필요한 서류이다.

3 의상 제작소 선택과 팀 구성

1) 의상 제작소 선택

무대의상은 패션과 달리 시대를 넘나들며 다양한 캐릭터의 신분과 성격에 적합한 의상디자인이 요구된다. 공연장소와 규모, 장르에 따른 움직임이나 공연기간에 따라 의상의 시각적, 기능적 요구가 다양하며 특수소재 사용 및 특수 제작기법으로 일반 패션 제작업체나 샘플 제작업체보다는 전문 무대의상 제작소에서 제작하는 것이 바람직하다. 공연의 매체와 특성에 따라 생길 수 있는 여러 변수와 긴급 사항들에 대처할 수 있는 시스템을 갖추고 있는 전문 무대의상 제작소는 다양한 시대와 기법에 따른 의상 제작이 가능한 전문 인력 또한 갖추고 있어 디자이너와의 다방면에 걸친 협의가 가능하다.

① 공연 일정에 따른 제작, 가봉, 완성과 드레스 리허설 등 스케줄 협의
② 디자인과 소재에 따른 제작방법 협의와 그 대안 모색
③ 제작에 따른 원, 부자재 소요량 산출과 협의
④ 예산에 따른 제작방법 협의와 그 대안 모색
⑤ 최종 디자인과 완성 결과물의 예측과 협의
⑥ 드레스 리허설 이후나 공연 중 발생할 수 있는 의상 수정 및 보완문제 상호 협의

무대의상 디자인

2) 의상 제작팀 구성

의상 제작팀 구성은 제작소와 의상 제작규모에 따라 달라질 수 있다. 훌륭한 조직 관리는 궁극적으로 시간과 노력을 절약하며, 완성도 높은 양질의 무대의상 제작을 위해 필요하다.

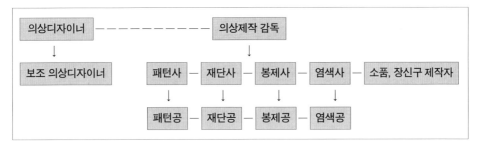

의상 제작팀 조직도

3) 의상제작 스케줄표 작성

디자이너와 의상제작소 감독은 의상제작과 제작일정 엄수 등에 대한 공동 책임을 가지고 있으므로 제작 스케줄을 상세히 작성해야 한다. 첫 드레스 리허설로부터 거꾸로 드레스 퍼레이드, 의상제작 완성일, 최종 가봉일자, 대여의상의 도착일, 첫 가봉과 패턴 제작 완성일, 제작소에 소재 및 부자재 도착일, 배우 채촌일자 등 그 외 제작관련 중요 업무에 관한 일정을 연출부와 상의해서 정한다. 추가 표면효과 작업, 질감내기, 염색과 페인팅 작업 일자도 계획한다. 신중한 스케줄 계획은 의상제작실의 번잡함을 줄일 수 있고, 팀원들이 중요한 우선순위의 작업 대신 다른 사소한 작업에 몰두하는 것을 막아 주며, 작업속도를 조절할 수 있게 해준다.

디자이너는 의상제작 완수의 절대적 필요시간에 대한 현실감을 가지고 있어야 한다. 제작은 대부분 예상한 것보다 짧은 시간에 완수되지 않는다. 그러나 각 의상의 제작에 필요한 시간은 다양하며 의상의 복잡성과 제작 난이도, 제작원의 숙련도, 제작공간과 기구 및 시설의 정도에 달려 있다. 이런 상황에 능숙한 제작감독은 소요시간 예측을 적극적으로 도와주어야 한다.

의상디자인 및 제작 스케줄 표

	월	화	수	목	금	토	일
1주	10. 31 - 제작회의: 연출, 배우, 스태프 전원	11. 1 - 회의: 의상팀 - 리서치 시장조사 리딩 참여	11. 2 - 스탭회의: 연출, 무대, 의상, 조명 - 리서치 - 리딩 참여	11. 3 - 리서치 - 아이디어 스케치 - 시장조사	11. 4 - 리서치 - 러프 스케치 - 스와치 - 시장조사 - 연습 참관	11. 5 - 스탭회의: 연출, 무대, 의상, 조명 - 콘셉트 설정	11. 6 휴무
2주	11. 7 - 의상 콘셉트구축 - 리서치 - 시장조사 - 연습 참관	11. 8 - 회의: 의상팀 - 리서치 - 스케치	11. 9 - 스케치 완성	11. 10 - 회의: 연출, 무대, 의상, 조명, 음향, 소품 - 스케치 발표	11. 11 - 디자인 수정작업 - 스와치작업 - 회의: 의상제작팀	11. 12 - 디자인 수정작업 - 스와치작업	11. 13 - 의상 도식화작업
3주	11. 14 - 원단구입 - 의상 도식화작업 - 회의: 소품, 장신구	11. 15 - 원단구입 - 회의: 의상제작팀	11. 16 - 회의: 의상팀/분장팀 - 의상 제작 시작	11. 17 - 패턴제작 - 1차 런스루 참관	11. 18 - 패턴제작 - 회의: 연출, 무대, 의상, 조명, 음향, 분장	11. 19 - 광목가봉	11. 20 - 회의: 의상제작팀
4주	11. 21 - 구입 (의상, 신발, 장신구)	11. 22 - 구입 (의상, 신발, 장신구)	11. 23 - 원단가봉	11. 24 - 2차 런스루 참관	11. 25 - 의상 대여	11. 26 - 의상 대여 - 회의: 의상제작팀	11. 27 - 코디네이션 - 디테일작업
5주	11. 28 - 회의: 연출, 무대, 의상, 조명, 음향, 분장	11. 29 - 코디네이션 - 디테일작업	11. 30 - 코디네이션 - 디테일작업	12. 1 - 3차 런스루 참관	12. 2 - 의상 스타일링 - 디테일작업	12. 3 - 의상 스타일링 - 디테일작업	12. 4 - 의상 완성 및 검수
6주	12. 5 - 의상 극장반입	12. 6 - 테크 리허설	12. 7 - 테크 리허설 - 드레스 퍼레이드	12. 8 - 드레스 리허설 - Photo call	12. 9 - 드레스 리허설 - 시사회	12. 10 - 공연 오프닝	12. 11

무대의상 디자인

4 예산편성

1) 예산편성의 중요성

예산편성이란 무대의상의 최종 디자인을 실물로 구현하기 위해 필요한 재료비, 인건비, 진행비 등을 포함한 실제 제작비용을 가늠해보는 과정이다. 예산을 편성하는 것은 여러 변수가 있으므로 쉬운 일이 아니다. 의상의 원, 부자재 선택 및 제작방법, 그리고 지역의 노동고용, 경제상황과 의상제작 관련 물가에 따라서도 달라진다.

예산편성은 작품 전체의 제작비와 타 분야의 제작비와 밀접한 관계를 지니며 공연기획부, 연출 및 의상디자이너, 의상제작소와의 긴밀한 협의를 통해 이루어진다. 의상디자이너와 의상제작소는 제작환경 및 여건, 소요량 계산, 재료비, 인건비 등을 사전에 조사한 후 협의에 임하여 제작단계의 착오와 금전적 손실에 미리 대비해야 한다.

2) 예산편성 시 고려할 점

의상의 구현방법이 결정되면 작업량의 예상과 그에 따른 예산작성이 가능하다. 의상 수가 결정되면 전체 의상예산은 평균 한 벌 의상단가로 나눠져야 한다. 그리고 신발, 모자, 속옷의 가격 산출도 전체 의상 예산을 세우는데 필요하다. 충분한 예산이 바람직하지만 예산의 제한이 때로는 의상의 연극적 효과나 창조적 의상을 위한 자극이 되기도 한다. 제작 단가가 너무 높고 오랜 시간이 걸리거나, 고난도의 기술이 요구되는 정교한 의상보다 간단하고 제작이 쉬운 의상이 오히려 더 효과적일 수 있다. 관객은 디자이너의 완성된 스케치가 아니고 실제적으로 무대 위에서 보여지는 것만을 본다는 사실을 명심해야 한다.

일단 제작, 구매. 대여, 보유품 사용 등의 의상 제작목록표가 완성되면 필요한 물품의 사전 시장조사를 통하여 새롭게 변화된 재료와 물품의 단가를 확인하는 조사가 필요하다. 신발, 가발, 모자도 예산에 반드시 포함이 되어야 한다. 그것들은 만약 재고나 배우들의 것을 사용하지 않는다면 예산의 많은 부분을 차지하게 되므로 염두에 두어야 한다.

대형 공연의 경우 여러 의상제작업체에서 입찰에 응하는데 공연 제작자나 기획사들은 낮은 가격의 업체를, 디자이너는 디자이너가 선호하는 업체를 원하는 경우가 있다. 의상 예산할당은 전체적인 예산구성 후에 정해지는데, 이 예산할당은 의상 벌수, 의상의 스타일, 제작인원 등에 따라 달라지며 현실적이지 않을 경우엔 조정단계를 거치게 된다. 그 조정은 추가예산 요구, 아이템 교체, 디자인의 단순화, 새로운 콘셉트 도출이나 콘셉트 변경, 재고사용, 기타 연출과의 타협 등을 통해 이루어질 수 있다. 시간이 곧 돈이라는 말이 있듯이 충분한 제작시간이 없다면 결국 많은 예산을 필요로 할 것이다.

3) 예산편성 항목

의상제작비에는 재료비와 인건비를 포함한 모든 제작 관련비용이 포함되고 진행비가 더해지며 부가가치와 이윤을 계산하여 총 예산이 산출된다.

(1) 재료비

의상제작에 필요한 모든 원·부자재, 물품구입 및 대여비용이 포함된다. 필요한 제작 소요량을 산출하고 온라인, 오프라인 구매의 철저한 시장조사가 이루어져야 정확한 재료비를 산출할 수 있다. 수량과 구입시기, 구입방법에 따라 단가가 달라질 수 있기 때문이다.

(2) 제작 인건비

제작 인건비는 패턴제작, 봉제, 염색, 페인팅, 마무리 작업 등 제작 시 필요한 인력 구성에 따른 비용이며 전체 의상제작 예산에서 제작 인건비가 차지하는 비중은 상당히 크다. 인건비는 제작인원수, 제작자들의 숙련도, 제작기간 등에 따라 달라질 수 있다. 제작자들의 기술이 낮으면 시간도 많이 걸리고 실수가 잦게 되는 경우가 많으므로 의상 제작난이도에 따른 적합한 인력배치가 중요하다.

(3) 진행비

제작을 진행하며 소요되는 모든 경비를 진행비로 묶을 수 있다. 업무 진행상 필요 경비, 사무처리비, 제작원들의 식비, 교통비, 운송 및 배송비, 의료비와 그 외 지출되는 모든 경비를 포함한다. 작업내용과 의상 제작소마다 조금씩 다를 수 있으나 일반적으로 제작비의 10%정도를 진행비로 편성한다.

(4) 예산편성표 작성

　　아래와 같은 계산에 의해 의상의 잠정적 예산이 정해진다. 만약 일부 아이템이 보유품으로 사용가능하다면 예산은 낮아질 수 있다. 각 아이템이 매우 다양하다면 각 의상에 자세한 부분까지 예산작성이 필요하고 각 그룹의 의상이 비슷한 유형이라면 대표되는 의상에 의상 숫자만 곱해 예산 산출할 수 있다. 보유품 의상을 잘 보관하고 관리하는 것이 예산절감의 방법이기도 하다. 그리고 소재의 가격은 조사를 통하여 최적의 공급처와 가격을 알아야 한다.

오페라 〈마술피리〉 예산편성표

구분	품명	규격	수량	단가	공급가액
1. 밤의여왕			1인	599,400	599,400
	1. 재료비				270,000
	벨벳 및 쉬폰		12y	10,000	120,000
	비딩 원단		3y	10,000	30,000
	장식 및 부자재		1	50,000	50,000
	구두		1	70,000	70,000
	2. 인건비				230,000
	재단 및 재봉		1인	130,000	130,000
	수공임		1인	100,000	100,000
	3. 일반관리비	8%	0.08	500,000	40,000
	4. 이윤	22%	0.22	270,000	59,400
2. 시녀			3인	544,520	1,633,560
	1. 재료비				220,000
	벨벳 및 쉬폰		10y	10,000	100,000
	비딩 원단		2y	10,000	20,000
	장식 및 부자재		1	30,000	30,000

	구두		1	70,000	70,000
	2. 인건비				230,000
	재단 및 재봉		1인	130,000	130,000
	수공임		1인	100,000	100,000
	3. 일반관리비	8%	0.08	450,000	36,000
	4. 이윤	22%	0.22	266,000	58,520
3. 파미나			2인	487,445	974,890
	1. 재료비				168,000
	레이스 원단		6y	8,000	48,000
	공단실크		5y	6,000	30,000
	장식 및 부자재		1	20,000	20,000
	구두		1	70,000	70,000
	2. 인건비				230,000
	재단 및 재봉		1인	130,000	130,000
	수공임		1인	100,000	100,000
	3. 일반관리비	8%	0.08	398,000	31,840
	4. 이윤	22%	0.22	261,840	57,605

단위(원)

(5) 소요량 계산

정확한 소요량 계산은 패턴제작이 마무리되고 원단 위에 패턴을 배치해 봄으로서 알 수 있다. 실수나 추가 패턴을 위해 넉넉히 소요량 계산을 하는 것이 바람직하다.

① 직물의 폭

소요량을 계산할 때 사용하고자 하는 직물의 폭을 아는 것이 중요하다. 일반적으로 대략 44″~60″의 폭을 지니고 있다.

② 직물 폭의 전환

소요량을 계산할 때 폭 뿐만 아니라 길이도 염두에 두어야 한다. 직물 폭 전환표는 다른 폭의 직물로 바꿀 때 소요량을 빨리 계산하는데 도움을 준다. 예를 들면, 44″ 직물의 1yard는 60″ 직물의 3/4 yard의 소요량과 같다.

직물 폭 전환표

직물	직물 폭에 따른 필요 야아드			
	36″	44″	54″	60″
1/2 y ×36″	1/2	1/2	1/3	1/3
×44″	2/3	1/2	1/2	1/2
×54″	3/4	5/8	1/2	1/2
×60″	7/8	2/3	5/8	1/2
1 y ×36″	1	7/8	2/3	5/8
×44″	1 1/4	1	7/8	3/4
×54″	1 1/2	1 1/4	1	1
×60″	1 2/3	1 1/3	1 1/8	1

직물의 폭은 일반적으로 광목은 36″, 혼방직물은 44″, 모직물은 60″로 직조되나 직기나 용도에 따라 결정된다. 직물의 양쪽의 끝을 식서라 한다. 식서는 직물의 직조, 가공, 정리 시 힘을 받으므로 경사를 굵은 실이나 두 올로 촘촘하게 직조한다. 식서에 직물 폭, 섬유구성, 가공법, 상호 등의 품질 표시를 한다.

③ 의상디자인에 따른 소요량

무대의상은 디자인이 다양하고 복잡한 경우가 많아 각 디자인의 필요량을 일일이 산출하기가 쉽지 않다. 이때 대략의 소요량 계산을 알아두면 매우 유용하다. 다음 도표는 의상 아이템의 일반적인 폭에 따른 소요량에 관한 도표이다.

의상디자인에 따른 소요량

의상			필요량(야아드)	직물폭(인치)
여성	블라우스 / 바디스	소매없는 타이트한 바디스	1 1/2	44″
		소매없는 풍성한 바디스	1 1/2	44″
	소매	짧은 소매	1/2	44″
		길고 타이트한 소매	1	44″
		풍성하고 긴 소매	1 3/4	44″
		매우 풍성한 양다리 소매	2 1/4	44″

공통	스커트	무릎아래의 일자 타이트 스커트	1	54″
		무릎아래의 중간정도의 A라인 스커트	1, 1 3/4(결 있을 때)	54″
		바닥길이의 일자 스커트	1 3/4	54″
		바닥길이의 풍성한 고어 스커트	8	54″
	자켓	힙 길이의 달라붙는 자켓	3 1/2	44″
		힙 길이의 헐렁한 자켓	4 1/2	44″
	망토	허리길이의 원형 망토	1 1/2	44″
		힙 길이의 풍성한 망토	3, 3 3/4(결 있을 때)	44″
		장딴지 길이의 풍성한 망토	4 1/2, 6(결 있을 때)	54″
		바닥길이의 풍성한 망토	6, 10 1/2(결 있을 때)	54″
남성	셔츠/바디스	소매없는 타이트한 바디스	2	44″
		소매없는 풍성한 바디스	2	44″
	소매	짧은 소매	1/2	44″
		길고 타이트한 소매	1	44″
		풍성하고 긴 소매	2	44″
		중간정도의 양다리 소매	2	44″
	튜닉 / 로브	타이트한 무릎길이의 일자의 튜닉	3	54″
		주름잡힌 무릎길이의 튜닉	4 1/2(결 있을 때)	54″
		바닥길이의 일자의 튜닉	4	54″
		주름잡힌 바닥길이의 튜닉	6	54″
	바지	무릎바지	1, 1 3/4(결 있을 때)	54″
		긴바지	1 1/2, 2 1/2(결 있을 때)	54″

(6) 그 외 고려할 점

직물을 선택할 때 두꺼운 커튼이나 소파 등 실내장식용 직물들도 눈 여겨 보아야 한다. 시대의 전형적인 무늬나 질감들은 이들 직물에서 많이 발견할 수 있기 때문이다. 물론 이들 직물의 두껍고 뻣뻣함은 의상완성 후 착용에 불편함을 초래할 수도 있다. 그럼에도 불구하고 이들 직물로 만든 드레스나 외투는 중세나 르네상스시대의 사람들에게 불편함을 주었던 그 당시의 무거운 의상들과 가깝게 접근할 수 있다. 그리고 얇은 커튼직물은 고대 그리스나 로마시대 의상의 흐르는 듯한 효과를 위해 적합할 수 있고 커튼의 술과 장식 등은 19세기 중반 의상의 훌륭한 장식들로 사용할 수 있다. 그러나 실제로 배우들은 야외나 습하고 통풍 안 되는 성안이나 건물 안이 아니라 극장 안의 더운 무대조명아래 있어야 하므로 숨쉬기 편하고 연기에 무리가 없는 의상을 입을 수 있도록 어느 정도의 타협과 해결책이 필요하다. 궁극적으로 가장 중요한 것은 구입한 직물을 무대에 적합한 성공적인 의상으로 탈바꿈시키는 일이다.

① 직물의 성분, 수축률, 세탁방법 등 기본 특성을 잘 파악한다.
② 실이 쉽게 움직이는지 표면을 긁어보아 직조의 견고함을 체크한다.
③ 균일하게 직조되었는지 직물을 조명에 비춰보아 올 방향을 체크한다. 가늘고 굵은 부분들은 직조의 불균형을 말해주며, 이것은 완성된 의상의 드레이프성에 영향을 미칠 수 있다.
④ 변색 여부를 위해 염색 색상을 체크한다.
⑤ 식서 방향과 함께 무늬를 체크한다.

II
무대의상 제작소
(costume shop)

1 무대의상 제작소

무대의상을 반드시 어떠한 순서와 방법으로 만들어야 하는가를 일반적으로 설명하기엔 어려운 점이 있다. 왜냐하면 각각의 의상은 독특할 뿐 아니라 제작기술 또한 발전하고 있기 때문이다. 디자이너나 공연 관계자들은 많은 연극적 의미들이 의상을 통해 효과적으로 전달되길 기대하고 있다. 새로운 소재나 재료, 기법과 기술 등이 표현의 새로운 장을 펼칠 수 있도록 기회를 제공하고 있지만 무대의상 제작소가 얼마나 효율적으로 의상제작에 임하느냐가 중요한 변수로 작용한다.

무대의상 제작소는 하나의 작은 사회이다. 많은 사람들이 오고가며 바쁘게 장시간의 작업이 이루어지는 곳이므로 되도록 쾌적한 환경이 이루어져야 한다. 반드시 훌륭한 시설이 갖추어질 필요는 없지만 일반적으로 밝고 효율적으로 계획되고 배치된 공간에서 좋은 무대의상이 만들어진다는 사실은 분명하다. 물론 숙련된 의상제작자라면 좋은 제작소가 아닌 지하나 다락방, 혹은 사무실 귀퉁이 공간에서도 의상을 잘 만들 수도 있겠지만, 적절한 조명과 전기시설, 기계와 공구가 갖추어지지 않은 공간에서 작업한다는 것은 항상 힘든 시간이 될 것이다.

우리나라의 공연제작 시스템은 공연장 안에서 의상제작이 거의 이루어지지 않아 공연장 안에 의상제작소가 마련되어 있지 않거나, 있더라도 간단한 수선 및 관리 정도의 업무만이 가능한 상황이다. 의상은 외부업체에 의뢰하여 제작하는 경우가 대부분인데 외부업체들 또한 예산 및 여러 가지 상황으로 인해 바람직한 환경과 공간, 그리고 시설을 유지하기가 어려운 실정이다. 앞으로 공연문화가 더욱 발전하고 활성화되기 위해서는 공간과 환경이 잘 갖추어진 의상제작소는 반드시 필요하다. 안전하고 즐거운 환경에서 최상의 작업을 통해 최고의 무대의상이 만들어지기 때문이다.

무대의상 제작은 가장 일반적인 기술인 패턴제작, 재단, 봉제 외에도 염색, 페인팅, 몰딩, 캐스팅, 조각, 금속공예 등 기타 손작업을 필요로 한다. 어떤 의상제작엔 봉제작업이 없는 경우도 있다. 그래서 무대의상 제작은 '바느질하다(sewing)', '만들다'(making)보다는 '구축하다(construction)', '세우다(building)'라는 개념으로 이해해야 하며 이는 무대의상 제작에 봉제와 패턴제작 외에 타 분야의 창조적인 사람들이 왜 필요한가를 말해주는 것이다.

무대의상 제작소 (이재경 무대의상)

무대의상 제작은 수많은 기술들이 혼합되어 있으며 의상을 통해 효과적으로 극적효과를 얻을 수 있도록 끊임없는 질문과 함께 창조력, 통찰력, 진취력을 필요로 한다. 무대의상 제작은 그 자체로 예술의 형태이다. 제작자들은 예산, 시간, 그리고 디자인 특수성에 의한 제한 속에서 작업한다. 그 제한된 작업과 문제해결 과정 속의 도전과 흥미는 의상제작을 진정한 예술적인 작업으로 승화시킨다.

이 책에서는 초보자를 중심으로 무대의상 제작을 이해하기 쉽도록 다루었다. 그러나 실제 패턴제작과 의상제작은 디자인과 난이도에 따라 기술과 전문성을 필요로 하는 분야로 그 내용은 상당히 깊고 광범위하다. 향후 좀 더 심도있는 내용과 기술을 원하는 경우엔 자기만의 길과 깊이를 찾아 연구해야 할 것이다.

2 무대의상 제작소의 고려할 사항

무대의상 제작소는 장시간의 작업을 통해 재료들의 잔여물과 먼지와 함께 항상 어지럽혀지는 공간이다. 제작소의 바닥은 타일이나 나무 바닥이 청결을 유지하기 좋을 뿐 아니라 장시간의 서거나 앉아 일하는 작업을 위해서도 바람직하다. 적절한 환기장치는 물론이고 조명, 전기, 수도, 기기 등 전반적으로 고려해야 할 것들이 있다.

1) 조명

무대의상 제작소에서 안타깝게도 자연조명은 찾아보기 힘들다. 대부분의 제작소가 건물 내부에 위치하거나 심지어 지하나 창문이 없는 곳에도 위치하기 때문이다. 디자이너나 제작자가 색상이나 질감을 맞추거나 염색이나 페인팅을 할 때 자연조명은 매우 중요할 뿐 아니라 장시간 인공조명아래 작업을 할 경우에 작업자의 스트레스는 가중될 것이다. 제작소의 최상의 조명은 자연조명이며 LED 조명이나 형광등의 도움을 받아 전체조명과 부분조명을 사용하는 것이 바람직하다. 형광등은 전반적인 조명이 우수하나 공간을 차갑고 획일화시키며, 파랑이나 빨강 등의 색상을 변화시키고 질감을 단조롭게 하는 경향이 있으므로 자연조명이 없는 제작소에서 형광등만의 사용은 만족스러운 결과를 얻기 힘들다. 반면에 LED 조명은 열이 없고 에너지 소모량이 작아 경제적이며 내구성이 우수하고 자연색상에 가까운 빛을 내므로 사용이 권장되고 있다. 색상은 자연조명 하에서 맞추어보는 것이 가장 정확하므로 제작소는 실외공간이 있거나 자연채광이 들어오도록 창문을 설치하는 것이 바람직하다.

2) 전기

무대의상 제작소는 적절한 전기용량과 많은 콘센트가 필요하다. 콘센트는 제작소의 공간과 기기배치에 적합한 곳에 위치하도록 계획한다. 콘센트는 바닥보다는 기기 테이블의 높이에 맞도록 설치되어야 바닥에 전기코드가 뭉치거나 먼지와 뒤엉키는 것을 막을 수 있다. 공간과 기기배치의 사전 계획을 통해 몇 개의 어떤 아이템들이 한 콘센트를 사용할지 알아야 전기의 용량초과를 막을 수 있다. 재봉틀, 다리미, 스티머, 세탁기 및 건조기 등 전기 사용용량이 큰 기기들이 곳곳에 많기 때문이다. 제작소는 항상 동일 배치나 동일한 용량의 기기만을 사용하지 않고 추가 전기를 필요로 하는 상황도 생기므로 충분한 용량의 전기가 필요하다.

3) 수도

수도시설이 없는 무대의상 제작소에서는 작업하기가 어렵다. 세탁이나 염색을 하지 않는 제작소라 하더라도 직물과 재료들과 작업을 할 때 수시로 손을 씻어야 하기 때문이다. 특히 규모가 큰 제작소라면 상하수도 시설을 잘 고려해야 한다. 냉, 온수 사용이 가능해야 하며 세탁기와 염색을 위한 시설과 배수장치가 필요하며, 특히 염색 후의 폐수처리시설은 수질보호 차원에서 반드시 이루어져야 한다.

3 무대의상 제작소의 세부 공간과 배치

무대의상 제작소의 규모와 위치는 매우 다양하며 제작소의 공간과 기구들의 배열은 제작 효용성과 밀접한 관련이 있으므로 작업영역에 따른 신중한 배치가 필요하다. 무대의상 제작소는 크게 사무, 봉제, 재단, 세탁, 염색, craft 공간, 수납, 창고 공간 등으로 나눌 수 있는데, 이 공간들을 작업의 특징과 연결 순으로, 또는 작업방법에 따라 배치시키는 것이 바람직하다.

1) 사무 공간

책상, 책꽂이, 서류정리함, 컴퓨터, 프린터, 작업 스케줄 보드, 게시판 등이 필요하다.

2) 봉제와 재단 공간

패턴제작, 재단, 봉제, 그리고 다림질 과정은 서로 연결되어 있어 서로 가까이 위치해 있는 것이 좋다. 큰 재단 테이블, 가봉 바디, 재봉틀, 다리미대와 다리미는 기본 기구들이다. 재단 테이블은 평편하고 단단한 표면을 지니며 44″폭의 직물을 펼칠 수 있을 정도로 충분히 넓고 길어야 한다. 재단 테이블 높이는 일반 테이블 보다는 조금 높아 작업자가 서있을 때 허리위치의 높이가 편리하다. 주변에는 가봉 바디들이 위치하고 벽에 게시판이 걸려 있어 디자이너의 스케치, 패턴, 작업 스케줄, 리서치 자료 등이 붙어 있으면 유용하다. 또한 선반과 캐비넷은 가까이 위치하여 작업에 필요한 기본 물품과 도구들을 보관하여야 한다. 다리미는 공업용 스팀다리미가 적합하며 다리미 테이블 아래는 바구니가 있어 긴 스커트 뒷자락이나 길이가 긴 의상들이 바닥에 끌리지 않도록 한다. 다리미 패드는 모직 담요처럼 부드러우면서도 견고한 것으로 두툼하게 준비하고 표면은 광목으로 씌운다. 주변에 소매 다리미대, 프레스 볼 등을 놓아둔다.

3) 가봉 공간

가봉 공간은 무대의상 제작소에서 가장 중요한 공간 중의 하나이다. 많은 사람들의 시선이 오고가는 복잡한 공간에서는 배우가 편안하게 가봉하기는 쉽지 않다. 의상 가봉을 위해서는 전신 거울과 의상을 걸 수 있는 옷걸이, 가봉 물품을 놓을 수 있는 작은 테이블과 의자가 있는 한적한 공간이 좋다. 이 공간은 배우와 가봉자, 가능하다면 노트할 수 있는 1~2명이 들어갈 수 있는 공간 정도면 적당하다. 별도의 가봉 공간이 마련되기 어렵다면 커튼이나 스크린, 가림막 등을 이용하여 공간을 만들 수도 있다. 가봉 내용은 잊어버리기 전에 즉시 노트하도록 한다.

4) 세탁과 염색 공간

이 공간은 냉, 온수 시설, 창문과 환기 시설이 필수적이다. 세탁기, 드라이기, 세탁 싱크가 필요하며 선반과 캐비넷에 세제, 탈색제, 유연제, 기타 세탁 보조물, 그리고 다양한 염색약 및 염색 통, 염색 냄비, 비이커, 계량컵과 계량스푼 등의 도구들이 놓여지도록 한다. 또한 이동식 소형 빨래대와 작은 환기용 팬이 있으면 유용하다.

사무 공간 (이재경 무대의상)

봉제와 재단 공간 (미국 카네기멜론 대학)

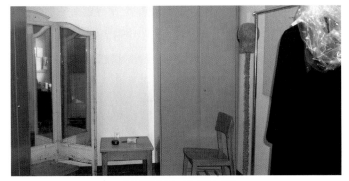

가봉 공간 (미국 카네기멜론 대학)

염색약은 대부분 화학가루로 공중에 날라 다닐 수 있으므로 취급 시 주의해야 한다. 다른 의상을 오염시킬 수도 있고 마시면 몸에 이롭지 않으므로 일단 염색이 이루어지면 반드시 환기를 시키고 재단과 봉제 공간과는 분리시킨다. 그리고 염색 공간에서는 음식과 음료를 마시지 말아야 하며 염색 시에는 반드시 앞치마, 마스크, 보호 장갑을 착용하고 염색 종류에 따른 주의점들을 숙지해야 한다.

5) Craft 공간

이 공간은 다양한 작업 과정을 통해 특수 의상이나 장신구 및 소품을 제작하는 공간으로 의상제작 공간과는 어느 정도 떨어진 곳이 좋으며 환기가 필수적이다. 작업자는 가죽 등 특수 재료나 약품의 사용법과 주의점에 대해서 알아야 하며, 화재의 위험에도 대처해야 한다. 마스크나 갑옷제작, 보석부착, 신발보수 등의 작업이 이루어지며 특히 조각, 몰딩, 캐스팅 작업은 오랜 시간이 걸린다. 이 공간에서 주로 사용되는 페인트, 접착제, 스프레이, 화학용제 등은 독성이 있고 화재 위험도 있어서 용기에는 반드시 정확한 라벨이 부착되어야 하며 허가된 용기나 폭발 방지 철제 캐비닛에 보관하여야 한다. 재료나 약품 회사에서 제공하는 자료나 안전 수칙을 반드시 부착해놓고 그 지시에 잘 따라야 하며 이 공간에서 먹거나 마시는 일은 반드시 금지되어야 한다.

6) 물품 수납 공간

의상제작을 위해서는 수많은 직물과 재료, 그리고 부자재 등 크고 작은 물품들이 존재한다. 보관되어야 할 각 아이템을 유형별, 크기별, 색상별로 나누어 박스나 선반 그리고 걸이에 차곡차곡 수납하며 반드시 이름을 써서 확인이 쉽도록 한다. 자주 사용하는 물품이나 소모품들은 가능한 사용 편리한 곳에 위치하도록 한다. 중간크기의 플라스틱 통이나 서랍은 핀, 바늘, 초크, 훅 앤 아이, 스냅 등을 보관하기 좋다. 고무줄이나 테입 등은 봉에 걸어두고 사용하면 편리하다. 다양한 색상의 크고 작은 실패들은 실패꽂이에 보관하며 자주 사용하는 광목이나 심지, 안감, 비축하는 많은 양의 장식들은 박스나 서랍보다는 선반이나 봉에 말아 보관하면 구김도 안 생길뿐더러 잘라 사용하기도 편리하다.

무대의상 디자인

세탁과 염색 공간 (미국 카네기멜론 대학)

craft 공간 (미국 카네기멜론 대학)

물품 수납 공간 (미국 카네기멜론 대학)

7) 창고 공간

　의상 보관을 위한 창고 공간 역시 의상의 종류별, 시대별, 색상별로 구분하여 차곡차곡 걸거나 선반에 보관한다. 이곳에는 의상들을 이동하기 위해서 튼튼한 바퀴달린 옷걸이대가 필요하다. 모자, 신발, 핸드백, 기타 액세서리 등도 유형별로 정리하여 속이 깊은 박스보다는 비교적 높이가 낮은 선반에 보관한다. 신발은 남, 여 구별하여 색과 사이즈별로 정리하여 보관한다. 선반은 튼튼한 철제 선반이 바람직하며 박스는 들거나 다루기 어려우므로 너무 큰 것은 사용하지 않도록 한다. 각 박스에는 내용물을 반드시 표기하여 확인이 쉽도록 한다. 보관 기록을 컴퓨터에 입력하여 데이터 베이스화하면 관리가 쉬워진다. 보관 창고는 건조해야 하고 습기나 해충, 그리고 햇빛 등으로부터 안전한 환기가 잘되는 쾌적한 공간이 유지되도록 해야 한다.

창고 공간 (KBS 수원센터)

무대의상 디자인

4 무대의상 제작도구

1) 봉제 기구
가정용 재봉틀, 공업용 재봉틀, 오버로크, 인터록, 단뜨기 미싱 등

2) 작업대
재단 테이블, 작업 테이블, 재봉틀 테이블

3) 가봉 기구
다양한 형태와 치수의 남, 여 가봉 바디

4) 다림질 기구
다리미, 스팀 다리미, 스티머, 다리미 판, 다리미 면포, 소매 다리미대, 프레스 볼, 벨벳 다리미판(니들 보드)

5) 세탁 기구
세탁기, 드라이어 기, 염색통, 염색 냄비

6) 각종 제작도구
디자이너, 재단사, 패턴사, 봉제사 등 의상제작 업무를 담당하는 사람 모두에게 다양한 도구가 필요하다.

(1) 치수와 패턴도구
줄자, 그레이딩 자, 직각자, 곡자, 운형자, 각도기, 문진, 밑단 표시기 등

(2) 재단도구
전동 재단기, 원단 가위, 핑킹가위, 종이 가위, 일반 가위, 실뜯개, 문진 등

(3) 표시도구

룰렛, 먹지, 송곳, 연필, 초크, 펜 등

(4) 봉제도구

실, 손바늘, 재봉바늘, 초, 시침 핀, 안전핀, 핀쿠션, 자석, 골무, 북집, 북알 등

(5) 여밈 부자재

혹 앤 아이, 테이프, 지퍼, 벨크로, 단추, 스냅, 그로멧, 아이릿 등

(6) 고무줄과 테이프

고무줄, 바이어스 테이프, 썸 바인딩, 트윌 테이프, 리본, 코드, 벨트 심지, 녹는 테이프 등

(7) 기타 도구

계산기, 패턴지, 소포지, 마카지, 풀과 테이프, 지우개. 비상약 도구 박스 등

의상제작소에 필요한 물품 리스트

봉제 작업	기구	미싱, 오버로크, 작업테이블, 다리미, 다리미 테이블, 스티머, 세탁기, 드라이기, 염색통, 염색냄비
	도구	줄자, 막대자, 자, T자, 곡선자, 밑단 표시기, 펠트 팁 펜, 룰렛, 먹지, 원단 가위, 핑킹가위, 종이 가위, 일반 가위, 실뜯개, 가봉바디, 소매 다리미대, 벨벳 다리미 판
	물품	실, 손바늘, 재봉바늘, 초, 시침 핀, 안전핀, 핀쿠션, 자석, 골무, 북집, 북알, 송곳, 연필, 초크, 펜, 혹 앤 아이, 테이프, 지퍼, 벨크로, 단추, 스냅, 그로멧, 아이릿, 고무줄, 바이어스 테이프, 썸 바인딩, 트윌 테이프, 리본, 면 코드, 벨트 심지, 녹는 테이프, 연필, 계산기, 패턴지, 소포지, 마카지, 풀과 테이프, 지우개, 스프레이 풀, 오염제거제
craft 작업	기구	싱크, 테이블, 세탁기, 탈수기, 공업용 미싱
	도구	칼, 펜치, 가위, 붓, 망치, 스크루드라이버, 송곳, 가죽 펀치, 그로멧 도구, 리벳도구, 글루건, 스폰지, 롤러, 나무 재단 도구, 솔, 앞치마, 마스크, 장갑, 보호 안경
	물품	마스킹 테이프, 각종 테이프, 시퀀, 보드지, 사포, 철사, 페인트, 마커, 각종 염색약, 구두약, 핀, 오염제거제, 각종 풀과 본드, 펠트, 가죽, 플라스틱, 점토, 헤어 드라이기, 유성, 무성 칼라 스프레이, 락커

공업용 재봉틀

오버로크

인터록

다림질기구

가봉기구

작업대

세탁기구

치수와 패턴도구

재단도구

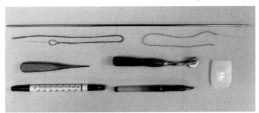
표시도구

봉제도구

여밈 부자재

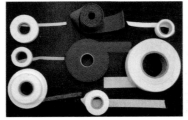
고무줄과 테이프

기타도구

1 인체계측(measuring the actor)

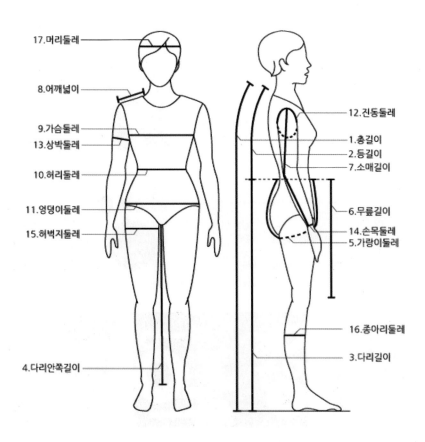

17.머리둘레

8.어깨넓이

9.가슴둘레

13.상박둘레

10.허리둘레

11.엉덩이둘레

15.허벅지둘레

4.다리안쪽길이

12.진동둘레

1.총길이

2.등길이

7.소매길이

6.무릎길이

14.손목둘레

5.가랑이둘레

16.종아리둘레

3.다리길이

의상을 제작하는 첫 번째 단계는 인체계측이다. 모든 치수는 신중히 그리고 정확하게 측정되어야 한다. 정확한 계측은 정확한 의상제작을 위해 필수적이다. 가능하면 실제 의상 안에 입을 것과 비슷한 속옷 위에 기본 T셔츠나 팬츠, 또는 레오타드를 입고 측정한다. 허리에 테이프를 둘러 치수의 기준선을 이용하는데 테이프의 아래 선을 허리선으로 사용한다. 치수표와 계측부위 그리고 계측과정과 기준은 디자이너, 패턴사, 의상제작소마다 다를 수 있으므로 사전에 서로 확인 후 계측한다. 계측 시 배우의 몸이나 사이즈, 몸무게, 혹은 개인의 신체적 특징 등에 대해 존중해야 한다.

치수표(measurement sheet)

공연: 배우:		캐릭터: 연락처:		날짜: 단위(cm)
남성 □	여성 □	키:	몸무게:	
1. 총길이(뒷목~바닥) :		기성복 사이즈 :		
2. 등길이(뒷목~허리) :		셔츠 사이즈 :		
3. 다리길이(허리~바닥) :		자켓 사이즈 :		
4. 다리안쪽길이(가랑이 밑~바닥) :		바지 사이즈 :		
5. 가랑이둘레 :		신발 사이즈 :		
6. 무릎길이(허리~무릎) :		브래지어 사이즈 :		
7. 소매길이 :		머리 색상 : 염색 여부 :		
8. 어깨넓이 :		머리 스타일과 길이 :		
9. 가슴둘레 :		안경(콘텍트렌즈) 착용여부 :		
10. 허리둘레 :		피어싱 여부 :		
11. 엉덩이둘레 :				
12. 진동둘레 :				
13. 상박둘레 :		기타 :		
14. 손목둘레 :				
15. 허벅지둘레 :				
16. 종아리둘레 :				
17. 머리둘레 :				

2 패턴제작(patterning)

패턴을 제작하는 일은 아주 어렵
지는 않지만 상당히 시간이 걸리는 작
업이다. 직물이 몸과 어떻게 어우러지
는지에 익숙해져야 하고 지속적으로
연구하려는 의지가 있어야 한다. 패턴
에는 크게 평면패턴과 입체패턴이 있
다. 평면패턴은 디자인의 부분 부분을
패턴종이에 뜨는 방법으로 그것을 원
단에 옮겨 재단한 후 그 부분들을 붙
여 봉제한다. 입체패턴은 원단을 직접

드레이핑 과정

배우나 바디 위에 놓고 패턴을 뜨는 방법으로 핀 작업을 통해 선과 시접을 만들고 여분
의 원단을 잘라내어 의상 형태를 이루는 방법이다. 이 두 가지 방법은 서로 배타적이지
않으며 디자인이나 제작기술에 따라, 도구나 공간의 여건, 시간, 사실성의 정도, 개인취
향 등 여러 여건에 따라 선택이 달라질 수 있다. 이 책에서는 주로 표현과 전달이 용이
한 평면패턴을 다루고자 한다. 기본 패턴은 쉽게 익혀질 수 있으며 어느 부분이 원하는
모양이 아닐 경우엔 고치고 뜯고 다시 수정하는 등의 노력을 기울이면 패턴의 구조에
대해 익숙해지고 변화된 디자인을 위한 패턴응용도 더욱 효과적으로 할 수 있게 된다.

디자이너의 스케치와 정확히 일치하는 패턴은 찾기 힘들지만 디자인이 어떻게 응
용되고 작용하는가를 이해한다면 일반 의상의 기본 패턴을 이용하여 패턴을 제작할 수
있다. 일반 의상에 대한 패턴 책들은 시중에서 쉽게 구할 수 있지만 무대의상 패턴에 대
한 책은 찾아보기 힘들다. 특히 서양의 시대의상을 위한 패턴은 더욱 찾기 힘들다. 이
책에서는 의상제작에 필요한 기본 패턴 및 시대의상을 위한 패턴 몇 가지를 제시하고
자하며 Barbara & Cletus Anderson이 집필한 〈Costume Design〉의 시대의상 패턴을 참
고하였다. 이 패턴들을 이용하여 다양한 디자인 응용이 가능할 것이다.

■ 몸의 형태를 조절하기 위한 의상과 패턴

무대 위에는 다양한 몸의 형태를 지닌 캐릭터들이 함께 호흡하며 공존한다. 캐스팅된 배우들을 적합한 캐릭터의 모습으로 변화시켜야 하는 일 또한 무대의상 디자이너의 주요 임무이다. 몸의 과장과 변형을 위해 패딩을 많이 이용하고 여성의 몸의 형태를 구속하거나 변화시키기 위해 코르셋과 페티코트, 홉 등을 이용한다. 적합한 보정의상 없이는 시대의상 스타일을 정확히 나타내기 어려울 뿐만 아니라 배우들이 그 시대의 움직임이나 제스추어를 제대로 표현할 수 없기 때문에 이들의 제작에 대해서도 연구해야 한다.

1) 패딩(padding)

패딩은 크게 두 가지 방법으로 사용된다. 엘리자베스시대의 피스코드 벨리(peascode belly)나 어깨 패딩같이 주어진 시대의 실루엣을 따르기 위한 것이고 또 하나는 주어진 캐릭터를 위해 배우 몸의 형태를 변화시키기 위함이다. 패딩 수트, 임신부 패딩, 몸의 변형을 위한 패딩의 경우가 이에 속한다.

패딩 수트를 제작할 때는 배우의 몸에 편안히 맞는 티셔츠나 레오타드

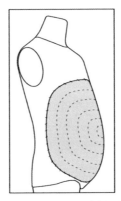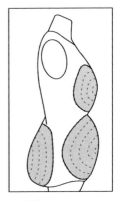

패딩 수트의 패딩 위치

등의 의상을 이용하고 그 위에 솜을 둔 부분이 배우의 몸과 얼마나 자연스럽게 연결되는지에 신중을 기해야 한다. 만약 팔과 다리, 그리고 목에 패딩을 둔다면 몸통도 어느 정도 두툼해야 사실적으로 보인다. 주로 배 부분과 가슴, 엉덩이 부분에 패딩을 두어 살찐 모습을 표현 할 수 있다. 면 저지 등의 직물과 인조 솜의 겹으로 이루어진 패딩 수트는 두께를 통해 그 형태가 유지되어야 하며 몸 위에 바로 입혀지는 경우가 많으므로 쉽게 땀에 젖을 수 있어 잦은 세탁이 가능하도록 제작되어야 한다. 데이크론이나 폴리에스터 솜은 가볍고 세탁과 건조가 쉽고 빨라 패딩작업에 적합하며 솜은 납작하고 편편

하게 두고 아래층보다는 다음 층을 조금 작게하여 원하는 두께감이 만들어질 때까지 올린다. 솜을 둔 부위에는 전체적으로 길고 느슨한 스티치를 둘러 솜을 고정시켜야 보풀과 솜이 빠져 나오거나 세탁 시 형태가 뒤틀리는 현상을 방지할 수 있다.

2) 코르셋(corset)

코르셋은 시대의 스타일에 적합하도록 몸통을 조이거나 밀어 올리는 장치이다. 오랜 기간 동안 서양의 여성들은 코르셋으로 몸통을 옥죄며 살아왔다. 자연스러운 여성의 허리는 타원형이지만 코르셋은 허리를 원형으로 만들어 앞부분의 허리를 더욱 가늘게 보이게 하고 밖으로 나온 엉덩이에 의해 허리는 더욱 강조된다. 코르셋의 허리는 실제 허리 치수보다 2″ 정도 작게 제작되어 허리를 단단하게 매게 된다. 그러나 코르셋은 호흡을 방해할 정도로 횡격막을 옥죄지 말아야 하며 배우는 코르셋 착용 뒤에는 호흡을 위해 흉곽을 팽창시킬 수 있어야 한다.

코르셋은 쉽게 세탁이 가능하고 너무 두껍지 않은 강한 면직물이 바람직하다. 전체적으로 안감을 대고 솔기 사이에 뼈대를 넣기 위한 터널을 만들어 그 속으로 쇠나 플라스틱 뼈대를 집어넣는다. 코르셋의 여밈은 쇠 구멍의 그로멧이나 아이릿을 쳐서 끈을 이용한 강한 당김에도 잘 견딜 수 있도록 견고하게 제작한다.

3) 페티코트(petticoat), 훕(hoop)

몸통을 조이고 제한하는 코르셋과는 달리 스커트 아래 착용되는 페티코트나 훕은 스커트의 직물무게를 유지하며 스커트의 폭을 넓히고 과장시킨다.

페티코트는 주로 직물로 이루어진 슬립과 비슷한 것으로 시대에 따라 달라지는 의상의 실루엣을 보강하기 위해 가장 많이 선택된다. 엠파이어 가운은 가슴 밑에서부터 떨어지는 페티코트가 필요하며, 겉 스커트의 아래 부분이 많이 퍼지거나 과도한 장식으로 넓을 경우에는 페티코트에 깊은 주름들을 잡아 스커트 아래 부분을 지지해야 한다. 아주 풍성한 스커트에는 하나 이상의 페티코트가 필요할지도 모르며 겉 스커트 앞을 오픈하여 안의 페티코트를 보이게 입기도 한다.

훕은 스커트의 폭을 넓히고 뻣뻣하게 하기 위한 버팀대로서 초기엔 철사, 로프, 고

무대의상 디자인

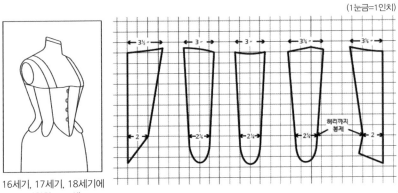

(1눈금=1인치)

16세기, 17세기, 18세기에
적합한 코르셋

허리까지
봉제

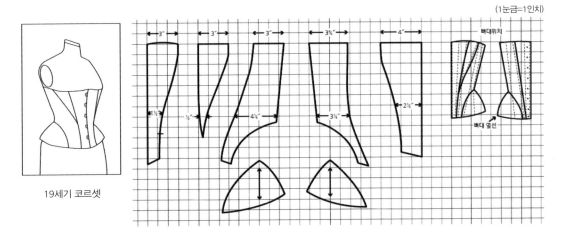

(1눈금=1인치)

19세기 코르셋

뼈대위치

뼈대 절선

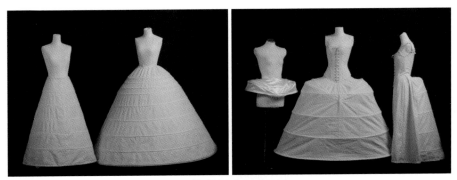

다양한 시대의 훕 (이재경 제작)

래 뼈를 이용하여 만들었으나 현대에는 천으로 싸여진 철사나 나일론 재질의 유연한 홉 재료를 이용한다. 홉은 종모양, 장방형, 부채모양 등 스커트의 실루엣에 따라 다양하며, 시대별로 파팅게일, 파니에, 사이드 후프, 크리놀린이라고도 불리었다. 특히 파니에 (panier)는 스커트 양 옆을 부풀릴 목적인 홉으로 길이와 크기가 다양하다.

■ 바디스(bodice)

1) 기본 3피스 바디스(basic 3-piece bodice)

몸에 편안하게 맞는 기본 3피스 바디스는 시대의상제작에 사용이 덜 될지도 모르지만 다른 여러 바디스 형태를 위한 기본 시작점으로 사용될 수 있다. 이 패턴은 종이에 뜬 후 주로 얇은 광목이나 면으로 가봉의상을 제작하지만 실제 의상을 위해 두꺼운 직물로 제작할 때에는 몸의 움직임을 위해 어느 정도 여유를 주어야 한다. 바디스의 여밈은 앞 중앙이나 뒤 중앙에 있을 수 있고 여밈은 식서방향과 일치하도록 한다.

이 책에서는 이해를 돕고 손쉬운 패턴제작을 위해서 1인치 모눈종이를 이용하였다.

남성 바디스 패턴에서 체형에 따라 다아트가 필요없는 경우도 있지만 가슴보다 허리가 많이 작을 경우에는 앞부분에 다아트를 잡지않고 뒤판에서 다아트를 잡는 것이 바람직하다. 어깨가 둥글다면 어깨 다아트를 잡는 것이 도움이 될 것이다. 여성 바디스 패턴에서는 가슴 다아트를 잡는데 다아트의 끝 선이 가슴 포인트까지 닿지 않도록 한다. 가슴의 크기에 따라 달라지지만 보통 1″-2″ 정도의 넓이를 지닌다.

2) 시대 바디스(period bodice)

시대 바디스의 라인은 주로 인체의 세로 라인을 따르기에 선과 다아트는 주로 세로 방향이다.

7피스 바디스는 몸의 선이 일자로 곧고 가슴이 올려 지며 목선이 높지 않은 시대의 의상에 매우 효과적으로 초기 코르셋을 사용했던 시기나 특히 16세기, 17세기, 18세기의 의상에 주로 사용한다. 이 바디스는 가슴이 풍만하면 할수록 목에서 연결되는 선의 곡선이 심해지므로 앞판의 곡선에 유의해야 한다.

무대의상 디자인

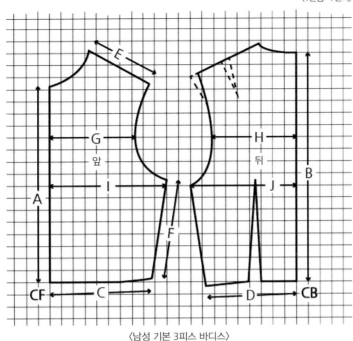

(1눈금=1인치)

A: 앞 목 ~ 허리 앞
B: 뒷 목 ~ 허리 뒤
C: 앞 허리/2
D: 뒤 허리/2 + 다아트
E: 어깨넓이
F: (겨드랑이~허리) – 1″
G: 앞 가슴 폭
H: 뒤 가슴 폭
J, I : 가슴둘레/2
(가슴보다 허리가 많이 작을 경우
에는 앞판에 다아트를 잡지 않고
뒤판에서 다아트를 잡는 것이 바람
직하고 어깨가 둥글다면 어깨 다아
트를 잡는다.)

〈남성 기본 3피스 바디스〉

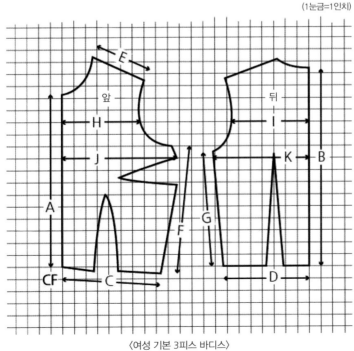

(1눈금=1인치)

A: 앞 목 ~ 허리 앞
B: 뒷 목 ~ 허리 뒤
C, D: 허리/2 + 다아트
E: 어깨넓이
F: (겨드랑이~허리) – 1″ + 다
아트
G: (겨드랑이~허리) – 1″
H: 앞 가슴 폭
I: 뒤 가슴 폭
J, K : 가슴둘레/2
(가슴 다아트의 끝 선이 가슴 포인
트까지 닿지 않도록 한다. 다아트는
가슴의 크기에 따라 달라지지만 보
통 1″–2″ 정도의 넓이를 지닌다.)

〈여성 기본 3피스 바디스〉

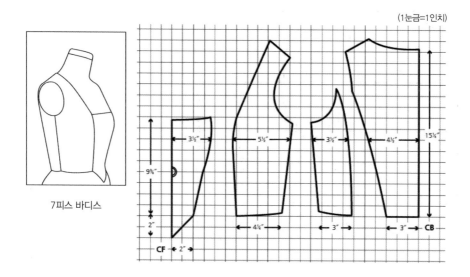

7피스 바디스

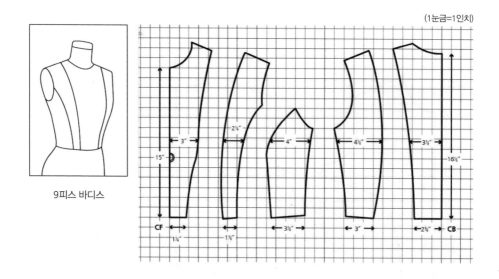

9피스 바디스

9피스 바디스는 19세기 의상처럼 목선이 높은 의상에 주로 사용되며 앞판의 여러 조각으로 몸의 윤곽 조절이 수월하고 특히 가슴의 곡선을 잘 표현할 수 있다. 몸판이 울거나 여유분이 생길 경우엔 각 조각의 선들을 자연스럽게 조절한다. 곡선부분에 너무 넓은 시접을 두면 매끈한 라인을 이루는데 방해되지만 일반적으로 시접은 1″, 허리와 여밈 부위엔 2″의 시접을 두어 조절이 가능하도록 한다.

이 책에서는 이해를 돕기위해 일반적인 치수를 이용한 평면 패턴을 설명하였지만 실제로는 배우들의 치수와 유사한 바디 위에 라인테이프를 이용하여 원하는 조각과 곡선의 라인을 직접 설정하여 패턴을 제작하는 것도 좋은 방법이다.

■ 스커트(skirt)

1) 기본 타이트 스커트(basic tight skirt)

A-B: 스커트 길이
A-C: 엉덩이 길이
C-H: 엉덩이둘레/4

A-D: 허리둘레/4 + 1″다아트
B-F= C-H

다아트의 위치와 개수는 허리둘레와 엉덩이 둘레와의 차이에 따라 둔다. 움직임을 위해서 뒤나 옆에 트임을 줄 수 있다.

(1눈금=1인치)

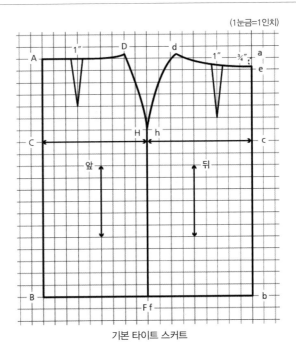

기본 타이트 스커트

2) 시대 스커트(period skirt)

시대 스커트는 허리는 좁고 밑단으로 갈수록 넓어지는 삼각형모양의 고어(gore) 조각으로 만들어진 것이 많다. 고어는 스커트의 드레이프와 흐름을 좌우해서 스커트의 형태를 결정하며 주름과 다아트로 스커트의 형태를 조절할 수 있다. 대부분의 시대 스커트는 앞보다는 옆과 뒤에 풍성한 여유분을 가지고 있다. 골고루 여유분이 있는 기본 고어스커트에서부터 앞은 거의 일자이고 뒤에 대부분의 여유분을 가지고 있는 버슬스커트까지 매우 다양하다.

스커트 천들이 식서방향과 같이 밑으로 떨어지면 몸에 가깝게 붙게 되고 대각선이나 바이어스 방향으로 흐르면 스커트는 옆으로 퍼지게 된다. 골고루 풍성함을 가진 기본 고어스커트는 앞, 뒤가 대칭이며 이 경우 일반적으로 허리둘레의 3배 여유와 5y정도의 밑단둘레를 지녔을 때 보기 좋은 풍성함을 이룰 수 있다. 주름은 허리부터 밑단까지 자연스럽게 잘 유지되도록 잡아져야 하고 페티코트를 착용하는 경우라면 페티코트가 입혀진 상태에서 스커트의 주름상태를 확인한다.

(1) 6쪽 고어 스커트

허리둘레 27″, 스커트길이 44″, 스커트 밑단둘레 5y인 6쪽 고어스커트의 패턴이다. 허리에 전체적으로 주름을 잡아 고르게 풍성함을 유지하였다. 뒤 중심 여밈을 위해서 뒤 중심을 절개할 수도 있다.

(2) 7쪽 고어 스커트

허리둘레 27″, 스커트길이 44″, 스커트 밑단둘레 6y, 8개의 깊은 주름을 가진 7쪽 고어스커트의 패턴이다. 이 스커트는 뒤로 갈수록 더 풍성하고 길어져 패턴에서도 뒤쪽으로 갈수록 스커트 옆선이 옆으로 뻗치고 길이도 뒤 중심으로 갈수록 길어져 땅에 끌리게 된다.

6쪽 고어 스커트

(1눈금=1인치)

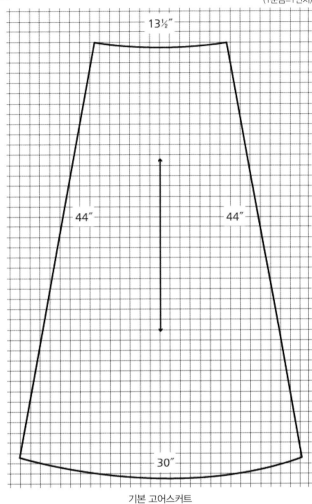

13½″

44″

44″

30″

기본 고어스커트

CB
3
2 2 2
2 2 2
2 2
2
1 1 1 1 1 1
CF
2″
1 1 1 1
1½″

고른 주름 차트

CB
3 3
3 3 3
2 2 3
1 2 2
1 1 1 1
CF
1″
1 1 1 1
1½″

뒤로 갈수록 깊은 주름차트

7쪽 고어 스커트

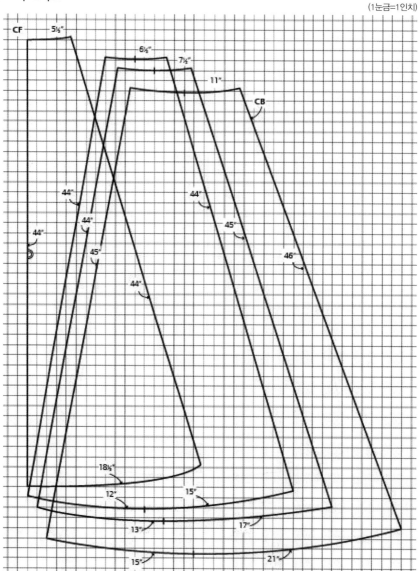

뒤로 갈수록 길이가 길어지는 7쪽 고어스커트

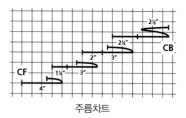

주름차트

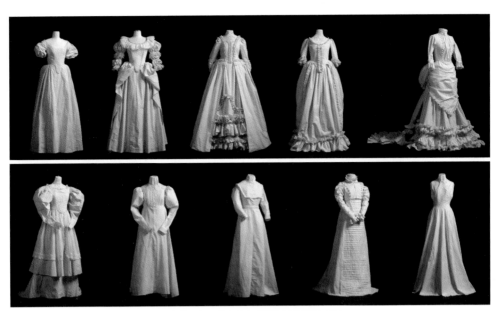

17세기부터 20세기까지 다양한 시대의상 드레스
(Costume Exhibition 2017 / 이종행, 이경아, 이희재, 김지수, 이다혜 제작)

■ 소매(sleeve)

소매는 다른 어느 디자인 요소보다 의상에 다양한 변화를 준다. 팔은 주로 앞쪽을 향해 움직이므로 암홀 선의 뒤 부분이 앞 부분보다 약간 길고 팔을 펴고 서 있을 때 팔이 약간 굽어 있기에 팔꿈치 부위에 다아트를 주거나 두장 소매를 제작하기도 한다. 소매의 암홀둘레가 몸판의 부착되는 부위보다 약간 넓은데 이는 소매에 약간의 여유를 주어 어깨부위의 근육을 살짝 덮을 수 있도록 하기 위함이다.

두장 소매의 캡 부분이 약간 높고 바깥부분이 넓다면 양다리 소매(leg-of-mutton sleeve)의 모습으로 연결될 수 있다. 매우 풍성한 양다리소매나 기곳소매(giggot sleeve)의 바깥 소매도 기본 두장 소매의 밑 소매 패턴을 이용한다. 이 소매들은 소매의 모양을 유지하기 위해 빳빳한 안감을 필요로 하기도 한다.

(1눈금=1인치)

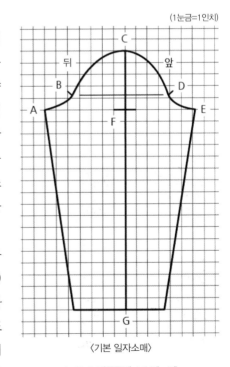

〈기본 일자소매〉

A–C–E: 진동둘레 + 1.5″∼2″
A–B, D–E: 3″∼3.5″
C–G: 소매길이
C–F: 5″∼6″

1) 기본 소매(basic sleeve)

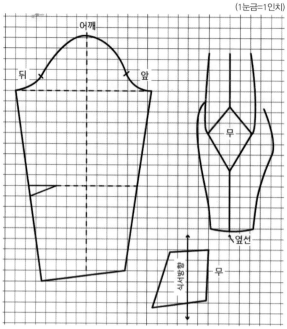

(1눈금=1인치)

〈다아트가 있는 기본 소매〉

2) 2피스 타이트 소매 (2-piece tight sleeve)

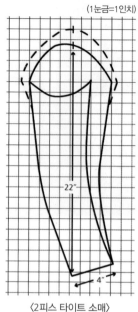

(1눈금=1인치)

22″

4″

〈2피스 타이트 소매〉

(점선처럼 소매산과 폭을 넓힐 수 있다)

타이트한 바디스에 부착된 타이트한 소매는 움직임을 위해 반드시 바이어스 방향의 무(gusset)가 필요하다.

3) 양다리 소매(leg-of mutton sleeve)

양다리 소매

(1눈금=1인치)

어깨

뒤

앞

26″

〈양다리 소매〉

4) 기곳 소매(giggot sleeve)

기곳 소매

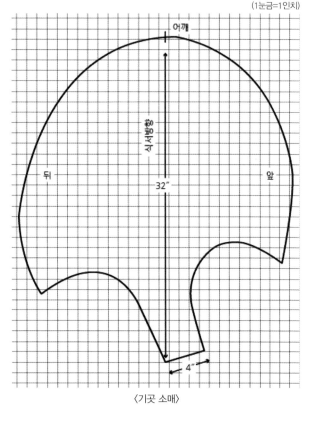

(1눈금=1인치)

어깨

뒤   식서방향   앞

32″

4″

〈기곳 소매〉

3 재단(cutting)

의상을 본 원단으로 재단하기 전에 반드시 가봉 후의 패턴수정이 이루어졌는지 확인해야 한다. 재단 시의 실수는 수정이 불가능한 경우가 많기 때문에 신중하게 임하고 패턴사나 재단사는 사용할 원단에 패턴을 미리 배치해본다. 문양, 줄무늬, 체크무늬 등은 사전에 맞춰지도록 계획하고 결이 있는 원단은 패턴이 한 방향으로 놓여지도록 배치한다. 본 원단 재단과 함께 안감, 심지, 러플, 안단, 주머니 등 다른 부속들을 재단하며 의상의 모든 조각들은 분실을 막기 위해 함께 묶어져야 한다. 그 묶음에 장면 번호와 배우와 캐릭터 이름을 명시하고 디자인 스케치를 첨부한다. 또한 의상을 재단하기 전에 대부분의 천연섬유, 레이온과 일부 합성섬유는 물에 담가 직조과정이나 가공단계에서 당겨졌던 길

재단 과정 (이재경 무대의상)

이가 되돌아오도록 해주는 것이 좋다. 대부분의 직물은 1야드에 1″~5″정도 줄어든다. 이 과정을 거치지 않고 재단을 하여 의상을 제작하게 되면 첫 세탁에서 눈에 띄게 의상이 줄어들 수 있다. 그리고 직물의 방향과 표면을 확인하고 올바로 올을 잡는 등의 사전작업을 거친 후 패턴배치와 재단에 임해야 한다.

1) 직물의 표면과 올 방향 확인

재단 전에 직물의 겉과 안, 그리고 방향을 확인한다. 벨벳, 골덴, 스웨이드, 울 프란넬 등은 하나의 올 방향을 가지고 있다. 조명을 비추면 반대의 올 방향은 색상이 다르게 보이므로 재단 시 한 방향으로 재단하도록 한다. 그러나 무대의상은 조명 하에서 더 깊은 색상을 얻기 위하여 의도적으로 올 방향이나 무늬 방향을 달리하여 사용하기도 하고 무늬 부분 색상의 진하고 흐릿한 정도, 광택의 정도에 따라 뒷면을 사용하기도 한다.

① 직물의 식서와 평행인 방향이 세로방향이다.
② 일반적으로 실을 당겨보면 세로방향보다 가로방향이 잘 늘어난다.
③ 직물의 식서 조직에 글자가 있으면 그 쪽이 표면이다.
④ 광택이 많이 나는 쪽이 표면이다.
⑤ 무늬가 있는 직물인 경우 색과 무늬가 선명한 면이 표면이다.
⑥ 식서 조직에 바늘구멍이 있을 경우 바늘구멍이 뾰족한 면이 표면이다.

무대의상 디자인

2) 직물의 올 바로잡기

　면, 마의 경우 방축가공이 되어 있지 않다면 물속에 2~3시간 담가둔다. 표면을 마주대고 구김을 펴고 젖은 채로 잘 펴서 그늘에서 말린 후 80% 정도로 마르면 편편하게 펴서 직물의 안쪽을 다림질한다. 직물을 대각선으로 잡고 짧은 쪽을 당기면서 올을 바로 잡고 직물의 안쪽을 가로, 세로 방향으로 다림질하되 바이어스 방향으로 다림질 하지 않도록 주의한다. 모직물은 직물의 표면을 마주대고 안쪽 면을 분무기로 물을 골고루 뿌려주며, 일반적으로 얇고 열에 약하며 물이 닿으면 얼룩이 생기는 견은 안쪽에 얇은 면포를 대고 살살 다림질하여 구김을 편다. 또한 대부분의 혼방직물이나 합성직물은 열에 약하므로 적합한 온도로 안쪽에서 얇은 면포를 대고 다림질 한다.

3) 패턴배치와 체크나 줄무늬, 무늬 맞추기

　패턴배치 시 체크나 줄무늬, 기하학적 무늬를 맞추고자 할 때는 여분의 직물이 더 필요하다. 어렵지는 않지만 생각해서 소요량을 계산해야 하고 신중히 재단해야 한다. 체크는 종, 횡으로 균형을 맞추어 재단되어야 한다. 재단 시에는 두 겹이 아닌 한 겹씩 재단해야 하며, 반대쪽을 재단할 때는 패턴을 뒤집어 배치해야함을 잊지 말아야 한다.

4 봉제(sewing)

　재단이 완성되면 가봉을 위해 봉제를 하는데 이때는 넓은 스티치로 박음질하여 가봉 시 쉽게 뜯어질 수 있도록 한다. 장식은 봉제사의 기술이나 원단의 강도에 따라 재봉틀이나 손 박음질로 부착할 수 있다. 봉제는 공연 기간, 움직임의 강도, 공연 시 착용시간 등에 따라 그 봉제 강도와 기법 등이 달라질 수 있다.

　봉제기법에는 손 박음질과 재봉틀 박음질이 있다. 손 박음질에는 홈질, 시침질, 박음질, 실표뜨기, 팔자뜨기, 감침질, 공그르기, 새발뜨기, 휘감치기, 블랭킷스티치, 버튼홀스티치 등 다양한 기법이 있다. 재봉틀 박음질을 위해서는 재봉틀 구조와 실 꿰는 방법을 숙지해야 하며 다양한 솔기와 가장자리 처리법을 알아야 한다. 또한 직물의 두께에 따른 적합한 재봉바늘과 실을 선택하고 땀수를 조절할 줄 알아야 한다. 초보자들은 재봉틀에 대한 막연한 두려움을 가지고 있으나 얼마간의 연습과 훈련으로 이를 극복해야 한다. 봉제에 대한 지식과 기술 습득을 위해서는 시중에 많이 나와 있는 일반 봉제 서적을 참고할 수 있다.

무대의상은 배우들의 역동적인 움직임, 호흡, 체온, 조명으로 부터의 열기, 장기 공연에 견뎌야 하므로 일반적으로 튼튼한 기법의 봉제가 요구되며, 특히 무대의상에서 자주 사용되는 가죽, 철사, 금속, 플라스틱 등의 소재나 재료들은 결코 가볍지 않을 뿐 아니라 바느질은 물론 봉합자체가 힘든 특성이 있음을 알아야 한다.

5 가봉(fitting)

1) 광목가봉

광목으로 의상 전체를 만들어 배우의 몸에 잘 맞는 정도를 점검한다. 이때 패턴, 여유분, 스타일, 비율 등을 점검할 수 있다. 광목가봉은 큰 땀수로 박음질하여 조절이 쉽도록 한다. 모든 가봉은 적절한 속옷을 입고 이루어져야 한다. 속옷은 배우 본인의 것을 착용할 수 있지만 만약 시대나 특별한 보정의상이 필요하다면 디자이너나 제작소에서 제공해야 한다. 만약 의상 안에 패딩 수트가 착용되어야 한다면 이를 착용한 후 가봉을 하고 코르셋, 힙 패드, 페티코트가 필요하다면 먼저 제작되어 가봉 시 함께 입고 점검해야 한다. 가봉 스케줄은 제작 스케줄에 맞추어 순서를 정하고 디자인의 디테일 정도에 따라 다르지만 한 벌 당 충분한 가봉시간을 할당하는 것이 바람직하다. 디자이너는 가봉 시 항상 참여하여 실루엣은 잘 표현되었는지, 스커트 길이와 폭은 어떠한지, 목 라인의 깊이는 어떠한지, 가슴과 허리둘레는 연기에 지장을 주지는 않는지 등을 점검한다. 또한 배우는 의상을 입고 장면을 연기해보거나 앉고 서는 등 움직여 보아 의상에 불편함이 없는지 확인한다. 이때 수정사항이나 요구사항은 반드시 노트한다. 충실한 노트와 광목 위의 분명한 표시는 패턴수정을 차질없이 도울 수 있다. 확실한 수정을 표시하기 위해 안전핀 사용도 효과적이다.

가봉은 겸손하고 상대를 존중하는 마음가짐으로 이루어져야 한다. 필요에 따라 2 차 광목가봉이 이루어질 수도 있으며 의상에 심각한 문제가 발생했다면 배우 앞에서 해결하기보다는 후에 제작자와 의논을 거쳐 추후 광목가봉 계획을 잡는다.

2) 원단가봉

모든 의상은 원단가봉이 이루어지는 것이 바람직하다. 속옷은 반드시 완전하게 갖추고 원하는 높이의 구두도 착용되어야 밑단을 점검할 수 있으며, 모자를 위해 가발도 착용된 상태로 가봉되어야 한다. 이때도 배우는 장면 속 연기를 해봄으로서 의상의 느낌을 확인할 수 있으며 디자이너는 배우에게 의상 다루는 법이나 매너를 알려줄 수도 있다. 충분한 시간을 할애하여 가봉을 진행해야 하며 모든 수정사항은 꼼꼼히 노트되어야 한다. 그렇지 않으면 완성도와 수준이 낮은 의상이 만들어지기 쉬우며 또 다른 가봉을 야기시킨다.

가봉 체크 리스트

1. 의상이 캐릭터와 시대에 적절한가? 선택한 속옷이 적절했고 잘 맞나?
2. 의상의 가슴부분이 잘 맞나? 다트나 프린세스 라인이 정확한 위치에 있나? 등과 앞부분에 충분한 여분이 있는가? 앞 중심과 뒤 중심이 몸에 적절히 위치하나?
3. 시대와 원하는 스타일을 위해 허리선이 잘 위치하나? 꼭 맞지만 적절하게 편안한가?
4. 암홀의 모양과 높이는 충분한가? 소매는 움직이기 편하고 길이는 적당한가? 무가 필요한가?
5. 네크라인의 모양과 깊이는 적당하며 들뜨지 않는가? 가슴은 얼마나 보이나?
6. 스커트는 잘 떨어지고 모양은 정확한가? 페티코트는 올바른 모양을 유지하는가? 바람직한 길이인가? 트레인을 위해 스커트 뒤가 더 길어야 하나?
7. 여밈이 적절하고 작동이 잘 되나? 빠른 전환이 가능한가?
8. 의상을 입은 배우의 연기가 자연스러운가? 연기에 의해 의상의 모습이 변형되나?
9. 효과적인 의상 사용을 위해 배우에게 어떤 지침이 필요한가?
10. 또 다른 가봉이 필요한가?

6 수정(alteration) 작업

광목가봉이나 원단가봉, 혹은 이미 제작된 의상을 체크할 때도 수정이 필요할 때가 많다. 광목단계에서의 수정작업이라면 반드시 패턴을 수정하여 본 원단을 재단해야하며, 의상에 가해진 수정 결과가 어떠한지 확인해야 한다. 아래는 광목가봉 시 생긴 일반적인 문제점을 해결하기 위해 간략히 정리한 수정표이며 같은 문제가 발생해도 의상디자인과 배우의 체형에 따라 수정에 차이가 생길 수 있다.

1) 상의 수정

앞 목이 너무 크거나 넓은 경우	앞 목이 타이트 한 경우
목의 어깨솔기를 올려 남는 부분을 제거한다. 필요하다면 추가 원단조각을 목 부분에 채운다.	주로 목선이 목의 기본선보다 너무 높거나 작아 생긴다. 목선을 원하는 만큼 파서 수정하고 가위밥을 주어 편안한 목선을 완성한다.
뒷목이 큰 경우	뒷목이 타이트 한 경우
여유분을 뒤 중심의 양쪽 작은 다아트로 분산시킨다. 이때 뒤 중심은 올 방향을 유지시킨다.	뒤판이 편히 놓이도록 뒤 중심 일부를 절개하고 원단을 덧대어 몸판을 수정한다.
V자 목선이 벌어지거나 U자 모양이 될 경우	소매아래에 목방향으로 주름이 생기는 경우
가슴선에서 턱을 잡아 여유분을 줄이거나 어깨선을 올려 목선의 여유분을 줄인다. 또는 B.P에서 목선 쪽으로 다아트를 잡는다.	어깨가 처진 경우에 많이 생긴다. 앞판 어깨 끝 선을 올린 후 겨드랑이 쪽에서 어깨를 올린만큼 파준다. 그 후 옆선 허리부분에서 차이나는 분량을 채워준다.

어깨끝에서 앞중심 쪽으로 가로주름 생기는 경우	소매둘레 위 부분으로 천이 늘어지는 경우
사각어깨인 경우에 많이 생기며 앞 판 어깨선의 어깨부분을 올려 어깨선의 각도를 수정한다.	어깨가 너무 넓어 생기며 어깨에서 수직으로 다아트를 만들어 여유분을 없애거나 소매 쪽에서 몸판 여유분을 제거한다.

2) 소매 수정

양쪽 소매 길이가 다를 수도 있으니 반드시 양쪽 소매를 달아 균형있는 정확한 가봉이 되도록 한다. 또한 움직임을 위해 겨드랑이에 무가 필요한지 확인한다.

소매산이 짧아 어깨쪽으로 주름이 생기는 경우	소매산의 여유량(ease)이 너무 많은 경우
소매산의 윗부분을 가로로 절개한다. 원단조각을 삽입하여 소매산 길이를 늘인다.	소매의 암홀 위 부분에 다아트를 만들어 줄이거나 소매산 높이를 낮춘 후 소매길이를 조정한다.
긴 소매의 팔 둘레가 너무 타이트 한 경우	**긴 소매의 팔 둘레가 너무 큰 경우**
소매길이 올 방향으로 소매를 절개한다. 올 방향에 맞춰 원단을 삽입한다. 이때 소매산까지도 넓히는 방법이 있다.	소매 길이방향으로 턱을 잡아 팔 둘레를 조정한다.

3) 스커트 수정

스커트가 뒤 허리선 밑으로 주름이 생기는 경우	옆선에서 주름이 생겨 뒤 중심 향해 늘어진 경우
허리가 안으로 굽었거나 등 아래가 굽은 경우에는 뒤 허리선을 낮춘다. 허리나 골반둘레가 부족할 때에는 옆선에서 늘려준다.	힙이 납작한 경우에 생기며 뒤중심과 평행되도록 뒤중심 양쪽에서 턱을 잡는다. 이때 뒤 허리선을 약간 올려 턱이 자연스럽게 자리잡도록 한다.
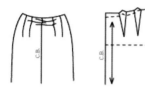	
힙라인 위로 힙 전체 둘레에 주름이 생기는 경우	옆선에서 앞중심 쪽으로 주름생기는 경우
힙부위가 너무 타이트해서 생기며 뒤 중심선의 시접을 늘리거나 그래도 부족하면 올 방향을 맞추어 원단을 덧댄다.	배 부분이 너무 나와 생기는 경우이며, 허리 다아트를 풀어 늘리고 앞 허리선을 올려준다.
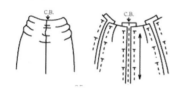	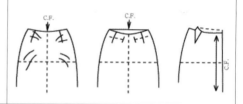

4) 바지 수정

허리방향으로 가랑이에 주름이 생기는 경우	다리방향으로 가랑이에 주름이 생기는 경우
가랑이 곡선이 너무 짧아 생기는 경우이다. 가랑이 곡선을 길게 해준다.	가랑이 곡선이 너무 길어 생기는 경우이다. 가랑이 곡선을 올리고 허리선을 내린다.
 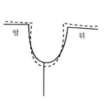	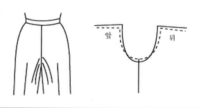

296

바지 뒤 가랑이 곡선이 너무 짧은 경우	바지 뒤 가랑이 곡선이 너무 긴 경우
바지 뒷 판의 뒤 중심 2/3 선에 서 바지 옆선과 직각으로 절개해 서 윗부분을 올리고 원단을 덧대 준다. 그리고 수정선을 자연스럽 게 연결한다.	바지 뒷 판의 뒤 중심 2/3 선에 서 바지 옆선에서 이어지는 다아 트를 만들어 길이를 줄여준다. 그리고 뒤 중심선과 옆선을 자연 스럽게 연결한다.
바지 앞 가랑이 곡선이 너무 짧은 경우	바지 앞 가랑이 곡선이 너무 긴 경우
앞 가랑이 곡선을 길게 하고 바 지 안쪽 가랑이의 윗부분을 길게 해준다.	바지 안쪽 가랑이 곡선을 짧게 해준다.

7 마무리(finishing) 작업

마무리 작업이란 의상의 완성을 위한 마지막 손질을 의미한다. 대부분 손작업으로 밑단, 걸고리, 스냅, 단추, 그리고 장식 등의 작업이다. 마무리 작업의 정도는 의상의 완 성도를 결정하므로 중요한 작업 단계이다.

염색과 질감내기

1 염색하기(dyeing)

훌륭한 의상을 이루는데 색상은 주요 요소임에 틀림없다. 염색이란 염료를 사용하여 섬유와 실 그리고 직물 등에 색상을 가미해서 실용성뿐 아니라 미적 가치를 부여하는 방법이다. 일반적으로 염색은 균일한 색상으로 염색되어야 바람직하지만 여러 종류의 섬유로 이루어진 실로 직조된 직물의 경우 균일하지 않은 색상으로 염색되기도 한다. 또한 무대의상을 위한 염색은 의도적으로 불균염이나 큰 얼룩을 원하는 경우가 많은데 이는 흥미부여와 함께 조명과 함께 어우러진 극적 효과를 높이기 위함이다. 디자이너는 반드시 염색의 과정과 방법뿐 아니라 염색이 되어야 할 직물에 어떤 염료를 사용해야 할지에 대해 알아야 한다.

1) 염색 준비

직물, 염료, 촉염제, 가열기구, 스테인리스 용기, 저울, 비커, 유리막대, 온도계, 고무장갑 등

2) 염색 과정

• 염색을 위해 직물선정, 염료의 선택, 조제, 사용방법 파악, 염색도구를 준비한다.
• 염색의 전 처리 과정은 직조과정에서 생긴 불순물이나 풀을 제거하는 정련, 백색을 증진시키는 표백과정이 있다.

- 직물은 마른 상태보다 온수에 적신 상태의 것이 염색이 고르게 된다.
- 촉염제는 염색과정에 염욕에 첨가하여 염색 속도와 염착력을 증대시키는 약제로 소금(직접염료)과 초산(산성염료), 분산제(폴리에스테르) 등을 사용한다.
- 염색 후 직물은 수세, 마찰, 다림질, 땀, 일광에 의해 탈색 또는 퇴색되므로 견뢰도 높이기 위해 소핑(soaping), 증기처리(steaming), 염료에 따라 다양한 후처리가공을 하여 염착과 발색을 좋게 한다,

3) 염색 시 고려할 점

원하는 염색효과를 얻기 위해서는 직물의 양, 사용할 염료의 양, 적합한 물 온도를 사용하고 염색동안 잘 저어주어야 이색이나 얼룩이 지지 않게 염색을 할 수 있다. 염색이 잘되더라도 일단 젖고 열이 가해지면 그 본연의 특성을 잃는 직물들이 있다. 대부분의 모직은 염색이 잘되지만 염색 후 줄어들고 무거워지며 표면도 거칠어지기 쉽다. 실크의 경우 염색도 잘되고 드레이프성도 좋지만 일단 젖으면 형태감을 잃고 심히 흐늘흐늘해져서 드레스를 만들기에 적합하지 않은 직물이 되기도 하고, 소재에 따라 염색과정에서 이색현상이나 나타나거나 얇고 바삭거리는 직물이 뜨거운 염색이나 세탁기 돌리는 과정에서 열처리되어 영구적인 주름이 생길 수도 있다. 그러나 의도적으로 이런 성질을 얻고자 할 때는 바람직한 방법이 될 수 있다. 염액에 젖은 직물은 말랐을 때 보다 색이 더 진해 보이므로 최종 원하는 색상에 따른 색상의 정도를 염두에 두어야 한다.

일단 염색이 되면 색을 되돌리기는 쉽지 않다. 많은 양을 염색하기 전에 작은 스와치를 이용하여 색상과 수축을 테스트하는 것이 좋다. 직물을 염색하여 의상을 만들 경우엔 수축을 염두에 두고 소요량을 계산하여 구매해야 한다. 일단 직물이나 의상을 염색을 한 후엔 약한 세제를 넣고 세탁하여 여분의 염료를 제거한다.

■ 염료의 종류와 성질

염료는 주로 물을 사용하여 섬유의 염색에 사용되는 착색제로서 수용성, 미립 분산성인 것이 대부분을 차지한다.

(1) 천연염료(natural dyestuffs)

① 식물성 염료(vegetable dyestuffs)

- 식물성 염료로는 열매, 꽃, 뿌리, 나무껍질, 잎 등을 건조시켜 찜통에 쪄서 그 속에 함유되어 있는 색소를 추출하여 명반, 회즙 또는 매염제를 첨가하여 사용하는 염료이다.
- 식물성 염료는 다양하며 염색 가능한 색상도 여러 가지이다.
- 양파, 시금치, 양배추의 야채도 염색의 원료로 사용한다.
- 빨간색(잇꽃, 꼭두서니), 옥색(쥐똥나무), 남색(쪽풀), 초록색(느티나무 꽃), 연두(황백), 적황색(치자나무), 고동색(감의 씨 즙, 커피), 흑색(뽕나무, 오리나무, 먹물)

② 동물성 염료(animal dyestuffs)

- 동물의 몸(피, 분비물)에서 채취한 색소로 만들어진 염료로 과거에 많이 사용하였다.
- 적색(조가비 벌레를 건조시킨 후 끓여서 명반, 수산을 넣어 사용)

  자색(연지벌레나 선인장에 서식하는 코치닐을 말려 사용)

  노란색(랙(lac, 니스의 원료)벌레의 분비물 사용)

  보라색(바다 달팽이의 분비물 사용)

③ 광물성 염료(mineral dyestuffs)

- 광물성 물질, 철, 돌, 흙, 기타 금속 등에서 추출하여 만든 안료이다.
- 도료, 그림물감, 인쇄용 잉크 등에 사용된다.
- 단청, 벽화, 동양화 등에서 다양한 색을 내는데 쓰이는 분채와 석채, 황토나 부적에 쓰이는 붉은 돌가루 등이 있으며 주로 침염보다는 날염용으로 많이 쓰인다. 광선과 세척에 대한 견뢰도가 높고 염착력과 색채의 다양성도 우수하다.

(2) 합성염료(synthetic dyestuffs)

합성염료는 1856년 영국의 화학자 퍼킨(Perkin)이 콜타르를 원료로 하는 아날린

무대의상 디자인

에서 키니네(말라리아 특효약)를 합성하는 실험과정에서 우연히 적자색의 원료인 모브(mauve)라는 염기성 염료를 발견한 것이 시초이다. 합성염료는 천연염료에 비해 가격도 싸고 색상이 다양하며 견뢰도가 높고 사용방법이 간단한 특징을 지닌다.

① 직접염료(direct dyestuffs)
- 식물성섬유(셀룰로오스 섬유)인 목면, 마, 레이온에 특히 잘 염착되고 견, 양모 염색에도 사용한다.
- 물에 잘 용해되며 소량의 탄산소다를 이용하면 난용성 염료에도 용해가 손쉽고 염색 처리법이 간단하다.
- 일광이나 세탁에 약하여 탈색이 되기 쉬운 단점이 있다.
- 염색 시 면이나 마에 촉염제로 망초나 소금을 넣고 천에 염착시키기 위해 증열 처리법을 사용한다.

② 산성염료(acid dyestuffs)
- 주로 단백질계(동물성) 섬유인 견, 모, 나일론에 염착하는 수용성의 분말염료이다.
- 색상이 매우 선명하고 일광, 마찰에도 강하지만 세탁이 약한 것이 단점이다.
- 촉염제로 초산, 유상 암모니아를 사용한다.

③ 반응성 염료(reactive dyestuffs)
- 일반 염료와는 달리 염료의 반응기와 섬유의 수산기(-OH기) 또는 아미노기(-NH기)가 공유 결합하여 하나의 화합물을 만드는 염색제이다.
- 색상, 농도 및 선명성이 장점이며 염색가공이 비교적 간편하고 값이 저렴하다.
- 염색법이 다양하며 응용범위가 넓으며 염색 견뢰도가 좋은 편이다.
- 촉염제로 망초나 소금을 사용한다.

④ 건염염료(vat dyestuffs)

- 환염염료라고도 하며 물에 불용성이므로 알칼리성 환원액으로 용해하여 사용하며 염색 시 강알칼리가 되기 때문에 동물성섬유 염색에는 부적당하다.
- 장점은 셀룰로오스 섬유에 최고의 견뢰도를 나타내며 재현성, 침투성과 균염성이 양호하고 염색성이 우수하다.
- 염법은 복잡하지만 응용방법이 많고 선명한 색상을 얻을 수 있지만 가격이 비싸다.
- 촉염제로 망초나 소금을 사용한다.

⑤ 분산염료(disperse dyestuffs)

- 분산염료는 저온 염색형(아세테이트, 나일론에 염색)과 고온, 고압형(폴리우레탄인 스판텍스와 폴리에스테르에 염색)으로 구분한다.
- 건열 고착형 염료의 열 승화성을 이용해 전사염에 널리 사용된다.
- 색상이 선명하고 균염성이 좋은 장점이 있다.
- 습윤, 마찰, 일광에 약하며 대기 중에 산화되고, 질소 가스나 방사선에 변색되는 단점이 있다.
- 촉염제로 초산을 사용한다.

⑥ 안료수지염료(pigment resin color)

- 최고의 일광견뢰도를 갖는 안료로 합성수지에 접착시켜 섬유에 부착되는 염료로 섬세한 표현이 가능하다.
- 합성수지의 특성에 따라 다양한 기법을 구사할 수 있으며 형광색 등 색상이 다양하다.
- 모든 섬유에 착색제로 사용이 가능하고 특히 혼방이나 면섬유에 편리한 염색제로 사용된다.
- 염색과정이 간단하고 후처리는 수세없이 섬유에 맞는 온도로 열처리한다.

⑦ 염기성염료(basic dyestuffs)

- 짙은 농도의 선명하고 아름다운 색상을 나타내는 최초의 인조염료로 면, 견, 양모, 피혁, 종이, 아크릴 염색에 사용된다.
- 염기성 염료는 물, 초산, 알코올 등에 잘 용해되나 흡수가 빨라 염색과정에서 얼룩이 생기기 쉬우며 땀, 일광, 마찰에 약한 반면 탈색, 견뢰도엔 강한 성질을 가지고 있다.
- 가격이 저렴하고 오랜 역사를 가지고 있으나 우수한 염료의 개발로 1930년 이후로 사용이 점차 줄어 보조 역할의 염색으로 사용된다.

⑧ 유화염료(황화염료, sulphur dyestuffs)

- 유화염료는 알칼리 환원제로 용해시켜 목면의 농염색, 흑색에 사용되어 고 견뢰성과 강 알칼리성을 가지고 있다.
- 일광, 수세, 세탁에 대한 견뢰도가 높고 가격이 저렴하다.
- 군복의 국방색, 학생복의 흑색에 대표적으로 사용된다.

⑨ 카티온염료(cation dyestuffs)

- 카티온염료는 아크릴, 아세테이트, 비닐론, 피혁 등에 적합한 염료이다.
- 염기성염료의 견뢰도를 높인 개량형 염기성염료는 색상이 선명하여 양모, 나일론, 견에 많이 사용된다.
- 특히 아크릴 섬유에 높은 견뢰성과 우수한 색상을 얻을 수 있다.

⑩ 염색용 약제

염색을 하는데 있어서 섬유나 염료의 염색성을 높이기 위하여 많은 보조약제가 필요하다. 이 약제들은 얼룩을 방지하고 염색시간을 단축시키며 견뢰도를 높이기 위하여 사용된다.

• 매염제(mordants)

염착성이 없는 염료와 섬유사이에서 간접적으로 염착성을 갖게 하는 중간 조제

• 정련, 표백제

피염물에 묻어 있는 기름, 풀 등의 불순물을 제거하는 약제를 정련제라 하며, 피염물의 자연적인 색소를 제거, 탈색하는 약제를 표백제라 한다.

염료와 섬유의 관계

	면, 인견, 마, 레이온	견, 양모	아세테이트	나일론	아크릴	폴리에스테르	피혁
직접염료	●	○					
산성염료		●		○			●
반응성염료	●	○		○			○
건염염료	●	○	○	○		○	
분산염료			●	○	○	●	
안료수지염료	●	○	○	○	○	○	○
염기성염료	○	●		●	○		○
유화염료	●						
카티온염료			●		●		○

● 염색이 특히 잘 되는 것 / ○ 염색이 되는 것

■ 염색 종류

염색은 크게 무늬가 없는 단색으로 염색을 하는 침염과 부분적으로 문양을 표현하는 날염으로 나뉘며 홀치기 염 등의 다양한 기법이 있다.

(1) 침염

무늬없는 단색으로 염색을 하는 방법으로 담그는 시간과 방법에 따라 염색된 상태가 달라진다. 침염은 균일한 색상의 염색이 일반적이지만 무대의상에서는 의도적인 이색이나 얼룩을 원하거나 점진적인 색상의 변화를 통해 풍성한 색상의 효과를 얻고자

그라데이션 기법을 선호하기도 한다.

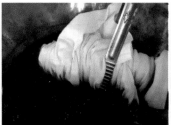

염색 작업과정

(2) 날염

　　부분적으로 착색하여 필요한 무늬가 나타나게 하는 방법으로 방식에 따라 직접 날염, 방염날염, 발염날염 등이 있고 염료와 안료를 사용한다.

(3) 홀치기염

　　홀치기염은 표현하고 싶은 문양 부분의 원단을 실, 테이프, 판자 등으로 묶기, 접기, 바느질하거나 누르기, 주름잡기, 동전과 유리구슬을 넣고 싸기 등 여러 가지 방법을 이용하여 염색하거나 붓으로 발라주는 방법이다. 홀치기 된 부분은 방염되어 바탕의 색상의 나타나고 나머지 부분에만 염색이 되게 된다. 끝이 뾰족한 모양을 원할 때는 실로 뾰족하게 끝까지 홀치기를 해준다. 요철이 심한 홀치기염의 경우 원단은 3배정도의 크기가 필요하며 그 위에 또 다른 색감을 원할 때는 재차 염색도 가능하다.

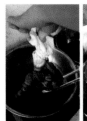

다양한 홀치기 염색 과정

그라데이션과 홀치기 염색기법을 통해 이루어진 의상들 (오페라 〈마술피리〉, 예술의전당, 의상디자인 장혜숙)

2 페인팅하기(painting)

페인팅은 직물의 색상을 손쉽게 바꿀 수 있으며 의상에 독특한 효과를 줄 수 있다. 제작된 의상의 일부분을 밝게 하거나 옆이나 접힌 부분을 톤다운 시키는 페인팅 음영효과를 통해 입체감을 증진시킬 수 있다. 의상이 자연스럽게 보이길 원한다면 사실적으로 약하게 음영을 주고, 양식적인 모습과 더욱 강한 대비를 원한다면 분명한 음영을 줄 수 있다. 또한 페인팅은 직물에 질감효과와 문양을 만들 수도 있으며 이미 있는 문양을 더 보강할 수도 있다.

먼저 페인트 재료로 작업하기 전에 재료의 속성과 원하는 결과에 대해 예측해보아야 한다. 실제 의상이나 직물에 작업하기 전에 샘플 원단조각에 테스트해본다. 직물 전체에 페인팅을 원할 때는 재단하기 전이나 재단 후 봉제하기 전에 직물에 페인팅을 한다. 테두리나 작은 부분의 패턴들은 주로 의상이 봉제된 후에 한다. 음영을 위해 검정색보다는 갈색, 회색, 보라색들이 효과적이나 무대장치, 조명 색상에 따라 달라질 수 있다.

페인팅 작업과정

대부분 패브릭 페인트나 염색약을 이용하여 스폰지, 붓, 에어로 스프레이, 에어 브러쉬를 사용한다. 스텐실, 실크 스크린과 블록 프린팅, 프리핸드 페인팅 등의 방법이 있으며 한 가지 이상의 색을 사용한 흩뿌리기 방법에 의해서도 효과를 얻을 수 있다. 텍스타일 잉크, 아크릴, 메탈릭 페인트, 스프레이 에나멜 등은 직물을 뻣뻣하게 할 수 있으니 유의한다. 대부분의 패브릭 페인트는 다림질이나 드라이어에 의해 고착될 수 있다. 또 어떤 페인트는 오랜 시간 건조를 필요로 하기도 한다. 독성 연기를 함유한 스프레이, 염색과 페인팅은 반드시 환기가 잘 되는 곳에서 마스크 및 보호 장치를 착용한 후에 시행하도록 한다.

페인트 된 동물의상 (뮤지컬 〈날개〉, 극단 서울공장)

3 콜라주하기(collage)

콜라주란 말은 불어로 '풀로 붙이다', '아교로 붙이다'란 의미를 지닌 '콜레르(col-ler)'라는 동사에서 유래된 말로서 종이나 사진조각, 헝겊 등을 잘라내어 화면에 붙이는 예술적 구성을 말한다. 무대의상에서는 주로 직물, 종이, 장식, 레이스, 부자재 등 디자이너의 아이디어를 표현할 수 있는 모든 것들을 기본 원단에 붙이거나 스티치하여 견고한 또 다른 원단을 만들거나 페인트 등과 함께 조합하며 입체적인 효과를 낸다.

콜라주 작업과정

4 낡게 하기(aging and distressing)

작품 속의 의상들은 종종 생활감이 담긴 편안한 느낌이나 오래되어 낡고 찢어진 상태로 보이도록 요구된다. 이를 위해 의상 '낡게하기'작업이 필요하다. 허름한 공간에서 하루하루를 남루하게 살아가고 있는 캐릭터들의 의상이 새로 산 듯 말끔한 모습으로 보인다면 오히려 낯설고 생경할 것이다. 이 작업을 위해 디자이너는 우선 공연기간동안 견고성을 유지하면서도 낡게 보이게 할 수 있는 소재를 생각해야 하고 최종 효과를 생각해야 한다. 원하는 효과와 어느 정도의 효과유지가 필요한지에 따라 여러 방법이 사용될 수 있다. 그리고 특별 도구와 기술을 요구하기 때문에 디자이너는 시간, 도구, 팀

무대의상 디자인

원, 그리고 예산이 허락되는지 확인해야 한다.

의상은 보통 목, 커프스, 밑단, 팔꿈치, 포켓, 무릎, 엉덩이부위 등이 마찰이 많아 더러워지고 닳아 해지므로 주로 이 부위들을 낡게 하거나 찢고 늘어지게 한다. 의상 낡게하기는 염색이나 페인팅, 긁기, 뜯기 등으로 강판, 철 브러쉬, 사포, 기타 강한 마찰 도구를 이용한다. 어깨패드나 안감 등을 제거할 수

사포를 이용한 낡게하기 작업

도 있고 주머니에 무거운 것을 넣고 강한 스팀을 주어 늘어진 상태가 유지되도록 하는 방법도 있다. 탈색을 위해서는 표백제나 세제로 문지르고 그 부위에 페인트를 스프레이 하여 탈색이나 더러움을 강조한다. 색상은 갈색이나 회색을 많이 사용하며 검정은 너무 강해서 비사실적인 느낌을 주므로 사용이 어렵다.

낡게 하기 과정은 쉽게 반대로 돌릴 수 없으므로 단계를 밟아 진행하도록 한다. 무대 조명 아래에서 배우에게 의상을 입혀본 후에 최종 작업을 마무리를 하도록 하고 작업 과정마다 의상으로부터 떨어져 보면서 의상전체의 효과를 체크한다.

낡게 하기 방법과 재료

1. 날카롭게 다림질 된 주름을 없애기 위해 의상을 세탁한다.
2. 탈색방법으로 원단을 뿌옇게 한다.
3. 강판으로 낡게 하고 모서리를 헤지게 한다.
4. 무거운 것을 주머니에 넣고 스팀을 주어 늘어지게 하거나 조직을 느슨하게 한다.
5. 단추나 버클을 사포로 문지르거나 스프레이, 페인트로 광택을 없앤다.
6. 흙을 묻힌다.
7. 철 브러쉬나 사포로 천을 문질러서 원단을 상하게 한다.
8. 가위 등으로 구멍을 낸다. 자연스러운 느낌을 위해 처음 자를 때 말고는 가위를 사용하지 않는다.
9. 파일이나 거칠게 긁어서 모서리를 낡게 한다.
10. 양초로 발꿈치나 무릎을 광이 날 때까지 문지른다.
11. 의상을 스프레이 가죽 염색약, 페인트, 구두약과 오염물질로 더럽게 한다.
12. 풀, 페인트, 톱밥을 섞어 더럽게 한다.
13. 다리미로 모서리 눌린 자국을 낸다.
14. 물세탁이 가능한 직물인 경우 여러 번 세탁한다.

15. 면, 마 소재 일 경우 물과 락스를 섞은 용약을 흩뿌리거나 스폰지로 두들겨 얼룩을 낸다. 원하는 만큼 얼룩이 생겼으면 바로 물에 헹군다. 희석 안 된 락스는 의상을 너무 상하게 하므로 사용하지 않도록 한다.
16. 대여한 의상일 경우는 브러쉬로 털거나 드라이클리닝으로 세탁되는 파우더를 이용한다.

5 기타 소재 표면 변형하기(fabric modification)

무대의상은 무대 위에서 독특한 질감이나 문양을 필요로 할 경우가 많다. 조명과 어우러져 입체감을 얻기 위해 의도적으로 주름을 만들기도 하고 일반 원단시장에서는 구할 수 없는 특별한 문양이나 패턴을 입히거나 다양한 기법과 재료를 통해 소재의 표면을 변형시키기도 한다.

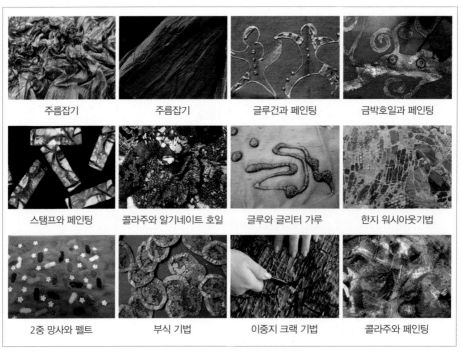

다양한 질감과 소재 표면 변형기법

6 리폼하기(reforming)

리폼은 이미 완성된 의상을 이용하여 원하는 의상의 형태나 질감으로 재구성하여 새로운 모습으로 창조하는 작업으로 무대의상에서는 자주 사용되는 디자인 방법이다. 예산 절감을 위해 의상을 재활용하는 목적도 있지만 새 의상을 가지고도 원하는 디자인과 형태를 위해 변형시킬 수 있고 독특한 소재나 질감, 무늬 혹은 장식이나 소품 등 모든 재료를 이용하여 재구성한다. 디자인과 작업의 예산과 효율성에서 반드시 저렴하거나 수월하다고는 할 수는 없지만 무대에서는 효과적일 경우가 많다.

낡은 청바지를 이용하여 리폼한 의상
(연극 〈나마스테〉, 창작집단 〈혼〉)

리폼 방법은 의상의 구조를 해체하여 새롭게 재구성하는 방법, 의상과 의상을 결합하여 또 다른 형태로 만드는 방법, 의상에 다른 질감의 소재나 색상, 무늬의 재료를 사용하여 조합을 이루는 방법, 의상을 염색하거나 질감처리를 하여 다른 분위기의 의상으로 만드는 방법, 의상에 부자재나 재료를 덧붙여 장식효과를 주는 방법 등이 있다.

7 장식하기(decoration)

장식은 완성된 의상에 추가적으로 꾸밈을 더하여 디자인에 풍부함을 주며, 질감효과는 물론 형태를 더욱 입체감이 나도록 하여 의상의 완성도를 높이는 방법이다. 무대의상에서의 장식은 캐릭터의 성격뿐 아니라 신분과 나이까지 표현해 줄 수 있는 매우 중요한 단계의 작업이다. 스티치나 자수 등의 바느질을 이용한 장식, 프릴, 러플, 주름, 스모킹 등 직물의 변형을 이용한 장식과 비즈, 시퀸, 리본, 단추, 레이스, 테이프, 브레이드, 패치워크, 아플리케, 오브제 등 부착을 이용한 방법 등 다양한 장식 방법이 있다.

다양한 장식하기

V

구매, 대여, 협찬

대부분의 공연에서의 의상은 제작, 구매, 대여, 협찬, 보유품 사용이 모여 이루어진다. 이들의 비율은 보유 의상의 수준과 규모, 예산의 규모, 그리고 의상팀원의 숫자, 공연 준비 기간 등에 따라 달라진다. 보통 무대의상 준비과정에서 제작이 적합하지 않거나 보유품 중에서 사용하기 어려운 것들은 구매, 협찬, 대여를 통해 확보한다.

1 구매

작품의 시대나 콘셉트에 따라 이미 만들어져 있는 기성제품을 구매해야 할 경우가 있다. 이는 제작이 어려운 경우에도 해당하지만 훨씬 효율적으로 예산을 절감할 수 있는 방법이 되기도 한다. 구매하기 전에 충분한 시장조사와 가격비교가 우선되어야 한다. 기성제품을 구매하여 리폼하거나 스타일링을 통하여 특정 시대감을 부여할 수도 있고 또 다른 새로운 아이템을 만들 수도 있다. 그러나 구매가 반드시 새 제품 구매만을 뜻하는 것은 아니다. 중고시장이나 벼룩시장 등에서도 저예산의 공연에 유용한 저렴한 물건을 구입할 수 있을 뿐 아니라 뜻하지 않게 귀한 옛날 물건이나 이미 생활감이 묻어 있는 손맛이 길들여 있는 자연스런 물건도 찾을 수 있다. 열정적인 디자이너라면 중고시장이나 벼룩시장을 자주 방문하여 그만의 재미를 만끽할 것이다.

2 대여

의상이나 소품, 장신구 등을 일정기간 빌려 사용하고 반납하는 방식이며, 조건과 기준에 따라 비용을 지불하는 것을 말한다. 반납 시 기일과 반납 조건을 지키지 않았을 땐 연체료나 벌금이 부과되니 유의해야 한다.

3 협찬

협찬이란 어떤 업체가 현금이나 물품 등의 재정적인 도움이나 서비스 제공을 통해 유명 인물이나 단체, 또는 프로그램이나 행사를 지원하여 마케팅 목표를 달성하려는 목적을 지닌다. 주로 방송이나 영화, 광고에서 많이 이루어지며 의상이나 소품, 장신구 등을 무료 혹은 일부의 비용만 지불하고 제공받는 방식이다. 이 방식을 통해 제작자는 예산 절감을 할 수 있고 협찬사는 브랜드나 제품의 광고 효과(PPL)를 기대할 수 있다. 협찬사 마다 협찬 조건과 기준이 다양하므로 조건을 꼼꼼히 확인하고 계약을 진행해야 한다.

4 대여, 협찬 시 고려할 점

무대의상은 작품의 시대나 콘셉트에 맞춰야 하므로 협찬, 대여보다는 제작이 많지만, 작품이 현대물이거나 시간과 예산상의 문제로 협찬과 대여를 통해 의상을 준비하는 경우도 있다. 특히 교복, 군복 등 유니폼이나 특수 상황복은 직접구입하거나 협찬, 대여를 하는 경우가 많으며 이때 적합한 계약서를 작성하게 된다.

1) 대여, 협찬업체 목록
대여, 협찬 시 작품에 필요한 의상을 파악하여 방송국이나 무대의상 전문 대여업체, 의류 브랜드 등 협찬사를 섭외한다.

2) 대여, 협찬의상의 분류

(1) 의상대여

의상대여 시 의상품목, 대여기간, 대여료, 운반 및 비용, 특별관리 품목 등 계약 내용을 확인한다.

(2) 의상협찬

무대의상 협찬은 작품의 성격이나 규모, 출연하는 배우의 지명도, 의상의 유형에 의해 다양하다.

- 간접광고로 연결되기 때문에 작품의 프로그램에 협찬사를 명시해준다.
- 배우의 협찬의상 착용사진을 협찬사에 보내주어야 한다.
- 반환을 해야 하는 경우 의상이 손상되지 않게 정돈, 정리를 잘 해야 한다.

5 보유품 사용

보유되어 있는 의상들은 디자이너나 극단에게 귀중한 자산이다. 자주 사용하게 되는 의상들을 중심으로 보유품을 늘리는 것이 예산과 시간을 절약할 수 있는 방법이기도 하기 때문이다. 보유품들은 의상창고나 소품창고에 체계적으로 보관, 관리되지 않으면 쉽게 찾지 못하거나 곰팡이나 해충으로부터 심한 피해를 입을 수 있다. 무대의상은 추후 재사용과 수정을 위해 넉넉한 시접량을 가지고 있어야 하며 그들의 활용 용도와 기간을 길게 하기 위해 계획적인 관리와 사용 방법이 이루어져야 한다. 예를 들면 긴 스커트를 짧은 스커트로 만드는 것은 현명한 방법이 아니다. 왜냐하면 긴 스커트 제작비가 20만 원이라면 짧은 스커트는 8만 원 일 수도 있기 때문이다. 글루건이나 스테이플러를 사용하지 않는다면 의상의 추가 장식은 가능하나, 소재를 재사용하기 위해 의상을 해체하는 것은 바람직하지 않다. 해체를 위한 시간 소요가 예산절감을 상쇄시킬 수도 있으며 보유품을 잃어버리기 상황이 되기 때문이다.

연극 〈뜨거운 양철 지붕 위의 고양이〉 사업계획서 중 일부

배역	막	필요 의상 및 소품 품목	사입 예정품목 분류			
			구매예정	대여가능	협찬가능	기타
마가렛	1	속바지	○			
		스타킹	○			
		목걸이			○	
		귀걸이	○			
	2	구두	○			
		팔찌				배우보유
브릭	1	셔츠	○			
		바지	○			
		벨트				배우보유
		가운		○		
		구두				극단 보유
빅대디	1	셔츠	○			
		커프스 링	○			
		벨트	○			
		구두				극단 보유
	3	가운		○		
빅마마	1	목걸이			○	
		자켓		○		
		구두	○			
		부채				배우 보유
메이	1	브로치	○			
		속바지	○			
		목걸이			○	
		귀걸이	○			
		구두	○			
구퍼	1	셔츠	○			
		벨트	○			
		넥타이	○			
		구두				극단 보유

VI

무대의상 코디네이션

1 코디네이션(coordination)

디자이너는 한 명의 완벽한 캐릭터 창출을 위해서 의상 외에도 모자, 헤어스타일링, 소품 등의 필요함을 절실히 느끼게 된다. 코디네이션이란 '조합하다', '조화시키다'라는 뜻으로 무대의상 연출에 있어 캐릭터 몸에 입고 걸치는 의상, 모자, 가발, 신발, 장신구 등을 전체적으로 의도에 맞게 조합하는 일을 말한다. 즉, 캐릭터 콘셉트에 맞추어 색상과 소재, 질감, 스타일 등 의상의 모든 요소를 구성, 조합하고 연출하는 작업으로 캐릭터의 구체적인 성격과 특징, 감각과 취향까지 표현하며 최종 스타일을 완성한다. 무대의상에서의 코디네이션과 스타일링은 캐릭터 설명과 관객의 감정 유도 등의 기능적인 부분까지도 의미하며, 반드시 보기 좋은 모습을 위한 것이 아닌 캐릭터를 위한 충실한 표현에 우선한다.

이미지 연출가로서 코디네이터와 스타일리스트들은 공연, 방송, 영화, 패션 그리고 광고 등의 분야에서 활동을 위해 캐릭터에 대한 철저한 분석은 물론 색과 이미지, 의상의 룩과 스타일, 헤어나 메이크업, 장신구의 역사, 패션의 흐름과 전망 등에 대한 전반적인 지식이 필요하다. 또한 창조 작업을 위한 다양한 미적 감각 배양과 끊임없는 자기 개발이 필요하다.

2 코디네이션의 종류

코디네이션은 두 종류 이상의 것을 조합하여 하나의 감각으로 만드는 것이다.

1) 아이템 코디네이션

아이템 코디네이션은 상의, 하의와 함께 외의(outer)와 내의(inner)가 적절히 조화를 잘 이루도록 조정하는 것이다. 디자인 콘셉트에 따라 아이템, 실루엣, 디테일, 컬러, 소재 및 액세서리 등이 조화를 이루도록 한다.

2) 색상 코디네이션

색상 코디네이션은 콘셉트를 효과적으로 전달하기 위해 두 가지 이상의 색상을 적절히 배치하고 조화를 이루도록 배색하는 것이다. 색상, 명도 및 채도를 조절하여 다양한 효과를 연출할 수 있으며, 주 색상과 보조 색상의 면적 비를 변화시키면서 다양한 이미지를 전달할 수 있다. 톤온톤(tone on tone) 배색은 보편적으로 사용되는 색상 코디네이션 방법으로 무난하면서도 정리된 이미지를 표현하고, 중명도와 중채도인 탁한 톤을 사용한 토널(tonal) 배색은 안정된 이미지를 표현하여 주로 가을 시즌에 활용된다. 시선을 집중시키는 효과를 주는 악센트 배색은 디자인에 포인트를 주고, 여러 색이 단계적, 점진적으로 변화하는 그라데이션 배색은 점잖고 우아하면서 세련된 멋을 풍기는 특성을 보인다.

3) 소재 코디네이션

소재 코디네이션은 두 가지 이상의 소재를 적절히 배치하여 조화를 이루도록 하는 것으로, 질감의 차이를 주거나 무늬의 변화를 통해 코디네이션 한다. 동일한 재질 또는 무늬를 사용하는 방법, 유사한 재질 또는 무늬를 사용하는 방법, 이질적인 재질 또는 무늬를 사용하는 방법 등이 있다.

4) 소품 코디네이션

모자, 스카프, 가방, 안경, 장갑 등의 소품은 캐릭터의 디테일한 부분을 잘 설명해 줄 수 있을 뿐 아니라 작품을 상징적으로도 표현할 수 있는 요소이다. 캐릭터에 따라 소품 코디네이션은 무궁무진하며 그 활용에 따라 캐릭터의 변신 또한 광범위하다.

3 코디네이션 유형

코디네이션은 디자인의 여러 요소를 결합하여 원하는 디자인으로 재창조시키는 작업이다. 의상 아이템 간의 색상, 질감, 무늬는 물론 소품과 장식의 코디네이션을 통해 캐릭터들의 섬세한 심리와 행동을 상징적 혹은 직접적으로 표현하며 다양한 캐릭터의 이미지를 만들어 낸다. 이를 위해 각 장면에 따른 정확한 상황과 근거를 토대로 충실한 코디네이션을 위해 여러 아이템을 준비하고 그것들을 균형과 불균형 등 다양한 코디네이션과 여러 형태의 착장 방법을 거쳐 원하는 캐릭터를 구축한다. 한 캐릭터 안에서의 균형있는 코디네이션은 캐릭터를 밀도있고 조화로운 완벽한 이미지로 만들고 불균형한 코디네이션은 캐릭터를 개성있거나 뭔가 삐딱하고 흐트러진 이미지로 만든다. 이들의 이미지는 다양한 캐릭터로 표현되고 이들 캐릭터 간의 다양한 코디네이션은 연관성, 대립과 부조화를 통해 작품을 풍성한 시각 이미지의 세계로 안내한다.

1) 연령에 따른 코디네이션

코디네이션은 작품 속 캐릭터의 성격이나 신분에 좌우되지만 일반적으로 받아들여지는 나이 대의 특징을 고려할 수 있다. 20대는 여러 아이템의 믹스 앤 매치를 통해 과감한 시도와 도전을 선호한다. 30, 40대는 삶에 자신감을 지니며 자신만의 스타일을 형성하는 나이 대이며, 중년에 접어들면서 신체적 변화들이 나타나는 50대는 단순하지만 고급스러운 클래식 스타일을 선호하고 소재와 디자인에 신경을 쓴다. 60, 70대는 보수적 성향이 강해지며 신체적 변화로 인해 몸을 많이 가리는 스타일을 선호한다.

2) 성격에 따른 코디네이션

　캐릭터를 분석하여 그 성격의 이미지를 부각시키는 방법이다. 활발한, 소심한, 예민한, 조용한, 엉뚱한, 자유로운, 순수한, 귀여운, 차가운, 따뜻한, 공격적인, 거친, 정직한, 열정적인, 낭만적인, 겸손한, 답답한, 방정맞은, 대범한, 애교 있는, 산만함 등의 다양한 성격과 정보를 가지고 캐릭터를 코디네이션하는 방법이다.

코디네이션을 위한 소품 및 장신구

배역	아이템	소품 및 장신구	디자인
코코	머리띠 2개	토끼,고양이 머리띠 위에 보석이나 깃털, 퍼를 이용하여 장식. 장난감 목걸이, 팔찌등 착용.	
알버트	반가면 or 안경, 고깔모자 1개	고깔모자 위에 크기가 다양한 퐁퐁 같은 장난감을 장식(과하게). 부직포를 이용하여 반가면을 만들거나, 파티 반가를 사용.	
레오	왕관 1개	부직포와 심지를 이용하여 왕관의 틀을 만들고 그 위에 레고, 인형, 장난감등을 덕지덕지 장식. 폼 만들어진 왕관 위에 레고, 장난감들을 장식. 또한 레고로 만들어진 팔찌나 왕관 등으로 장식	

연극 〈뜨거운 양철 지붕 위의 고양이〉

320

3) 체형에 따른 코디네이션

키가 작거나 크고, 마르거나 뚱뚱한 체형, 허리, 가슴, 엉덩이, 배 등의 신체의 일부분이 도드라지는 체형이 있다. 신체의 전체적인 실루엣에 따라 직사각형, 원형, 모래시계형, 삼각형, 역삼각형으로 나눌 수 있는데 체형별로 장, 단점의 부각과 보완을 이용한 코디네이션이다.

4) 신분과 직업에 따른 코디네이션

작품 속에는 왕, 귀족, 평민, 노예, 정치인, 기업인, 일반 직장인, 노동직, 예술가, 운동선수 등의 다양한 직업이 존재한다. 이런 직업을 강조시키고 이미지를 부각하기 위한 코디네이션 방법이다.

VII

무대의상 검수

1 무대의상 검수

무대의상 검수란 제작과 구매, 대여, 협찬 등의 과정을 통해 준비된 무대의상을 계획한대로 의상이 완성되었는지, 의상 목록대로 벌수가 준비되었는지 등 여러 항목을 세밀히 검토하여 최종 완성여부를 판단하고 문서화시켜 정리, 포장하는 업무를 말한다.

무대의상 검수는 의상이 공연장에 반입되기 전에 의상 제작 상의 문제점이나 무대 위에서 벌어질 예상치 못한 사고에 대비하고 문제점을 최소화시킬 수 있는 중요한 단계이다. 또한 무대의상의 최종 완성도를 높여줄 수 있는 단계의 작업이기도 하다.

2 무대의상 검수과정

① 무대의상 목록표와 준비된 의상품목들을 확인하고 분류한다.
② 배우 치수표와 비교하며 의상과 신발 등의 사이즈를 확인한다.
③ 준비된 의상의 디자인과 소재를 디자인 스케치와 확인 검토한다.
④ 의상의 제작 상태를 확인하고 배우들의 움직임에도 문제가 없는지 검토한다.
⑤ 장식이나 색 보정, 디테일 작업 등을 검토한다.
⑥ 페인트, 질감처리, 염색 후처리 작업, 세탁 후 수축 문제 등의 작업에 대해 검사하고 최종 완성 여부를 판단한다.

⑦ 완성된 의상들은 사진을 찍어 기록한다.

⑧ 최종 완성된 의상들에 대하여 사진을 포함한 배역별, 장면별 무대의상 목록과 소품 및 장신구 등 납품 목록을 정리하여 문서화한다.

⑨ 검수가 완료된 무대의상은 손상이나 오염이 되지 않도록 안전하게 패킹한다.

⑩ 구김이 우려되는 의상은 행거에 걸거나 박스에 의상과 소품 및 액세서리 신발류 등을 패킹하여 넣고 포장한다.

⑪ 포장된 박스에 공연 명, 일시, 장소, 박스의 내용물 등을 적은 라벨을 붙여 표시한다.

⑫ 납품일정과 극장 반입일정, 공연 및 리허설 일정을 확인하고 이를 준수한다.

3 무대의상 검수과정 체크 리스트

무대의상 검수 과정을 모두 거쳤다면 아래의 무대의상 검수과정 체크 리스트를 보고 다시 한 번 확인해 보도록 한다. 혹은 자신만의 검수과정 체크 리스트를 작성하여 무대의상 검수작업의 효율을 높이고 무대의상의 불량과 수선의 양을 줄이도록 한다.

무대의상 검수과정 체크 리스트

1. 배우 치수표가 준비되어 있는가?
2. 디자인과 완성 의상 사진이 첨부된 의상목록이 준비되어 있는가?
3. 구입·대여·협찬 목록 등 기타 서류가 준비되어 있는가?
4. 무대의상 목록에 따라 납품할 수량과 품목을 체크하였는가?
5. 캐릭터별 의상리스트가 준비되었는가?
6. 완성된 의상을 막과 장으로 구별하여 배우가 입는 순서대로 정리하였는가?
7. 모자, 신발, 가발, 액서서리 등의 장신구와 소품목록을 확인하였는가?
8. 점검이 완료된 의상을 캐릭터별로 분류하여 포장하였는가?
9. 이동과 인수인계를 위해 안전하게 밀봉하였는가?
10. 포장된 박스에 공연 및 의상 정보를 적은 라벨을 부착하였는가?
11. 준비된 서류와 포장된 박스를 워드로브 팀에게 적시에 최종 인수인계 할 수 있는가?

VIII

무대의상 워드로브와 공연준비

1 워드로브(wardrobe)

워드로브의 사전적 의미는 'ward'(보관하다)와 'robe'(의상)의 합성어로 본래 의상을 보관하는 옷장을 일컫는 말로 후에 개인이나 극단, 극장소유의 모든 의상, 혹은 의상을 관리하고 담당하는 사람을 뜻하는 말로 사용되었다. 현장에서의 워드로브는 의상계획이라는 의미로도 사용되며 공연, 방송이나 영화의 의상 진행과 관리를 담당하는 팀으로 통용된다.

무대의상 디자인팀이 의상진행과 관리업무까지 함께 하는 경우도 있지만 규모가 큰 공연이나 뮤지컬, 오페라처럼 워드로브 팀이 전문적으로 의상진행을 운영하는 경우가 점점 많아지고 있다. 따라서 무대의상 디자이너라면 워드로브의 업무를 파악하고 필요시 협업을 진행해야 한다. 워드로브 팀도 의상에 관련된 지식을 미리 습득하고 무대의상에 대한 전반적인 이해와 의상의 구성과 구조에 대해서도 알아야 하며 재봉이나 바느질방법, 간단한 수선 업무 등을 할 수 있어야 한다.

2 인수인계 과정과 서류

워드로브 팀은 보통 첫 드레스 리허설 한 주 전쯤에 업무를 시작하는데, 무대의상 디자이너는 극장이나 공연현장을 방문하여 의상을 정해진 공간으로 이동시키고 필요한 서류들과 함께 워드로브 팀에게 인수인계한다.

무대의상 디자이너와 제작 담당자는 워드로브 팀장과 의상 관리와 유지, 퀵체인지나 특별 의상의 상황에 대해 충분한 이야기를 나누어 드레스 퍼레이드나 리허설을 준비하는데 도움을 준다. 워드로브 팀장은 첫 드레스 리허설 전에 런 스루(run through)를 여러 번 참가하여 공연을 분명히 파악하도록 한다. 그리고 의상 플롯, 의상 리스트, 반입된 무대의상 목록, 대여, 협찬리스트, 배역별, 장면별 의상리스트, 캐릭터별 의상 리스트(여러 벌일 경우 등장 순서대로 정리), 극장 반입의상 박스 리스트와 수량, 박스별 내용물 리스트, 무대의상 디자인팀의 연락처 등을 전달받는다.

3 워드로브의 역할

① 워드로브 팀은 공연과 무대의상에 필요한 극장의 공간과 동선 그리고 시스템은 물론이고 분장실, 무대의 상수와 하수, 백 스테이지, 퀵체인지 장소, 의상 수선실, 세탁 공간 등을 파악한다. 그 외로 추가로 필요한 공간이나 행거, 테이블, 조명, 거울, 재봉틀, 다림질 도구 등 필요 물품을 미리 요구한다.

② 원활한 공연 진행을 위해 의상을 배우들의 분장실, 무대 옆이나 뒤, 퀵체인지 룸 등 정해진 장소에 준비하고 배우들의 의상 착장 및 퀵체인지를 도와준다. 퀵체인지에 대한 사전 계획은 시간 절약 뿐 아니라 드레스 리허설을 할 때 혼동을 줄여준다.

③ 무대의상의 상세 품목과 수량, 캐릭터별, 장면별 의상 이미지 차트 작성 및 착장 순서를 미리 파악하고 업무를 진행해야 한다. 또한 무대감독이나 연출 팀에게 공연의 큐시트를 받아 워드로브 계획서나 의상 큐시트를 작성한다. 의상 큐시트는 의상의 빠른 착장을 돕고 의상 진행의 효율성을 높이며 재공연 시 중요한 자료로 남게 된다.

④ 리허설 등 공연 일정에 따른 업무 관리는 물론 배우와 캐릭터 파악도 필수적이다.

⑤ 공연 시 의상에 예상치 못한 사고나 문제가 발생했을 때 재빨리 해결해야 하며, 다음 공연을 위한 세탁 및 보수, 다림질 등의 관리를 통해 의상을 최적의 상태로 유지하기 위해 노력해야 한다. 또한 배우들은 무대에서 많은 땀을 흘리므로 바로 걸어서 구김없이 건조시킬 수 있는 건조기를 사용하는 것이 편리하다. 장기간 공연을 위해 교체 의상의 필요성에 대해서도 항상 인지해야 한다. 공연이 끝난 후에는 의상 세탁, 보관, 문서 정리, 반환 업무까지 현장에서 이루어지는 의상에 관련된 모든 일을 해야 한다.

세탁건조기

의상을 걸어 말릴 수 있는 건조기

장면별 이미지 차트

공연 명: 〈뜨거운 양철 지붕 위의 고양이〉

1막						
	브릭	마가렛	마가렛	빅대디	빅마마	메이
	구퍼	의사 보오	목사	알버트	레오	코코

2막		
	브릭	마가렛

3막		
	마가렛	빅마마

4 공연준비

각 의상이 조합되고 마무리되면 모든 의상에는 라벨이 붙여지고 다른 아이템들과 섞이지 않도록 행거나 캐비넷에 정리된다. 스타킹, 손수건, 장갑 등의 작은 물품들은 어느 장면, 어느 캐릭터가 사용하는지 개인 백(goody bag)에 보관되고 반지, 귀걸이처럼 작은 아이템이나 부채처럼 망가지기 쉬운 액세서리는 개인 백 속의 작은 박스에 넣어둔다. 배우의 이름이 적힌 이름표는 워드로브 팀원이나 배우가 의상을 쉽고 정확하게 위치시킬 수 있도록 해준다. 이동 시에는 바퀴달린 행거나 의상 정리가 쉬운 커다란 바구니 사용이 편리하다.

라벨이 부착된 공연의상

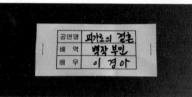

의상라벨의 예

개인 백

옷걸이의 캐릭터별 이름표

분장실 모습 (안현주)

1) 드레스 퍼레이드(dress parade)

드레스 퍼레이드는 배우들이 일렬로 무대 위를 행진해 보는 과정을 말한다. 많은 디자이너나 연출들은 드레스 퍼레이드를 좋아한다. 왜냐하면 무대 위에서 의상을 갖춰

무대의상 디자인

입은 각각의 배우를 세심하게 볼 수 있기 때문이다. 이때 객석에서 바라보았을 때 의상들의 일관성, 스커트 밑단 길이의 적절성, 계단이나 문을 이용할 때 의상과 공간의 문제점 등을 파악할 수 있으며, 무대장치와 조명과 함께 전체적인 효과를 점검할 수 있다.

2) 드레스 리허설(dress rehearsal)

드레스 리허설은 공연 전 마지막 무대연습으로 일종의 가상공연이다. 조명이나 무대장치 등을 실제 공연상황과 똑같이 준비해놓고 무대의상과 분장까지 갖추고 본 공연처럼 진행한다. 보통 드레스 리허설은 심각한 문제가 발생하지 않는 중단없이 끝까지 진행한다. 공연 중 발생 할 수 있는 문제점을 사전에 해결 할 수 있는 중요한 과정이므로 디자이너는 드레스 리허설에 반드시 참석해서 의상의 평가와 수정 작업에 임해야 한다. 각 장면의 의상이 시각적 균형이 이루어졌는지 확인해야 한다. 너무 밝은 의상은 스프레이가 뿌려지거나 염색으로 톤을 낮출 수 있고 색상이 탁하거나 너무 어둡다면 좀 더 밝은 장식이나 액세서리가 필요할 수도 있다. 혹은 예상치 않은 조명으로 수정작업이 이루어져야 할지도 모른다. 의상 수정보다 조명의 조도와 젤 칼라의 수정이 더 빠른 해결일 수도 있다. 연출과 조명디자이너, 그리고 의상디자이너는 해결책을 위해 가능한 가장 빠른 방법을 미학적으로, 효과적으로 해결할 수 있도록 논의한다.

디자이너는 의상의 핏이나 스타일로 인한 움직임 문제를 해결하기 위해 각 배우와의 소통이 필요할지 모른다. 시대의상은 현대의상보다 더 신체를 옥죄이고 배우의 자세나 움직임을 변경시키므로 배우는 그 의상에 익숙해지기 위해서 시간이 필요할 것이며 높은 굽의 구두는 익숙해지기 위해서 연습이 필요할 것이다.

워드로브 팀과 디자이너는 드레스 리허설 동안 수정사항을 자세하게 기록한다. 배우 이름, 장면, 의상의 문제점, 가능하다면 해결 방안 등을 모두 기록한다. 드레스 리허설 기간은 정신없이 바쁜 기간이다. 전날 드레스 리허설 수정을 바탕으로 또 다른 변경이 생기기도 한다. 배우가 연기를 잘 할 수 있도록 하는 수정이 우선이고 장식이나 시각적 문제점들은 그 뒤에 해결하도록 한다.

의상은 퍼포먼스의 일부분이다. 의상의 시각적 효과는 극의 전체효과에 기여하는 중요요소이며, 극적효과를 위해 배우의 의상표현이 적극 격려되어야 한다. 디자이너는 배우에게 의상이 어떻게 캐릭터의 개성을 투영하고 증진시키도록 디자인되었는지 알려주어야 하며 의상의 효과적 사용에 대해 도움을 주어야 한다.

배우는 의상을 입은 채 극장을 벗어나거나 담배, 술, 식사를 하지 말아야 한다. 공연 중에 배우에게 입혀진 의상은 극장이나 극단의 소유이고 워드로브 팀에 의해 다른 의상들과 함께 관리되며, 공연 중 어떤 위험이나 도난으로부터 보호되어야 한다.

드레스 퍼레이드와 드레스 리허설을 위한 체크 리스트

1. 모든 의상들이 지정 공간에 배우들의 착장 순서대로 정리되었나?
2. 의상 수선실, 다림질 도구 및 봉제 기구가 준비되었나?
3. 각 의상이 캐릭터의 존재감 표현에 도움을 주었나?
4. 강조가 되어야 할 캐릭터가 돋보이나? 수정 작업이 필요한가?
5. 모든 의상이 완성도 있게 보이나?
6. 모든 의상의 기능들이 연기에 적합한가?
7. 조명이 의상에 효과적인가? 조명에 너무 반사되는 의상은 없나?
8. 무대장치에 의상이 집히거나 걸리는 것은 없는가? 계단 사용 시 문제가 없는가?
9. 의상 전환이나 퀵체인지에는 문제가 없는가?
10. 의상에 마이크 착장에는 문제가 없는가?
11. 배우에게 상황별, 배역별로 의상 착장을 지도하였나?
12. 바지나 스커트 단의 길이가 적당하며 고른가?
13. 리허설 중 수정 사항을 자세히 메모하였는가?
14. 어떤 수정이 다음 드레스 리허설 전에 이루어져야 하는가?

3) 공연 시작(opening night)

드레스 리허설과 준비과정의 흥분과 긴장은 공연 시작과 함께 끝이 난다. 디자이너는 공연을 워드로브 팀에게 인계하고 커튼이 올라가면 공연 진행은 그들의 책임이 된다. 공연 날 디자이너는 공연에 함께 참여했던 의상 팀과 다른 스태프들에게 그동안의 노고에 대해 감사를 표하면서 공연을 축하하게 된다. 성공적인 협업인 경우 더욱 인정을 받을 것이다. 장기 공연인 경우 책임감있는 디자이너라면 정기적으로 의상의 전반적

무대의상 디자인

인 상황을 점검할 것이고, 만약 의상이 낡아 또 다른 동일 의상이 필요하다면 적절한 시기에 교체될 수 있도록 미리 준비를 할 것이다. 때론 배우가 의상이나 액세서리를 독자적인 방법으로 착용하거나 고치기도 하는 일도 발생하는데, 무대감독이나 워드로브 슈퍼바이저는 의상디자이너와 회의를 통해 다시 수정되도록 한다. 이 과정에서 유연한 협의가 필요할 것이다.

4) 의상 철거(strike)

마지막 공연이 끝난 후 의상을 철거하게 된다. 철거된 무대의상의 정리와 보관은 사전 계획에 의해 이루어져야 한다. 가끔은 의상 철거에 디자이너가 도움을 주어야 할 경우가 있다. 극단이나 공연 상황에 따라 디자이너가 최종 세탁, 보관, 반납, 폐기 등 관리를 책임지기도 한다. 반납의상은 반납일자를 반드시 지키도록 한다.

무대의상 정리와 관리

1 무대의상의 분류

의상을 시대별, 장르별, 작품별, 아이템별, 색상별로 분류를 하고 작품명, 캐릭터명, 아이템명, 막과 장면, 극단명, 공연 일시, 소재 및 색상, 보관 장소, 구입이나 제작일시, 디자이너 이름, 제작자 등을 카드나 컴퓨터에 기록하여 관리한다.

1) 시대별 의상 분류

무대의상은 다양한 시대와 나라를 배경으로 전개된다. 시대별, 나라별로 잘 정리하여 보관하면 연습 의상을 찾거나 대여 시 그리고 재고품을 찾을 때 쉽게 찾을 수 있다.

2) 장르별 의상 분류

연극, 오페라, 뮤지컬, 무용, 퍼포먼스 등 장르별로 의상을 보관하면 추후 비슷한 장르의 의상을 찾을 때 용이하다.

3) 작품별 의상 분류

한 작품 안에서 착용되었던 의상들을 모아 분류하면 추후 공연이나 대여 시 편리하다.

4) 아이템 별, 색상별 분류

의상 아이템 별, 색상별로 분류를 하면 단품으로 원하는 색상의 의상을 찾을 때 편리하다.

5) 기타 특성별 분류

① 견이나 쉬폰 의상

견이나 쉬폰은 소재가 얇아 올이 나가거나 미어지기가 쉬우므로 되도록 따로 보관한다.

② 염색된 의상

진한색으로 염색된 의상은 보관 시 되도록 흰색 또는 연한컬러의 의상들과 함께 보관하지 않도록 한다.

③ 장신구 및 액세서리

장신구나 액세서리는 아이템별로, 소재별로 분류하여 충격에 의한 손상이 없도록 공간을 띄어 보관한다.

④ 핸드백, 신발

핸드백과 신발은 유형별로, 사이즈 별, 색상별로 분류하고 신문지, 종이를 넣어 형태를 유지한 후 박스나 선반에 보관한다.

⑤ 모자

모자는 유형별로 분류하고 형태 변형이 쉬우므로 모자걸이나 헤드폼을 이용하여 보관한다.

⑥ 코르셋 및 페티코트

시대나 실루엣의 형태에 따라 분류하고 잘 접거나 걸어 보관한다.

⑦ 기타

기타 속옷이나 양말, 손수건, 장갑, 벨트 등은 아이템별로 분류하여 박스에 넣어 보관한다.

2 무대의상 정리와 보관

공연 종료 후에도 무대의상과 신발, 장신구들의 정리는 잘 이루어져야 한다. 고유 디자인을 유지하기 위해 각 아이템의 형태와 특성을 고려한 관리법이 필요하며 섬유로 제작된 모든 무대의상은 사용 종료 후에는 반드시 세탁한 후 패킹이 되어야 한다. 세탁이 불가한 장신구 및 신발들은 적합한 세탁제를 사용하여 이물질을 제거하고 충분히 건조 후에 보관한다. 보관은 옷장, 행거, 선반, 서랍장, 플라스틱이나 종이로 만든 상자 등을 이용하여 외부의 습기나 열, 병충해에 영향을 받지 않아야 한다.

1) 박스나 행거 보관
길이가 길고 부피가 있으며, 손상되기 쉬운 의상은 그에 맞는 의상 박스나 행거를 제작하여 보관한다.

2) 서랍장이나 개별 컨테이너 보관
행거에 걸어 보관하기엔 부피가 작거나 분실 위험이 있는 의상 및 장신구들은 개별 포장 후 별도의 간이서랍장에 안전하게 보관한다.

3) 개별 포장 보관
부피가 크고 충격에 약한 장신구와 헤드드레스는 개별 박스 포장으로 안전하게 보관하고 신발들도 쌍을 맞춰 보관한다.

4) 특수의상 보관

발레의상 튜튜(tutu)나 페티코트가 달린 스커트는 볼륨을 유지하기 위해 공연 종료 후에는 스커트를 반대로 뒤집어 보관해야 습기 흡수로 아래로 처지는 것을 방지할 수 있다. 기타 특수 의상의 고유 형태를 유지시키기 위해 그에 맞는 박스를 제작하여 보관한다.

발레의상 tutu의 보관 (정한아)

5) 장신구 보관

목걸이, 팔찌, 귀걸이, 반지, 넥타이 등의 작은 장신구들은 분실의 위험이 많아 아이템별로 지정된 위치에 보관해 둔다. 또한 가죽클리너와 금속클리너와 같은 전문 세제로 닦아서 잘 말린 후 박스나 적합한 수납공간에 보관한다.

6) 모자와 헤드드레스 보관

모자나 헤드드레스의 고유 형태가 틀어 지지 않도록 헤드폼에 씌워 보관한다.

모자와 헤드드레스 보관

3 무대의상 관리

무대의상은 착용 후에 바로 먼지를 털고 솔질하여 청결유지를 해야 한다. 얼룩이 지거나 오염된 의상은 시간이 경과하면 제거하기가 어렵고 병충해나 곰팡이의 원인이 되므로 오염 즉시 적절한 처리를 해야 하며 형태와 색상 그리고 소재 등의 손상이 없도록 세탁과 관리를 해야 한다.

1) 무대의상 세탁하기

공연 후 무대의상을 수거하여 아이템별, 소재별, 색상별로 분류하여 그에 맞는 세제와 세탁 방법을 선택한다. 세제는 표백세제, 중성세제, 홈 드라이크리닝 세제, 부분세척제, 섬유유연제 등이 있는데, 의상 소재에 적합한 성분의 세제를 선택한다.

• 견

견 소재의 의상은 열에 약하고 물에 닿으면 쉽게 얼룩이 지므로 주의가 필요하다. 오랫동안 보관할 때는 섬유유연제를 사용하지 않는 것이 좋으며, 세탁 시 되도록 드라이클리닝을 한다. 부득이하게 물세탁을 해야 할 경우엔 중성세제를 탄 미지근한 물에 세탁하도록 한다.

• 모피

모피 의상은 모피전문 클리닝 업소에서 세탁을 해야 하지만 털의 색상이 변색되거나 윤기가 떨어 질 수 있으므로 자주하지 않는 것이 좋다.

• 니트

니트는 쉽게 수축될 수 있어 세탁 시 세탁방법을 잘 숙지한 후에 한다. 처음에는 반드시 드라이클리닝을 해주고, 손세탁 시 에는 니트 전용세제를 탄 미지근한 물에 담가 지그시 눌러 세탁한다. 물에 오래담가두지 않고 세탁시간을 최대한 짧게 한다.

무대의상 디자인

- 모직

모직 소재는 형태가 쉽게 변할 수 있어 되도록 드라이클리닝을 한다. 장기간 보관 시 세탁은 반드시 해야 하고 방충제와 함께 보관한다.

- 가죽

가죽소재는 보관방법에 따라 가죽 색상과 형태에 변화가 생길 수 있으므로 특별한 관리가 필요하고 반드시 전문점에서 세탁하도록 한다.

- 면

알칼리나 약품에 강하고 취급이 쉬워 일반 세탁기 사용이 가능하나 세탁 시 온도가 높은 물은 수축될 위험이 있어서 찬물이나 미지근한 물로 세탁하는 것이 좋다.

- 스웨이드

더러워진 부분은 솔로 살살 털어내고 전용지우개나 일반지우개로 문질러 없애거나 젖은 부분을 마른 수건으로 살짝 눌러 닦는다. 스웨이드는 드라이클리닝을 해야 하지만 옷감이 상할 수 있어 관리를 잘 해야 한다.

- 데님

데님소재는 처음은 드라이클리닝을 해주며, 물이 빠지기 쉬우므로 세탁 시에도 다른 의상들과 분리 세탁을 해야 한다. 지퍼는 잠근 후 찬물 세탁하는 것이 좋다.

2) 세탁이 아닌 다른 방법으로 무대의상 유지하기

세탁이 힘든 의상, 부피가 큰 의상, 장식이 많은 의상, 소재가 독특한 의상은 세탁 시 손상의 위험이 있다. 이때 세탁이 아닌 다른 관리 방법을 이용해야 한다.

- 의상의 소재 및 건조 상황을 고려하여 적합한 섬유탈취제 제품을 선택한다.

- 건조 방법을 이용한다.

무대의상은 고온의 무대조명 아래 격렬한 움직임으로 땀으로 흠뻑 젖는 경우가 다반사이다. 땀과 오염으로 습윤된 의상을 그대로 방치하면 곰팡이와 해충의 피해를 받기 쉬우며, 의상의 강도뿐 아니라 색상을 변하게 하는 요인이 된다. 세탁이나 드라이클리닝한 의상이라해도 습윤될 수 있으므로 거풍이 필요하며 의상 커버도 통기성 있는 것을 사용해야 한다. 건조시킨 의상은 적당한 용기 및 장소에 보관하며 방습제를 넣어둔다. 일반 드라이기를 이용하거나 옷걸이에 건채로 건조시킬 수 있는 건조기는 옷감손상과 구김 없이 잘 말릴 수 있고 보통 1-3시간 안에 건조할 수 있기 때문에 보통 1일 2회 공연인 경우 1회와 2회 공연 사이에 건조하는데 많이 사용한다.

3) 정리 방법

의상을 보관하기 위해서 옷장에 넣을 때에는 한 벌씩 정성껏 정리한다. 양복은 옷걸이에 걸어서 보관하며 의상을 접어서 넣어야 할 때 어깨, 가슴, 칼라 접힘선에는 부드러운 헝겊이나 종이를 둥글게 말아서 넣으면 형태를 보존할 수 있고 구김살이 덜 생긴다. 한복은 보관용기에 맞추어 되도록 크게 접으며, 금사, 은사로 수를 넣었거나 금박무늬가 있는 곳에는 부드러운 한지를 사이에 끼워 놓는다. 드라이클리닝을 한 의상을 비닐로 씌운 채 보관하면 습윤 되기 쉽고 유기용제의 냄새가 남아 있을 수 있으므로 비닐을 벗겨서 보관한다.

4 무대의상 반환

분류한 물품을 대여업체, 협찬업체와의 계약서 조건에 따라 반납한다.

1) 손상되지 않도록 패킹하여 반납

대여, 협찬의상과 장신구를 손상되지 않게 패킹한다. 반납 시 이동 중 의상에 손상이 가지 않도록 의상커버로 패킹하고 충격에 약한 장신구나 의상은 에어캡으로 개별

무대의상 디자인

포장하거나 박스에 에어캡 같은 완충제를 넣어 형태를 보호하며 패킹하여 반납한다.

2) 복원이 필요한 의상 수선, 배상

공연 중 의상이 파손이 되었거나 문제가 되었던 의상을 수선하거나 배상한다.

5 무대의상 창고의 쾌적한 환경 유지

공연이 끝난 후 세탁된 의상이라도 잘못 보관하게 되면 습기가 차고 곰팡이로 얼룩이 지게 되는 경우가 있다. 의상 자체의 오염상태, 보관 장소의 환경에 따라 물리적, 화학적 손상을 받게 되므로 장기간 보관할 때 쾌적한 환경이 될 수 있도록 온도와 습도, 통풍, 빛 차단 등을 고려하여 최적의 장소에 보관 할 수 있도록 한다.

의상 보관 중에 발생하기 쉬운 변형, 변색, 곰팡이 발생, 해충의 피해를 방지하는 데는 보관 장소의 습기조절이 가장 중요하다. 이를 위해서는 제습제의 사용이 필요한데 제습제의 주성분인 실리카겔은 알갱이가 스스로 수분을 흡수하는 역할을 하므로 시중에 판매하는 다양한 사이즈의 실리카겔을 의상 및 장신구의 수량에 비례해 보관 박스나 장소에 넣어준다. 그리고 온도변화가 적고 건조하며 직사광선이 없는 바람이 잘 통하는 장소에 의상을 보관하는 것이 좋다.

또한 소재에 따라 해충에 의한 침해가 발생하는데, 특히 모소재의 의상은 피해가 크다. 따라서 의상을 보관하기 전에 세탁을 통해 오염을 제거하고 건조시키며 보관 장소를 깨끗이 한 후 방충제를 천이나 신문지에 싸서 함께 넣어 둔다. 의상에 충해를 방지하기 위해서 의상 및 장신구의 수량 및 용도에 맞게 적정량의 방충제를 넣어 준다.

무대의상 보관 체크 리스트

1. 최대한 온도와 습도를 조절한다.
2. 보관 장소나 보관박스에 빛을 최대한 차단하도록 한다.
3. 보관 장소에 방충제, 제습제를 함께 넣어준다.

4. 세탁업체에서 씌어준 비닐은 통풍이 되지않아 곰팡이나 좀이 생길 수 있으므로 제거한다.

5. 커버를 씌워서 보관해야 하는 의상들은 면이나 부직포 소재의 통풍되는 커버를 이용해 보관한다.

6. 장기보관 시 가능하다면 의상사이의 간격을 충분히 유지시켜 주어야 한다.

7. 의상의 특성에 따라 그에 맞는 보관방법을 찾는다.

Chapter IV

영화의상과 방송의상

무대의상은 크게 공연의상과 영화와 방송의상으로 나눈다. 공연의상이 연극, 무용, 오페라, 뮤지컬의 관객이 특정장소에 찾아가 배우와 직접적으로 만나게 되는 장르의 의상이라면, 영화와 방송의상은 여러 기술과 과정을 걸쳐서 카메라를 통해 시청자에게 인지되는 간접적인 표출방식의 의상이라 할 수 있다.

영화의상과 방송의상은 대중성과 강한 전파력으로 공동의 화젯거리를 만들어주면서 대중들의 사고와 실생활에 큰 영향을 주지만, 디자인 면에서는 공연의 여러 장르의 의상 디자인과 크게 다르지 않다. 환경과 매체가 무엇이든 간에 캐릭터를 위한 의상을 다루기 때문이다. 그러나 첨단기술과 장비를 앞세운 이들 매체의 특성에 의해 디자인 시 고려해야 할 점들이 있다. 카메라는 배우를 시청자 앞에 바로 가지고 오거나 일반적 효과만 인지할 정도로 분리시킬 수 있으므로 의상의 디테일들이 상당히 잘 보이거나 안보일 수도 있다.

공연과 달리 영화와 방송에서는 반드시 스크립트 순서대로 장면이 촬영되지 않는다. 끝부분이 시작 전에 촬영될 수도 있고 의상 작업이 끝난 몇 달 뒤까지도 촬영이 끝나지 않는 경우도 있으며 스크립트와 리스트들은 지속해서 자주 바뀌곤 한다. 이 점이 이 분야의 디자이너가 유연해야 하고 인내심이 필요하며 콘셉트와 스케줄을 잘 세워야 하는 중요한 이유이다.

영화의상

1 영화매체의 특성

영화는 시네마, 필름, 무비, 모션 픽처 등의 용어와 함께 사람들을 즐겁게 하기 위한 목적으로 탄생했다. 영화는 대중에게 가장 영향력이 큰 대중매체라 할 수 있으며, 영화를 보는 것은 생활의 일부가 되었다. 더불어 우리 삶 속에 내재되어 있는 꿈과 희망, 기쁨과 슬픔, 사랑과 이별, 갈등과 시련 등을 다양한 형태로 표현하며 우리와 함께 살아가고 있다.

영화는 상업 영화, 예술 영화, 작가 영화, 실험 영화 등으로 분류할 수 있으며 다양한 특성을 가지고 있다. 대중과 강하게 소통하는 예술로서의 영화는 과학이며 산업으로서 많은 부가산업을 활성화시키고 우리의 영혼과 삶 속의 많은 문제들을 치료하는 기능도 한다.

영화는 과학기술의 진보와 함께 발전해왔다. 무성에서 유성으로, 흑백에서 컬러로, 아나로그에서 디지털로, 2D에서 3D 입체영화를 넘어 4D, 홀로그램 영상으로 발전하며 앞으로도 대중과의 소통은 다양한 방식으로 발전할 것이다. 이와 함께 여러 장르들이 서로 융합하여 새로운 장르로 재창조되며 발전할 것이다.

연극 연출을 위한 모든 시각적 요소의 배치를 말하며, 영화에서 미장센은 프레임 안에 세팅되는 모든 것을 의미한다.

• 숏(shot)

숏은 영화의 최소 단위로 카메라가 버튼이 켜지고 꺼질 때까지 찍힌 영상의 내용을 말하며, 화면 속의 대상이나 캐릭터 신체의 보여지는 부분의 크기정도에 따라 풀숏(full shot), 미디엄숏(medium shot), 웨이스트숏(waist shot), 바스트숏(bust shot), 클로즈업(close up)으로 나눌 수 있다.

• 컷(cut)

컷이란 연속되어 있는 한 덩어리의 숏이 잘려지는 것을 말한다. 즉, 하나의 장면에서 다른 장면으로 바뀌는 장면 전환기법으로 숏들은 원하는 위치에서 컷을 통해 편집된다. 한 신에 컷이 얼마나 있는지 파악하고 컷이 바뀜에 따라 의상의 변화를 체크하여 연결 상태를 맞추는 작업이 중요하다.

• 신(scene)과 시퀀스(sequence)

보통 동일한 장소와 시간에서 일어나는 일련의 사건과 상황들을 말하며, 숏들이 모여 신이 되며, 신들이 모여 하나의 이야기 단위인 시퀀스가 된다. 이 시퀀스들이 모여 영화 스토리가 완성되는 것이다.

• 앵글(angle)

앵글은 피사체를 촬영할 때 카메라의 각도와 위치를 말하는데, 이에 따라 보여지는 부분도 달라지고 분위기와 효과가 달라질 수 있다. 피사체의 눈높이와 똑같은 위치에서 촬영하는 아이 레벨(eye-level), 피사체 위에서 촬영하여 소외되고 고독한 모습을 표현하기도 하며, 혹은 장엄함, 두려움, 강인함도 표현할 수 있는 하이 앵글(high angle, 부감앵글), 대상에 대한 위대함을 느끼게 해 주는 로 앵글(low angle, 앙각앵글) 등이 있다. 그러나 앵글에 의한 느낌과 표현은 내용과 상황에 따라 다르게 전달될 수 있다.

- 영상 구성요소

영상은 화면 안의 공간, 색, 형태, 선, 톤, 움직임, 그리고 리듬 등의 모든 시각 요소들로 이루어지며, 카메라를 통해 모든 장면에서 활용되고 기능한다. 이런 영상 구성요소는 장소, 배경, 캐릭터, 의상, 소품, 타이틀 디자인 등으로 구조, 분위기, 감정, 아이디어를 제공한다.

4) 문서작업

공연과 영화작업의 큰 차이점중의 하나가 많은 양의 문서작업이다. 문서는 소통과 원활한 작업 진행을 위한 중요한 도구이다. 모든 요소들을 잘 관리하고 진행하기 위해 문서작업이 필요하나 변화도 자주 일어난다. 시작단계에 리스트와 스케줄표가 흰색이었다면 바뀔 때마다 다른 색으로 인쇄되곤 한다. 변화에 잘 대처하기 위해 컴퓨터에 정보를 입력하여 첨가, 삭제, 이동을 쉽게 하도록 한다. 모든 생각과 판단이 이미지 혹은 문서로 작성되어 모든 구성원과 공유하도록 한다. 영화 작업은 부분작업이 많아 전체적인 목표와 흐름을 항상 마음에 새겨야 한다.

- 신 구분표(scene breakdown sheet)

시나리오를 바탕으로 각 신의 간단한 내용을 비롯해 신 넘버, 낮과 밤, 실내와 야외, 장소, 세트, 캐릭터, 의상, 소품 등에 대한 정보를 보기 좋게 요약한 양식이다. 배우진과 제작진은 이 신 구분표를 통해 작품에 대한 흐름은 물론 촬영 시 염두에 두어야 할 사항들, 자신들이 준비해야 할 사항 등을 스스로 점검할 수 있으며 이 양식을 토대로 제작 계획 및 일정을 세울 수 있다.

- 제작 일정표(production schedule)

제작 일정을 한눈에 알아볼 수 있는 효율적인 양식으로, 전체적인 제작 항목을 표기하고 일, 주, 월 단위로 진행 과정을 작성하여 작업의 순서와 흐름을 쉽게 볼 수 있도록 한 양식이다. 이는 참여진 모두가 영화제작의 전체 흐름과 진행상황을 인지하여 각자 스케줄을 적절히 조절할 수 있게 한다.

무대의상 디자인

- 장소 헌팅 리포트(location hunting report)

장소 헌팅 리포트는 촬영 장소에 대한 구체적인 정보를 작성한 것으로, 촬영 전에 촬영 장소와 공간에 대한 이해와 준비 사항들을 파악한다. 프로듀서, 감독, 촬영감독, 미술감독 등으로 이루어진 현장 로케이션팀이 답사를 통해 얻은 촬영 환경과 조건 그리고 협조 등 구체적인 사항들을 바탕으로 작성하며, 이를 통해 촬영을 위한 카메라의 위치와 움직임 그리고 배우들의 연기를 위한 지침을 제공한다.

- 시나리오 줄 콘티(script line breakdown)

어떤 방법으로 어떻게 촬영할 것인지 시나리오 위에 직접 밑줄 등의 표시를 통하여 촬영 계획을 세우는 것으로, 표시된 계획에 따라 카메라의 앵글과 사이즈 그리고 배우의 움직임 등을 쉽게 확인할 수 있다.

- 숏 리스트(shot list)

촬영 현장에서 제작진들이 가장 많이 그리고 자주 참고하게 되는 목록표로, 신 구분표보다 자세하게 촬영을 위한 모든 것을 기입해 놓은 양식이다. 이 리스트를 통해 각 분야 담당자들은 할 일의 순서와 내용을 빠르게 파악하게 된다.

- 스토리보드(storyboard)

촬영 전에 촬영할 시나리오의 각 장면을 그림으로 표현해보고 촬영할 화면의 크기와 카메라 위치, 그리고 카메라의 움직임 등을 표시한다. 이 양식은 영화의 장면을 사전에 시각화하여 점검할 수 있을 뿐 아니라 이를 통해 제작진간의 소통을 원활히 할 수 있다. 최근에는 그림을 대신해 스토리보드 소프트웨어를 통해 디지털 이미지로 작성하여 더 정확하고 쉽게 촬영 장면과 상황을 확인할 수 있다.

- 콘티(continuity)

촬영 현장의 장면을 시각화하여 시나리오의 내용을 어떻게 영상으로 옮길 것인지에 대한 계획을 구체적으로 설명해 놓은 설계도이다. 콘티는 컷 하나하나를 화면의 비율과 동일하게 그림을 그리고 그 안에서의 카메라의 위치와 움직임, 조명, 캐릭터와 소품의 위치 등을 계획하여 사전에 시각화해서 볼 수 있도록 하였고, 촬영 장소와 준비 사항 등 필요한 제작 정보를 자세히 담고 있다. 이를 통해 사전에 촬영에 대한 준비를 철저히 하여 제작 현장의 작업 능률을 올릴 수 있다.

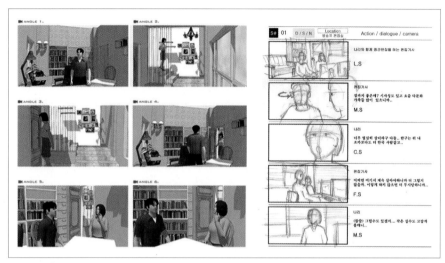

스토리보드와 콘티 (프로덕션 디자이너 심형근)

• 제작진 연락표

배우들과 제작진의 연락처를 기입한 표이다. 서로 연락망을 공유하여 스케줄 진행에 차질이 없도록 한다. 영화제작에 있어서는 시간이 곧 예산이므로 약속과 신뢰는 너무도 중요한 사항이다.

• 촬영 스케줄표(shooting schedule)

보통 촬영 횟수를 1회 차, 2회 차 등으로 명명한다. 촬영 스케줄에는 캐릭터, 장소, 촬영 시간과 내용, 연출과 각 제작진의 역할, 의상 및 소품, 촬영 현장에 대한 특이 사항 등 기타 설명이 기록된다. 이 스케줄을 바탕으로 한 철저한 준비는 시간 절약 및 원활한 촬영을 가능하게 한다.

무대의상 디자인

- 일일 촬영 계획표(call sheet)

하루 촬영을 단위로 배우와 스태프들이 언제 어디로 모이고 어떤 장면의 숏을 찍는지, 필요한 장비는 무엇이고 어떤 특수 분장이나 특수 효과가 필요한지 등의 자세한 내용을 포함한 표이다.

다양한 문서 작업

연출 및 제작관련 문서	의상관련 문서
신구분표, 신리스트, 숏리스트, 장면분석표, 캐릭터리스트, 보조출연리스트, 소품사진 촬영리스트, 헌팅리스트, 제작일정표, 촬영스케줄표, 일일촬영계획표, 현장콘티, 약도, 제작진 연락표 등	캐릭터(주역/조역/단역)리스트, 배우치수표, 의상콘셉트자료, 캐릭터분석표, 의상디자인 스케치, 의상장면분석표, 의상리스트, 의상연결표, 의상스케줄표, 의상예산서, 의상정산서, 구매의상리스트, 시장조사 리스트, 협찬사리스트, 협찬의상리스트, 대여의상리스트, 반납의상리스트, 협찬공문서, 작업지시서, 스와치북, 세탁물 관리 목록 등

3 영화의상의 특징

① 영화의상은 영화의 중요한 시각적 요소로서 미적 예술을 창조하는 작품으로서의 가치를 지니며, 시대의 문화를 재창조한다. 또한 캐릭터와 작품의 배경을 직접, 간접적으로 표현하며 작품과 캐릭터의 특정 요소나 의미를 상징한다. 영화의상은 영화 속의 캐릭터를 위한 의상이므로 현실의 요구를 반영하며 빠르게 변화하는 대중을 위한 패션과는 분명한 차이점을 지닌다. 그러나 상상의 인물에 과거와 현재 그리고 미래를 반영하는 영화의상이지만 많은 영화의상이 시대물보다는 현대의상으로 작업되므로 패션과도 밀접한 관계가 있다. 이를 통해 대중과 강하게 소통하며 유행을 창출하기도 한다.

② 영화의상은 드라마, 코메디, 서스펜스, 미스터리, 스릴러, 공포, SF, 판타지, 시대물과 고전물 등 장르의 특성을 면밀히 파악하여 그에 적합하도록 디자인되어야 한다. 영화 장르란 줄거리, 캐릭터, 주제, 스타일, 분위기 등에 따라 영화를 분류한 것을 말한다. 영화 장르는 속성과 기준에 따라 나눠지며, 시대의 흐름과 사회 현실의 변화에 따

라, 관객의 요구와 취향에 따라 끊임없이 진화되고 수용되며 변형되어 재생산된다.

③ 대부분의 영화에는 많은 수의 캐릭터들이 등장한다. 대본에 언급이 안 된 캐릭터들도 있다. 이들은 장면에는 나오고 대사는 없는 엑스트라들인 경우가 많은데 간혹 짧은 시간 안에 수백명의 캐릭터들을 다루어야 할 경우도 생긴다. 별도의 엑스트라 스케줄이 만들어지면 디자이너에게는 많은 도움이 되겠지만 엑스트라나 단역들은 촬영 하루 전이나 촬영 당일 아침에 전화통화로 배역이 이루어지는 경우가 다반사이다. 이때는 전화로 신체 치수를 얻는 등 그 캐릭터에 대한 준비 기간이 매우 짧으므로 보유품 사용 등 모든 가능성을 열어놓고 준비해야 한다. 혹은 엑스트라 그들 자신의 의상과 적절한 소품을 가져오도록 요구되기도 하는데, 디자이너는 의상의 형태와 색상을 말해주며 가져온 두 세벌의 의상에서 선택하기도 한다. 또한 엑스트라가 유니폼을 입어야 할 경우가 있는데, 보통 유니폼은 엑스트라 캐스팅 이전에 준비되는 경우가 보통이므로 캐스팅 시 어떤 신체 사이즈의 엑스트라가 필요한지 사전 요구가 필요할 때도 있다. 시대물 영화에서 모든 엑스트라는 시대의 상을 입어야 하므로 준비 기간 안에 제작이 가능하도록 미리 스케줄을 작성해야 한다.

1) 영화의상 작업과정

영화의상 작업은 공연의상 작업보다 디자이너를 더 많이 지치게 하곤 한다. 긴 작업기간과 디자인 결정에 대한 다방면의 압력을 견뎌야 하며, 예술성보다는 상업성을 가지고 일해야 할 때가 많기 때문일 수

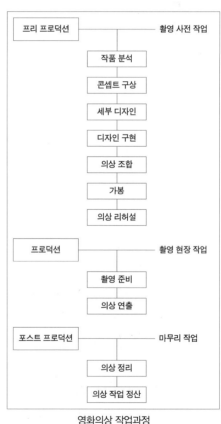

영화의상 작업과정

도 있다. 영화 한 편에 투입된 인원은 방대하고, 소수가 촬영을 하더라도 다수의 인원들이 기다려야만 한다. 영화 작업에서 신뢰와 조직은 매우 중요하며 유연성과 스테미너가 반드시 필요한 작업이다. 촬영일이 뒤로 미뤄지는 것은 엄청난 비용을 야기하므로 제시간에 이루어져야만 효율적인 진행이라 할 수 있다.

영화의상 디자인은 영화 속 캐릭터의 이미지를 시각화하고 캐릭터에게 외형을 입히는 작업으로 계획과 제작을 통해 작품을 만들어내는 복합적인 작업이다. 이는 영화 제작시스템 안에서 독자적인 과정을 통해 이루어지며 제작단계에 따라 체계적이고 의미 있는 세부 작업단계를 거치는데, 작품분석을 통해 콘셉트를 구상하고 캐릭터별, 장면별 세부디자인을 거친 제작과 조합을 통해 표현과 연출을 하게 된다. 크게 프리 프로덕션(촬영 사전작업), 프로덕션(촬영 현장작업), 포스트 프로덕션(마무리 작업)으로 나뉜다. 영화속 캐릭터들을 위한 의상디자인의 과정은 Chapter Ⅱ에서 기술한 무대의상 디자인의 이론과 실제를 참고한다.

2) 영화의상 콘셉트 구축과정

(1) 전체 의상콘셉트

작품의 장르와 스타일을 고려한다. 신중한 대본 분석을 통해 주제와 개념을 구상하고 감독과 디자이너의 의도가 반영된 의상 콘셉트를 구상한다. 콘셉트에 따른 전체 의상의 스타일과 색상을 구상한다. 작품의 독창성을 위해 의상 주제의 포인트와 강조점을 찾는다.

(2) 캐릭터별 의상콘셉트

캐릭터 분석을 토대로 캐릭터의 특징을 찾고 다른 캐릭터와의 관계를 통해 중요도의 비중을 염두에 둔다. 캐릭터를 강조할 장면이나 시점을 찾는다. 또한 캐릭터를 상징할 수 있는 색상을 부여하고 개성을 표현할 수 있는 스타일을 설정한다. 캐릭터의 심리 및 감정에 따른 세부 특징을 표현하는 구체적인 의상 콘셉트를 구상한다.

영화 〈스캔들〉 주요 캐릭터별 의상콘셉트의 예

캐릭터	캐릭터 정보	의상콘셉트
조씨부인	겉으로는 세도가의 정부인으로 살지만 이면으로 남자들을 유혹하는 이중생활을 영위하는 조선 최고의 요부	빨강, 보라, 노랑 등의 원색으로 강렬한 열정과 욕망을 상징하며 강한 보색대비와 화려한 장신구로 도도한 성격과 사생활을 반영
숙부인	9년간 수절하며 열녀문까지 하사 받은 고고한 과부로 조씨부인과 조원의 위험한 내기의 희생양이 되는 불쌍한 인물	검정색, 두록색, 황토색, 흰색 등의 차분하고 검소한 색상과 조화는 지조와 절개를 의미하며 겸손함과 차분함을 표현
조원	냉정하고도 매력적인 바람둥이로 시, 서, 화에 능하고 무술에 도통 과거 급제에도 권위적이고 가부장적인 주류의 가치관을 비웃듯 고위관직을 마다하고 여인들을 탐닉	백색 계열과 청색 계열의 도포 착용으로 매사 침착하고 이성적이고 차가운 성격을 반영. 갓끈이나 부채에 신경 씀
이소옥	유판서의 소실로 들어올 순수하고활발한 성격의 16세 소녀로 인호와 만남 가짐. 극의 마지막에 조씨부인에게 배운대로 내실의 책략가로 변함	소옥의 의상에서 사용된 빨간색, 노란색, 녹색의 원색계열의 사용은 10대의 감각을 살린 색으로 소옥의 활기와 에너지를 의상에 반영
권인호	소옥과 사랑하는 좌의정 대감댁 막내도령으로 순수한 소년 이미지 조씨부인의 계략으로 소옥과의 만남을 들킨 뒤 조씨부인과 밀회	하얀 도포와 파랑 조끼로 진실되고 지적인 인물 상징. 조씨부인의 계략으로 가마에 갇혔을 때 붉은색 조끼를 착용

영화 〈스캔들〉 조씨부인과 숙부인의 의상콘셉트의 예

	조씨부인	숙부인
스타일	빨강, 보라, 노랑 등의 많은 의상 변화로 유행에 민감한 스타일 표현. 강한 색상으로 관능적이고 에로틱한 사생활 반영	격조 높고 차분한 파스텔 톤 의상으로 절제감과 단정함 표현
디테일	나비나 꽃 등의 화려한 자수, 과감한 보색대비	유사색의 조화로 수수한 성격과 부와 권력에 욕심이 없는 인물 암시
실루엣	조선 후기 조선시대 한복의 실루엣	조선 후기 조선시대 한복의 실루엣
색	강렬한 빨강, 보라 등의 원색 의상착용으로 도도한 성격과 욕망, 욕정을 표현	검정색, 두록색, 황토색, 흰색 등의 차분하고 검소한 색상으로 겸손함 표현
소재	광택이 나는 소재로 부와 권위를 상징	광택없는 소재사용으로 침착함, 안정감 표현
장신구	거대한 얹은머리, 떨잠, 노리개, 여러 개의 옥반지 착용	쪽머리와 최소한의 검소한 장신구

(3) 신별 의상 세부아이템 계획

　작품의 구조를 토대로 각 장면이나 사건의 전개와 발전을 분석한다. 전체 의상 콘셉트의 범위 안에서 장면에 적합한 의상 콘셉트를 구상하고 방향을 설정한다. 가장 강조되어야 할 장면이 어디인지, 설정된 장면들의 흐름이 작품의 전체 콘셉트에 부합한지 체크한다. 그리고 각 장면에 등장하는 캐릭터들의 구성 및 관계를 분석하고 그에 적합한 색상 및 톤을 설정한다.

영화 〈스캔들〉 캐릭터 숙부인의 신별 의상 세부아이템

날짜	신 S#	장소	내용	콘셉트	아이템	이미지
7일	11	천주교 집회, 어느 약방, 밤	천주교 미사 장면으로 설교를 경청하고 있는 숙부인	검소하고 단정	검정 계열의 치마 저고리	
8일	19	좌의정 집 후원 입구, 낮	조원이 달려와 숙부인에게 말을 건넴	청순, 순수, 여성스러움과 순결	흰색 계열의 저고리와 채도 낮은 치마	
12일	64, 66	우화당 안마당, 낮, 우화당 방안, 저녁~아침	방안에서 숙부인이 수를 놓고 있음	사랑을 시작하는 감정 표현, 조금 더 화려해짐	붉은 계열의 치마 저고리	
13일	78	우화당 숙부인의 방, 초저녁~밤	두려움, 떨림, 설렘 등등으로 갈등을 하는 숙부인의 의상을 한 겹 한겹 벗겨내는 조원	수수한 모습	저고리, 속적삼과 가슴가리개	
20일	96	조원 별채 앞, 낮, 얼은 강	찾아온 숙부인을 거절하는 조원, 조원이 죽은 후 자살을 하는 숙부인	조원에 대한 사랑이 드러나는 강한 붉은 색상 사용	붉은 목도리, 흰 두루마기, 붉은 색 치마	

355

3) 촬영준비와 현장에서의 의상 연출과 관리

(1) 촬영준비

① 의상의 표면상태 표현

영화 속에는 다양한 신분과 지위를 가진 캐릭터들로 가득 차 있다. 이들 캐릭터의 역할과 행위에 사실성을 부여하기 위해 의상을 인위적으로 입었던 느낌을 내거나 늘어짐, 빛바램, 튀어나옴, 보푸라기, 반질거림, 주름, 구겨짐, 피나 흙의 오염, 찢기거나 구멍이 난 손상의 느낌 등 의상 표면의 상태를 표현하는 작업이다. 이 작업은 영화의 사실성 정도를 좌우하는 매우 중요한 작업이라 할 수 있다.

② 촬영 의상 최종 점검

모든 의상디자인의 상황을 정리하는 단계이다. 신별(촬영순서별), 캐릭터별로 행거와 박스를 준비한다. 촬영장소, 시간, 일일 촬영 계획표, 현장 콘티를 체크한다.

(2) 촬영현장에서의 의상 연출

촬영 스케줄은 연출팀에 의해 제공되는데 스케줄은 여러 상황에 따라 달라지며 반드시 대본 순서에 의해 진행되지는 않는다. 로케이션, 배우, 무대, 하루 중 시간대, 교통조건, 계절, 날씨, 특수 효과 등 많은 요소들이 언제 무엇을 촬영할지를 결정하며 스케줄을 변동시킬 요인이 된다. 스케줄은 각 촬영일과 장면을 리스트하고 거기엔 어느 주연과 엑스트라들이 있으며 시간은 얼마나 되는지 등이 기입된다. 이것으로 인해 디자이너는 언제 어느 의상들을 준비해야 하는지, 여벌 의상으로 무엇이 필요한지 파악할 수 있으며, 각 의상이 어떻게 연출되고 관리되어야 하는지 알 수 있다. 촬영 현장에서 세심한 의상 연출은 캐릭터의 섬세한 표현을 가능하도록 도와준다.

① 캐릭터의 세부 표현

캐릭터의 세부적인 표현을 위해서 의상의 차림새와 의상의 표면 상태를 세밀하게 관찰해야 한다. 캐릭터의 성격과 상황에 따라 주름, 단추 여밈, 늘어짐, 삐져나옴, 오염 등의 상태를 연출한다.

무대의상 디자인

② 연결 맞추기

영화는 수많은 컷으로 연결되어 있다. 의상에서의 연결이란, 신과 컷에 따라 구분된 의상의 연결과 배우의 연기에 의해 달라진 의상 매무새와 상태를 정확하게 맞추는 작업이다. 장면이 바뀌더라도 관객들에게 캐릭터의 존재가 지속적으로 파악되어야 하며 캐릭터의 동작, 시선, 위치 등이 일정하게 유지되어야 한다. 그것이 유지되지 않으면 혼란을 가져오게 된다. 테이크 연결, 컷과 컷의 연결, 신과 신의 연결에 유의하여야 한다. 의상연결표에는 배우와 캐릭터, 장면 번호, 촬영일, 장소, 의상의 색상, 사이즈, 제작자, 재제작 시에 특별사항을 기록한 정보, 의상의 도식화와 착용메모, 배우의 손, 발이 포함된 사진, 기록을 위한 촬영 번호 등 상세한 정보를 기록하여 재 촬영 시에도 그 모습이 정확히 재현될 수 있도록 한다.

③ 모니터 확인하기

모니터 확인은 스크린과 동일 비율로 축소한 모니터 화면을 통해 앵글 안에 들어간 이미지를 확인하고 앵글에 잡힌 의상의 범위 및 자세한 부분들을 확인하는 작업이다. 모니터 확인은 화면의 모든 요소가 제대로 역할을 하고 있는지 모든 파트에서 이루어 져야 한다. 의상파트는 클로즈업 숏, 바스트 숏, 풀 숏에 따라 보여지는 부분을 집중하여 의상 연출을 한다. 즉, 화면 안에 보이는 영화 속 의상의 세밀한 연출이 필요하다.

(3) 의상 관리하기

현장에서는 세탁, 수선, 보관 및 정리가 잘 이루어져야 한다. 또한 돌발변수로 인하여 새로운 의상이나 여벌의상이 필요하거나 디자인 수정이 생길 수 있고 손상 및 분실도 생길 수 있으므로 각 상황에 민첩하게 대처해야 한다. 충격 장면이거나 비바람 장면일 경우 2~3배의 여벌 의상과 순간 건조를 위해 건조기나 헤어드라이기가 필요할 것이다. 또한 그 배우의 스턴트 더블이 있는지도 체크해야 한다, 미국의 SAG(영화배우조합) 규정엔 의상이 깨끗이 세탁되지 않았다면 동일 의상을 다른 배우에게 입히는 것을 금하고 있다. 이런 관리를 위해서는 여러 시설 및 기구 그리고 보관과 작업을 위한 공간이 필요하다. 여러 장소를 이동하며 촬영이 되는 경우라면 이런 기능이 가능한 밴이나 트레일러를 이용할 수 있고 숙소의 세탁시설이나 그 지역의 세탁소를 사전 알아두어 빠른 작업이 가능하도록 해야 한다.

4) 영화의상 디자이너의 책임과 의무

① 다양한 단계별 회의에 참석

② 제작자, 연출, 배우들과 원활한 상호관계 유지

③ 대본이나 장면분석에 대한 지식
- 대본과 캐릭터 분석
- 의상에 대한 특정 요구의 설정
- 예산 작성

④ 자료 조사
- 객관적 리서치
- 주관적 리서치

⑤ 창의력 발전
- 디자인 콘셉트 구축
- 배우, 제작자, 연출과의 미팅
- 제작, 구매, 대여, 협찬, 보유품의 선택 결정
- 디자인 스케치
- 제작팀과의 협업

⑥ 의상의 실현화
- 의상 제작에 관한 설명 능력
- 적합한 소재와 직물에 대한 지식

- 의상 제작의 시작부터 끝까지 함께 수행

⑦ 가봉 주도
- 스케줄 엄수
- 재단사와 가봉 스태프와의 소통

⑧ 촬영기간 동안 작품의 일관성과 완성도를 위해 노력

⑨ 의상 부서의 운영에 대한 책임

* 영화《○○○○》촬영스케줄표

전체촬영 31일 운남촬영 9일

	월	화	수	목	금	토	일
	04-18	04-19	04-20	04-21	04-22	04-23	04-24
D/L O/L				조명, 촬영 부문	낮내	낮새벽외	밤외
신					85B、87、85A、59、60、、88	76、77、82、93	97、99、102
장소					여행사, 따리민박집, 들판사 거리	마을, 무덤, 수정 집 지붕	리장고성 거리, 광장
배우					여행사 아줌마, 주환, 민박집 주인	수정	수정, 주환
	04-25	04-26	04-27	04-28	04-29	04-30	05-01
D/L O/L	낮밤내외	낮내외	낮밤내외	낮내, 밤외	낮내외	낮외	운남 촬영 종료
场次	95、96、98、79、80、81、	69A、B、70、71、72、92、94、42B、74、75、	73、78、83、90、91、100、101	106、111、103	57、86、66	63、64、65、67	북경으로

场景	수정 집, 경극 무대, 꽃밭, 마을 골목	마을 외경, 마을 기차역, 회상마을거리, 수정 집, 정원, 골목	수정 집, 리장고성 거리	뮤직bar, 커피숍	무용실, 사진관, 시체보관실	유채꽃밭, 설산정상, 초원、	3일
演员	수정, 수정부, 할머니, 어린수정, 경극배우	수정, 수정부, 수정모, 할머니, 어린수정	수정, 수정부, 할머니	수정, 수환, 어린 여주인	주환, 의사, 은연, 어린 수정	주환, 은연	

북경촬영 18일

	월	화	수	목	금	토	일
	05-02	05-03	05-04	05-05	05-06	05-07	05-08
D/L O/L				낮내외	밤내	밤내외	낮외, 밤내
씬				22、4、50	9、19、25、30、31	89、32、33、34A	107、108、109、110、34B、C、D
장소				커피숍, 싼리툰, 거리	가라오케	거리, 여관	거리, 여관
배우				수정, 하우	수정, 하우, 사장, 아가씨	수정, 하우, 경찰, 오토바이남	수정, 주환, 하우, 경찰
	05-09	05-10	05-11	05-12	05-13	05-14	05-15
D/L O/L	낮외	낮내	낮밤내외	낮내	낮내	낮밤내	낮새벽내외
씬	38A、38B、40、55B、15	5、6、14	46、20、51、52	8、11、12、13、16、18	21、27、41、42A	10、28、39、26	23、24、42B、35、36
장소	○○역 플랫폼	대합실	기찻길, 기차 객실	기차 객실	기차 객실	기차복도, 기차 객실	연결 부위, 기차 객실
배우	수정, 주환, 하우	수정, 주환, 하우	수정, 주환	수정, 주환	수정, 주환, 여행사 아줌마	수정, 주환, 여행사 아줌마, 연인	수정, 주환, 경찰

* 인물구분표

씬	장소	국가	촬영장소	L/S	EX/IN	D/N	시제	내용	등장인물				
2	서울 병원 옥상	한국	병원옥상	L	IN	D	현재	병원 옥상 끝 피묻은 차림에 하늘만 처다보는 주환					
3	중국내 비행기	한-중	비행기	L	IN	D	현재	비행기 밖 풍경과 고개숙인 주환의 피곤한 모습					
5	북경 기차역 대합실	중국	대합실 안	O	IN	D	현재	기차 대합실 안의 수정과 멀리 보이는 주환					
11	기차 객실	중국	기차 객실	O	IN	D	현재	수정의 자리에 있는 주환에게 내 자리라고 얘기하는 수정, 첫 만남					
12	기차 객실	중국	기차 객실	O	IN	D	현재	주환을 의식하며 담배 피우지 않는 수정					
13	기차 객실	중국	기차 객실	O	IN	D	현재	주환, 수정 둘 다 고요히 잠들어 있다.					
14	기차 대합실	중국	기차 대합실	O	IN	D	현/과	주환의 POV로 보이는 수정과 하우					
15	기차 플랫폼	중국	플랫폼	L	EX	D	현/과	수정을 찾으려는 하우와 어색하게 눈이 마주치게 되는 주환					

* 종합구성표

씬	장소	국가	촬영장소	L/S	EX/IN	D/N	시제	내용	등장인물					엑스트라		스턴트	차량	장비	특수 촬영			기타	컷
									주환	수정	은연	하우	조단역	내용	총인원				특효	특분	CG합성		
1	애니메이션					D		연습장에 낙서한 듯한 애니메이션										*					
2	서울병원옥상	한국	병원옥상	L	IN	D	현재	병원옥상 끝 피묻은 차림에 하늘만 처다보는 주환	주	*	*	*	*	*	*			*				은연 OS	
3	중국내비행기	한·중	비행기	L	IN	D	현재	비행기 밖 풍경과 고개숙인 주환의 피곤한 모습	주	*	*	*	*	*	*			크레인	배우안전장치				
4	북경거리	중국	북경거리	L	EX	D	현재	북경거리의 화려한 차림의 수정	*	수		*	*	행인	30			*					
5	북경기차역대합실	중국	대합실안	O	IN	D	현재	기차대합실 안의 수정과 멀리 보이는 주환	주	수	*	*	*	행인	30			*					
6	기차역대합실	중국	대합실안	O	IN	D	현재	어색하게 대화나누는 수정과 하우	*	수	*	하	*	행인	20			*				방송	

방송의상

1 방송매체의 특성

1) 방송이란

방송은 프로그램을 기획, 제작하여 불특정 다수의 시청자에게 매체를 이용하여 의미있는 메시지와 정보를 전달하는 것이다. 즉, 공중에게 전기통신 설비를 이용하여 송신하는 것으로 텔레비전 방송, 라디오 방송, 데이터 방송, 이동 멀티미디어 방송으로 분류된다. 이를 통해 서비스 기능, 사회화 기능, 교육과 오락기능 등의 역할을 수행한다.

2) 매체의 전환과 발달

시, 소설, 연극, 음악, 미술, 교육 등의 인쇄나 문자미디어가 아날로그적 문화예술 영역이었다고 하면 오늘날은 방송영상 미디어시대로 전자파에 의한 제 3의 시각, 드라마, 음악, 쇼, 교양, 미술, 가상현실 등의 3D, 4D 디지털적 문화예술 영역이라 할 수 있다. 기술의 진보로 고도의 정보화시대가 진행되며 특히 방송과 통신을 넘어 인터넷과의 융합이 급속히 진전되고 스마트폰 시대로 정보의 빠른 확산. 개인화된 매체, 매체 간 상호주관적 경험이 용해된 다양성과 복합성을 지니게 되었다.

3) 방송 TV 매체의 특성과 기능

현대 사회의 넘치는 정보 홍수 속에서 현대인은 어떠한 대중매체보다 TV를 통해 사고와 행동방식에 영향을 받고 있다. TV는 기술과 자본이 통합된 매체로 영상과 음향의 전파를 통해 새로운 정보, 특정 메시지나 사실, 문화, 예술, 오락들을 동시에 빠르고 정확하고 광범위하게 산재해 있는 수용자에게 전달한다. 방송은 전송형태에 따라 지상 파방송, 케이블방송, 디지털 위성방송, IPTV(인터넷TV)등이 있다. 요즘은 한 장르에 국한된 기존 케이블 채널과 다르게 모든 예능, 드라마, 뉴스 같은 모든 형태의 장르를 보이는 종합편성채널의 시대로 채널의 증가와 함께 다양한 콘텐츠가 요구되고 있다. 이로 인해 콘텐츠 가치뿐 아니라 방송미술이 더욱 중요해졌다.

(1) 방송매체의 특징

- 영상시각적 매체
- 현대의 빠른 변화를 반영하는 시대성, 동시성과 속보성
- 공개적, 공적, 사회적 커뮤니케이션
- 획일성과 일방성, 대중성, 집단성, 설득성
- 현실성, 동조성, 참가성, 오락성

(2) 방송매체의 기능

- 보도기능
- 선도기능
- 오락기능
- 광고기능
- 정치, 사회적 기능

2 방송과 의상

1) 방송 TV프로그램

프로그램이란 방송 커뮤니케이션의 메시지이며, 방송국이 어떤 목적을 위해서 기획한 내용을 완성시킨 산물로서의 방송항목이다. 즉, 방송편성이 누구(대상)에게, 무엇

(내용)을, 언제(시간), 어떻게(형식), 얼마나(분량)보여줄 것인지 결정한다고 할 때, 그 무엇(내용)에 해당하는 것이 바로 프로그램이라고 할 수 있다.

방송 TV프로그램의 분류

- 뉴스, 보도 프로그램
  뉴스, 뉴스해설, 보도, 시사적 사건의 특별행사 중계, 시사 다큐멘터리, 경제, 대담
- 정보, 생활 프로그램
  교육, 다큐멘터리, 대담, 토론, 교육프로그램, 생활정보, 문화예술프로그램, 종교, 홈쇼핑
- 연예, 오락 프로그램
  드라마, 코미디, 콘서트, 음악, 영화, 버라이어티쇼, 토크쇼, 퀴즈, 게임, 스포츠

---

2) 방송국의 구성과 조직

- 편성국 : 전반적인 방송 프로그램, 광고, 외주제작에 관한 업무를 수행한다.
- 보도국 : 취재데스크, 편집데스크와 함께 뉴스를 선정하고 배열하며 기사를 선택한다.
- 제작국 : 드라마, 교양, 쇼 프로그램을 제작하며 미술부와 촬영부가 소속되어 있다.
- 기술국 : 스튜디오 제작, 종합 편집 업무를 담당한다.

3) 미술부 구성

방송국의 모든 시각적 요소들을 통합, 조정을 하는 부서로 세트디자인, 의상디자인, 소도구, 분장, 헤어, 그래픽디자인(CG) 등 다양한 전문 부서들로 구성된다. 이런 전문 부서들의 인력들을 전체적으로 통일된 방향이나 목표를 향해 나아갈 수 있도록 총괄, 지휘하는 자를 미술감독이라 하며, 영상에서 성공적인 결과물을 만들어내기 위하여 시각적 콘셉트를 정하고 이를 구현하기 위한 총체적 작업을 조정하고 감독한다. 그 밑의 여러 부서들의 조직은 방송국마다 조금씩 다르다.

4) 방송 프로그램 제작형태와 과정

(1) 방송 제작형태

방송 프로그램은 생방송과 녹화방송으로 나뉠 수 있는데 생방송은 뉴스, 선거방송, 음악회, 스포츠 프로그램 등과 같이 제작과 동시에 송출이 이루어지는 것으로 출연자의 모습과 음성이 직접 마이크와 카메라를 통해 현장에서 일어나는 내용을 실시간으로 방송되는 것을 말한다. 이는 시간의 동시성과 함께 현장감, 박진감, 긴장감을 시청자가 함께 느낀다는 점에서 의미가 있다. 녹화방송은 사전에 촬영한 영상을 최종 영상 편집 후 방송시간에 맞추어 프로그램을 송출하는 방송으로 드라마, 다큐멘터리, 다양한 예능 프로그램과 영상 제작물 등이다. 프로그램의 장르와 내용 그리고 방송 상황에 따라 적합한 제작방식을 택하게 된다.

(2) 방송 제작과정

① 기획단계(pre-production)

주제선정, 프로그램 명, 길이와 횟수, 구성과 표현방법 결정, 대본 작성, 콘티, 출연자 섭외, 헌팅, 캐스팅 등의 사전 준비

② 제작단계(production)

기획서를 바탕으로 촬영 콘티 작성, 스튜디오와 야외촬영 진행

③ 후반 작업단계(post-production)

후반 작업단계로 촬영 녹화한 테이프를 프리뷰 한 후 가편집하고 종합편집 시 자막, CG, 나레이션, 음향, 특수효과 삽입 후 최종 프로그램 완성

④ 방송송출

기획단계
(pre-production) → 제작단계
(production) → 후반 작업 단계
(post-production) → 방송송출
(broadcasting)

(3) 방송 준비단계 및 녹화과정

① 1단계 : 제작 준비 및 스태프 회의

대본의 분석을 통해 연출부, 기술부, 미술부, 카메라 스태프 등과 함께 작품의 주제, 의도, 구성 등을 협의하고 장비의 이용, 효과 장비 설치 등 기술적인 부분을 논한다.

② 2단계 : 드라이 리허설(dry rehearsal)

완성된 대본과 큐시트를 토대로 스튜디오 세트에서 카메라 없이 연출자와 모든 스태프 및 출연자들이 대본에 따라 연습하고 동선을 맞춰보는 단계이다. 이때 조명, 오디오, 카메라 앵글 등의 문제를 수정하고 확인한다.

③ 3단계 : 카메라 리허설(camera rehearsal)

실제 생방송이나 녹화를 진행하듯이 전 스태프들과 출연진이 참여하는 최종 리허설로 연기, 의상, 조명, 분장 등 전체적인 부분과 흐름을 확인, 수정하여 프로그램의 완성도를 높이는 단계이다.

④ 4단계 : 녹화 및 영상 편집

프로그램 내용과 상황에 따라 생방송 또는 녹화방송으로 스튜디오나 야외에서 촬영, 녹화하여 제작하고 편집과정을 거치는 단계이다.

5) 방송의상이란

방송의상이란 방송 프로그램에 출연하는 출연자와 배역에게 프로그램의 분위기와 특징에 맞게 제작, 구입하여 입히는 의상과 모자, 신발 등 용품을 포함한다. 방송의상은 방송미술의 일부분으로 텍스트를 시각적으로 형상화시켜 극중 연기자를 살아있는 극

중 인물로 탄생시키며, 시, 공간적 배경을 나타낼 뿐 아니라 시청자로 하여금 이야기 구조 안으로 몰입시키게 하는 중요한 요소이다. 공연의상이 무대와 관객의 거리감으로 배우가 전체적으로 인지되므로 형태나 실루엣 등 의 전반적인 이미지가 중요하다면, 방송의상은 카메라에 의하여 타이트 샷이 많으므로 섬세한 디테일까지도 신경써야 하고 실내 스튜디오와 야외 촬영이 구분되므로 촬영 상황에 따른 적절한 준비가 필요하다. 방송 미디어가 지닌 표현과 전달을 특징으로 강하고 생생한 현실감과 현장감을 제공한다. 매체의 발전과 더불어 시청자들의 요구가 높아지고 전문화되는 경향으로 기존의 획일적 방식이나 소재를 탈피하고 새로움과 다양한 볼거리를 추구해야 한다.

6) 방송의상의 흐름

TV에서 영상언어의 표현원리는 영상, 편집, 음향 3가지로 이뤄지며 청각적인 것보다는 시각적 영상 이미지가 메세지를 주는데 효과적이다. 방송의상은 1930년대 TV 흑백시대를 거쳐 1980년 컬러TV 방영 이후로 색에 대한 관심과 인지도가 높아지면서 점차 프로그램의 다양화와 고급화에 따른 수준 높은 의상과 대량의 의상을 요구하게 되었다. 또한 2001년 디지털 TV시대가 시작되고 고화질 고음질(high definition) TV 시대가 되면서, 보다 전문적인 방송의상이 필요하게 되었다. 특히 HDTV의 높은 해상도에 적합한 섬세하고 완성도 높은 의상이 요구 되면서 방송의상의 중요성 또한 높아졌다.

엔터테인먼트 사업이 거대화, 전문화되면서 연예인들의 새로운 이미지 창출을 위한 영역이 확대되고 있다. 가수, 배우 및 방송인들은 음악방송, 콘서트, 오락 프로그램, 영화, 드라마, 예능, CF 촬영 등에서 종횡 무진 활동하는 전천후 시대로 흐르는 경향이다. 즉, 매체의 급속한 발전에 따른 거대화와 세분화, 다양화와 개인화는 더욱 더 많은 양의 전문적이고 다양한 새로운 방송 콘텐츠를 요구하고 있으며, 한류와 첨단기술의 발전과 함께 콘텐츠의 세계화, 산업화는 급성장하고 있는 추세이다. 이에 따라 방송의상도 전문화, 세분화, 다양화, 개인화되고 있다.

7) 방송의상 팀

방송의상 팀은 세분화된 의상 업무에 따라 다양한 의상 전문가로 구성되어 있다.

무대의상 디자인

- 의상디자이너: 의상 총 예산관리, 드라마 전체 의상콘셉트 기획 및 협의, 대본에 따른 협찬 및 대여추진, 대본에 따른 의상디자인, 의상가봉 및 질감표현, 특수 의상제작 및 구입
- 의상 현장진행: 현장에서의 의상연출. 연결체크. 의상관리, 의상구입
- 용품 담당자: 소품 및 장신구, 신발 등 다양한 용품 구입 및 관리
- 스타일리스트: 배우 및 가수의 의상 콘셉트 기획, 협찬 추진, 촬영 현장에서의 의상 연출 및 관리
- 협찬담당자

8) 방송의상 업무

- 의상계획
- 의상예산 구성
- 의상디자인(스타일화, 도식화, 이미지 맵 작성)
- 의상코디네이션(사극, 시대극, 현대극, 쇼, 교양, 오락)
- 의상제작(제작, 구입, 협찬, 대여, 보유품 사용)
- 의상진행(현장진행, 의상의 운반, 리허설)
- 의상관리(용품관리, 세탁, 의상관리, 택 부착, 보관, 정리, 데이터베이스 작업)

3 방송의상의 특징

1) 의상 색상

색상은 시청자들에게 어떤 요소보다 강한 시각적 기억으로 남는다. TV색상은 브라운관을 투과하여 오는 색으로 실제 색과는 다르지만 실제 색과 같은 인상을 주는 색이며 이를 재현색이라고 한다. 방송의상을 위해서는 재현색에 대한 일반적인 지식과 경험이 필요하다. 재현색은 실제로 우리 눈으로 인지되는 색보다 밝게 TV에 비쳐지며, 특히 채도가 높은 빨간 색이나 형광색 계열은 착용자의 얼굴이나 그 주변까지 색이 번지

거나 더 밝게 나타나 시청자들에게 시각적 거부감을 주거나 착용자의 이미지에도 부정적 영향을 미칠 수 있다. TV 영상색의 기본은 주색(얼굴색), 주변색(의상색), 배경색(세트색)으로 나눌 수 있는데 특성상 의상 색상에 유의해야 한다.

(1) 유채색 계열

노랑계열은 브라운 계통으로 갈수록 실제의 색보다 약간 밝게 나타나는 경향이 보인다. 빨강계열도 전반적으로 실제보다 약간 밝게 나타나므로 사용 시에는 작은 면적에 사용한다. 청색계열인 진한 블루는 실제보다는 약간 밝은 느낌으로, 명도 3미만의 블루는 약간의 레드가 섞인 색으로 나타난다. 녹색계열도 실제보다는 약간 밝게 나타나는 경향이나 블루가 섞인 저채도의 녹색은 사실과 흡사하게 재현된다. 보라계열도 전반적으로 밝게 보이는 경향이 있다.

(2) 무채색 계열

TV는 실제 색보다 채도가 높게 표현되므로 옅은 톤은 화면에 비쳤을 때 더욱 밝게 표현되어 의도하는 색의 정확한 연출이 힘들다. 순백색은 얼굴이 검게 보이고 순흑색은 순모인 경우 콘트라스트를 잃어 전체가 흑색덩어리로 보이며 기본색들은 실제보다 강하게 나타나는 경향이 있다.

(3) 배경색과의 조화

TV의상은 의상 자체의 색도 중요하지만 뒤 배경과의 조화를 고려하여 색상이나 톤을 선택해야 한다. 예를 들면, 야간 촬영의 경우 배경에 묻혀 착용자의 형태를 알아보기 힘들기 때문에 착용자는 검정색이나 어두운색 톤은 피해야 한다. 배경이 나무색인 경우 밤색 양복은 눈에 띄지 않고, 청색계열 인물은 선명히 표현된다. 배경이 청색의 크로마키인 경우엔 의상이나 넥타이에 배경색인 청색계열은 피하는 것이 바람직하다. 또한 복잡한 배경색인 경우는 단순한 의상을 선정하는 것이 바람직하다.

무대의상 디자인

2) 의상 소재와 무늬

- 소재는 의복의 구성요소에 영향을 미치고 무늬는 화면상의 질감으로 보여 진다. 방송기술의 발달로 무늬나 소재효과는 더욱 사실적으로 표현되므로 주의한다.
- 화면이 주사선으로 구성되어 있는 특성으로 색상과 무늬가 제약을 받게 된다. 주로 헤링본무늬, 좁은 줄무늬, 하운즈투스무늬, 타탄체크, 물방울무늬 등은 피한다. 이들의 반복되는 작은 무늬나 가는 줄무늬, 선염된 조직의 의상은 TV화면 기술상 TV주사선에 걸려 화면이 안정되지 않고 일렁이게 되거나 눈이 피로하여 부정적인 이미지를 주기 쉬우므로 유의한다. 이들은 넥타이나 작은 면적의 부위에는 가능하나 재킷이나 수트처럼 큰 면적의 경우는 시각적 부담 주므로 유의한다.
- 붉은색 계열의 의상은 화면에 번져 보이기 쉬우므로 상황에 맞춰 소재나 스타일을 선택한다. 그리고 크로마키 기법을 사용할 경우 크로마키 색의 사용은 바람직하지 않다.
- TV는 인위적 조명을 사용하므로 광택소재 사용을 주의한다. 과도한 광택의 소재는 빛 반사로 화면에 그 효과를 발하지 못하며 화면의 불안정한 요인으로 작용하여 극을 방해시키는 요소로 작용한다.
- 쇼 프로그램의 경우 프로그램 특성상 어느 정도 강한 광택소재를 사용할 수도 있지만 뉴스, 교양, 시사프로그램의 경우에는 시각적인 혼란을 줄 수 있으므로 신중히 선택해야 한다.

3) 의상과 체형

(1) 뚱뚱한 체형

되도록 수축색을 입는다. 짙은 밤색, 회색, 밤색, 검정색, 선명한 줄무늬 또는 체크 등이 무난할 수 있으며 동일 색상의 상, 하의가 좋다.

(2) 야윈 체형

따뜻하고 밝은 중간색이나 베이지 등의 연한색이 바람직하다. 거칠게 짜진 소재나 부드러운 소재, 직선보다 사선무늬, 대각선 무늬나 체크가 이상적이다.

(3) 작은 체형

중간색, 파스텔 톤이나 작은 무늬가 좋다.

4) 기타 방송의상의 특수성

- 영상의 제작과 소비가 역동적으로 이루어지므로 기획과 동시에 의상이 제작되고 납품된다.
- 연속극인 경우 의상 제작에 있어 견고함이 필요하며, 대본이 미리 준비되어 있지 않은 경우 의상이 긴급하게 제작될 경우가 많다.
- 크로마키, 3D등의 영상 그래픽 기술에 적합한 의상이어야 한다.
- 의상의 디테일이나 부속품 선택 시에 카메라의 숏에 대한 고려가 필요하다. 목선이 낮은 의상을 입고 있는 인물을 클로즈업했을 때 자칫 누드로 보일 수 있으므로 주의한다.
- 음향도 고려해야 한다. 의도하지 않게 직물에 의해 나는 사각거리는 소리나 장신구가 지나치게 흔들려 소음을 일으키는 경우가 있다. 마이크 착용 시엔 작은 소음이 심한 소음을 유발할 가능성에도 유의해야 한다.
- 의상과 마이크 줄을 깨끗이 처리하여 마이크 줄로 인해 의상이 구겨지거나 주름지지 않도록 유의한다.
- PPL로 인한 브랜드명이 보일 경우 모자이크 처리를 하기도 하는데 이때 시청자들의 시선을 분산시킬 수 있으므로 유의한다.
- 다양하고 새로운 소재의 극(드라마)이 봄/가을 개편 때마다 지속적으로 편성되므로 변화에 민감해야 한다.

무대의상 디자인

크로마키(chroma key)

화상 합성을 위한 특수 기술로 두 가지 화면을 따로 촬영하여 한 화면으로 만드는 합성 기법. 합성할 피사체를 단색판을 배경으로 촬영한 후 그 화면에서 배경색을 제거하면 피사체만 남게 되는 원리를 이용한 것이다. 이때 배경이 되는 단색판을 크로마 백(chroma back)이라고 한다. 크로마 백은 대개 TV 삼원색인 RGB(적색, 녹색, 청색) 중 한 색을 사용하게 되나 주로 청색이 많이 쓰이는데 이는 사람의 얼굴색에 청색의 비중이 적기 때문이다.

PPL(product placement)

화면 속에 상품을 배치해 시청자들의 무의식 속에 이미지를 심어 자연스럽게 인지시키는 간접광고형태

5) 방송의상 작업과정

촬영 전 단계, 촬영 현장진행 단계, 촬영 후 단계로 나눌 수 있고 의상팀은 디자인팀과 현장진행 팀으로 나누어진다. 디자인 팀은 대본분석, 스텝미팅, 의상조달 등 촬영전 단계를 주로 맡아 담당하고, 현장진행 팀은 현장 진행과 촬영 후 단계를 맡아 진행하고 있다.

① 시놉시스(synopsis)와 씨너리(scenery) 분석

대본은 크게 연습대본, 수정대본, 방송대본이 있으며 대본 안에는 세트의 환경 및 구성과 함께 대사와 지문, 장면의 상황, 카메라 번호와 숏에 대한 지시가 들어 있다. 시놉시스나 씨너리 분석을 통해 전반적인 작품의 줄거리와 장면을 파악하여 의상의 실루엣을 설정한다. 그리고 캐릭터의 성격, 나이, 직업, 역할, 처한 상황을 분석하며 드라마 전체, 캐릭터별, 씬별 의상콘셉트를 정하고 각 씬의 촬영 시 필요한 의상을 체크한다.

② 스태프 미팅

연출(감독)의 의도를 파악하고 여러 스태프들과 의견을 교환하며 협의를 통한 여러 사안들을 결정한다. 연출팀으로부터 촬영계획과 스케줄을 확인한다. 의상 콘셉트에 대해 이야기 나누고 의상의 조달 및 협찬 문제 등을 논의한다.

③ 자료조사 및 선별

작품의 시대, 특징, 사회적, 문화적 배경에 대한 조사를 위해 광범위한 자료조사를 한다. 특히 시대적 고증문제에 관해서는 민감하고 중요한 사항이므로 철저한 자료조사가 요구되며 자료 선별과 선택에 전문가의 자문과 도움을 얻기도 한다.

④ 이미지맵 구성

기획의도와 콘셉트에 따른 개념을 이미지맵, 컬러맵 등으로 시각적으로 정리한다.

⑤ 콘셉트 구축

작품의 기획의도와 연출의 의도, 디자이너의 의도가 응축된 디자인 콘셉트를 구축한다.

⑥ 예산 산정

의상제작 및 구입, 대여비용을 산정한다.

⑦ 디자인과 작업지시서 완성

캐릭터를 위한 의상디자인은 Chapter Ⅱ 무대의상 디자인의 이론과 실제를 참고한다. 컴퓨터 드로잉으로 디자인을 완성하며 작업지시서와 도식화를 완성한다.

⑧ 소재 조사 및 물품 시장조사

철저한 시장조사를 통해 작품에 적합한 소재를 설정하고 물품 및 용품에 대해서도 다양한 시장조사를 거친다.

⑨ 의상제작 및 조달

의상의 조달방법으로 크게 제작, 구매, 대여, 협찬, 보유품 사용이 있다. 사극이나 시대물일 경우는 시대적 배경을 근거로 콘셉트에 적합한 디자인에 따라 제작에 임하고 현대물인 경우에는 작품이나 캐릭터의 콘셉트에 맞는 브랜드를 선정하고 조달을 협의

무대의상 디자인

한다. 협찬을 진행할 경우 브랜드나 업체 선정에 신중을 기하여야 하며 계약에 따른 조건 등을 면밀히 검토해야 한다. 의상 창고에 보관되어 있는 보유품들은 예산과 시간을 절약해 줄 수 있으며, 엑스트라나 군중들, 특정 장면의 의상에 효율적으로 사용할 수 있다. 특히 마을사람들, 유니폼, 군복 등의 다량의 의상요구에 용이하다. 의상제작 및 조달에 앞서 예산에 관련된 협의가 진행되어야 하며 효율적인 조율이 필요하다.

⑩ 샘플링 및 가봉

디자인에 맞는 의상을 제작하거나 조달 후 연기자에게 가봉을 한다. 샘플의상이나 본 의상은 연기자에게 직접 가봉을 하거나 신체치수가 비슷한 대역에게 가봉을 한 후 수정작업을 거쳐 본 연기자에게 가봉을 하기도 한다.

⑪ 카메라 테스트

촬영에 앞서 조명과 함께 화면으로 보여지는 의상의 전체적인 느낌, 실루엣, 색상 조화, 얼굴형과의 조화, 작은 패턴들이 눈을 현란하게 하는지 등을 카메라를 통해 미리 체크한다.

⑫ 최종의상 완성

⑬ 현장진행

야외촬영과 스튜디오 촬영이 구분되어 진행되고, 장소별로 촬영이 이루어지므로 씬별 연결의상 체크가 중요하다. 생방송과 달리 TV의 장면들은 반드시 대본 순서대로 촬영되지 않는다. 동시에 4대의 다른 앵글의 카메라에 의해 촬영이 되며 끝부분이 앞부분보다 먼저 촬영될 수도 있고, 중간에 다시 촬영을 하기도 한다. 촬영장면은 바로 체크되어 무슨 문제는 없는지, 다시 촬영이 되어야 하는지를 판단한다. 의상 작업이 끝난 후에도 촬영이 종료될 때까지 최종 완성은 없으며, 많은 돌발상황과 위기 대처상황들이 생긴다는 사실을 염두에 두어야 한다. 특히 야외 촬영 시 날씨는 스케줄을 좌우하며 의상에 직접적인 영향을 준다. 눈, 비, 바람이 부는 경우를 항상 대비하고 큰 위기에 봉착하지 않도록 스케줄 관리에 항상 유의해야 한다.

의상담당자는 현장에 미리 도착하여 촬영할 의상들을 준비해 놓는데 수선 및 세탁뿐 아니라 상황에 적합한 의상 표면효과 작업까지도 현장에서 해야 할 경우가 있다. 또한 촬영현장에서의 의상 연출은 매우 중요하다. 카메라는 의상의 구겨짐이나 단추의 여밈 개수 뿐 아니라 매니큐어를 미처 지우지 못했다거나 본인 액세서리 착용 등 배우의 실수에 의한 세세한 사항까지 다 포착하기 때문에 촬영현장에서는 항상 긴장을 늦추어서는 안된다.

⑭ 촬영 후 단계

촬영이 끝나면 의상을 수거하여 의상의 상태를 파악한다. 부속품 및 장신구를 분리하고 수선이 필요한 것은 수선하여 세탁소로 보낸다. 분류작업을 위해 목록을 작성하고 대여, 협찬 의상 등 반납이 필요한 의상들은 계약 기간 안에 반납하고 보관할 것들은 창고로 보낸다.

6) 방송의상 디자이너에게 요구되는 능력

① 의상을 통해 캐릭터의 심리를 파악하고 표현할 수 있는 해석학적 상상력

② 색상과 형태에 대한 예술적, 미적 감각

③ 의상의 역사에 관한 해박한 지식

④ 의상 제작에 관한 전문적 지식

⑤ 디자이너의 의도를 핸드드로잉이나 컴퓨터를 통해 표현할 수 있는 능력

⑥ 팀의 구성원들과 원활한 의사소통을 할 수 있는 능력

⑦ 공동체 의식을 통한 화합의 능력

7) 방송의상 현장 진행자에게 요구되는 능력

① 의상에 대한 미적 감각

② 상황에 따른 의상 구성 능력과 예측불허의 상황에서 위기 해결을 위한 민첩성

③ 연결 체크를 위해 자세히 관찰하는 습관과 꼼꼼함

무대의상 디자인

④ 촬영 시 긴급한 상황에서의 의상 수선 및 의상 표면효과 작업 능력

⑤ 장기간의 촬영과 야간 촬영에도 견딜 수 있는 체력과 인내심

⑥ 팀원들과의 원활한 의사소통 및 화합을 할 수 있는 능력

* 방송 촬영대본

〈정도전 - 10회 (최종)〉

1.　　마을 어귀 (낮)
사람들 비명을 지르며 흩어지고 양지, 박수의 시체를 보며 얼어붙은... 황연과 천복, '악아!' 외
치며 양지를 끌고 가는데 황연의 등에 화살이 박힌다. 헉!

천복　　아부지...

양지　　(멍한... 어느 순간 터져나오는 절규) 아부지~~!!!

달려나오는 정도전, 헉!...양지 일행 너머로 득달같이 달려오는 왜구들!
천복, 황연을 들쳐 업는다.

황연　　(힘없이 밀어내는) 안 돼야... 도망쳐...

천복　　가만히 계쇼! (뛰는)

양지　　(울며 밀며 따르는) 아부지~ 악!(뒤돌아보다 엎어지는)

천복　　(돌아보는) 악아!

다리가 풀린 양지를 거칠게 일으켜 세우는 손... 정도전이다.

양지　　나리!

정도전, 양지의 손을 잡고 뛴다. 마을 어귀로 들이닥치는 왜구들!

2.　　몽타주 (낮)
1) 마을 길 곳곳 - 정도전, 양지를 데리고 도주한다... 주민들, 심지어 아이들까지 무참히 살육
하는 왜구들... 왜구1에게 머리채를 잡혀 민가로 끌려 들어가는 귀남댁.

2) 민가 안 - 귀남댁을 끌고 들어와 방문을 열어젖히는 왜구. 방안으로 집어 넣으려는 실랑이.
귀남댁, 왜구의 손을 깨물고 달아난다. 그 앞을 막아서는 왜구2... 멈칫하는 귀남댁의 등을
찌르는 왜구... 귀남댁, 헉! 쓰러지는...

3) 당산나무 앞 공터 - 불타는 당산나무... 칼을 맞고 돌탑에 부딪히며 쓰러지는 주민... 무너진
돌탑과 널브러진 시체들...노략질한 물건과 주민들을 끌고가는 왜구들... 울며 끌려가는 천
복의 모습도 보인다.

3.　　**야산 산길 (낮)**

　　　필사적으로 도망치는 정도전과 눈물 범벅의 양지...뒤를 쫓는 세 명의 왜구들...

4.　　**산길 (낮)**

　　　양지, 비명과 함께 엎어진다. 으~ 발목을 부여잡는...

정도전	(잡아끌며) 일어나라, 어서!
양지	먼첨 가시오! 이라단 나리꺼지 죽소!
정도전	(억지로 일으키며) 어서 일어나라니까!

　　　정도전, 절뚝이는 양지와 뛴다. '토마레!(섯거라!)', '쯔까마에!(잡아라!)', '고로세!(죽여라!)' 외치며
　　　쫓는 왜구들.

5.　　**갈림길 (낮)**

　　　갈림길에 다다른 정도전과 양지.

정도전	(좌우 보더니) 이 쪽이다. (양지 잡아 끄는데)
양지	(뿌리치고 독하게) 혼자 가시오!
정도전	양지야!

(KBS)

* 방송 촬영스케줄표

2000년 ○○월 ○일 (수) ○○ 촬영장

회	씬	장소	D/N	인물	미술	내용	기타	분량	장소
1	19-1	별궁 편전 안	낮	공민왕		싸늘한 표정의 공민왕		0.1	S
2	51	별궁 편전 안	낮	공민왕, 모니노	식사,음식	아비와 자주 먹게 될 것이다.		0.8	S
2	39	별궁 편전 안	낮	공민왕, 경복흥, 이수산, 안사기, 장자온 홍륜, 자제위 /권문세가3, 왕실파4		최영이 괴멸시 켰다 하옵니다.		0.7	S
2	8	별궁 편전 안	낮	공민왕, 이인임, 홍륜, 최만생 E)명덕태후		경복흥의 이름 석자를 토설토록 하겠사옵니다.		1	S
1	31	별궁 편전 안	낮	공민왕, 명덕태후, 홍륜 /자제위5, 상궁1	불당, 노국공 주초상화, 물사발 잠자리느낌...	제발 집착을 버리고 영전을 중단하세요.		1.7	S
1	59	별궁 편전 복도	밤	이인임 /상궁2,나인4	상소	꼿꼿이 걸어가는 이인임		0.1	S
2	11	별궁 편전 안	밤	공민왕,홍륜, 최만생 /자제위5, 내관2		정비와 합방을 하라?		0.5	S
2	23	별궁 편전 안	밤	공민왕, 홍륜, 최만생, 명덕태후 /자제위5	주안상	정비마마께서 자진을 시도했 다 하옵니다.		2.8	S
1	37	별궁 편전 안	밤	공민왕, 이인임		모니노를 세자에 앉혀야 겠어요.		1.5	S
1	60	별궁 편전 안	밤	공민왕, 이인임	상소,술상	정도전이 쓴 탄핵 상소이옵니다.		1	S
2	16	별궁 편전 안	밤	공민왕	초상화	회한이 밀려오 는 공민왕		0.3	S

(KBS)

회	씬	장소	D/N	인물	미술	내 용	기타	분량	장소
2	43	별궁 편전 안	밤	공민왕, 홍륜 /자제위5	문방사우, 무일도	편전 안에서 숙위하지 마라.	그림 대역	0.5	S
2	46	별궁 편전 안	밤	공민왕, 최만생	문방사우, 무일도	홍륜이 취하면 죽여라.	그림 대역	1.5	S
2	61	별궁 편전 안	밤	공민왕	문방사우, 교서	교서를 쓰고 있는 공민왕	글씨 대역	0.2	S
2	67	별궁 편전 안	밤	공민왕, 최만생(대역), 홍륜(대역) /자제위10(무술팀) /숙위병4, 상궁2, 나인4 E)여인	교서, 초상화, 칼	이렇게 배신할 수가 있는 것 이옵니까, 전하?	무술, 특효 C.G (초상화 눈물) 대도구, 문짝 익스트림, 부감	1.1	S
2	69	별궁 편전 안	밤	공민왕, 최만생, 홍륜 /자제위10(무술팀)	교서, 초상화, 칼	공민왕을 죽이는 홍륜	무술, 특효	0.5	S
3	3	별궁 편전 복도 안	밤	이인임, 공민왕, 최만생 /시체10(숙위병4, 내관2, 상궁1, 나인3)	교서, 초상화, 칼	싸늘히 식어버린 공민왕의 창백한 얼굴...		1	S
3	6	별궁 편전 안	밤	이인임, 공민왕, 최만생, 박가 /사병4	교서, 초상화, 칼	이 나라의 임금을 나, 이인임의 개로 만들 것이오...		1.2	S

(KBS)

380   무대의상 디자인

Chapter V

무대의상 영역의 확장과 미래

I

무대의상 영역의 확장과
기술의 발전

1 무대의상 영역의 확장

오늘날 예술가들은 다양한 개념과 사상, 그리고 문화와 기술로부터 여러 요소들을 차용하고, 혼합하며 병치한다. 과거와 현재의 모든 문화적 이미지 접근과 교류, 그리고 매체와 스타일의 융, 복합과 신기술의 발전은 알려지지 않은 또 다른 가능성을 열어 주었고 끊임없는 진화를 이루게 한다. 이를 통해 예술가들은 독특한 상상력과 양식의 시각적 스타일을 표현 할 수 있게 되었다. 무대의상은 매체의 융합과 기술의 발전으로 다양한 영역으로 확장되면서 연극, 오페라, 무용, 뮤지컬 등 공연분야의 의상과 방송의상 및 영화의상 외에도 퍼포먼스, 서커스, 코스튬플레이, 게임과 애니메이션, 축제, 퍼레이드 및 이벤트 분야의 의상까지 광범위하게 전개되고 있으며 그 범위는 점점 넓어지고 있다.

2 첨단기술과의 융합

공연과 예술, 과학과 기술의 융합에 대한 요구는 오래전부터 시작되었고 다양하고 새로운 표현의 시도는 또 다른 도전과 실험을 가능하게 하였다. 영상매체의 발달과 함께 미디어아트는 웨어러블 디바이스(wearable device)를 기본으로 한 트랜스포밍(transforming), 맵핑 프로젝션(mapping projection) 등의 기술이 접목된 의상으로까지 발전을

〈몰타 섬의 유태인〉 맵핑 프로젝션　　　　　　〈신데렐라〉 트랜스포밍 드레스

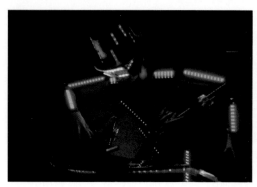

〈디지털 미디어 퍼포먼스〉 IT국악밴드 카파

이루고 있다. 또한 과학기술과 빛의 융합, 레이저, LED 등의 결합은 자유롭고 확장된 사고의 경계를 허물고 창조적 사고력의 무한 가능성을 열어주고 있다.

　　의상을 무대 밖에서 바꿔 입고 등장하는 일반적인 방식은 관객에게 의상 변화의 전, 후만을 제공하기 때문에 캐릭터의 극적인 내면 변화를 표현하는데 한계가 있을 수 있다. 이미 각종 3D 시뮬레이션 등으로 작업의 효율성은 물론 결과까지 예측해 볼 수 있는 프로그램이 사용되고 있지만 최근에는 디지털 기술을 적용하여 의상의 변화 과정을 무대 위에서 보여주거나 혹은 완전히 숨겨 형태적, 내용적 변화를 표현하기도 한다.

　　무대의상이 갖는 표현적 한계를 극복할 실증적 대안으로 의상에 다양한 기술적 노

무대의상 디자인

하우를 적용시켜 효과를 증폭시키는 맵핑 프로젝션 의상이 있다. 이 기술은 적외선 카메라가 캐릭터의 움직임을 감지하며 신호를 전달하는 이미지 인식 시스템을 통해 캐릭터의 몸에 정확히 영상을 투영하는 방식이며 이때 의상은 스크린 역할을 한다. 트랜스포밍 기술은 모터나 원격장치를 이용하여 관객이 보는 앞에서 순간적으로 의상의 변화를 꾀하여 극적 표현을 가능하게 해준다. 또한 LED나 EL 와이어(wire)와 같은 발광장치를 사용하거나 기계적 장치의 작동을 통해서 환상적인 의상의 변화나 분위기를 꾀하기도 한다.

웨어러블 컴퓨터 기술은 퍼포머가 본인의 신체만을 통해 소통하던 방식에서 나아가 다양한 센서와 출력 장치들을 이용할 수 있도록 하여 새로운 형식으로 주변과 상호작용할 수 있도록 한다. 이는 의상 디자이너에게 새로운 도전을 가능하게 할 뿐 만아니라 무대에 생동감을 주고 관객에게도 풍부한 볼거리를 부여한다. 이외에도 환타지를 창조해내는 AR(증강현실), VR(가상현실), 홀로그램 기술과의 접목까지 융, 복합 콘텐츠로서의 무대의상은 첨단 기술의 발전과 더불어 표현방법의 한계가 사라지고 있다.

II
무대의상 디자이너의
미래와 진로

1 무대의상과 무대의상 디자이너

무대의상의 세계는 매혹적인 세계이다. 무대의상 속에는 여러 시대의 사회적, 경제적, 정치적 배경이 담겨져 있으며, 시대와 패션의 끊임없는 변화와 다양성이 내재되어 있다. 무대의상은 여러 분야와 전문가들의 아이디어를 통해 새로운 창의적인 결과를 양산하며 분리된 독립체로서 확고한 영역으로 존재한다. 그러므로 무대의상의 세계는 실험과 도전의 세계이며 끊임없이 새로움이 이루어지는 곳이다. 이 점이 무대의상 디자인이 어렵지만 싫증나지 않는 이유이며, 짜릿한 성취감을 얻을 수 있는 분야인 것이다.

무대의상은 현재와 과거를 넘나들며 극이 태동한 시기와 현실을 기반으로 이루어져야 하며, 극 속의 인물과 역할의 배경을 제공해 준 실제 인물들의 이해에 근거해야 한다. 아무리 유능한 디자이너도 무대의상의 이런 중요한 측면과 과정을 간과해서는 안된다. 의상의 심리학적 측면들이 디자이너에게 극이 표현하고자하는 배경과 극적 아이디어를 제공하기도 하지만, 과거는 현재 삶의 거울이며 미래를 위한 훌륭한 가이드 능력을 지니고 있으므로 무대의상을 이해하기 위해서 무대의상의 기원과 발달에 대해서도 필수적으로 알아야 한다.

무대의상 디자이너는 배우들을 전혀 다른 존재로 변화시키는 환상을 창조하는 마술사이다. 그림을 그리지만 화가는 아니고 의상과 장신구, 소품을 만들지만 제작자는 아니다. 어느 한 분야에만 몰두하기 보다는 여러 분야에서 재능을 발휘해야 하는 만능 예술가이다. 무대의상 디자이너는 대본 위의 글자로부터 움직이는 3차원의 인물을 창

386

무대의상 디자인

조해 낸다. 공간 속 무대 위의 배우를 가시화하는 것이다. 무대의상 디자이너는 유연하고 논리적인 사고, 그리고 예술적 감각을 통해 작품의 등장인물, 연기, 스타일, 그 시대의 매너 등을 시각적으로 해석하고 표현할 수 있어야 한다. 극과 캐릭터를 정확히 분석하여 캐릭터에게 적합한 의상과 장신구를 착용시킴으로서 작품의 특징을 강화시키고 풍성하게 하는 무대미술가이다. 또한 실제와 사실감의 막중한 중압감을 잘 견뎌야 하며 복잡한 공연의 요구에 민첩하고 충실히 잘 대처할 수 있어야 한다. 의상의 효과적인 해석과 표현, 협력 그리고 제작 실행의 과정을 통해 관객에게 충분한 의미를 전달할 수 있도록 해야 한다. 무대의상 디자이너는 무대디자이너, 배우, 연출가처럼 대본에 설정된 제한 속에서 일해야 하며, 극의 구조에 대한 분명한 아이디어뿐 아니라 극이 써진 문화적, 역사적, 예술적 배경을 잘 이해해야 한다. 조심스런 대본분석과 구성원들과의 끊임없는 대화에 의해 좋은 아이디어가 나오는 것이며, 이를 통해 구축된 디자인 콘셉트의 설정과 재창조 작업으로 오늘날 관객에게 무언가를 전달할 수 있게 되는 것이다.

협력이란 다른 디자이너, 연출가, 배우들과 타협과 대화의 능력을 포함한다. 공연 및 영상 분야에서의 의상 작업은 많은 사람들의 아이디어 교환과 재능의 결합으로 만들어지므로 창조적 예술성이나 자신만의 성향을 앞세워서는 안 되며, 대화자로서의 혼돈을 야기하지 말아야 한다. 즉, 무대의상 디자이너는 극에 많은 기여할 수 있지만 그들 자신만의 독자적인 작업이어서는 안 된다. 작업 및 촬영기간이 길고 불규칙한 업무 진행이 될 때가 많으므로 건강한 체력과 성실함을 필요로 한다. 또한 가능한 문제점을 미리 예견하는 통찰력을 지니며 돌발 상황이 일어나면 어떤 선택이 효과적이고 적절한지 빠른 판단력을 지녀야 한다. 무대의상 디자이너는 조직의 일원으로서 작품의 주제나 의도를 잘 표현해야 하고 작품의 성공을 위해 기여해야 한다.

2 무대의상 디자이너에게 필요한 능력과 조건

과거에는 의상을 극단 제작자, 연출, 배우, 그리고 워드롭 책임자가 담당하기도 했고 화가가 그 일을 맡기도 했다. 전문 무대의상 디자이너가 본격적으로 그 업무를 맡은

지도 그리 오래된 일은 아니다. 18세기부터 본격적으로 도입된 극장 무대기술이 디자이너를 전문가의 영역으로 끌어 들였으며 현대의 새로운 무대기술과 무대 환경의 변화가 무대미술가를 영향력있는 사람으로 만들었다.

오늘날 연극, 무용, 오페라, 뮤지컬 등 공연 뿐 아니라 영화, 방송, 서커스, 테마파크, 게임, 애니메이션, 미디어 아트 등 무대의상의 영역은 점점 확장되고 있고, 영역간의 융, 복합 양상으로 무대의상 영역은 계속 진화하고 있다. 이런 다양한 영역에서 요구되고 필요한 것이 예술과 극을 이해하는 눈(artistic & theatrical eye)이다. 이는 디자이너가 다양한 분야를 충분히 경험하고 난 다음 열정을 가지고 자신만의 세계를 찾고자 노력할 때 비로소 얻을 수 있는 것이다.

자신만의 철학이 있고 독창성있는 무대의상 디자이너가 되기 위해서는 첫째, 인간을 깊이 이해하고 사물이나 대상을 여러 각도에서 전체적으로 분석할 수 있는 안목과 항상 새로움을 추구할 수 있는 진취적인 사고가 필요하다. 또한 독서나 여행, 취미 등을 통해 자신만의 상상력의 창고를 풍부히 해야 한다. 이미 표현되어 있는 다른 시각적 자료를 참고하는 것보다 자신만의 상상력을 통해 나온 이미지가 진짜 값진 자료가 될 것이기 때문이다.

둘째, 희곡을 이해할 수 있는 철학적, 인문학적 소양이 있어야 한다. 그리고 가능한 많은 관련 예술분야에 대한 기본지식이 충분해야 하며 특히 글과 음악의 이해는 필수적이다. 즉, 문학, 회화, 조각, 음악, 건축, 예술사 등에 관심을 가져야 한다.

셋째, 무대의상 디자이너에게는 다양한 아이디어를 시각적 언어로 옮기는 능력이 필수적으로 요구된다. 표현할 수 있는 능력은 다양해서 누구는 컴퓨터 기술이 뛰어나거나 회화에 능하고, 누구는 능숙한 드로잉으로, 또 세련된 프레젠테이션으로 최대한 자신을 잘 표현하려고 노력한다.

넷째, 무대의상 디자이너는 어떤 소재나 재료를 보고 만지는 순간 무대 위의 배우에게 어떻게 작용하고 착용될 것인지, 배우의 움직임과는 어떤 관계가 있을지 예측할 수 있어야 하며, 무대의 다른 요소와 어떤 상호 작용을 할 수 있을지 가늠해야 한다. 창조의 과정은 길고 순탄치 않으며 끊임없는 도전과 시도가 요구된다.

다섯째, 급변하는 사회의 현상과 기술에 민감해야 한다. 짧은 시간 안에 빠르게 변화하고 진화하는 매체간 융합의 방향과 기술에 민첩하게 대처할 수 있도록 항상 긴장을 놓지 말아야 한다.

여섯째, 제한된 짧은 시간에 여러 가지 일을 해야 할 때가 많다. 집중력이 반드시 요구되는 이유이다. 무대의상 디자인 분야는 누군가 알려주거나 찾아 올 때까지 기다릴 수 있는 시간과 여유가 있는 분야가 아니다. 디자이너는 스케줄을 지켜야 하고, 예산을 항상 염두에 두어야 하며, 관련자들에게 자신의 관점을 설득하면서 서로 다른 관점들의 균형을 신중하게 고려해야 한다. 원하는 대로 일이 이루어지지 않을 때는 적절한 타협이 필요하며, 감정적, 실질적 요구에 부응하려고 노력도 해야 한다. 물론 그동안 자신의 콘셉트와 공연에 대한 열정과 희망을 잘 유지해야 함은 잊지 말아야 한다.

3 무대의상 디자이너가 되기 위한 준비

1) 이력서

이력서는 취업이나 자신을 알리기 위한 목적으로 지원자의 인적사항, 교육경력, 업무경력, 어학 및 컴퓨터능력, 기타 자격증 등의 능력을 보여주기 위한 문서로 지원자의 역량이나 잠재력, 태도 등을 판단할 수 있는 자료이므로 솔직하게 작성되어야 한다. 정해진 양식은 없지만 본인의 능력과 경력, 특징에 맞도록 작성하며 꼼꼼히 확인하며 보기 좋게 작성한다.

2) 포트폴리오

잘 구성되고 정리된 포트폴리오는 무대의상 디자이너가 되기 위해 준비해야 할

필수물이다. 포트폴리오에는 스케치, 사진, 디
자이너의 능력과 취향, 재능을 보여주는 의상
스케치 및 작업물로 이루어진다. 작업과정과 작
업기록은 물론 공연 사진과 배우에게 입혀진 의
상사진이 있다면 더욱 효과적이다.

　　포트폴리오는 가장 최근에 완성된 작업 순
서대로 배치하며 의상 스케치는 디자인 의도와
결과를 동시에 보여줄 수 있는 자료와 함께 배
열하고 결과물을 보여주는 사진이 있다면 잊지
않도록 한다. 모든 스케치에는 작품명과 공연날짜, 캐릭터이름 등이 명시되어 각 페이
지를 명확한 정보와 함께 구성한다. 포트폴리오는 다른 그래픽 레이아웃이나 장식보다
의상 작업이 강조되도록 하고 정기적으로 포트폴리오를 업데이트 할 수 있도록 구성한
다. 쉽게 다룰 수 있고 관리하기 쉬운 사이즈의 책자로 만들거나 웹사이트(web site)를
통해 볼 수 있도록 한다.

4 무대의상 디자이너의 미래와 진로

　　문화예술분야의 성장과 더불어 엔터테인먼트 산업이 기업화되고 그에 대한 관심
과 함께 수준 높은 콘텐츠가 요구되고 있다. 공연과 영상분야는 점점 다원화, 세분화되
고 융, 복합화되면서 이전에 비해 더욱 더 전문성이 요구되는 영역으로 발전하고 있다.
문화예술 관련 행사 및 공연, 영화, 방송, 미디어 아트, 이벤트 및 축제의 활성화와 대형
화 움직임은 지속될 것이며, 공연장이나 케이블 방송국, 복합 문화 공간 등은 앞으로도
지속적으로 건립될 것이다. 이 움직임은 연관분야의 전문 인력 수요증가로 이어지므로
다양한 콘텐츠와 기술은 물론 이에 적합한 인력양성 및 교육기관의 활성화가 절실히
필요한 실정이다. 또한 무대의상 관련 디자인 및 제작, 소재개발, 소품과 장신구 제작,
제작실 운영과 관리, 의상 워드롭 분야의 인적수요의 증가가 예상되므로 무대의상의 발

전 가능성 및 그 미래는 매우 밝다고 할 수 있다.

무대의상 디자이너의 미래와 진로

분야	세부 필요 사항	진로
공연 & 축제의상 디자이너	의상에 대한 전반적인 지식과 역사적 흐름, 공연에 대한 일반적인 이해는 물론 연극, 오페라, 무용, 뮤지컬 등 공연 장르의 특성에 따른 무대의상 디자인 교육 및 실습이 필요하다. 또한 축제 및 코스튬플레이, 이벤트의상 등을 위해서 전통적인 무대의상의 개념에서 탈피하여 배우의 신체공간을 새롭게 창조하거나 그 개념을 더욱 발전, 확장시키는 사고와 기술이 필요하다.	공연의상디자이너, 테마파크 의상디자이너, 코스튬플레이 의상디자이너, 패션디자이너, 무대의상제작자, 캐릭터 의상디자이너, 무대의상감독, 무대의상 워드로브, 극단 및 공연관련 기획사, 기타 무대의상 및 패션관련업체, 영화제작사, 방송국, 이벤트업체, 의상관련 쇼핑몰업체 등으로 진출할 수 있다.
무대의상 제작 & 제작소 관리운영	의상에 대한 전반적인 지식은 물론 의복 구성, 의상 패턴 및 제작에 관한 단계별 실습이 필요하다. 또한 효율적인 무대의상제작소 관리를 위한 경영능력과 양식 및 문서작업 능력이 필요하다.	무대의상제작사, 패턴사, 소품 및 장신구제작자, 소재기획 및 개발자, 특수의상제작자, 캐릭터의상 제작자, 무대의상감독, 무대의상 워드로브, 무대의상제작소 관리운영자, 기타 무대의상 관련업체, 의상관련 쇼핑몰업체 등으로 진출할 수 있다.
방송 & 영화 의상 디자이너	방송과 영화매체에 대한 충분한 이해와 매체특성에 따른 의상디자인 교육이 필요하다. 의상에 대한 전반적인 지식은 물론 패션과 트랜드에 대한 관심을 가져야 한다. 컴퓨터 드로잉능력이 필요하며 특히 많은 양식과 문서 작업을 효율적으로 하기 위해서 컴퓨터 사용 능력이 요구된다.	방송의상디자이너, 영화의상디자이너, 촬영현장 의상진행자, 스타일리스트, 코디네이터, 테마파크 의상디자이너, 패션디자이너, 지상파 및 케이블방송국의 무대의상 관련업체, 영화제작사, 드라마제작사, 무대의상 대여업체, 패션관련업체, 이벤트업체, 홈쇼핑회사, 의상관련 쇼핑몰업체 등으로 진출할 수 있다.
소품 & 장신구 디자이너	무대의상과 관련한 소품과 장신구의 디자인 및 제작을 위해서 다양한 재료 및 특성, 사용법 그리고 제작 기법 등에 대한 지식이 필요하다. 디자인을 위해 드로잉 능력이 필요하다.	소품디자이너, 장신구디자이너, 완구디자이너, 인형디자이너, 캐릭터의상디자이너, 모자디자이너, 구두디자이너, 소품 및 장신구제작자, 의상 워드로브, 무대의상감독, 기타 무대의상관련업체, 패션관련업체, 이벤트업체, 의상관련 쇼핑몰업체 등으로 진출할 수 있다.
게임 & 애니메이션 의상디자이너, 디지털 융, 복합매체 의상디자이너	게임과 애니메이션 의상작업을 위해 가상현실 공간 인지 능력과 컴퓨터 능력이 필수이며, 미디어 아트 및 융복합 매체의 의상을 위해 매체의 특성이해는 물론 첨단 소재 및 기술에 대한 지식이 필요하다.	게임 및 애니메이션의상 디자이너, 테마파크 의상디자이너, 미디어 아트 디자이너, 축제 및 이벤트의상디자이너, 완구디자이너, 인형디자이너, 캐릭터의상디자이너, 게임 및 영화제작사, 패션관련업체, 이벤트업체, 의상관련 쇼핑몰업체 등으로 진출할 수 있다.

부록

연극의 발달을 통해 본
무대의상의 역사

연극의 기원에 관한 많은 자료를 통해 자연적 숭배와 종교적 의식이 언제 어디에서 드라마와 연극의 영역으로 발생했는지 많은 연구들이 일어났다. 원시인들은 자연과 예측 불허한 삶의 변화에 대한 두려움에 맞서고 신과 자연 뒤에 숨어 있는 힘에 영향을 미치기 위해 희생을 제공했다. 이런 희생이 행해질수록 제의식은 몸의 움직임, 노래, 낭송, 특이한 의상과 액세서리, 소품 등을 포함하여 많은 극적 효과를 보여주는 복잡한 의식이 되었다. 제의식을 행하는 사람들은 성직자가 되었고 그 의식을 이끌었다. 자신을 동물이나 신으로 변장하고 타인 앞에서 공연하는 능력과 함께 연극적 표현의 토대를 만들었으며, 사냥장면, 동물의 죽음, 부족의 치료를 행함으로 배우의 캐릭터를 지니게 되었다.

현대 용어에서 '연극적(theatrical)'과 '일상(ordinary)' 사이에 분명한 구분이 있듯이 어떤 특정목적을 위해 고안되고 양식화된 의상들은 어느정도 극적 효과를 지녔다고 할 수 있다. 극적 효과를 지닌 의상은 연극의 역사만큼 오래되었지만 극 전체를 해석하고 캐릭터를 정확히 나타내도록 계획된 요소로서의 무대의상은 비교적 근래의 일이다.

무대의상은 현재와 과거를 넘나들며 그것이 태동한 극과 현실의 지식을 기반으로 이루어져야 하며, 창조된 극 속의 인물과 역할의 배경이나 실제에 대한 이해에 근거해야 한다. 과거는 현재에 영향을 미치고 미래를 위한 잠재력을 지니고 있으므로 무대의상을 이해하기위해서는 반드시 연극의 기원과 발달을 통한 무대의상의 역사에 대해서 알아야 한다.

원시시대(prehistoric): 모방과 춤

무대의상의 역사는 인류의 시초로 거슬러 올라간다.

원시인들은 동물과 새의 움직임이나 나무의 흔들림을 모방함으로서 그들과 동화되고 하나가 되었다. 호주 원주민이 캥거루의 자세와 뜀박질을 모방했듯이 원시인들은 그들이 숭배하거나 영향받고 싶은 동물과 되도록 많이 닮고 싶어했으며 그들의 리듬있는 움직임의 모방은 폭 넓게 원시인의 춤으로 전개되었다. 모방의 신비는 다수가 참여했을 때 더욱 효과적이 되어 부족 전체가 같은 본능적 몸짓을 만들면 그것은 곧 극적인 춤이 되었으며 이때 무언가를 쓰고 걸치는 자체도 극적인 의상의 일부가 되었다.

초기의 인간은 삶의 위기에 춤을 필수 불가결한 것으로 생각했고, 비와 다산을 갈구하는 원시적 제의식에도 춤이 동반되었다. 사냥된 동물은 그 종족의 토템(totem)동물이었고 조상의 화신으로 간주되었다. 그들이 받드는 조상의 화신은 더 이상 동물만이 아닌 새와 인간, 캥거루와 인간, 원숭이와 인간같은 여러 종류의 동물과 인간의 조합을 만들어 냈다. 동물들은 그들의 친구이자 화신이자 사냥감이었던 것이다. 원시인들은 이 점을 상당히 자연스럽게 받아들였다. 성공적인 사냥의 결과에서 오는 즐거운 감정과 더불어 죄의식 감정의 양면성은 신비한 드라마 속의 화해의 요소들로 들어가게 되고, 그 드라마를 위해 인간이 몸을 치장하면서 그들은 자신이 아닌 다른 캐릭터(character)가 된 것이다. 이는 의식으로부터 생성된 또 다른 단계의 연극적 행위이며 이를 위해 적절한 의상과 꾸밈이 필요하게 된 것이다. 그들은 사냥감들의 가죽이나 주변의 나뭇잎 등을 그들의 의상으로 삼았다. 또한 동물의 머리 속으로 들어가고 싶어 했는데 그 당시 원시인들은 박제 전문가가 아니었기에 머리를 나무나 줄기로 파서 그 속으로 그들의 머리를 집어넣었다. 날카로운 부리와 입, 인간을 노려보는 위협적인 눈들은 인간을 겁먹게 했지만 그것들을 조각하고 만들기 시작하면서 그 두려움으로부터 벗어나기 시작했다. 즉, 가면(mask)을 만들어 낸 것이다. 원시인들은 사냥이나 고기잡이를 나갈 땐 가면을 착용하여 성공을 기원하였다. 각 나라의 수많은 가면들이 각자 다른 스타일과 제작의 차이에도 불구하고 이와같은 본질적인 유사점을 지니고 있다. 가면은 무대의상의 일부로서 캐릭터와 무대의상연구에 빼놓을 수 없는 중요한 요소로 많은 학자들과 예술가

무대의상 디자인

들이 다각도로 연구하고 있다.

　인간 삶의 사냥단계가 목축단계로 이어지고 목축단계에서 정착이 가능한 농경시대로 이어지면서 연극적 발전 또한 이루어졌을 것이다. 구성원들에게 풍부한 음식을 보장하는 농경 의식에서도 독수리, 비둘기, 뱀 등의 동물 변장이나 가면들을 찾아볼 수 있으며, 농경시대의 탈곡장은 추수 제의식을 행하는 훌륭한 무대였음을 추측해 볼 수 있다.

여성들이 다산이나 사냥의 성공을 위한
제의식 춤을 추고 있다.
Prehistoric Saharan painting from
Germa Museum, Fezzan, Libya

제의식 춤
Prehistoric Rock Paintings of Libyan
and Algerian Sahara

두 반인반수인물
The palaeolithic art of Les Troise Freres cave

이집트(Egypt) 시대: 제의식 드라마(ritual drama)

이집트는 왕인 파라오(Paraoh)나 제사장의 주재로 신전에서 신에게 제물을 바치고 제사를 지냈다. 성직자는 제의식을 통해 악으로부터 신을 보호하는 역할을 수행하였고, 이를 통해 세상이 혼돈에 빠지지 않고 질서가 유지된다고 믿었다. 이집트에서의 신성한 제의식은 신전과 그 주변의 호수에서 성직자들만이 참석한 가운데 오시리스(Osiris), 이시스(Isis), 호루스(Horus)[1] 신과 태양신 아문(Amun)과 레(Re)를 기리기 위해 행해졌다.

제의식의 초기 모습들에는 동물의 흔적을 발견할 수 있다. 데미테르(Demeter)와 페르세포네(Persephone)의 성지에는 춤추거나 악기를 연주하는 반인반수들의 조각이 있는데 몸은 여성이고 머리, 발톱, 발은 말이나 당나귀, 돼지, 고양이, 산토끼인 경우가 많다. 가면을 쓴 남녀가 춤을 추며 데미테르(결혼의 여신)와 페르세포네(봄의 여신) 의식 연기를 하였다. 따오기(ibis) 머리 모습을 한 지혜의 신 토뜨(Thoth)와 아누비스(Anubis)[2] 도자기 가면에서도 보여지듯이 신은 상징적 동물을 동반하며 그 동물의 형태를 착용하였다. 이는 가면 착용자에게 힘을 부여하고 사람을 변화시키려는 목적이었다. 여러 종교적 의식에서도 그 당시의 의상을 입은 모습들이 보여지는데, 특히 람네스 3세(Rameses III) 묘지벽화에서는 이집트 전역에서 행해진 추수감사제 행사에 참여할 때 입은 의상뿐 아니라 수도승이 동물머리 마스크를 쓴 모습을 볼 수 있다. 이집트의 제의식은 대화가 일부 이루어진다하지만 캐릭터 간의 실제적인 대화가 없었고, 실제의 관객이 부재한 단지 신과 승려를 위한 의식이었다. 즉, 상당히 잘 짜여진 제의식이었지만 미처 사회적 활동으로 발전되지 못하여 진정한 의미의 연극으로 보기에는 충분하지 못했다.

농경 시대에 들어서면서 다산과 다작을 기원하는 '신성한 왕'이 출현하였다. 왕이 건강하고 활력이 있을 때 농작물이 풍족하다고 믿어 왕이 늙고 약해지기 시작할 때는 살해되고 교체되었다. 이와 동반되는 의식들이 후의 종교와 연극의 역사 속에서 제의식

---

1   매의 머리를 한 태양신으로 오시리스와 이시스의 아들

2   고대 이집트의 죽음의 신인 자칼의 머리를 쓴 신(죽은 사람의 시체를 미이라로 만들어 썩지 않게 보존하는 일을 관장함. 이집트에서는 사제가 장례식에서 가면을 씀)

적 드라마로 전개되어 신성한 왕의 실제 살해는 거짓 모방 살해로 바뀌어졌으며 주요 배역은 성직자에 의해 행해졌다. 아마도 그들은 의식을 위해 예복을 입었을 것이다.

제의식 드라마는 점차적으로 그 자체가 초자연적이고 신비스럽게 되었으며, 캐릭터들은 신이나 신과 밀접하게 연관된 사람으로 되었다. 동일 캐릭터의 재등장을 통해 신화에서 다른 신화로 연결되었으며, 이야기의 일부분이 다른 것으로 옮겨지거나 일련의 이야기들이 함께 묶여졌다. 신화는 이야기로서 매혹적이고 상징적으로 되었으며 보편적 인간에 대한 반박할 수 없는 많은 질문들을 밝히고자 하였다. 그런 신화적 표현에서 제의식이 형성되었고 관습, 믿음, 사회적 삶의 리듬이 구체화되었다. 신의 역할을 포함하는 제의적 드라마와 인간 캐릭터의 역할을 지니는 진짜 연극 사이엔 긴 행보가 있었듯이 모방과 제의식의 원시적 몸짓과 춤으로부터 시작하여 이집트의 종교적 제의적 드라마와 아이스큘로스, 소포클레스, 유리피데스 등의 대작으로 발전시킨 그리스까지 긴 역사적 흐름이 이어졌다.

고대 이집트에서 매년 개최된 축제

Ramses III 묘지의 벽화

마스크 쓴 성직자, Denderah

아누비스 도자기 마스크

그리스(Greece) 시대 연극과 의상

그리스 연극은 디오니소스(Dionysus)축제에서 행해진 합창곡과 춤으로부터 발생했다는 학설이 일반적으로 받아들여진다. '디시램브(dithyramb)'[3]란 단어의 기원은 논쟁이 있지만 초기 디오니소스를 숭배하는 찬미자들이 그리스 현악기인 플롯과 리라를 가지고 그를 숭배하기 위해 노래와 연주를 했다는 것은 의심할 여지가 없다. 디시램브의 노래와 춤을 정리한 아리온(Arion, BC 628~585)이 코린트(Corinth)에 그것을 소개했고 사티로스(Satyros)[4]의 경배와 함께 혼합되었다고 말해진다. 아테네가 지배하고 있던 아티카 지역에서는 디오니소스를 기리는 네가지 축제가 열렸으며 그리스 시민들 뿐 아니라 이웃국가의 귀족들도 초대되는 거대한 행사였다. 이들 축제 중 하나인 '디오니시아제'에서는 합창 경연대회가 특징이었고 연극 경연대회가 처음 공연되었다. 처음엔 비극만 있다가 다음에 사티로스극[5]이, 그리고 희극이 추가되어 세 가지 유형이 공연되었다. 코러스가 불렀던 디시램브의 가사와 음악은 신들의 전설적인 이야기로 축제의 흥분 속에서 자연 발생적으로 만들어졌으나 점차 코러스간의 대사가 추가되었다. 향후에 테스피스(Thespis)[6]는 코러스 외에 배우 한명을 추가시키고 가면을 통해 역할의 다양화를 추구하였다. 이러한 과정을 통해 주제와 인물들 간의 갈등, 성격 부여가 점점 복잡해지고 치밀해졌다.

디오니소스는 술과 풍요, 쾌락의 신으로 가죽을 몸에 걸치고 덩굴과 잎사귀로 머리를 장식한 채 자신을 숭배하는 법과 포도 경작법을 가르치며 다녔다. 그의 숭배 행렬과 야단 법석한 주신제는 사티로스나 메네이드(열광한 여신)로 변장한 참석자들과 함께 도

---

3 디오니소스를 기리기 위해 불리고 춤추어진 찬가

4 주색을 좋아하는 숲의 신

5 주제와 등장인물이 서로 연관되어 있는 세 편의 비극 다음에 공연되었던 신화적 소재의 풍자극, 신화적 막후극

6 드라마 탄생에 크게 기여한 그리스 배우이자 디시램브의 지휘자이다. 그는 이동무대에 장치를 싣고 축제를 전전하였다.

무대의상 디자인

자기에 자주 표현되었다. 초기 도자기의 사티로스는 말의 꼬리를 몸에 붙이기도 했는데 다른 경우엔 거의 나체였다. 상당수의 그리스 도자기에서 말의 머리를 쓰고 그 가죽으로 옷을 입고 말을 흉내내거나 날개와 깃털을 달고 연기하는 전문적 코러스들의 모습도 볼 수 있다.

진정한 의미의 무대의상 역사는 고대 그리스 연극에서 당시의 일상복을 기본으로 하여 희극, 비극의 구별에 따라 입는 모습과 색채를 상징적으로 구별하는 데서 시작되었다고 볼 수 있다.

1) 그리스 비극과 희극

그리스 연극은 32편의 비극과 12편의 희극, 1편의 소극과 3편의 단편이 남아있는데, 비극은 대부분 아이스킬로스(Aeschylos, BC 525~456), 소포클레스(Sophocles, BC 496~406), 유리피데스(Euripides, BC 484~406)에 의해 쓰여 진 것이다.

아이스킬로스는 가장 위대한 비극작가로 경연대회에서 13번이나 수상을 하였고 그의 90여편의 작품 중 7편이 남아있다. 그는 연극의 조건이 연기, 장식, 음악, 마스크, 무용이라고 전제하고 배우를 1명에서 2명으로 늘리고 코러스(chorus)[7]를 50명에서 12명으로 줄였으며 여러 가면을 통해 다양한 인물을 표현하고 화려한 의상과 가면을 디자인하였으며 코러스를 잘 훈련시켰다. 소포클레스는 아테네의 전성기에 123편의 작품을 썼고 18번 수상하였다. 아이스킬로스가 신을 중심으로 극을 이끌어나갔다면 그는 이상적인 인간형을 중심으로 극을 전개하였다. 그는 대사를 늘리고 간단한 장치에 색채감을 부여했으며 제 3의 배우를 도입시켰다. 그리고 구성의 조화를 위하여 코러스를 15명으로 늘렸다. 유리피데스는 92편중 18작품이 남아있으며 개성이 강한 작가로 그리스 연극을 완성시켰다.

---

7   코러스는 그리스 연극에서 다양한 기능을 했다. 우선 중개인 역할을 했으며 조언과 의견 표현, 질문등을 통해 극에 적극적인 참여를 한다. 사건의 도덕적이고 심판의 기준을 세워준다. 또한 이상적인 관객의 역할을 통해 사건과 등장인물에 반응한다. 더불어 움직임과 스펙터클, 노래와 춤을 통하여 극의 분위기와 연극극적인 효과를 고조시킴은 물론 극 진행에 대한 여유나 지연을 만들어 리듬을 맞춘다.

그리스 연극이 단시일 내에 발전할 수 있었던 것은 그 운영을 국가가 맡아 해마다 대회를 열어 우수한 극작가의 작품에 수상을 했기 때문이다.

초기에는 극작자가 배우를 겸하였으나 소포클래스의 시대에 와서는 극작가가 더 이상 자신의 작품에 배우로 참여하지 않았다. 세 명의 배우들은 가면을 사용함으로서 여자 역할을 포함한 다양한 역할을 할 수 있었다. 여자들이 배우가 될 수 없었던 이유는 사회적, 종교적 이유도 있겠지만 실제적으로 가냘픈 여성의 음성이 거대한 극장에서 들릴 수 없었고 무겁고 과장된 의상과 부츠, 그리고 마스크를 착용하고 연기하기란 여자들에겐 고역이었으리라 추측된다. 비극배우는 외모와 힘, 목소리의 재질에 따라 평가되고 극장의 크기로 보아 배우의 발성은 웅변의 형태를 띠었을 것이고 동작이나 움직임 역시 크고 양식적이었을 것으로 추정된다. 비극배우는 가면을 썼기 때문에 얼굴은 항상 고통이나 분노, 슬픔 등의 고정된 감정을 표현 할 수 있었다. 그리스 비극은 혼돈과 무질서에 직면하여 괴로워하는 인간과 신이 모순되고 비도덕적인 방식으로 행동하는 모습을 보여준다.

아리스토파네스(Aristophanes)에 의해 발전된 희극은 구 희극(old comedy)라 부르며 44작품 중 11편이 현존하고 있다. 아리스토파네스의 희곡은 벌, 새, 개구리 등의 동물, 곤충으로 변장한 코러스가 노래하고 춤을 추었는데 이들의 가면들은 '추한' 인간의 특징들을 과장하였다. 또한 공상과 슬랩스틱, 음란한 대사 및 부와 여가, 음식과 성의 즐거움에 대한 논쟁 등이 주를 이루고 있었으며, 빠르고 음란한 코르닥스(kordax)라는 춤을 추었는데 그 춤은 익살스러움과 저속함으로 로마시대까지 이어졌다. 여성들이 무대에 서거나 희극 공연 관람이 금지되었던 이유도 공연 시 행해지는 음란한 춤이나 벗는 모습으로 인한 종교적, 윤리적 이유 때문이었다. 이들은 도시를 전전하는 마술사, 음악가, 어릿광대, 곡예사 등을 겸했으며 공

에피다우로스(epidauros) 극장

연의 배경을 위하여 페인팅이나 장식, 여러 가지 무대장치와 음향효과를 위한 기계도 사용하였다.

마임(mime)[8]은 실생활을 주제로 한 흉내와 춤에 의한 즉흥희극을 말하며 이를 통해 신들을 풍자하기도 하였다. 예술을 기술로 보았던 그 시대에 마임은 신체를 움직이는 기술이었다. 마임은 메난더에 의해 소극으로 창시되고 후에 신희극, 로마 희극에 영향을 미쳤다.

2) 그리스 연극의상

그리스 연극의상이 일상복과 다른 점은 공연장소가 대형의 야외무대였기 때문에 배우가 무대에 섰을 때 실제 인물보다 크고 인상적이며 관심을 유도할 수 있도록 함에 있다. 1~2만 명의 관객을 대상으로 하는 연기와 발성에는 한계가 있었기에 과장된 몸짓과 음폭을 넓히고자 고심하였다. 무대와 관객의 거리가 멀어 섬세한 얼굴 표정과 몸짓으로는 의미 전달이 어려워 특수의상이나 신발, 그리고 가면을 사용하게 되었다.

초기 비극배우들은 디오니소스 성직자들이 입는 길고 풍성한 의상과 부츠를 신었다. BC 5세기에 와서 비극배우들은 굽 높은 부츠인 코두르누스(cothurnus)를 신어 과장되며 권위있어 보이게 하였다. 또한 온쿠스(onkos)라는 장식된 헤드드레스를 착용함으로서 가시성과 배우의 외관을 좋게 하였고 키를 신장시키는 효과를 가졌다. 또한 극도로 마르거나 왜소해 보임을 방지하기 위하여 가슴과 배아래 부분에 속심과 패딩(padding)을 대었다. 코러스는 소매없는 키톤(chiton)을 입고 평상시 신던 신발을 신거나 맨발이었다.

배우들의 의상에 관한 자료는 그리스 도자기에 많이 나타나있다. 디오니소스는 드레이프와 주름이 진 키톤이나 히메이션(himation)을 입고 사자 가죽을 어깨에 걸쳤으며 머리에 포도 잎사귀나 담쟁이덩굴을 두르고 지팡이를 들었다. 사티로스는 나체나 타이즈 위에 표범가죽을 걸치고 말의 귀와 꼬리, 그리고 남근을 달았으며 플롯 2개를 불고

---

8   모방을 의미하는 그리스어 'minos'에서 유래

다녔다. 비극배우들의 의상은 일반적으로 화려하고 색상이 풍부하며 권위가 있었는데, 주로 긴 키톤이나 히메이션 등의 긴 소매가 달리고 수직으로 줄무늬나 수를 놓은 헐렁한 의상으로 벨트를 가슴 아래 일자나 X자로 맴으로서 키를 커보이게 하였다. 색상, 무늬 그리고 소매가 있어서 무색이나 소매없는 일반 키톤과는 구별이 되었다. 바람이 불거나 날씨가 좋지 않을 때에는 끝이 둥글게 굴려진 클라미스(chlamys)나 망토를 입었는데 역시 노란색, 초록색 등 밝은 색상과 금사 등으로 수를 놓거나 무늬가 있었다. 여왕은 보라, 조객은 검정을 입는 등 상징적 효과를 위하여 색상이 선택되었던 것으로 추측된다. 여자 역을 위한 의상으로는 색상이 화려하고 끝단에 선 장식이나 무늬가 있는 페플로스(peplos)와 주름 진 이오닉 키톤, 그리고 숄을 두르고 피불라(fibula)로 어깨에 고정하였다. 상징적인 의상도 있었는데 헤라클레스는 사자가죽으로 만든 의상을 비대칭으로 어깨에 두르고 뭉뚝한 방망이를 들고 나왔다. 배우들과 코러스는 소품을 사용하기도 했는데 탄원자는 나뭇가지를, 병사는 창과 방패를, 왕은 홀을 들고 있었다. 일반적으로 무대의상은 색상이 풍부하고 길고 풍성한 옷감과 장식으로 인해 무겁고 두꺼웠다.

희극은 등장인물이 많아 1명의 배우가 2인, 3인 역을 맡았다. 신화의 내용이 대부분인 비극과 달리 희극은 허풍쟁이, 포주, 주정뱅이, 하인, 사기꾼 등의 인물이 나오는데 이는 후에 코메디아 델 아르테(Commedia del Arte)나 몰리에르(Moliere)의 희극으로 연결된다. 아테네의 구희극으로 발전한 도리안 마임(Dorian mime)의 의상들은 루브르박물관에 보관되어 있는 코린트식 도자기의 춤추는 인물들에 의해 묘사되어 있다. 플라케(phlyakes)라 불리는 소극(farce)은 그로테스크한 의상을 입은 전형적 인물을 도입했는데, 과장되고 컬러플한 일상복에 기괴하고 우스꽝스런 모습을 강조하기 위한 디테일과 익살스런 부속물을 매달고 실생활을 유머스럽고 벌레스크(burlesque)하게 표현하였다. 이 극은 그리스의 인기있는 오락거리로 비극배우들이 주로 연기했던 권위와 위대함의 주제들을 패러디하며 도시를 전전하였다.

희극 배우들은 마술사, 음악가, 어릿광대, 곡예사 등을 겸했으며 즉흥적인 치고받는 장면같은 큰 몸짓과 곡예에 방해되지 않는 의상이 필요하였다. 이들은 어깨와 엉덩이, 배 부분을 패딩으로 과장되게 부풀이고 누드를 의미하는 살색 타이즈나 짧은 키톤을 입고 빨간 가죽으로 만든 커다란 남근(phallus)을 부착한 그로테스크한 의상을 착용

무대의상 디자인

한 반면에 우스꽝스럽지 않은 인물들은 그 당시의 일상적인 의상을 입었다. 히메이션은 주로 신분이 높은 자들이 착용하고 끝에 술, 문양, 색 등으로 장식하였다. 클라미스는 여행자와 군인들의 외투로 사용되었고 노예는 보통 짧고 간단한 키톤 하나만 걸쳤다. 키톤의 길이, 색상으로 신분과 직업을 표시하였으며 여성들의 키톤은 발목 길이로 화려한 끝 테두리나 문양 장식을 하였다. 공연의 배경을 위하여 페인팅이나 장식, 여러 가지 무대장치와 음향효과를 위한 기계도 사용하였다.

3) 그리스 가면

가면은 그리스 연극을 더욱 인상 깊게 하고 다른 시대의 비극과 차별해 주는 중요한 요소이다. 그리스의 거대한 원형극장에서 배우의 표정과 대사는 보고 듣기가 어려워 음성의 확대가 필요하였고 가면은 구조상 메가폰 역할을 하였다. 가면의 형태는 머리를 완전히 덮고 턱밑을 끈으로 묶어 배우가 음성 확대를 위해 입을 크게 벌릴 수 있게 도움을 주었다. 초기 하얀 피부색을 강조하던 가면은 점점 정교해지고 재료도 린넨, 코르크, 나무로 만들어졌다. 그 위에 온쿠스라는 머리 장식을 부착하여 크기를 크게 하였으며 색상과 머리스타일, 수염, 장신구 등이 섬세하게 만들어졌다.

배우들은 무대 옆의 탈의 공간에서 가면을 바꾸어 쓰거나 분장을 고침으로서 여자 역할 등 많은 배역을 소화해냈다. 아이스퀼로스는 처음으로 채색가면을 사용하였는데 머리색, 얼굴색, 이마, 코 등으로 배우의 나이, 성별, 직업, 감정을 나타내기도 하였으며 신과 노인, 구두쇠, 방탕한 아들, 사랑하는 젊은 남녀, 유혹하는 이, 잘난체하는 군인, 배고픈 식객, 교활한 노비 등이 전형적인 인물로 등장했다. 뭉툭 코, 깨끗이 면도한 턱, 메부리코 등 다양한 형태, 그리고 나이와 성격에 따른 가면으로 차별화하였는데, 노인용 9종류, 젊은이용 11종류, 여자용 17종류, 노예용 7종류 등으로 다양하였다.

사티로스 가면은 일반적으로 어둡고 헝클어진 머리와 수염, 벗겨진 앞머리 그리고 말의 귀 모습을 하고 있고 코러스 가면에는 피부색, 머리색, 눈썹의 생김새, 이마의 주름 등이 표현되었고 얼굴 생김새도 납작코는 호색가, 매부리코는 뻔뻔한 사람, 두꺼운 입술은 순박한 사람, 붉은 얼굴은 화가 났거나 뱃심이 좋고 뻔뻔하며 악행하는 자를 나타내었다. 가면의 눈썹 형태로도 등장인물을 구별하였는데 위로 올라간 눈썹은 근심을,

일직선은 명랑함을, 뻔뻔스럽고 잔인한 사람은 넓은 들창코로 표현하는 등 관객에게 배우들을 쉽게 인지할 수 있도록 해주었다.

디오니소스 (Dionysus)

마스크를 든 비극 배우와 사튀르극(satyr play)마스크를 들고
사튀르 극을 준비하고 있는 대기실의 배우

그리스 비극배우

사티로스

테스피스(Thespis)가 노새 뱃머리 배 모양의 수레무대로 이동하며
춤과 음악이 혼합된 공연을 하는 모습

다양한 의상을 입고 마스크를 든 디오니소스 축제의 공연자들

유리피데스(Euripides)의 이피게니아(iphigenia) 공연

오레스테스 신화 공연

말을 흉내내는 키톤차림의 코러스, 암포라

하인에게 와인항아리를 빼앗기는 장면,
코린트식 도자기

구희극의 주인과 하인

그리스 배우. BC 360-340

사다리를 들고 있는 헤르메스를 대동한 제우스는
창가의 알크메나(Alkmena)를 방문

구희극 장면. 노예가 사다리 위로 주인인 노인을
밀어주고 있다. 여장배우도 보인다.

마임 플라케(Phlyakes)

구희극의 배우

아리스토파네스의
'새' 코러스

아리스토파네스(Aristophanes)의 '새'

코믹 배우, Terra cotta

메난더(Menander)의 신희극 배우들의 의상과 가면
Vatikan, Lateran–Museum

메난더의 신희극 공연

그리스 가면

로마(Rome) 시대 연극과 의상

1. 로마 연극

　　로마는 예술에서는 창조보단 남의 것을 많이 차용하였다. 정복지의 문화를 자신의 것으로 흡수하였던 로마는 그리스 및 이태리 남부 식민지에서 발견한 연극과 극장 건물의 유형을 로마에 들여왔다. 반세기 후에 소포클레스와 유리피데스의 비극이 라틴어로 번역됐고 그리스 코메디는 곧 로마인들에게 다가갔다. 로마 비극은 단지 그리스 비극의 모방이었고 의상도 그리스에서 로마로의 전달이었다.

　　로마는 초기 제의식의 전통을 가지고는 있었지만 진정한 의미의 제의적 드라마로 받아들여지지 않았으며 시는 풍자형태의 음담패설로 초기 로마 코메디로 발전되었다. 에투루리안 제의식과 그리스 연극은 로마 연극에 가장 큰 영향을 미쳤고 루디 로마니(Ludi Romani)라 불리는 종교 축제에 권투와 전차경주, 노예들의 결투 등 오락거리와 혼합되어 함께 공연되었다.

　　드라마가 쇠퇴하면서 로마 무대를 지배한 것은 아텔란 소극(Atellan farce)과 마임, 판토마임같은 연극적 오락물이었다. 짧은 소극인 아텔란 소극은 가장 오래된 로마 연극형식 중의 하나인데, 고정된 성격의 인물과 즉흥적인 대화, 음악, 무용, 그리고 시골을 배경으로 한 속임수나 음모와 관계된 플롯 등을 사용하였다. 허풍장이고 탐욕스럽고 우둔한 광대인 마커스(Maccus), 대식가나 허풍장이인 바보스런 부코(Bucco), 끝까지 그의 돈과 여인을 강탈당하는 멍청한 늙은 수전노 파푸스(Pappus)[9], 그리고 교활한 사기꾼과 대식가에다 때로는 곱추인 도세누스(Dossenus)와 같이 고정된 성격의 인물들은 이탈리아 르네상스의 꼬메디아 델 아르테로 연결된다.

　　마임은 거의 모든 종류의 연극적 오락물 중에서 특히 폭력적이고 음란한 오락물을 가리키는 용어로 막연하게 사용되었다. 마임은 루디 플로랄레(Ludi Florales)라고 하는 로마의 공연예술로 출발하였다. 주로 노예들이 주인을 즐겁게 하기 위해 시작된 마임은

9　Phlyakes의 Pappos에서 유래했고 코메디아 델아르테의 판타룬의 전신

기계체조, 공중제비같은 서커스의 몸짓, 불을 입으로 내뿜기, 노래와 춤을 가미하여 인기높은 대중연희로 자리매김하였다. 그러나 마임집단들은 축제의 공식 행사로 편입되었음에도 불구하고 그리스 마임처럼 가설무대에서 공연하며 뜨내기로 떠돌아다녔다. 도시생활에서 끌어낸 풍자적 주제들이 즉흥적으로 만들어 졌으며 제국시대 이후 여자 역할은 여자가 하였다. 그들은 가면을 사용하지 않았고 주제는 간통이나 변태적인 악덕이기 일쑤였으며 언어는 외설적이었다. 이런 이유로 점차 득세하던 기독교가 마임에 반기를 들었고 마임단체들은 교회의 성찬의식과 신앙을 조롱함으로서 복수하였다. 또한 여성 공연자를 출연시킨다는 일유로 핍박을 받았다. 따라서 마임은 기독교인들의 연극 반대에 가장 대표적인 극형식이 되었다. 한 명의 배우에 의해 공연된 판토마임은 비극을 대신하며 지배층의 인기를 받았지만 검투와 전차경주 등 오락거리를 사랑했던 로마 제국시대 연극의 지위는 땅에 떨어진 상태였다.

히에라폴리스(Hierapolis)에 있는 옛 로마 극장   콜로세움 극장

2. 로마 연극의상

로마 연극의상도 당시의 일상복을 기본으로 하여 희극과 비극의 구별에 따라 입는 모습과 색상을 상징적으로 구별했고 장식을 호화롭게 하는 경향이 있었다. 그리스의 연극을 차용했기에 의상 또한 계속 지속되었다. 로마 연극의 등장인물은 대부분 유형화되었기에 의상도 직업과 신분에 따라 표준화되었다. 의상은 큰 극장에서 관객에게 인물들

을 보이도록 크게 과장되고 색상이 밝고 다양하게 사용되었다. 보라색은 부자를, 금색 술을 착용하면 신을 상징하였고 짧은 망토는 군인, 노예들은 짧은 튜닉을 입었으며 노란의상을 입었다면 여자를 상징하였다. 로마 일반남성을 상징하기 위해서는 로마의 대표적 의상인 튜닉과 토가(toga)를 입었으며 여성들은 목에서 발목까지 길이가 긴 스톨라와 튜닉을 착용했다.

야수와 싸우는 검투사
Terme Museum, Italy

로마의 희극, 비극 마스크

마스크와 튜닉을 착용한
로마 판토마임 배우
Historical Pictures Service, Chicago

아텔란 소극의
마쿠스

무대의상 디자인

아텔란 소극 공연은 공공극장이나 사가에서 공연되었는데 의상은 아주 적게, 혹은 없이도 공연되었고 여성 무용수, 저글러(juggler), 운동선수들은 맨 몸이나 가슴을 내 논 채 색상이 있는 드로어즈만 입기도 하였다. 이런 종류의 퍼포먼스를 대중적 볼거리로 발전시킨 자들이 로마인들이다. 후기 로마에서 유행한 판토마임은 한명의 배우가 입이 막힌 가면들을 바꾸어가며 많은 역할을 연기했다. 그리스로부터 차용된 가면은 더욱 컬러플하고 그로테스크하게 전개되었고 노래와 움직임, 그리고 풍자적인 몸짓과 함께 과장되고 정교하게 발전하였다.

중세(Medieval) 시대 연극과 의상

1. 중세 연극

중세는 서 로마가 멸망한 5세기 후반(AD 476)부터 15세기 르네상스 이전까지의 1,000여 년의 시기로 주도적 위치에 있던 그리스도 교회는 연극 공연에 대해 전반적으로 부정적이었다.

종교극의 기원은 연극을 금지한 중세 그리스도교회가 포교의 수단으로 연극을 교회 안에 끌어들인 10세기 후반으로 볼 수 있다. 마임, 음악과 춤, 가면극 등의 연극요소를 포함하는 이교도의식 그리고 로마 카톨릭 교회의 영향을 받은 중세 연극은 교회의 절기와 축제기간 동안에 교회의 제단과 교회 주변에서 행해졌다. 라틴어로 쓰여 진 성서를 이해 못하는 교인들을 위해 성서의 장면들을 보여주려는 의도에서 시작된 중세 연극은 도덕적 교훈을 쉽게 이해할 수 있도록 극화된 에피소드를 몇 개 모은 연속극적 형식을 취했으며 그 순서는 성서의 내용 순서를 따랐다. 마을 전체가 참여하기도 했던 중세 연극은 대중적, 공통체적이고 축제적이었다.

종교 연극은 성서에 나오는 신비로운 행적을 다룬 신비극(mystery play)과 기적을 다룬 기적극(miracle play), 선악의 갈등 주제를 통해 삶에 대한 교훈을 주는 도덕극(morality play) 그리고 그리스도의 삶을 주제로 한 수난극(passion play) 등이 있었다. 이 두 가지 형태의 작품은 당시 수백 편이 있었으나 현존하는 것은 불과 몇 편에 지나지 않는다.

처음에 라틴어로 시작되었으나 차차 자국의 언어로 대치되었으며, 시장과 마을광장으로 옮겨감에 따라 연기자도 성직자에서 평신도, 일반인, 상인들에 의해 공연이 이루어지게 되었고 무대장치도 점차 세부적인 양상을 띠게 되었다. 그리고 무대는 중간이 현세, 우측이 천국, 좌측이 지옥이라는 기본원칙을 지켰다.

중세 야외극, 고문장면. 1460

코번트리 신비극

도덕극 (Every man)

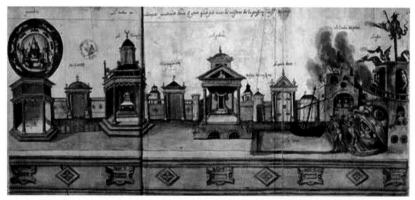
발랑시엔(The Valenciennes)의 수난극(Passion Play)에 사용된 고정무대. 1547. BNF, Paris

종교극이 연극으로 발달하면 할수록 본질로부터 멀어져 세속적인 요소들이 많이 도입되었다. 결국 1210년 Innocent III 주교는 교회 안에서의 연극공연을 금지시켰고, 세속 연극인이 가면 쓰는 것을 금지시켰다. 그래서 연극은 교회마당에서 열리게 되었다. 그러나 오래 머무는 걸 허락하지 않아 교회마당도 곧 금지되었다. 13세기 이후 연극 공연자들은 점차 거리나 시장으로 나갔고 그곳에서 배우들이나 주제들도 완전히 세속화되었다. 교회 영내로부터 시장으로의 이동은 구경거리의 영역을 넓혔고 모여든 대중들의 집중을 이끌기 위해 더욱 더 동시대적인 특징과 성향이 공연에 합치되었다. 그러나 종교개혁과 그리스, 로마의 학문, 예술을 부활하려는 르네상스 시대의 도래로 종교극은 점차 소멸되어 가기 시작했다.

2. 중세 연극의상

중세의 연극의상과 극적인 장면에 대한 시각적 증거들은 그림, 스테인드글라스, 프레스코화 등에 남아있다. 중세 연극의상은 크게 천상의 의상과 일상복으로 나뉘었고, 상징적 소품은 일정한 등장인물을 나타내었다. 천사는 날개와 같은 부속물을, 정의는 검과 저울을, 유다는 붉은 머리칼, 성 베드로는 열쇠, 성 캐서린은 찌그러진 바퀴, 신중함은 거울, 질투는 뱀으로 식별되었다. 교회의상을 입은 신과 천사, 성인같은 천국의 대변자들은 경외심과 존경심을, 지옥의 대변자는 공포와 고통을 불러일으키는 의상을 입었다. 그 사이의 보통 인간들은 역사적 고증의상은 아니지만 각각의 그 시대와 사회적 위치에 맞는 의상을 입었다. 상상력이 가장 발휘된 의상은 악마의상이었는데 날개와 발톱, 부리, 뿔 꼬리를 달고 있는 것이 목판화에 잘 묘사되어 있다.

드라마를 신중히 받아들이게 된 중세 말엽(AD 475-1000)에 무대의상은 서서히 다시 출현하였다. 신비극과 기적극은 교회에서 시작하였고 이들의 의상은 약간의 연극적 요소를 가진 성직자의 교회 예복에 의해 영향을 받았다. 양탄자나 그림, 병풍, 조각 등에 묘사된 다수 인물의 의상은 중세후기 연극의 의상을 가장 잘 표현한다. 1213년에 세워진 노트르담의 후원 아래 브루셀(Brussels)에서 열리는 행렬에서는 천사는 흰 날개와 함께 길고 흰 로브를 입고 성모마리아는 왕관과 동시대의 의상을 입은 것을 볼 수 있다.

성서의 삽화는 초기 연극 의상에 영향을 미쳤지만, 표현은 점점 연극적이 되고 등장인물들은 극적 효과를 위해 평범하지 않은 의상을 입기 시작했으며, 화가들도 그림에 인물들을 더욱 더 연극적으로 표현하기 시작했다. 즉, 단순한 시작으로부터 인간 몸을 치장하고 다른 사람을 즐겁게 하려는 방향으로 변하게 되었다. 특히 이런 연극적 표현욕구는 화려하고 사치스러운 의상에서 나타나며 특히 괴상한 가면, 의상, 액세서리로 치장한 악마 캐릭터에서 분명히 보여진다. 악마는 원래 염소로 변장한 남자였고 천사는 새로 변장한 소년이었다. 그래서 마치 고대 사티로스로부터 내려온 것을 보여주기 위하여 악마는 털로 뒤덮여지고, 때론 가죽이나 검정 천, 혹은 지옥의 불을 의미하는 검정과 빨강이 혼합된 의상을 입었으며 간혹 깃털로 덮여지기도 하였다. 또한 악마의 극악무도한 성격을 강조하기 위해 박쥐 날개를 달고 바지를 착용하였다. 중세 예술에서의 악마는 거의 배나 무릎, 엉덩이 위, 등 뒤에 여러 개의 얼굴을 달았는데 이런 모습들은 그들의 오랜 악마이론의 전통으로부터 내려와 중세무대에 묘사되었다.

종교극은 점차 종교개혁과 그리스, 로마의 학문, 예술을 부활하려는 르네상스 시대의 도래로 소멸되어 가기 시작했다. 진지한 연극은 쇠퇴해 가는 가운데, 가장 저급한 마임은 기독교 제국 아래에서 오래 지속되었다.

마임은 고대와 중세, 그리고 16세기 코메디아 델 아르테 사이를 연결하며 연극 형성의 틀을 마련하였는데, 마임의 후예들인 바보, 제스터, 악사들은 꼴사나운 춤이나 몸짓과 함께 그들의 몸을 변형하고 품위없이 의상을 벗거나 괴기한 가면을 착용하였다. 예수의 할례기념일(The Feast of the Circumcision)에서 성직자, 집사는 가면을 쓰고 괴기스런 얼굴을 하였으며, 여성이나 포주, 음유시인의 의상을 입고 춤을 추기도 하였다. 같은 시기에 일어난 중세의 바보들의 축제(Feast of Fools)에서도 가면 착용, 의상교환, 동물 등으로의 변장이 이루어졌다.

중세극의 다른 요소와 같이, 바보들도 점차 세속화되고 교회 밖으로 움직여 15세기 프랑스 전역에 그들만의 조합을 만들고 막간극과 음란한 소극을 연기하면서 로마 마임의 계보를 이어나갔다. 바보, 제스터들은 닭 벼슬이나 당나귀 귀, 꼬리달린 후드(hood)를 착용했는데 이는 인간이 동물 머리를 썼던 원시시대를 회상하게 한다. 의상은 파티 칼라(parti-color)의 상의 길이가 짧은 코트(cotte)나 꼬따르디(cotehardi), 호즈(hose)를 입었고, 작은 닭이나 당나귀 머리, 방울이 달린 버블(bauble)을 들었으며 종(bell)을 부착하였다. 이들의 의상은 오늘날 코메디나 서커스의 광대들에게 쉽게 찾아 볼 수 있다.

중세 대성당의 스테인드글라스

프레스코화
(유스티니아누스 황제와 그의 대신들 AD 547, 모자이크)

악마 의상

코프(cope)을 입은 Danish Lutheran 주교

중세 독일 수난극(passion plays)에 사용된 악마 가면

희극작가 테렌스(Terence) 작품의 장면을 묘사한 필사본

행렬극(Ommeganck) 장면에서의 악마, Brussels, 1615.

행렬극(Ommeganck) 장면에서의 천사와 악마, Brussels, 1615.

데이비드(David)왕과 그의 광대

14세기 중세 제스터 의상

르네상스(Renaissance) 시대 연극과 의상

1. 르네상스 연극

르네상스는 15세기에 이탈리아에서 시작된 사조로 그리스, 로마시대의 부활을 의미하며 특히 예술과 건축양식이 강조되었다. 하지만 단순히 과거의 시대로 돌아가는 복고주의 정신을 강조한 것만은 아니다. 콜럼부스가 신대륙을 발견하였고 코페르니쿠스와 갈릴레오는 우주와 행성에 대한 새로운 발견을 하였던 개척과 새로움의 시대였다. 지리학, 과학, 정치학, 종교, 사회, 예술 등 광범위하고 다양한 측면에서 근대세계를 향하는 움직임이 있었다. 헬레니즘과 로마의 웅장하고 화려한 극장이 오페라와 발레라는 새로운 예술양식을 발전시키는데 토대가 되었다. 영국은 섬나라인 까닭에 이탈리아로부터 시작된 르네상스 운동이 대륙에 위치한 여타의 국가에 비해 뒤늦게 전해졌지만 16세기 튜더왕 치하에서 학자들은 고대의 문학과 철학을 연구하고 극작에도 관심을 가지기 시작하면서 극작가 셰익스피어 배출 등 영국 문학사상 가장 찬란한 시대를 이루었다.

영국인들이 오늘날에도 중요하게 내세우는 전통에 대한 자부심과 자기방식에 대한 긍지는 르네상스 시대의 신 고전 법칙으로부터 자국의 극작을 발전시킨 원동력이 되었다. 종교적, 정치적 주제의 금지도 르네상스 영국 연극의 독자성을 만들어내는데 도움을 주었으며 이는 대중적인 연극을 만들어내는 원동력이 되었고 자본주의의 발달에 따른 상업화된 극단의 운영을 위한 노력과 맞물려 관객의 호응을 얻도록 극작가가 힘을 쏟게 했다. 엄격한 법칙에 얽매인 작품보다 자유로운 형식과 기지의 작품들은 다양한 관객층의 요구에 더욱 적합할 수 있었다. 영국의 황금시대라 불리는 엘리자베스 시대에 셰익스피어가 배출되어 영국 드라마의 황금시대를 이룬 점은 그리스가 국력이 최성기일 때 연극이 발전한 것과 같은 맥락에서 볼 수 있다.

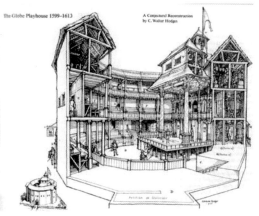

스완극장, 1596.
드 위트(De Witt)의 그림

호지(C. walter Hodges)가 세밀하게 묘사한 글로브 극장

영국의 종교적, 정치적 논쟁주의는 연극에 영향을 주었고 종교 순환극 공연에 대한 엘리자베스 여왕의 금지령은 세속적이고 직업적인 연극 발전을 이루는데 박차를 가했다. 버비지와 헨슬로우 같은 제작자들은 직업극단을 만들고 상설극장을 지었으며 말로우, 존슨 등 학교교육을 받은 작가들이 직업 극단을 위해 작품을 쓰기 시작했다. 그 당시에는 개인이 맘대로 비판할 수 없는 정부의 정책이나 사건들을 연극에서 풍자, 비판할 수 있었고 신문이나 잡지가 없었기 때문에 세상물정을 알거나 호기심을 충족시켜 주는 곳이 극장이었다. 그 시대의 관객은 사회의 모든 계급을 망라하였다. 귀족과 거지, 귀부인과 창녀, 궁정인과 상인들, 소매치기에 이르기까지 다양하였으며, 특히 지루한 것을 참지 못하는 입석 구경꾼(grounding)들까지 모두의 구미에 맞는 다양한 내용과 장면이 요구되었다.

1576년에서 1642년동안 런던에는 최소 9개의 공공극장이 지어졌다. 극장구조는 기하학, 원근법이 도입되었고 이는 근세 이후 유럽의 주요 극장양식이 되는 프로시니엄 무대의 토대가 되었다. 정면무대는 관객과의 멀어진 공간적 거리감을 메꾸기 위해 역사 고증에 기초를 둔 화려한 무대장식과 의상을 이용하였고 기술의 발달로 음향효과가 개발되었으며 배우는 특유한 제스처를 개발해 시각적 효과를 강조하였다. 그 당시 극장 중 가장 대표적이었던 글로브(Globe) 극장은 육각형 모양으로 템즈강 남쪽 강변에 위치

무대의상 디자인

하였는데, 피트, 야드, 갤러리, 플랫폼과 2, 3층의 연기 공간, 트랩 등의 다층 무대는 다양한 연기와 등퇴장은 물론 장면과 장면 사이의 변화와 원활한 흐름, 그리고 특수효과도 가능하게 하였다.

2. 르네상스 연극의상

르네상스 시대 연극의상에 관한 정확한 정보는 안타깝게도 많이 부족하다. 1596년 스완 극장(Swan Theatre)의 디자이너로 알려진 드 위트(J. de Witt)의 드로잉은 너무 간략하게 그려져 캐릭터의 의상을 자세히 알기가 어렵다.

르네상스 시대 특히 엘리자베스 시대의 극장은 생략과 상상을 전제로 하였기 때문에 유일하게 시각적으로 힘을 부여한 것은 의상이었다. 특히 이니고 존스[10](Inigo Jones 1573-1652)의 궁중무도회 스케치에서 잘 보여지는데, 당시의 일상복인 엘리자베스 시대를 기본 실루엣으로 캐릭터의 특별한 취향이나 상황과 장소의 느낌을 위해 약간의 가감이나 판타지한 경향을 가미하는 것이 오랫동안 지배적이었으며, 이런 무대 위의 표현은 19세기까지 이루어졌다.

헨슬로우(Henslowe)가 남긴 극장 운영 일기는 그 당시 극장의 상황을 파악하기 위한 중요한 자료가 되고 있다. 헨슬로우는 극단에서 대본, 의상, 소도구 등을 제공하고 극장의 수입 중 많은 부분을 거두었다. 귀족들은 자신에게 소속된 극단에서 공연할 특권을 부여하였으며 당시 극장을 비난하던 청교도들로부터 배우들을 보호하였다.

배우들의 외모에 영향을 미친 것은 화려한 의상으로 필수적인 무대 장비 중의 하나이자 중요한 시각요소였다. 이 당시 의상은 조명이 태양광선에 불과한데다가 무대배경, 소도구 등이 단순했기에 보석 등의 장식으로 정교하면서도 화려하였다. 연극 제작에 시간적, 금전적 여유가 없었던 당시에는 정교하고 화려한 의상을 제작하기는 매우 힘들었다. 그렇기에 부유한 후원자들로부터 지원을 받은 화려한 색감과 비싼 소재의 의상은

---

10   이탈리아에서 공부한 영국의 건축가로 프로시니엄 파사드와 전면막 뿐만 아니라 이탈리아식 무대장치와 무대기계를 영국에 소개했다.

극단의 자산으로 소중히 다루어졌다.

그 시대엔 사회적 계급에 따라서 의상의 직물이나 스타일을 사용하는데 제재가 있었기 때문에 낮은 계급은 유행의상을 자유롭게 입을 수 없었다. 배우들이 자신의 신분을 벗어나는 형태의 의상을 입는 경우 공연권을 박탈당하는 등의 법령 'The English Sumptuary Law'가 있었기에 의상 연출에 한계점이 있었다.

엘리자베스 연극무대에서는 캐릭터들이 사회적 신분, 지위에 따라 일반의상을 착용했는데 극의 시대를 따르기보다는 당대의 의상을 입고 공연하였다. 반면에 로마인, 터키인, 스페인 등의 외국인이나 성직자, 법관, 어릿광대, 교사 등 특수직업 종사자, 유령, 마녀, 요정, 신 등의 초자연적인 존재들, 말, 사자, 곰 등의 동물들의 표현을 위해서는 특수의상을 착용하였다. 그러나 이 경우에도 시대를 반영한 정교한 구현보다는 간단한 구현에 그쳤다. 상대 극단이 작품을 발표하기 전에 빨리 작품을 제작해서 공연하는 경쟁적 분위기였으므로 의상 역시 빨리 제작, 조달하는 것이 중요했기 때문이었다. 즉, 동시대 의상과 시대적 구현의 혼합이 이루어졌다.

궁중 무도회 의상 스케치, 이니고 존스, 1600

무대의상 디자인

아래의 피첨 드로잉(Peachum drawing)은 유일하게 남아있는 셰익스피어 공연기록
으로 로마극인 〈타이터스 앤드로니쿠스(Titus Andronicus)〉에 나오는 7명의 캐릭터를 보
여준다. 이 기록에서 포로가 된 고트족의 여왕인 타모라 앞에 선 타이터스 왕은 토가와
월계관을 쓰고 창을 들고 서 있다. 그의 왼쪽 옆에는 갑옷과 깃털달린 투구를 쓰고 긴
브리치즈와 어깨 볼드릭, 창을 들고 있는 엘리자베스시대 의상의 두 군인이 있다. 두 명
의 무릎 꿇고 있는 인물은 전적으로 엘리자베스인으로 보이고 아마도 타이터스의 두
아들이라 추정된다. 미소년이 맡았을 타모라역은 그 당시의 뻣뻣한 파팅게일의 모습과
는 다른 흐르는 듯한 로브와 왕관을 쓴 채 뭔가 애원을 하고 있다. 그녀의 아프리칸 연
인인 아론(Aaron)은 무어(Moor)인으로서 실제 흑인이었거나 얼굴에 검은 분장을 했을
것이다. 그는 튜닉과 일종의 갑옷, 부츠나 버스킨(buskin)을 신었으나 터번은 착용하지
않고 간단한 끈으로 머리를 매고 있다. 이 드로잉에서도 극단 소유의 의상에 약간의 시
대감을 가미하여 다양한 시대와 스타일의 의상이 혼합되어 있는 것을 알 수 있다.

피첨 드로잉 (Peachum drawing), 1595

글로브 극장에 전시 되어 있는 의상

⟨리차드 III⟩의 의상
Shakespeare Library

⟨말괄량이 길들이기⟩의
페투르키오(Petruchio) 의상과 모자
Shakespeare Library

17세기 연극과 의상

1. 17세기 연극

　17세기 유럽은 끝없는 전쟁으로 인한 새로운 사상과 예술양식이 전파되었고, 르네상스의 영향으로 고대의 문화 및 예술 등을 동경하고 신앙 중심적 사고를 인간 중심적 사고로 변화시키는 움직임이 일어났다. 프랑스는 신대륙 식민지 개척을 통한 부의 축적이 가능했으며, 위그노파와 구교파간의 시민 종교전쟁이 있었다. 또한 메디치가와 프랑스 왕가간의 정략결혼으로 이탈리아의 영향을 받은 원근법 무대 등이 도입되었다.

　중세의 종교극과 코메디아 델 아르테 유랑극단으로부터 발전한 17세기초 유럽의 연극은 드라마를 두 가지 기본 유형인 비극과 희극에 한정시키고, 이 외의 다른 장르의 극들은 열등한 것으로 간주하였다. 나아가, 비극과 희극의 두 양식을 엄격히 구별하여 비극은 군주나 귀족들의 이야기로, 희극은 중산층과 하층에서 끌어낸 이야기로 형식을 고정시켜버렸다. 그렇기 때문에 비극과 희극의 인물들은 각자의 장르에서 벗어날 수 없었다.

　17세기 프랑스에서는 8~12명의 배우로 구성된 극단이 존재했다. 그 중 8명은 남자 4명은 여자로 구성됐는데, 이 배우들은 다양한 사회적 지위로 구성되어 있어 천한 계급이라고 볼 수는 없었다. 이 중 경험이 많은 사람이 운영자 겸 배우로서 극단을 운영하고, 소시에떼르라는 단원은 새 단원이나 엑스트라를 뽑는 등의 인력을 고용하는 역할을 맡았다. 젊은 배우를 수련시키는 시스템이 존재했고, 몰리에르 역시 수련생 출신이었다. 이들은 극장을 빌려 공연하며, 계약을 통해 이익을 분배하였다. 이 당시 발레랑 르꽁뜨 극단, 마레 극단과 몰리에르의 일뤼스뜨르 극단이 유명하였다.

　1600년에서 1630년 사이의 공공극장에서는 진지한 비극과 소극 작품을 하나의 프로그램 안에 넣었다. 극단은 둘이나 셋 정도의 악사(바이올린과 플루트, 북)를 고용하여 공연 전이나 공연 시간 동안 연주시켰다. 또한 시끄러운 관객을 조용하게 만들기 위해 사용되는 전통적인 방법으로 프롤로그가 있었는데, 프롤로그가 시작되면 관객들은 극을 볼 준비를 했다. 극장 안이 조용해지면 세 명의 배우가 무대 중앙에 나와 대사를 하며 비극이 시작되었다. 비극이 끝나면 배우들은 소극 배우로 다시 분장을 했는데, 공연

중에서도 맨 마지막에 공연되었던 소극이 가장 높은 인기가 있었다.

1630년경 공공극장에서는 파리 사회의 모든 계층의 사람들, 즉 하인과 소매치기, 군인, 상인, 신사, 귀족 등이 한데 섞여 있었다. 그들은 시끄럽고 예의 없는 태도로 좌석에 모여 있었으며, 몇몇 사람들은 무대 양쪽에 있는 긴 의자에 앉았다. 약 1000명의 관객들이 입장료의 반값을 내고 부르고뉴 극장의 1층의 입석에 들어갔고, 다른 1000명은 제값을 내고 갤러리, 계단식 좌석에 앉았으며 멋쟁이들은 이층의 박스석에 앉았다. 나중에는 무대 위에도 몇 개의 관객석이 생겼다. 17세기 초반에 고상한 부인들이 극장에 오는 일은 드물었지만, 오더라도 가면을 쓰고 박스석에 앉았다.

프랑스의 무대 디자이너인 말로(Mahelot)는 궁전과 사원 등을 나타내는 맨션들을 무대 주위의 삼면에 반원 모양으로 배치하였는데, 일부 맨션은 이층으로 되어 있었다. 일반적으로 중요한 장소는 뒤편에 배치되었고, 때때로 그림으로 대체되기도 하였다. 배경은 그림풍경이 그려져 있는 커튼으로 만들어졌다. 부르고뉴 극장에서 악사들은 무대와 1층 피트 사이의 공간에 자리를 잡았는데, '오케스트라 피트'라고 불리는 이곳은 오늘날에도 악사들의 전통적인 자리가 되고 있다.

1630년대의 극장에는 아직 트랩 도어가 없었지만 맨션 위로 구름이나 여신을 날아다니게 하는 기구가 있었다. 화려한 이탈리아식 무대 관습이 점점 더 유행이 되자 다른 기구들과 이동 무대장치가 나타나기 시작하였다. 프랑스 궁정은 1645년 당시에 가장 유명했던 이탈리아 디자이너인 지오코모 토렐리를 불러 쁘띠 부르봉의 이탈리아 극단들을 위해 디자인하게 했다. 여기서 그는 파리 최초로 오페라 무대를 디자인하였고, 연극과 오페라, 발레에 이탈리아식 무대 관행을 유행하게 만들었다.

특수 효과로는 구름과 불, 연기, 음향 효과 등이 사용되었다. 말로의 『논문』에는 창이나 횃불, 종이, 가면, 트럼펫, 방패, 사람의 머리, 피가 적셔져 있는 스펀지와 같은 소품 목록이 적혀 있다. 가구는 왕좌나 도구, 의자, 책상 등으로 국한되었다.

조명의 역할은 무대와 관중석 위에 있는 나뭇가지 모양의 촛대가 하였다. 풋라이트와 같은 조명이 있었다는 증거는 없지만 한밤의 장면을 위해 촛불을 끄는 허술한 장치는 있었다. 엘리자베스 시대의 연극에서처럼 배우들은 밤을 나타내기 위해 주로 촛불과 횃불, 등불을 사용하였다.

부르고뉴 극장 소극 무대. 1630　　　　　　　　부르고뉴 극장 실내드로잉

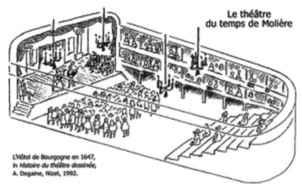

부르고뉴 극장, 1647

2. 17세기 연극 의상

　　프랑스 무대의 의상은 영국의 엘리자베스 시대처럼 동시대적이면서 상징적이었다. 일반적으로 배우들 의상은 스스로가 마련을 했고, 당시 유행이었던 밝은 색상의 새틴으로 만든 의상을 많이 입었다. 희극에서는 일상적인 의상을 주로 착용했고, 마술사나 학자는 검은 색의 상징적인 의상을 입었다. 비극에서는 간단히 만든 로마식 토가나 동양인을 나타내기 위한 터번, 헤라클레스를 나타내기 위한 사자가죽 등의 상징적인 의상이 많이 요구되었다. 1630년대 말 이후의 무대의상들은 화려한 궁정의 유행을 반영

하였는데, 아주 값비싼 의상도 있었다. 17세기 루이 14세 통치기간에 궁정 디자이너인 앙리 지세(Henri Gissey)가 발레의상을 디자인하였고 그의 제자인 장 베렝(Jean G. Berain) 은 무대 및 의상의 시각적인 양식을 이니고 존스 풍으로 실현하였는데, 그의 디자인은 정교한 디테일 표현으로 화려한 외형과 장식을 강조하고 의상을 공연에 적합하게 무대 의상화하였다. 이렇게 독자적으로 발전한 프랑스 양식은 이후의 유럽의 연극 및 오페라, 발레 의상에 많은 영향을 주었다.

발레의상 디자인, 앙리 지세

무대의상 디자인

발레의상 디자인, 장 베랭

18세기 연극과 의상

1. 18세기 연극

　　18세기는 영국사회가 근대 산업사회로 탈바꿈하여 봉건지배 계급인 귀족이 몰락하고 신흥 부르주아 계급이 사회의 중심세력으로 등장하는 역사의 일대 전환기였으며 따라서 영국 연극의 산맥도 엘리자베스 시대에서 산업사회의 번영기인 20세기로 이어지는 사이의 굴곡진 시대라 할 수 있다. 또한 이 시기에는 새로운 시민사회가 즐기는 산문문화의 발달을 가져와 신문이나 잡지의 등장과 확산, 그리고 소설이라는 새로운 문학형식의 출현과 발전 등에 밀리어 연극은 상대적으로 제자리를 못 찾고 있는 상태였다. 즉, 소설을 예술의 최고 형식으로 삼는 18세기 낭만주의의 미학에서 희곡 분야는 일반적으로 내용이 빈약했다.

　　낭만주의 연극은 고전주의와 계몽주의 시대의 이성강조에 대한 반동으로 일어난 탈 고전주의 연극의 일환으로 18세기 말에서부터 19세기 초까지 전 유럽에서 일어난 예술형식이다. 낭만주의자들이 추구한 것은 무한한 변화와 자유분방한 상상의 세계였다. 낭만주의는 자아의 해방을 목적으로 했으며, 예술에 있어 다양성과 상대성을 중요시하며 묘사와 표현의 자유, 개성을 강조하였다. 즉, 인간의 모든 상상과 환상 그리고, 인간의 감성과 사상의 자유를 주장하였다.

　　18세기 연극은 어느 한 배우가 독주하는 스타일이 아니라 배우 전원이 철저하게 앙상블을 이루는 연기를 필요로 하게 되었다. 또한 앙상블 연기는 장치, 의상 등 고증에 의하여 재현하되 무대요소들과도 적합하게 조화를 이루어야 했다. 따라서 실제의 모습 그대로를 재현한 과학적 근거를 배경으로 한 장치에 어울리는 사실적 연기와 배우 상호간의 균형과 조화가 필요하게 되었다. 이 시기의 배우는 강렬한 개성과 자유분방한 상상력이 특색이며 무대기구나 조명의 발전으로 환상적인 파노라마 세계를 무대 위에 실현시키는 스펙터클적인 상연, 충실한 역사적 의상의 착용이 낭만주의 시대의 공통적인 특징이다. 18세기 연극은 규범으로부터의 해방과 자유스런 표현을 주장하고 공인된 범주와 객관적 테두리 안에서 미의 개념을 타파하는 데는 성공했지만, 공연이 불가능한 작품을 양산하였고 인물묘사가 지나치게 과장된 경우도 많았다.

18세기 연극은 극장 공간의 확대를 요구하였다. 무대를 앞 뒤 뿐 아니라 상하의 공간으로 나누었고 무대기구나 조명의 발전으로 환상적인 세계를 무대 위에 실현시키는 스펙터클한 상연법이 특징이었다. 파리 오페라 하우스는 충실하게 오랜 전통을 따랐고 장엄한 원근법적 무대와 무대효과를 위한 다양한 기계를 사용했으며, 관객이 캔버스 구름 사이로 올림포스 신이 로프를 타고 나르는 것을 보는 것은 놀랄만한 일은 아니었다. 특히 무대그림을 단면들로 잘라내어 깊이감과 실재감을 더하기도 했으며, 특정 장소의 색상을 강조하는 배경을 그리기도 했다. 또한 비, 우박, 멀리서 들리는 총소리 등과 같은 음향효과를 조화롭게 사용하거나 실크스크린을 사용하여 날씨 상태나 시간에 맞는 조명을 보다 정교하게 사용하였다.

18세기엔 조명에도 혁신이 일어났는데 천정의 샹들리에와 관객석의 벽에 돌출된 촛대의 양초가 주된 조명역할을 했다. 풋라이트는 1740년 무렵 사용되었으며 1785년 양초보다 밝고 오래 타는 아르간 오일 램프가 추가되면서 개선되었다. 가스등은 색 효과의 증대를 위해 색이 칠해졌으며 공연시간 동안 관객석은 밝게 유지되었다.

2. 18세기 연극 의상

18세기 당시의 의상에 대한 정보는 일기나 편지, 인쇄물, 그림 및 극단 듀크스 컴퍼니에 있던 프롬퍼 존 다운스의 기록들에 의해 알려졌다. 의상은 화려하고 값비쌌으며, 왕과 귀족들은 그들의 의상을 빌려주어 장면의 완성도를 높이기도 하였다. 몇몇의 의자 외에 다른 가구들은 그림으로 대체되었고 무대 위의 작은 물건들이 많이 사용된 편이었다. 그 당시 극장에서는 소품 담당자와 의상 담당자, 보관자를 고용했다.

엘리자베스 시대의 영국과 17세기 프랑스 연극의 관행처럼 배우들은 그 당시의 의상을 주로 입었다. 로마식 의상이나 동양의 터번 같은 특별의상도 있었지만 역사적 정확성에 대한 관심은 거의 없었다. 즉, 삶의 분위기가 로맨틱해진 18세기 말까지 배우들은 그들 공연의 의상이 일상생활에 입는 의상과 다를 필요가 없다고 느꼈다. 그들을 위해 연극공연은 사실상 축제적 가면무도회였고 이를 위해 그들은 단순히 그들의 일상복을 장식했다. 배우가 외국인, 역사적 인물, 비유의 인물을 표현해야 할 때는 그들은 전형적, 상징적 터치를 가하는 정도면 충분하다고 느꼈다. 로마나 비잔틴 시대의 의상, 중세 교회예복은 기적극과 도덕극의 신성하고 성스런 사람들에 의해 입혀지는 것으로 충분하다고 생각했다.

18세기 이전에 이미 일반화되었듯이, 배우들은 의상의 화려함으로 대중의 찬사를 얻으려 했고 사치에 대한 열망으로 그들은 빚더미에 올라앉았다. 그 당시 극장은 지속적으로 변화하는 유행을 따를 뿐 아니라 도시나 궁정의 귀부인들을 위해 유행을 창출하기도 하였다. 18세기 의상의 유행이 꽃보다 간신히 오래 지속된다고 말해졌을 정도이다. 파리의 가난한 노동자나 비천한 여직공들은 우아한 유행에 탐닉하였고 '작고 귀여운 요정'을 목표로 하였으며, 건방지게 사치를 뽐냈다. 서민부인이 귀족부인처럼 의상을 입어도 법은 간섭하지 않았으며, 부과된 세금만 낸다면 심한 사치도 부릴 수 있어 스스로 파산하기가 상당히 쉬웠다.

그 당시 귀족이나 부자들로부터 보호를 받은 여배우, 일부의 비극 여배우와 오페라 여가수들은 얼굴에 너무 많은 흰색과 핑크분장을 하여 나이를 분간하기가 어려웠다. 희극에서 부자 애인을 가지고 있는 하녀역의 여배우가 그녀의 안주인보다 훨씬 화려한 스타일의 의상을 입고 있는 것이나, 비극에서 여주인공은 궁중의상을 입고 다른 사람들은 극장 창고에서 전 시대의 낡은 의상을 입는 것은 보통이었다. 18세기 프랑스 희극의 무대의상에 대한 정확한 정보는 그 시대의 전반적인 정신이 투영되어 있는 와토(Watteau)의 그림에서 얻어질 수 있고 와토와 그의 제자들의 작품은 18세기 전 유럽의 희극 무대에 영향을 미쳤다.

역사적 정확성이나 캐릭터의 신중한 묘사는 18세기 중반에 특정한 내용이나 상황에 적합한 의상을 선택하는 사실주의 방향으로 조금씩 움직이게 된다. 연기 공간, 캐릭터의 성격과 연기 스타일에 맞추어 당시의 훕(hoop)을 착용하지 않아도 관중들은 그 용감성과 열정을 흔쾌히 받아들였고 그것이 잘못이라고 생각하지 않게 되었다.

'The Italian Comedians(1720)' 앙투안 와또(1684–1721)

무대의상 디자인

무대의상의 역사적 정확성이 진지하게 받아들이기 시작한 건 18세기 말이었다. 역사적 진실에 대한 필요성 외에도 역사적으로 다른 시기의 유행에 대한 흥미도 일어 이를 꽤 자유롭게 해석하면서 동시대 의상과 합쳐져 무대 위에서 사용되기 시작했다. 그당시 환상적 삶은 합리적인 삶에 양보되었고 무대의상은 예전보다 덜 상상적이고 그림같지 않은 형태로 변화했다.

프랑스 여배우 파바트(Favart)는 희극과 보드빌 무대의 전통적 의상을 개혁하기 시작했다. 그녀는 배우는 전통에 의해서가 아니고 해석한 캐릭터의 요구에 따라 의상을 입어야 한다고 생각했다. 터키 공주가 긴 트레인이 달린 드레스를 입는 것이 적합하지 않다고 생각하고 진짜 터키의상을 입고 나와 관객들을 놀라게 하였으며 시골 처녀역할에 다이아몬드 귀걸이와 흰 장갑, 파니에 대신 평범한 흰 면 드레스을 입고 머리는 납작하고 파우더를 뿌리지 않았으며 농부의 나막신과 작은 금 십자가 목걸이를 착용하였다. 또한 프랑스의 유명한 남자 비극배우인 르카인(Lekain)은 비극의상을 개혁하는데 노력했다. 묘지에서 나올 때 피로 뒤범벅된 팔로 나타나 '사실주의'를 선도하였다. 여배우 클라이론(Clairon)은 맨 팔에 파니에 없이도 등장하거나 조롱을 받을지라도, 찢어진 슈미즈와 헝클어진 머리의 디도(dido)로 등장했다. 또한 그녀는 얼굴을 너무 하얗게 칠하는 관습에 대해서도 '그 같은 색은 피부를 거칠고 누렇게 만들 뿐 아니라 눈의 총명함을 무디게 하고 주변에 링을 만들며, 중요한 움직임의 특징을 죽게 한다.'라고 말했다. 클라이론의 은퇴와 르카인의 사망 뒤에 다른 배우들이 그들의 정신을 따르기 시작하면서 캐릭터의 성격에 적합한 디자인의 의상을 입었다. 즉, '무대의상에서의 본질은 역사가 아니고 그 역을 개성있게 터치하는 것'으로 생각하기 시작했다.

격정적인 연기와 충실한 역사적 의상의 착용으로 낭만주의의 선구자가 된 프랑스의 명배우 탈마(Talma, 1763-1826)는 그의 회고록에서 "무대뿐 아니라 의상에서의 진실은 환상을 증가시키고 관객을 캐릭터가 살고 있는 때와 장소로 바로 옮겨준다. 의상에서의 사실성은 배우에게 각 캐릭터의 각각 다른 외면적 특징을 부여하는데 도움을 준다. 무대는 살아있는 역사를 젊은이들에게 심어 주어야 한다"며 무대 위에서 역사를 왜곡하는 이들을 비난했다.

드루리 레인극장, 1674

A Midnight Modern Conversation,
윌리엄 호가드 (1697–1764), 1733

The Fitzgiggo Riots, 코벤트 가든극장, 1763

무대장치와 의상, 샤우버그, 1749

'L'Enseigne de Gersaint(1720)', 앙투안 와또(1684–1721)

19세기 연극과 의상

1. 19세기 연극

19세기는 정치와 산업의 혁명시기였으며 각 혁명마다 진보와 복고를 반복하였다. 이런 과정을 통해 정치적, 사회적 민주주의가 서서히 발전해 나갔으며, 자본도시와 공업도시의 인구도 급격히 팽창하였다.

19세기 유럽연극은 백년도 안되는 기간 동안에 셰익스피어나 몰리에르 연극의 수준으로 발전하였고, 자연적, 사회적 배경을 바탕으로 연기 방법론에 커다란 변화가 왔다. 연극은 시각적, 청각적으로 과학적인 근거를 가지고 합리적으로 이해될 수 있는, 즉 실증에 의한 삶의 모습을 재현하려 했다. 이는 연극뿐 아니라 당시 대부분의 예술작품에서 나타나는 현상이었는데 내용에 있어서 과장되고 허황되거나 상상 속의 이야기가 아니라 우리의 일상생활에서 일어날 법한 사실, 혹은 실제로 일어난 사실을 다루게 된다. 더불어 현실 생활의 문제들이 운문형식이 아닌 일상생활의 언어 즉, 산문으로 표현되었다. 그러다 보니 무대장치도 상상이나 과장에 의한 표현이 아니라 현실 생활과 흡사한, 존재 가능한 배경으로 바뀌게 되고 의상 역시 고증에 의해 사실적으로 표현하게 되었다.

현대연극의 근본을 이루는 19세기 문화사조는 사실주의(realism)였다. 사실주의는 무대장치, 극작 표현방식, 소재 등을 연극의 배경이 되는 시대, 장소, 신분에 맞게 정확하게 표현하고자 하였다. 무대장치는 현실을 닮은 장소가 되어야 하고 극중 인물은 일상생활에서 볼 수 있는 전형적인 인물로 묘사되어 실제생활의 언행을 반영하고자 했다. 즉, 관객으로 하여금 무대 위에서 행해지는 극 행위가 현실세계와 같은 것으로 믿도록 유도하는 객관적인 표현방법이 우선되었다.

사실주의 이후에 자연주의, 상징주의, 표현주의, 극장주의 등을 수용하면서 빠르게 극의 다양성을 지니게 되었다.

인생의 단면을 묘사하는데 있어서 다윈의 인간진화론, 실증주의, 과학적 분석방법 등을 적용하여 현실의 어두운 면을 해부하듯이 묘사하는 것이 자연주의(naturalism)이다. 환경과 유전이 개인의 성격과 운명을 지배하고 비극적인 죄악과 숙명에 대한 예전

개념을 자연과 인간간의 과학적인 사실로 대치하는 것을 극적표현의 주된 방식으로 설정했다.

상징주의(symbolism)는 영상적인 언어로 마음의 내부 세계를 암시함으로써 현실이 아닌 다른 세계를 그려내고자 했다. 외부 사건의 서술이 내면의 묘사나 표현으로 대치되었으며, 암시적인 분위기 창조가 직설적인 이야기를 대신한다.

표현주의(expressionism)는 객관적인 현실의 세계는 존재하지 않으며 이를 바라보는 작가에 의해 주관적으로 표현된다. 전 우주와 인류에 관한 관점은 등장인물의 자아에 의해 표현되므로 의식적임을 강조한다. 또한 관객모독, 나체 장면 등 관객의 기대를 파괴하는 행위연극을 주도하면서 무대와 관객간의 관계가 의도적으로 왜곡되기도 한다. 플롯이나 극적행동보다는 기교적인 언어와 무대기술에 관심을 두었고 사회에 비판적인 극작가들이 자신들의 사상을 전달하는 수단이 되었다. 극장주의(theatricalism)는 연극은 연극이지 삶의 단면을 보이는 것이 아니라 하면서 동시에 관객에게 충격을 주는 방식으로 심리적 거리감을 유지하려 했다.

순회공연을 해야 했던 초기 극단들은 무대장치와 가구, 소품 등을 거의 사용하지 않았다. 1750년 이전에는 세 개의 무대장치, 즉, 외부를 나타내는 숲 그림과 궁전을 나타내는 홀, 집안 내부를 나타내는 오두막집이면 충분하다고 생각했다. 하지만 상설극장이 지어지면서 고정된 무대장치의 수는 늘어났다. 그리고 1770년대의 장면전환 장치인 마차와 기둥시스템은 정교한 무대장치 및 사실적인 의상과 함께 새로운 무대의 가능성을 가져다주었다.

새로운 흐름의 연극이 시작되면서 복잡한 무대장치가 필요하게 되었고, 1875년에는 박스무대(box set)가 보편적으로 사용되었다. 조명은 양초대신에 오일 램프가 사용되었으며 가스 조명이 풋라이트와 함께 1830년에 도입되었다. 1880년에는 전기조명이 도입되면서 스위스 디자이너 아돌프 아피아(Adolphe Appia, 1862-

앙드레 앙투안이 설립한 소극장인
자유극장(Théâtre Libre), 파리, 1887

무대의상 디자인

1928)가 무대조명 이론을 정리했다. 그는 조명을 바그너의 음악처럼 배우와 무대장치에 삼차원적인 효과를 주는 것이라 기술하였다. 그에게 조명은 분위기와 감정을 이끌어낼 만큼 창조적인 것이었다.

2. 19세기 연극 의상

19세기엔 많은 극단이 공동이익을 위한 시스템으로 운영되기 시작하였다. 배우와 경영자들은 '연기(acting)'가 관심사이지 환경이나 모습은 상대적으로 중요하지 않다고 생각한 결과로 의상은 자주 '무시해도 좋은 것'이 되었다. 더욱이 연기자들이, 특히 개인에게 고용된 배우들은 예술적 방향이 아닌 상업적 방향 하에 적절한 관리를 받지 못했다. 과거 연극적 전통들이 19세기 배우들에겐 잘 이해되지 않았고 자연주의와 역사적 고증에 대한 새로운 개념을 좋지 않게 받아들임으로서 무대 위의 시각적 개념들은 뒤죽박죽 되어버렸다. 그 혼돈의 결과는 지방 오페라 무대나 어느 유명한 극단의 '눈요기만 화려한 공연'에서 그 예를 찾을 수 있다. 배우, 특히 여배우들은 의상에 담긴 역사적 진실이나 예술적 스타일 문제보다는 무대 위에서 그들이 어떻게 보일까에 더 많은 관심을 기울였고 대중이나 귀족, 공작들에게 눈에 띄길 바라기도 했다. 작은 공연의 여배우들은 거의 임금을 받지 못했을 뿐 아니라 심지어 무대 위에 서게 해준다는 부탁으로 연출에게 일정의 돈을 주기도 하였다.

19세기의 극장이 생계의 수단이 되기 시작하면서 개성있고 훌륭한 공연제작보다는 공연의 예술적인 면을 희생시켜서라도 자본주의의 가진 자들을 즐겁게 하고 만족시키는 데에만 관심이 집중되었다. 배우들의 개인적 수입과 안락한 삶에 대한 탐욕이 커질수록 연기와 공연의 질은 낮아지고, 더 싸고 우스꽝스러운 의상을 착용하게 되었다.

19세기 유럽무대에서 배우들은 전 시대보다 미적 감각이 훨씬 적은 의상들을 입었고, 연극의상과 특히 오페라 의상들은 다른 시대의 기괴하고 과장되며 우스꽝스러운 팬시의상들이 혼합되어 있었다. 19세기 후반까지 'Costume play'로 알려진 거의 모든 공연의 의상에 관해서는 일종의 대혼란 상태였다. 배우들은 다른 시대의 엉뚱한 의상을 입었을 뿐 아니라 같은 극에서도 다른 스타일의 의상을 혼합 사용하기도 했다.

그럼에도 무대의상의 역사적 정확성에 대한 열망은 19세기에 본격적으로 시작되었는데 가장 중요한 개혁자 중 하나인 괴테(Goethe, 유명시인이자 작가, 독일 바이마르 극장 연출)는 "전반적인 무대장치는 의상의 색상과 조화를 이루어야 한다. 무대장치 톤이 갈색계열이면 의상색은 상쾌하게 돋보여야 하며, 빨강이나 노란 방, 흰 천막, 그린 정원의 무대라면 배우들의 의상은 신중하게 무대 장치와 동일한 색상을 피해야 한다."라고 말했다. 괴테의 무대의상에 관한 이론은 배경과 의상의 조화에 목표를 두었고, 배우 몸을 침착한 무대 배경 위에 형태감과 입체감있게 올려놓는 것이었다.

19세기 중반 극장감독들은 예술적으로 조화로운 공연을 만들기 위해 의상과 무대를 위한 전문 예술가들을 고용하기 시작했다. 19세기는 역사적 진실과 자연주의 행동의 강한 움직임이 전 세계를 통해 극장에 영향을 미쳤는데, 마이닝겐극단의 게오르그 2세(Georg II)는 역사적인 의상과 장면 등에 불만을 갖고 스스로 의상과 무대를 디자인하였으며 배우들은 쓰여 진 지시에 따라 의상을 착용하도록 하였다. 화가이자 무대디자이너였던 게오르그 2세는 무대의상의 가치를 인식하였으며 무대장치, 소품 등에 대한 고증은 물론 모든 것에 세심한 주의를 기울였고 감독이 모든 것을 완벽하게 지배함으로써 공연을 통일화하도록 하였다. 마이닝겐 극단은 집중적인 연습, 스타 한명보다는 전체적인 조화, 사실적인 그림의 창출을 위해서 역사적 자료에 근거해 정확한 무대와 의상을 만드는 극단의 대명사가 되었다. 마이닝겐 극단은 의상과 무대, 가구, 소품들과 함께 널리 순회공연을 하여 많은 사람들이 이 극단의 공연을 볼 수 있었는데 그들의 목표는 진실된 삶의 정확한 복제를 하는 것이었고 무대 위에 다시 역사를 만드는 것이었다. 사실적인 군중장면과 탁월하게 조화된 공연으로 유명해진 마이닝겐 극단의 순회공연은 유럽전역과 러시아까지 영향을 미쳤으며 20세기까지 이어지는 사실주의까지 영향을 미쳤다. 그러나 이 극단의 의상은 디테일과 시대성에 대해서는 정확했지만 극의 정신을 표현하기엔 충분하지 못했고 예술적 진실이 결여되어 있었다. 오히려 정확하고 사실적인 디테일이 관객의 관심을 무디게 만들면서 극적 표현성을 약화시켰다. 공연은 활기찼지만 배우들은 역사박물관이나 쇼의 마네킹 같았고 감정적으로는 신빙성없는 역사적 그림들과 비교되었다.

19세기 극장들은 당시 유행하는 쇼와 일상생활을 그대로 보여주었으며 연구를 위한 역사적 박물관으로서의 역할을 했다. 잘나가는 극장공연의 역사적 의상은 박물관 전

무대의상 디자인

시품을 독창성없이 복사했다. 만약 그 당시 진보적인 화가, 작가, 연출들이 아니었다면 상상적이고 표현적인 무대의상은 아마도 무대에서 완전히 사라졌을 것이다. 19세기 말과 20세기 초, 그 당시 '모더니스트(modernist)'라 불리었던 이들 덕분에 무대의상의 부활이 있었고 상징주의, 추상주의, 기계주의 등 다양한 사조들의 풍부한 상상력이 이에 추가되었다. 그러나 그들의 노력은 단지 소수의 급진파들에게 영향을 미쳐 무대 위에서 강하게 오래 지속되지는 못했다.

　　그러다 역사적 고증에 대한 독창성없는 태도에 반대하는 움직임이 19세기 말에 일어나기 시작했다. 묘사보다는 무엇인가를 환기시켜야 한다는 것이었고 재현보다는 제시가능한 단순성을 무대와 의상에 요구하기 시작했다. 아돌프 아피아와 골든 크레이그 (Golen Craig, 1872-1966)는 사실주의에 반대한 이 움직임의 선두주자였다. 독일의 막스 라인하르트(Max Reinhart, 1873-1943)는 극의 주제를 강화시킬 수 있는 시각적 해석을 위해 그 영향을 받아들였고, 그를 통해 역사적 정확성을 위한 독창성없는 노력보다는 주된 관점 부분만을 강조할 수 있었다. 이런 접근법은 오늘날에도 아직 광범위하게 사용되고 있으며, 의상디자이너는 극의 시각적 강조를 높이기 위해 신중한 계획을 세우며 공연의 주제를 강화시키는 예술가이어야 함이 강조되고 있다. 이후 러시아의 화가이자 의상디자이너였던 레온 박스트(Leon Bakst)는 디아길레프 (Diaghilev)와 함께 발레 뤼스 (Ballets Russes)의 멤버로 수많은 작품의 이국적인 색채의 세트와 의상을 디자인했다.

〈줄리어스 시저〉, 게오르그 2세, 1874

〈월른스타인〉, 삭스 마이닝겐, 1882

에밀졸라의 자연주의 작품 〈지구〉, 앙드레 앙뜨완, 1900

〈방〉, 앙드레 앙뜨완, Théâtre Libre, 파리, 1901

〈트리스탄과 이졸데〉 2막, 아돌프 아피아, 1896

〈햄릿〉 고든 크레이그, 1909

〈목신의 오후〉

〈나르시스〉

〈페리〉

〈클레오파트라〉

레온 박스트의 의상디자인

서양복식의 흐름

이 장은 서양의 연극사에서 요구되는 시대와 문화의 전반적인 상식을 다루면서 서양복식의 역사적 흐름의 윤곽을 이해하기위한 장이다.

복식은 진화하지만 그 변화는 천천히 일어나며 실루엣의 주된 변화가 이루어지기 전에 새로운 특징들이 나타나는 것이 일반적이다. 나이 들고 보수적인 사람들이나 가난한 자들은 익숙하거나 단순한 스타일을 고수하는 반면에 젊고 학식이 있거나 부자들, 혹은 반문화를 지지하는 자들은 새롭고 색다르며 때론 과감한 옷차림을 추구하는 경향이 있다. 전쟁, 혁명, 정치 및 경제, 사회적 배경, 성적 관습은 물론이고 음악, 춤, 새로운 재료의 발견 등도 복식에 주된 영향을 미친다. 복식의 흐름은 세로에서 가로로, 경직됨에서 유연함으로, 그리고 자연스러움에서 과장으로, 혹은 그 반대의 방향으로 강조의 변화가 이루어진다.

이 책에서 언급하는 서양복식의 흐름은 무대의상 디자인을 위해 필요한 그 시대를 대표하는 복식과 헤어스타일, 신발, 그리고 장신구 등의 명칭과 주요 특징을 기술하였다. 복식과 장신구들의 명칭은 영어와 프랑스어 사이에서 조금씩 다르게 불리어지는 것들이 있으므로 다른 명칭들도 알아둘 필요가 있다.

서양복식의 흐름은 단순히 일시적이거나 간단한 현상이 아니고 복잡하고 광범위한 변화와 환경 속에서 이루어지므로 세밀한 연구를 위해서는 당연히 추가 조사가 이루어져야 한다. 이 책은 단지 서양복식의 연구를 위한 출발점이 되고자 한다.

이집트(Egypt)

1. 시대적 배경

아프리카 대륙 동북부 나일강 유역에 위치하며 세계 4대 문명 발상지의 하나로 그들의 복식이 최초로 종합적인 문화의 성격을 지녔다는 점에서 서양 복식사의 기원으로 본다.

1) 역사적 배경

(1) 고왕국 (BC 3400년 – BC 2160년, 1-10 왕조)

제 3, 4, 5, 6 왕조는 강력한 왕권에 의한 사회체제 확립과 피라밋을 건조하였다.

(2) 중왕국 (BC 2160년 – BC 1580년, 11-17 왕조)

제 11, 12 왕조는 경제적, 문화적으로 안정기였으며, 정치권 강화, 상업 활동범위를 확대하였다. 동방문화 유입으로 복식에 외래적 요소가 도입되고 염색. 직조. 세공기술이 발달하였다.

(3) 신왕국 (BC 1580년 – BC 664년, 18-30 왕조)

제 18, 19, 20 왕조는 영토확장으로 국력이 융성하여 이집트제국이라 불리며 독특한 양식의 문화가 발달하였고 정복에 의한 화려함이 복식에 표현되었다. 30 왕조 때 페르시아에 의해 멸망하였다.

2) 자연환경

(1) 지리적 조건

주변이 사막으로 폐쇄적 위치에 있었으며 나일강에 위치하여 농업에 필요한 지식을 중심으로 역학, 천문학, 측량술 등의 과학이 발달하였다.

무대의상 디자인

(2) 기후

건조한 아열대성 기후로 오래 보존이 가능하였고 의복은 단순하고 노출이 많으며 장식이 크고 화려한 형태였다.

3) 사회환경

① 정치 및 사회구조

나일강의 치수 토목공사는 부락의 합동과 통일을 촉진시켜, 그 결과 일찍부터 통일국가가 형성되었고 중앙집권적인 전제정치가 발달하며 신분 계급이 형성되었다.

② 경제

농업으로 홍해, 지중해 건너 교역하였다.

③ 종교

태양신, 영생숭배, 토템신앙 등의 다신교였으며 다산을 숭배하고 영혼불멸을 믿었다.

④ 예술

기하학적 규칙성, 균형과 조화, 본질적인 완전함에 치중하였다. 태양광선을 형상화한 직선적인 감각과 삼각형, 주름간격, 방향, 장신구, 문양의 세밀한 묘사 등의 형태를 중요하게 생각했다.

⑤ 인물화

완전한 묘사를 위해 머리(측면), 눈(정면), 어깨와 가슴(정면), 팔다리(측면)를 표현하였다.

2. 복식의 일반적인 특징

① 이집트인들은 신의 상징이 복식에 많이 나타나며, 이를 자신의 안위를 위한 호부의 의미로서 사용했다.

② 이집트 복식은 자연 환경에 적응하기 위하여 형태면에서 단순하고 접거나 주름 등의 우아함에 의존했다. 세로방향의 실루엣과 가발, 분장, 그리고 화려한 목걸

이 착용으로 위 부분을 강조했다.

③ 엄격한 신분사회로 문양이나 장신구들로 지위와 권위를 표현했다.

④ 이집트인들은 상흔이나 문신, 신체변형 등을 통한 미의 표현보다 신체노출, 향유사용으로 인한 의복밀착 등 인체의 자연스러운 모습에서 미를 추구했다.

3. 복식의 종류와 형태

1) 로인클로스(loincloth)

남녀가 입은 기본의상으로 로인 스커트라고도 했다. 허리에 둘러 입었던 가장 간단한 형태의 의상이나 당시에는 격식을 갖춘 의상이었다. 초기에는 넓은 띠를 허리에서 묶은 후 늘어뜨리기도 했고 한쪽 어깨에 끈처럼 둘러메기도 하였다.

(1) 갈라 스커트(gala skirt)

축제기간에 왕이 입던 스커트로 오른쪽 허리 옆선에서 시작하여 왼쪽으로 둘러 입어서 끝이 앞 중심에 오도록 되었다. 금사로 직조되거나 금박을 입힌 직물을 주름을 잡아 장식하고 스커트 앞부분을 둥그렇게 하였다. 또한 왕의 스커트는 양쪽으로 둥글고 앞에서 겹쳐지는 부분이 적어 스커트 안에 수평주름의 직물조각이 덧붙어져 있었다. 스커트 위에 신성왕위 상징으로 보석, 깃털로 코브라 머리를 장식한 쉔도트(shendot)라는 장식 패널도 있었다.

(2) 트라이앵귤러 에이프론(triangular apron)

스커트 앞부분이 삼각뿔 형태인 로인 스커트를 말한다. 크기가 점점 커지면서 스커트와 따로 재단하여 앞부분에 부착하였고 풀을 먹여 빳빳하게 하거나 지지대를 이용하여 앞으로 뻗치도록 유지하였다.

(3) 킬트(kilt)

신왕국시기에 외국으로부터 들여온 얇은 직물로 주름을 잡아 만든 스커트로 길이가 길며 기본 로인 스커트 위에 덧입기도 하였다.

무대의상 디자인

2) 쉬스 가운(sheath gown)

주로 여자들이 착용한 긴 튜닉형태의 의상으로 한쪽 혹은 양쪽에 어깨끈이 달리고 가슴은 노출된 채 가슴 밑에서 발목까지 길게 둘러 입었다. 중왕국 시기의 염색발달로 다양한 문양이나 구슬 등으로 장식하였다. 이집트 미술에서 쉬스 가운이 대부분 몸에 꼭 맞는 모습으로 보이나 실제로는 어느정도 여유가 있는 의상이었을 것으로 추정된다.

3) 칼라시리스(kalasiris)

직조법이 발달된 신 왕국 시기에 입기 시작하였고 동방의 영향을 받은 전신을 덮는 의상으로 남녀 모두 착용하였다. 얇고 고운 직물로 만들어져 주름이 많고 우아하며 왕족의 것은 더욱 넓고 풍성하였다. 직사각형의 풍성한 리넨 천을 목이 들어가도록 가운데 구멍을 내고 뒤집어 쓴 후 양 옆선을 앞으로 접거나 뒤로 돌린 후 드레이퍼리나 주름과 함께 허리띠를 매거나 핀을 꽂았다.

4) 하이크(haik)

신 왕국시대에 입었던 몸에 걸치거나 두르는 숄 형식의 의상으로 주로 왕족들이 의식용이나 위용과시로 착용하였다. 허리에 둘러 스커트를 만든 후 남는 부분은 어깨로 돌려 숄처럼 만들거나 어깨에 둘러 가슴 앞에서 묶는 케이프 형태 등 착용방식이 다양하였으며 쉬스 가운이나 칼라시리스 위에 입기도 하였다. 그리스, 로마의 드레이퍼리 의상의 효시가 되었다.

4. 헤어스타일과 모자
1) 헤어스타일

- 종교적 의미, 청결의 의미로 삭발이나 짧은 머리를 선호했다.
- 강한 열기에 견뎌야 했으므로 머리를 바싹 자르거나 가발 착용으로 햇빛을 차단하거나 위엄을 나타냈다. 가발 재료는 그물처럼 짜여 진 망에 초기엔 리넨, 파피루스, 종려나무 줄기, 후기엔 동물의 털, 인모를 사용하여 만들었으며 색은 대부분 검정이며 간혹 청색, 빨강, 금색도 있었다. 하층민들은 가발 대신 진흙을 붙

여 가발의 기능을 대신하였다.

- 가발 착용과 같이 턱수염도 주로 깨끗이 면도를 하거나 뱀의 표피를 모방한 인조 수염을 달았는데 일반인은 2″, 왕의 수염은 길고 뭉툭했으며 신의 수염은 길고 끝이 올라간 형태였다.

2) 모자

- 왕과 귀족은 네메스(nemes)라는 청색과 금색 줄무늬의 넓은 사각 머리두건을 착용하였다.
- 왕과 왕비, 왕족은 독수리모양의 벌처 헤드드레스나 뱀 머리 장식, 태양판, 깃털 장식의 헤드드레스나 왕관을 착용했다.

5. 신발

주로 맨발이나 뜨거운 대지로부터의 발 보호를 위해 샌들형태의 신발을 신었다.

6. 장신구와 기타

의상이 단순하고 노출이 많은 대신 신체 장식의 욕구가 커서 장신구가 크고 화려한 형태로 발달했으며 이는 부적의 의미도 지녔다.

- 파시움(passium)은 가장 대표적인 장신구로 2″-6″넓이의 어깨를 덮은 목장식이 며 남, 녀 모두 착용했다. 금과 보석, 화려한 색상 구슬이나 깃털로 엮고 독수리 날개를 형상화한 것이 많다.
- 펙토럴(pectoral)은 크기가 큰 가슴 장식용 펜던트이다.
- 팔찌, 발찌, 반지, 손거울, 머리핀, 부채에 화려한 문양 및 보석을 사용하였다.
- 인상을 강조하거나 태양광선을 막기 위해 청색의 진한 눈 화장(kohl)을 하였다.
- 문양은 방사선, 직선(태양 햇살, 태양신 상징), 삼각형(피라미드, 평야인 델타상징), 원(영생불멸과 태양상징), 로터스, 파피루스(영원한 생명과 비옥의 상징), 독수리(신의 상징), 뱀 머리(왕권 상징), 타조 깃털(고귀함 상징), 신성풍뎅이(재생, 불멸 상

징), 눈(투시안적 눈 상징), 도리깨(풍작 기원), 지팡이(지배와 통치의 권위 상징)등의
다양한 문양을 사용했다.

- 옷감은 주로 아마, 라미, 면, 모직물, 가죽을 사용했다.
- 하층민들은 주로 흰색이나 자연색을, 상류층들은 진한 유채색을 선호했다.

로인클로스. 파시움

쉬스 가운

하이크, 벌처 헤드드레스

갈라 스커트와 쉔도트

갈라 스커트,
어깨끈 달린 로인클로스와 긴 허리띠

투탕카멘 황금마스크,
네메스 두건

칼라시리스, 트라이앵귤러 에이프론, 갈라 스커트, 쉬스가운

그리스(Greece)

1. 시대적 배경
1) 역사적 배경

BC 1,400년부터 시작된 그리스인 이동은 유럽에서 내려온 이오니아족에서 시작되어 호전적인 도리아족이 대륙 본토 뿐 아니라 지중해까지 진출하였다.

(1) 알카익시대 (BC 1200년 - BC 480년)

초기엔 이집트와 크리트의 혼합양식, 후기엔 순수하고 창의성있는 그리스양식을 이루었다. 아테네, 스파르 타 등 도시국가 성립되면서 그리스 문화가 발달하였다.

(2) 고전시대 (BC 480년 - BC 330년)

페르시아와의 전쟁에서의 승리를 계기로 그리스 문화와 예술의 황금기를 맞이하였으며 그리스 복식의 절정기를 이루었다.

(3) 헬레니스틱시대 (BC 330년 - AD 146년)

　　마케도니아 왕인 알렉산더의 지배하에 동방을 원정하였다. 동서문화 융합정책으로 그리스만의 색채를 잃어갔고 알렉산더이후 마케도니아, 시리아, 이집트로 분열되고 로마에 의해 멸망했다.

2) 자연 환경

(1) 지리적 조건

　　산이 많고 평야가 적어 농업보다는 상공업에 의존하였다.

- 도리아 – 본토, 좁은 분지
- 이오니아 – 에게해 연안과 소아시아 주변의 섬, 밀, 포도, 올리브 재배

(2) 기후

　　지중해성 기후로 온화하고 강우량이 적고 건조하였으며, 올리브나 아열대 과일을 재배하였다.

　　맑은 공기와 밝은 태양 아래에서 야외생활을 즐겨 야외극장이나 경기장에서 나체 경기 풍습이 생겨 올림픽(Olympic)경기가 시작되었다.

3) 사회 환경

(1) 정치 및 사회 구조

　　해안이 복잡하고 산지 많아 작은 도시국가를 형성하였고 폴리스(도시국가)를 중심으로 모든 시민이 평등한 자격으로 민주주의 정치를 행하였다.

- 도리아 – 모권사회 (무술, 호전적, 여자도 육체 단련, 실질적인 형태 중시)
- 이오니아 – 부권사회 (예술적, 융화적, 우아함, 비활동적, 치장에 관심)

(2) 경제

- 도리아 – 농업에 종사 (보수적, 호전적, 용감, 현실적)
- 이오니아 – 상공업에 종사 (개방적, 융화적, 지성과 자유 존중)

(3) 종교

자연과 도시국가 수호신을 숭배하였고 인간화된 신을 숭배(그리스 신화, 다신교)하였다.

(4) 예술

인간의 이성과 감성을 중시하고 균형미와 완성미, 황금 분할을 통한 안정감과 조화를 중시하였다.

- 도리아 - 힘차고 소박한 균형미 (두껍고 거친 울 사용)
- 이오니아 - 가늘고 섬세한 우아미 (얇고 부드러운 리넨 사용하여 주름전개)

(5) 학문

그리스는 기독교와 함께 서양 문화의 정신적 지주로 유럽 철학의 선조가 된 그리스 철학(소크라테스, 플라톤, 아리스토텔레스)을 낳고 민주제와 순수 이론학문을 발달시켰으며, 연극을 비롯한 모든 예술이 인간사회에서 중심적 역할을 할 수 있는 차원까지 도달하여 그 정신이 고도의 문화를 창출하였다.

(6) 운동

육체를 예찬하여 올림푸스의 12신에게 올리는 제전으로 4년마다 올림픽경기를 개최하였다. 대회 중엔 폴리스 간 전쟁을 중단하기도 했다.

2. 복식의 일반적 특징

① 그리스 복식은 황금 분할을 통한 안정감, 균형과 조화를 중시한 수직의 실루엣이었다.
② 그리스 복식은 재단이 필요없는 부드러운 소재의 직사각형 천 조각으로 이루어졌다.
③ 몸 위에 둘러지거나 핀이나 벨트, 손이나 팔에 의해 유지되는 복식이었다.

④ 두껍고 거친 울을 주로 사용하여 힘차고 소박한 균형미를 나타내는 도리아식과 가늘고 섬세한 우아미를 중시하는 이오니아식으로 구분된다.

⑤ 조각과 도자기에 복식자료가 많이 남아 있다.

⑥ 직물은 밝은 색으로 염색되거나 주름이 잡혀지기도 하였다.

⑦ 균형잡힌 몸 자체가 이상적이었고 드레이프가 몸의 윤곽을 향상시켰다.

3. 복식의 종류와 형태

1) 도릭 키톤(doric chiton)

스파르타를 중심으로 도리아 남녀가 착용한 기본 의상으로 한 장의 옷감으로 둘러 입었다. 알카익 키톤, 페플로스, 도릭 페플로스라고도 한다. 상의에 덧자락인 아포티그마가 있기도 하고 허리띠를 두르고 천을 끌어올려 자연스런 주름부분인 콜포스를 만들기도 하였다. 길이는 땅에 끌리거나 발목길이가 대부분이나 후엔 남자들은 활동을 위해 종아리 중간, 무릎 밑이나 위 길이를 착용하기도 하였다.

- 콜로보스 (kolobos)

무릎길이로 키톤보다 신분이 낮은 층, 운동경기자, 농부들이 착용하였다.

- 엑조미스(exomis)

한쪽 어깨만 걸치는 스타일로 노동 계급, 노예, 병사들이 주로 착용하였다.

2) 이오닉 키톤(ionic Chiton)

아테네를 중심으로 이오니아 남녀가 착용한 기본적 의상이다. 도릭 키톤보다 폭이 넓고 얇은 직물을 사용하여 속이 비치고 드레이프가 좋아 여성적 분위기가 나며 가장자리에 무늬 장식으로 세련되고 화려하였다. 두 팔 벌린 폭의 두 배, 길이는 발목 길이, 어깨에서 10개~14개의 피불라로 고정시켜 소매 형태를 이루었고 가슴과 허리부분에 H자, X자로 끈을 매어 새로운 실루엣을 창출하였다.

3) 히마티온(himation)

'히메이션'이라고도 부르며 주로 외출 시 착용했던 대표적인 고대 드레이프형의 의상이다. 긴 장방형의 천으로 주로 몸을 한 번 혹은 여러 번 감싸고 한 쪽 끝은 왼쪽 어깨나 팔에 걸쳤으며 취향에 따라 다양한 방식으로 착용되었다. 히마티온을 능숙하게 다루는 것은 사회적 신분을 표시하였고 상류층이 주로 입었다. 주로 키톤 위에 걸쳤으며 철학자들은 청빈의 상징으로 맨 몸 위에 걸쳤다. 직물은 울, 리넨, 면으로 다양한 색상을 사용하였다.

4) 클라미스(chlamys)

짧은 키톤 위에 입혀진 사각형의 망토로 왼쪽 어깨에 두르고 오른쪽 어깨에서 피불라로 고정하였다. 군인, 말 타는 사람, 여행자 때론 여성에게도 입혀졌으며 추위나 비로부터 몸을 보호하고 잠잘 때 담요의 역할을 하기도 하였다.

4. 헤어스타일과 모자

1) 헤어스타일

남자는 귀 정도 길이의 곱슬머리로 금색을 선호하여 잿물로 표백하고 노란 꽃물로 염색하였다. 여자는 주로 풀어 내린 긴 머리, 올린 머리를 했으며 의상이 화려해지면서 스카프나 다이아뎀(diadem)같은 화관으로 머리를 장식하였다.

2) 모자

(1) 페타소스(petasos)

여행이나 햇빛을 가리기 위하여 모직이나 가죽으로 만든 챙이 달린 최초의 모자이다.

(2) 필로스(pilos)

테가 좁거나 없는 둥글고 끝이 뾰족한 형태로 뱃사공이나 직공들이 주로 착용했다.

(3) 피리지안 보닛(phrygian bonnet)

원추형의 챙이 없는 모자이다.

(4) 솔리아(tholia)

햇빛 가리기위한 여성용 모자로 챙이 작고 위가 뾰족하였으며 모자대신 히마티온을 베일로 사용하기도 하였다.

5. 신발

① 주로 맨발이거나 샌들을 착용하였다.

② 크레피스(crepis)
발보다 약간 넓은 두꺼운 구두창에 여러 가닥 끈을 발등에 묶었다.

③ 버스킨(buskin)
여행용, 군인용으로 발가락이 노출된 긴 가죽부츠로 끈으로 묶었다.

④ 코투르니스(cothurnis)
비극배우가 착용한 굽 높은 부츠이다.

6. 장신구와 기타

① 피불라(fibula)를 사용했는데 키톤이나 클라미스를 어깨나 앞에 고정하기 위한 핀이었다.
② 보석과 금, 은으로 세공된 귀걸이, 목걸이, 반지, 팔찌, 양산, 부채를 애용했다.
③ 몸은 영혼이 깃든 신전이라 믿고 항상 청결히 했으며 체모를 깎고 향유를 사용했다.
④ 밝은 색을 선호했고 여성은 노랑, 노예는 자연색, 상복은 검정과 흰색을 사용했다.

⑤ 직물은 면, 마, 모를 사용했으며 후에 동양으로부터 견이 수입되었다.

⑥ 자수 기술의 발달로 의상에 전체적인 무늬를 넣거나 테두리 장식. 파도, 번개, 월
   계수 잎 모양 등의 다양한 문양을 규칙적인 반복으로 장식하여 균형, 비례, 율동
   등을 표현하였다.

히메이션   키톤   페플로스   히메이션과 솔리아

이오닉 키톤   맨몸과 키톤 위의 클라미스

무대의상 디자인

도자기 술잔에 그려진 클라미스와
페타소스를 쓴 군인의 모습

엑조미스

도릭키톤 위의
히메이션

피불라

피리지안 보닛

신발

그리스 남성머리

그리스 여성머리와 모자

로마(Rome)

1. 시대적 배경
1) 역사적 배경

기원전 8세기 중엽 티베르강 지역에 라틴족들이 정착하여 여기에 다른 종족이 합해져 로마시민 즉, 포퓰레스 로마누스(populous romanus)가 형성되었다.

(1) 왕정시대 (The kingdom, BC 750년 – BC 509년)

귀족중심으로 북쪽의 에투루리아, 남쪽의 그리스 여러 식민도시들의 영향을 받으며 문화가 발전하였다.

(2) 공화정시대(The republic, BC 509년 – BC 30년)

왕제폐지로 2인의 집정관이 통치하였고 강한 군사력으로 이탈리아 반도를 통일하였다.

(3) 제정시대(The empire, BC 30년 – AD 476년)

옥타비아누스의 제정시대 이후로 평화와 번영을 이루었으나 이후 여러 모순과 빈부차로 인해 분열이 시작되었다. 콘스탄티누스 황제 이후로 동, 서로마로 분할 통치되고 동로마는 비잔틴 제국으로 1453년까지 지속되었으나 서로마는 476년에 멸망하였다.

2) 자연환경
(1) 지리적 조건

지중해의 중심인 이탈리아 반도에 위치하여 주위의 여러 나라와 쉽게 교류할 수 있었다.

무대의상 디자인

(2) 기후

온화한 지중해성 기후로 그리스와 같은 드레이퍼리 복식이 가능했다.

3) 사회환경
(1) 정치 및 사회구조

넓은 영토와 식민지를 다스리기 위한 정치체제와 법률이 발달했고 계급사회가 형성되었다. 부와 노예의 노동력으로 귀족생활은 극도로 사치, 방탕했고 군인황제 정치, 이민족 침입 등으로 동, 서로마로 분열되었다. 게르만족에 의한 서로마 멸망으로 결국 로마제국은 쇠퇴하였다.

(2) 경제

노예에 의한 경제 구조의 변화, 부의 축적. 산업과 상업이 발달했다.

(3) 종교

현세적인 자연숭배, 그리스 12신 숭배, 보호와 은총을 위해 규칙적인 봉납을 요구한 현실적, 물질적인 종교관을 지녔다.

• 초기 기독교는 로마제국 전성기였던 1세기 경부터 발달했으나 황제숭배 거부로 박해를 받았다. 로마인의 현세적 종교관에 천국이라는 내세관념을 불어넣으며 가난한 자유민, 노예, 포로계층에 급속히 전파되었다.

4) 예술과 학문

법률, 정치, 토목, 공학, 과학, 실용적 학문이 크게 발전하였고 다리, 목욕탕, 수도, 개선문, 원형 경기장 등의 건축과 코린트 양식과 아치를 독자적 양식으로 발전시켜 둥근 천장, 돔을 개발하였다. 예술, 문화, 철학, 문학, 복식에 있어서는 창조보단 에트루리아, 그리스, 헬레니즘 문화를 차용하고 모방하였지만 고대 서양 문화에 동방의 문화를 융합하여 다음 세대로 전달하는 역할을 하였다.

2. 복식의 일반적 특징

① 로마의 복식은 독창적이기보다는 그리스 복식의 계승으로 단지 의상의 부피가 커지고 양감의 강조로 로마복식의 위엄과 박력이 표현되었다.

② 정복을 통한 영토 확장으로 계급 제도가 형성되었고 귀족세력의 증강으로 사치품, 장식, 의상으로 사회적 신분을 표시하였으며 사치와 방종으로 문란하였다.

③ 여성의 위치는 사회적으로 별로 중요하지 않았기에 로마는 주로 남자복식이 발달했다.

④ 로마의 영토 확장으로 리넨과 면산지가 증가되었고 실크로드를 통해 인도의 보석, 면, 중국의 실크 유입으로 직물이 발전하고 동, 서양 복식문화의 교류가 가능하였다.

⑤ 염색 기술의 발달로 색상이 다양해지고 강한 색상 대비를 선호하였으며 색상으로 직업의 종류를 표시하였다. 청색(철학자), 녹색(의사), 흑색(신학자), 백색(하층)

⑥ 외래적 요소를 융합하여 (그리스문화 + 로마문화 + 동방문화) 로마다운 스타일을 창조하였고 좋은 점은 모방하여 자신에 맞게 재생시키는 합리적이고 실질적인 생각을 복식에 반영했다.

3. 복식의 종류와 형태

1) 토가(toga)

토가는 그리스의 히마티온과 에투루리아의 테벤나(tebenna)가 합쳐져서 발전된 반원형이나 타원형의 의상으로 처음에는 작고 단순했다. 두르는 방식은 히마티온과 비슷했으나 후기에 갈수록 부피가 커지면서 복잡하고 형식화되었다. 초기엔 남녀노소 모두 착용했으나 제정시대부턴 공식복으로 지배계급에서만 착용되었고 관복이 되면서 색상과 선 장식, 크기, 착용 방법과 색에 따라 명칭이 달라지고 신분을 나타내었다.

(1) 토가 픽타(toga picta)

황제나 개선장군의 공식의상이나 승리의 의상으로 보라색에 금실로 별무늬 자수

무대의상 디자인

를 놓아 토가 중 가장 화려하고 거대하였다. (황제 의상 : 토가 픽타 + 튜니카 팔마타)

(2) 토가 임페리얼(toga imperial)

　　제정시대의 예복으로 크고 긴 직물을 복잡한 방식을 통해 착장하여 격식을 차린 의상이다. 후엔 형태가 간단해졌다.

(3) 토가 비릴리스(toga virilis)

　　염색하지 않은 장식없는 토가로 로마 일반 시민이 입었던 의상이며 퓨라(Pura)라도 불렀다.

2) 튜닉카(tunica)

　　그리스 도릭 키톤이 변형 발달된 의상이다. 토가가 거대하고 불편해지면서 튜닉이 외출 평상복으로 등장하였다. 클라비장식(clavi, 선장식), 세그멘티장식(segmenti, 어깨나 옆도련에 ㅁㅇ에 동물, 나뭇잎, 포도 넝쿨 등의 무늬장식)이 있었다.

(1) 튜니카 팔마타(tunica palmata)

　　토가 픽타와 함께 착용했던 튜니카로 보라색 바탕에 금사로 화려하게 장식한 튜니카이다.

(2) 튜니카 인테리어(tunica interior)

　　여성들이 속옷이나 실내복으로 스톨라 아래 착용하였고 폭이 넓지 않아 몸에 잘 맞았던 의상으로 소매가 없거나 반소매이다.

3) 스톨라(stola)

　　그리스의 도리아, 이오니아 키톤이 계승된 여성들의 튜닉으로 튜니카보다 약간 넓다. 소매통의 길이와 넓이가 다양했고 여러 방식의 끈 처리가 가능했으며 끈 뒤로 천 조각을 끼어 넣어 트레인(train)을 만들기도 하였다. 초기에는 흰색 울을 사용했으나 후기에는 붉은색, 푸른색, 노란색 등의 리넨이나 면, 실크 등을 사용하였고 색상을 달리하여 여러 개를 겹쳐 입기도 하였다. 색상은 신분에 따라 엄격히 규정되었다.

4) 팔라(palla), 팔리움(pallium)

그리스 히마티온이 그대로 계승되어 변화되어 팔라(palla, 여성), 팔리움(pallium, 남성)으로 튜닉이나 스톨라 위에 입혀졌다. 이들은 중산층 이상의 계급에서 착용하였고 여러 가지 색과 장식으로 아름답고 화려하였으며 머리를 감싸는 숄과 베일로도 사용하였다.

5) 팔루다멘텀(palludamentum)

그리스의 클라미스와 유사하며 고대 로마제국 시대부터 비잔틴 시대까지 사용된 대형의 망토형식의 의상이다. 직사각형의 천을 어깨에 두르고 피불라로 오른쪽 어깨나 앞에서 고정하였다. 초기에는 군인이나 평민들의 보온용 망토나 여행복이었으나 황제와 개선장군이 착용하면서 화려해지고 후의 비잔틴 시대에는 공식복이 되었다.

6) 군인 의상(soldier costume)

로마 역사에서 전쟁은 빼놓을 수 없으며, 군인 의상이 매우 중요하였다.

① 튜닉
② 가죽 자켓
③ 로리카(lorica) – 청동, 황동으로 만든 갑옷으로 신체보호 및 자신감을 증대시켰다.
④ 팔루다멘텀, 아볼라(abolla, 붉은 색의 짧은 망토)
⑤ 헬멧 – 쇠나 청동으로 만들고 말총의 crest가 헬멧 위에 부착되었다.
⑥ 부츠(buskin)
⑦ 착용 순서

로마 군인의상

로인 클로스 → 튜닉 → 가죽 자켓 → 로리카 → 팔루다멘텀, 아볼라 → 헬멧 →
부츠

그리스 키톤 → 로마 스톨라
그리스 히마티온 → 로마 팔라, 팔리움
그리스 클라미스 → 로마 팔루다멘텀

로마시대의 토가

토가 픽타

토가 프라에텍스타

토가 임페리얼

스톨라와 팔라

4. 헤어스타일과 모자

1) 헤어스타일

청결과 몸치장을 중요시하여 이발소와 목욕탕이 성행했고 향수와 화장을 즐겼다. 로마인도 그리스인과 마찬가지로 금발을 이상으로 여겨 금색의 인모를 북골족으로부터 수입하고 게르만족으로부터 구입한 비누를 사용해서 머리를 흑색이나 갈색으로 물들였다. 그러나 야한 황색 및 청색은 창부의 색으로 여겼다. 남성은 짧은 곱슬머리를 선호했고 짧게 면도를 하였는데 장례동안은 예외였다. 머리카락이 없으면 불구로 여겼기에 가발을 착용하기도 했다. 여성은 땋거나 말아 올리는 그리스 머리스타일과 비슷했으나 후기에는 미의 과시수단으로 보석, 금속장식, 다이아뎀, 화관 등을 선호하였다.

2) 모자

승리 축하용으로 월계수관을 착용하였고 후기 왕조들은 왕관으로 금 월계수관를 착용하였다. 기후 조건상 모자는 그다지 필요 없었고 필요시 팔라, 팔리움을 끌어 올려 쓰거나 베일을 이용하였는데 주황색 베일을 선호하였으며 기독교 신부는 흰색과 보라색 선호하였다.

5. 신발

그리스. 에트루리아와 비슷하나 끈 매는 방법이 복잡해지고 정교해졌다. 신분, 직업에 따라 형태와 재료가 다양해지고 빨강, 초록, 노랑, 흰색 등의 밝은 색상을 사용했으며 귀족들은 금, 은, 보석으로 화려하게 장식하였다.

(1) 솔레아(solea)

발보다 조금 큰 가죽 밑창에 끈으로 발등을 묶은 샌들이다.

(2) 크레피다(crepida)

발가락을 내놓고 끈으로 발등을 많이 감싸는 샌들과 반구두가 혼합된 형태이다.

(3) 우도(udo)

펠트나 울로 된 양말같이 밑창이 없는 것으로 농부들이 주로 신었다.

(4) 칼세우스(calceus)

가죽 끈으로 발등을 덮고 발목까지 끈으로 여러 번 묶은 반구두이다.

(5) 버스킨(buskin)

발가락을 내놓은 무릎 밑 길이의 부츠로 주로 군인들이 사용하였다.

6. 장신구와 기타

부의 과시수단으로 장신구가 필수적이었고 많은 귀중한 보석, 피불라, 팔지, 반지
가 유행하였다. 정복으로부터 재화가 반입되고 광산에서 귀금속(호박, 다이아몬드, 진주,
에머랄드, 루비)이 생산되었다. 특히 인장 반지, 불라(bulla, 정교하게 부조한 얇은 금속판의
금낭)가 부적으로서 젊은 소년들에게 인기였다. 노랑(창녀), 빨강(노예) 등의 색상은 직
업과 신분에 밀접한 관계가 있었고 공연에서 일인이역, 일인다역을 위해 가면을 착용하
였다.

로마시대 남성의 머리모양   로마시대 여성의 머리모양

크레피다   우도   칼세우스   불라   반지

중세(Medieval)

중세는 서 로마가 멸망한 5세기 후반부터 15세기 르네상스 이전까지의 1,000여년의 시기를 말한다.

비잔틴(Byzantine)

1. 시대적 배경

동로마제국은 로마제국에서 분리되어 그리스 식민지였던 비잔티움(Byzantium)에 정착하면서 비잔틴 제국으로 불리게 되었다. AD 330년 콘스탄티누스 황제가 그의 이름을 따서 콘스탄티노폴리스(Constantinopolis)이라 명명하였다. 동로마제국은 로마체계가 동유럽으로 이전한 정통 로마제국 계승자로서 1453년 오스만 투르크에 의해 멸망될 때까지 독자적 발전하였다. 비잔틴 제국은 6세기 경 유스티니아누스 황제 때 지중해 연안 대부분을 차지하는 대제국을 건설하였고 동서양의 접촉점으로 상업상, 군사상 요지이며 지중해, 흑해를 맺는 중세의 최대 상공업 도시였다. 콘스탄티노플은 동양과 유럽의 중간에 위치하여 여러 문화를 혼합 흡수하여 특색있는 동유럽 문화를 형성하였고 후의 서유럽문화의 성장과 르네상스 태동에 큰 영향을 미쳤다.

2. 복식에 영향을 준 요인
1) 상공업의 영향

흑해, 지중해를 무대로 한 수도 콘스탄티노플은 상공업의 중심지로 직물공업, 금속이나 유리제품의 제조 및 세공업 등이 매우 발달하였다. 유스티니아누스 황제 때 페르시아와 시리아로부터 수입한 견은 비잔티움에 견직물 공업을 확립시켜 비잔틴 제국의 생활문화, 특히 복식의 발전에 결정적인 역할을 하였다.

2) 종교의 영향

기독교는 처음에는 대중의 종교였으나 점차 상류계급의 종교가 되어 비잔틴문화

무대의상 디자인

의 지침이 되었다. 그리스도의 권능 및 천국의 영화를 나타내기 위한 장엄하고 화려한 양식을 취하게 되었으며 종교적인 금욕주의에 의해 몸을 완전히 감싸는 실루엣이 요구되고 정숙하고 절제된 형태를 이루었다.

3) 동방의 영향

비잔틴 문화에 결정적인 역할을 한 것은 지리적 조건과 경제적 번영에 힘입은 동방 문화와의 교류이다. 페르시아의 화려한 색채감각과 중국의 견직물은 비잔틴에서 혼합 발달하여 비잔틴의 조형문화, 특히 복식의 특징적인 요소가 되어 비잔틴복식을 그리스, 로마나 서유럽과 매우 다른 형태로 만들었다.

4) 십자군 원정의 영향

십자군원정에 의해 동방의 직물과 복식이 서유럽에 전파 되어 로마네스크와 르네상스의 모체가 되었다.

5) 예술의 영향

외형의 비례나 균형에 중점을 두었던 그리스 예술에 반해 비잔틴제국의 예술은 종교적인 내적 감정의 표현을 위해 색채의 조화에 중점을 두었다. 건축, 조각, 회화는 추상성, 신비성의 표현과 함께 장중함을 띄었고 동방의 화려한 색채와 풍부한 장식성의 도입으로 신의 영광을 나타내었는데, 의상에도 이의 특성이 그대로 반영되었다. 특히 모자이크는 비잔틴 시대의 가장 유행한 예술 형태였다.

3. 복식의 일반적 특징

① 로마제국의 정치적 전통, 그리스의 문화와 예술 그리고 기독교와 동방의 영향이 혼합되어 비잔틴 고유의 특징을 이루었다.

② 패션의 흐름은 황제와 황후 중심이었고 색상과 장식의 화려함은 천국의 영광이며, 육중한 직물은 신의 위엄으로 중시했으나 이는 겸손함을 내세웠던 그들의 종교관과는 이율배반적인 요소였다.

③ 기독교에 의해 여성은 남성에게 종속적인 존재로 여성의 미는 우아하고 화려하
며 비활동적으로 표현됐다.

④ 외형과 비례나 조화보다는 색채의 효과를 이용하여 디자인의 독창성보다는 화
려한 직물, 자수나 보석 등을 이용한 평면적인 장식에 관심이 많았다.

4. 복식의 종류와 형태

1) 튜닉카 탈라리스(tunica talaris)

로마시대에 비해 소매는 길고 좁으며 몸에 더 달라붙은 T자형 원피스 드레스로 색
과 형태가 화려하였다. 클라비, 세그멘티, 모자이크, 아플리케 등으로 장식되었다.

2) 달마티카(dalmatica)

본래 유고슬라비아 달마티아지방에서 소수의 기독교인들이 입기 시작했던 의상으
로 313년 콘스탄틴 대제에 의해 기독교가 공인되면서 귀족과 성직자의 대표적인 의복
이 되었으며 후에 비잔틴, 중세 유럽복식의 기본형이 되었다. 토가보다 간편하고 검소
하여 모든 계층에서 애용했고 계급과 성차를 없애고 하나님 앞에서 성과 육체를 감추
려 하였다. 초기엔 거친 울로 만들었지만 기독교 공인 후엔 실크로 화려해지고 클라비
의 색과 장식도 다양해졌다.

3) 팔루다멘툼(paludamentum)

그리스의 클라미스로부터 발전된 대표적인 비잔틴복식으로 황제, 황후, 사제, 귀족
의 공식복이 되었다. 귀족의 남성에게만 입혀지고 서민들은 클라미스와 비슷한 타블리
온이 없는 수수한 색의 사굼(sagum)을 착용하였다. 팔루다멘툼은 사다리꼴 반원형의 천
으로 왼쪽 어깨를 완전 감싸고 오른쪽 어깨를 피불라로 고정하였으며 앞, 뒤 가장자리
중간에 타블리온(tablion) 장식을 붙였는데 사각형의 장식 헝겊 위에 원, 양, 비둘기, 십
자 등 기독교 문양을 금사, 은사로 자수를 놓거나 보석으로 장식하였다. 황금색 바탕의
타블리온은 왕과 왕비만이 사용할 수 있었다.

4) 로룸(lorum)

로마의 토가가 변형된 것으로 팔루다멘툼과 함께 공식복으로 착용하였다. 크기가 점차 줄어들어 6″정도의 좁고 긴 띠를 몸 전체 두르거나 Y자형으로 혹은 목 밴드 스타일로 어깨에 걸쳐 입기도 했다. 두꺼운 실크에 보석과 자수로 화려하게 장식해서 뻣뻣했는데 이것이 팔라나 팔리움과 다른 점이었다.

5) 파에눌라(paenula)

길이가 긴 판초형식의 케이프로 로마시대의 외투가 비잔틴에서는 사제복이 되었다. 현대 천주교의 케수블레(chesuble, 머리구멍이 있는 큰 원이나 장방형의 의상)로 남아있다.

6) 브라코(braco)

무릎 또는 발목까지 오는 모직물의 폭 좁은 바지로 끈으로 붕대처럼 감거나 X자로 묶기도 하였다. 원래 추운 북유럽지방의 의상으로 로마가 북쪽으로 영토를 넓혔을 때 전파되어 짧은 튜닉 밑에 내의로 입기 시작하였다. 처음엔 미개인의 의상이라고 경멸하다가 비잔틴시대에 왕도 입기 시작하면서 무늬나 자수 장식으로 화려해졌고 양말의 원조인 호사(hosa)와 함께 착용되었다.

튜니카 탈라리스

콜로비움과 팔리움

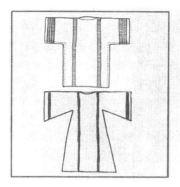

클라비 장식을 한 달마티카

프레스코화의 초기 달마티카

니체포루스 III 보타네이아테스와
마리 왕비의 로룸

유스티니아누스와 대신들
팔루다멘텀과 타블리온

팔루다멘텀을 입은 테오도라황후와 그의 일행들

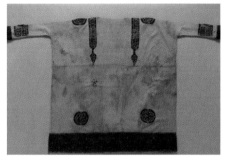

비잔틴 튜닉

아폴리나레 누오보사원의 모자이크에 묘사된
동방박사 3인의 맨틀과 브라코

5. 헤어스타일과 모자
1) 헤어스타일
　남성들의 머리모양은 짧거나 단발머리였고 면도를 깨끗이 하거나 작고 뾰족한 턱수염을 하였다. 반면에 여성들은 로마인처럼 화려한 머리 형태로 땋아서 묶어 올리거나 후기에는 빗어 오려 보석으로 장식하거나 감싸는 형으로 터번이나 베일을 둘렀다. 귀부인들의 머리장식은 화려한 의상과 조화가 잘되었다.

2) 모자
　권위와 장식을 중시하였고 납작하고 위가 넓은 왕관인 스테마(stemma)와 높이가 높은 왕관인 칼립트라(calyptra)는 금세공과 각종 보석, 진주로 장식하였다.

6. 신발
　신체를 가리는 비잔틴 의복처럼 그리스, 로마보다 발을 좀 더 감싸는 형태로 발달하였다. 천이나 부드러운 가죽에 보석 장식을 하였고 붉은 색을 선호하였다. 여성들의 신발은 비잔틴 미술품에 나타난 복식자료에서 발이 불분명하여 거의 알 수 없으나 남성들과 거의 비슷하리라 추정한다.

7. 장신구와 기타

동방으로부터 전래된 비잔틴의 장신구들은 서유럽보다 더 정교하였고 진주, 금, 에메랄드, 사파이어, 루비 등의 다양한 보석을 사용하였다. 금, 유리 세공업이 발달하였고 특히 칠보와 에나멜 세공이 뛰어났다. 반지, 귀걸이, 목걸이, 브로치, 관과 팔찌가 유행하였다.

유스티니아누스 황제와 테오도라 왕비의 스테마

비잔틴 제국의 칼립트라

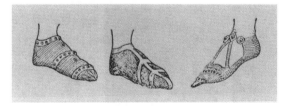

비잔틴 시대 여성들의 머리장식과 신발

로마네스크(Romanesque)

1. 시대적 배경

북쪽의 게르만인들은 중앙아시아 훈족의 압박으로 대이동을 시작하여 서유럽에 정착을 하였고 서로마를 멸망시킴으로써 중세가 시작되었다. 서로마 멸망 후 서유럽에 국가의 형태가 잡히기 전인 10세기까지를 중세 초기로 보는데 동유럽에서 비잔틴문화가 융성하는 동안 서유럽에 정착한 게르만족은 여러 부족국가로 나뉘어 혼란과 통일 또 다시 분열의 악순환 거듭하면서 정치와 문화의 발달을 저해하였다. 프랑크 왕국이 로마교회와 긴밀한 유대관계를 지니며 가장 먼저 국가체제를 정비하였으나 다시 분열되어 현재의 프랑스, 독일, 이탈리아의 기반이 만들어졌다. 프랑크의 노르망디 지방에 뒤늦게 정착한 노르만족이 잉글랜드를 정복하여 노르망디 왕조를 세움으로써 영국이 등장하게 되었다.

중세 초기의 게르만인들은 독창적인 문화는 없었고 옛 로마의 문화유산을 계승하고 여러 사회제도를 받아들이면서 신분제에 입각한 봉건제도를 형성하였다. 초기의 정치적 혼란에도 기독교는 미개한 이교도의 계몽에 힘써 수도원을 중심으로 문학과 예술활동을 전개하였는데 게르만족의 문화와 그리스, 로마 문화 그리고 기독교 정신과 비잔틴 문화가 혼합되어 독특한 중세 문화를 이루었다. 10세기 이후 중세 중기에는 봉건체제하에서 사회가 안정되면서 상공업과 기술의 발달로 도시인구가 늘어나고 길드가 발달하였다. 로마교회는 중세사회의 근간을 이루는 절대요인으로 정신적인 면 외에도 기술을 가르치는 학교로서 기능하였다. 학식이 풍부한 성직자들은 세속적인 경향으로 흘러 권력을 추구하였으며 봉건영주들에게 많은 영향력을 발휘하였고 교회가 부와 세력을 얻기 시작하면서 웅장하고 호화로운 성당이 건축되었다. 10세기~12세기까지의 중세 중기의 예술양식은 로마네스크 양식으로 대표되는데 이탈리아와 프랑스를 중심으로 일어났다. 로마네스크 양식의 건축은 반원과 원주를 응용하여 십자형의 건물 배열과 돔 지붕구조로 외관은 중후하고 엄숙하며 경건한 종교심을 느끼게 하고 로마네스크 조각의 주조는 기하학적인 문양구성을 통해 동방의 신비적이고 초자연적인 세계를 표현하였다.

중세시대에 일어난 가장 중요한 사건은 십자군 전쟁이었다. 십자군전쟁은 유럽의 기독교인들이 1095년~1272년에 걸쳐 종교적 열망으로 이슬람교도들로부터 성지 예루살렘을 탈환하고자 9회에 걸쳐 강행한 전쟁으로 교회의 권위를 부각시키고 영주들 자신의 세력을 과시하기 위함이었고 이 시기만큼 유럽인을 결속시킨 예도 없었다. 그러나 원정결과는 실패로 정치적으로는 교황의 권위가 약화되고 왕권이 강화되었으며 경제적으로는 동양과의 접촉을 통해 무역이 활발하여졌으며, 다양한 동양문화와 건축, 복식, 그리고 제조 기술 등을 서유럽으로 전파하게 되었다.

2. 복식의 일반적 특징

① 로마네스크 양식이 갖고 있는 혼합성은 복식에도 나타나 비잔틴의 달마티카의 기본형 위에 호화로운 장식이나 색채감 가미되었다.

② 내륙지방의 한랭한 기후에 적응하기 위한 비교적 몸에 밀착되거나 감싸는 의상이 발달되어 비잔틴 양식과의 근본적인 차이를 보여준다.

③ 기독교는 외관의 존엄성에 그 가치를 부여하고자 했다. 이런 경향은 몸을 완전히 감싸면서 인체의 곡선을 부드럽게 살릴 수 있도록 제작기술의 발전을 가져왔고 다양한 장식미가 혼합되어 중세의 독특한 분위기를 지니게 되었다.

④ 전반적으로 로마네스크 시대 의상은 전체적으로 헐렁한 형에서 몸에 맞는 형으로 발전해가는 과도기의 성격을 지니며, 여자의상은 남자의상보다 더욱 복잡하고 화려해졌다.

3. 복식의 종류와 형태

1) 튜닉(tunic)

중세시대의 기본적인 의상으로 T자형의 무릎길이의 겉옷으로 벨트를 착용하고 브레와 함께 입었다. 차츰 움직임의 자유를 위해 트임을 주고 허리 아래 풍성함 위해 무(gusset)를 대는 등의 구성법이 발달하였다.

2) 브레(braies)

게르만족들이 착용했던 브레와 거의 같으며, 브레 위에 양말을 착용하여 끈으로 발목부터 종아리까지 감아 고정시켰다. 일반 서민남자들이 튜닉과 함께 착용하였다.

3) 블리오(bliaud)

튜닉에서 발전되어 12세기 남녀 모두가 착용한 의상으로 상체는 꼭 맞고 스커트 부분은 풍성하여 상, 하의가 분리된 재단이 필요했다. 소매는 깔때기처럼 넓어서 속에 입는 쉥즈(chainse)가 보이며 목둘레 주위는 끈으로 장식을 하였다. 스커트에 무를 대어 넓게 하거나 뒤 중심선에서 단추나 끈으로 여미며 조절하였다.

4) 쉥즈(chainse)

언더 튜닉으로 란제리형의 원피스이며 소매가 좁고 소맷부리에는 수를 놓거나 끝동을 달았다. 목둘레는 금사로 수를 놓거나 단추나 끈으로 여몄고 블리오 밖으로 쉥즈 목둘레가 보였다. 13세기부터는 이를 슈미즈(chemise)라고 하였다.

5) 코르사주(corsage)

소매없는 조끼형의 의상으로 허리와 배의 곡선을 강조하기 위해 가죽이나 헝겊 벨트를 착용하였고 블리오처럼 등을 터서 끈으로 허리를 묶은 뒤 아랫배로 느슨하게 늘어뜨렸다.

6) 지퐁(gipon)

십자군 병사가 착용했던 조끼형태의 의상으로 체인 메일의 갑옷 밑에 지퐁을 받쳐 입었다. 울이나 가죽에 솜을 넣어 누벼 추위와 적군으로부터 보호하였고 겨드랑이 밑을 트고 끈으로 몸에 꼭 맞게 조였다.

7) 맨틀(mantle)

맨틀은 11세기까지 무릎길이의 짧은 것이 많았고 주로 직사각형, 반원형, 타원형의 형태였다. 그러나 블리오의 길이가 길어지면서 맨틀도 길어지고 몸에 한 번 둘러 오른쪽 어깨나 가슴에서 브로치로 고정하였다. 옷감은 겉과 안을 대조색으로 하여 복식미를 살렸으며 직물은 리넨과 실크, 모직물, 수달피가죽, 담비털도 이용하였다.

오토1세 (10세기) 팔루다멘텀

샤르트르 대성당의 양치기들

블리오

샤르트르 대성당의 블리오

브라코

무대의상 디자인

쉥즈 위에 입은 블리오, 블리오 위에 입은 코르사주

튜닉, 블리오, 쉥즈, 브레

프랑크인의 튜닉, 브레와 맨틀

4. 헤어스타일과 모자
1) 헤어스타일

11세기 남성머리는 짧은 단발머리와 콧수염이 유행하였고 여성머리는 앞 가리마를 타고 두세 가닥으로 따서 길게 늘어뜨린 형태가 유행하였다. 딴 머리는 때로 위로 올려져 핀으로 꽂거나 화관으로 장식하였다.

2) 모자

모자 대신 후드나 후드와 케이프가 붙은 형이 유행하였고 머리에 꼭 맞는 코이프(coif)가 애용되기 시작하였다. 귀부인들은 관이나 윔플을 착용하였고 베일은 쓰거나 머리 위에 둘러졌다.

5. 신발

근세 구두 형식을 낳기 위한 과도기로 여러 형태가 존재하였다. 여성구두는 대개 낮았으며 동방과 비잔틴의 영향으로 11세기부터 앞이 뾰족한 구두가 유행하였으며 신발의 질이 급속도로 향상되었다. 가죽, 실크, 벨벳에 금, 은실로 짠 교직물을 이용하고 보석 장식을 하였다.

6. 장신구와 기타

피불라, 목걸이, 팔찌, 금관이 많이 사용되었고 화려하고 크기가 컸다. 다양한 허리끈과 십자군 원정 시 허리끈에 매단 주머니로 핸드백의 모체인 앨모너(almoner)가 인기였다.

로마네스크 시대의 머리장식

476

고딕(Gothic)

1. 시대적 배경

　르네상스 이전의 13세기~15세기의 시기로 중세 암흑기에서 탈피하여 점차적으로 인간의 가치를 존중하는 인본주의 정신이 태동하는 시기이다. 프랑스와 영국간의 백년전쟁과 영국의 왕위다툼이었던 장미전쟁은 봉건영주의 몰락을 가져와 근대적인 국가로 발전하는데 기여하였다. 십자군전쟁 이후 교회의 세력은 점차 약화되어 왕권이 강화되었고 교회의 개혁이 끊임없이 요구되어 종교개혁을 유발하게 되었다. 중세 후기의 사회와 경제의 불안은 새로운 시장개척과 경제활동에 눈을 돌리게 했으며 부유한 상인과 은행가들의 성장은 국민국가 형성 및 새로운 운동을 일으키는 모태가 되었다. 13세기의 고딕양식의 특징은 입체적이고 조형적이었으며 하늘을 찌를 듯한 뾰족한 탑, 첨형아치와 서로 얽힌 격자무늬, 돌 대신 유리창을 많이 사용하여 전체적으로 힘있고 밝은 느낌을 주었다. 내부의 스테인드글라스는 고딕건축의 전형으로 순수한 색과 빛으로 당시 사람들의 종교적 감정을 자극할 뿐 아니라 미적 감각을 높이는 데 크게 기여했고 이러한 미감은 장신구, 공예품과 직물에 풍요한 광택과 색채로 나타났다. 이 시기는 로마나 비잔틴의 것을 차용하던 모방의 세계에서 벗어나 유럽인 독자의 힘으로 새로운 스타일을 창조했으며 학문, 예술 그리고 산업을 비약적으로 발전시켰다.

2. 십자군전쟁이 중세복식에 미친 영향
1) 동방의 영향

　앞트임 의복의 도입으로 인한 단추장식, 염료수입에 의한 파티 칼라(parti color)유행, 그리고 의복의 가장자리 장식과 자수와 아플리케가 발달하였다.

2) 전쟁의 영향

　신체보호를 위한 의상으로 쉬르코, 푸르푸엥이 생겨났고, 갑옷과 군복이 발달했으며 문장장식 그리고 볼드릭이 화려한 액세서리로 사용되었다.

3) 기독교의 영향

신체를 가리는 느슨한 의복형태와 헤드드레스와 장갑의 중요성, 그리고 작은 은종과 십자가 등 종교적 디테일 유행하였다.

4) 상공업 발달의 영향

동방과의 교역증진에 따른 도시의 발달, 중산층의 성장 등은 사치를 일반화시켰으며, 의복이 가문과 부의 과시, 신분계급을 나타내는 수단으로 사용되었다.

3. 복식의 일반적 특징

① 고딕건축의 첨두적 외관과 예각적 감각은 의상에 그대로 영향을 미쳐 길고 흐르는 듯한 실루엣, 앞이 뾰족한 구두, 높고 뾰족한 모자, 소매나 단에 톱니 모양 등이 나타났다.

② 기독교 영향으로 여성의 사회적 활동이 줄어들고 얼굴을 감싸고 맨 살을 드러내지는 않았으나 반면에 다양하고 변덕스러운 디테일들이 유행하였다.

③ 13세기부터 눈부시게 발전한 직물공업은 필요이상의 사용으로 과장되고 기괴한 유행을 만들었고 이들은 고딕시대의 복잡한 정신생활과 사회의 특수성을 반영하였다.

④ 인체의 곡선을 강조하기 시작하여 의상도 활동적, 입체적인 형태로 변화하였다. 이는 현대 서양복식의 기초를 형성하고 입체구성 전환의 요인이 되었다.

⑤ 남성복식은 전반적으로 짧아지고 여성복식은 상체가 꼭 맞고 스커트가 넓고 길어지는 등 남녀 의복의 성차가 뚜렷해졌다.

⑥ 십자군 원정의 영향으로 문장(heraldry), 자수, 아플리케, 파티칼라가 유행하였다.

⑦ 사치와 보온을 위해 모피를 의상에 사용하면서 디자인이 다양해졌다.

무대의상 디자인

4. 복식의 종류와 형태

1) 꼬뜨(cotte)

블리오의 변형으로 블리오보다 단순하고 헐렁하며 가는 허리띠를 맨 의상이다.

2) 코타르디(cotehardie)

꼬트의 변형으로 몸에 꼭 맞으며 앞 중심에 단추를 촘촘히 장식하였다. 남녀가 착용한 의상으로 남성의 코타르디는 무릎길이, 여성은 목둘레가 많이 파이고 여러 쪽의 스커트로 아래가 퍼지고 길이가 길었다. 팔꿈치부분에 티핏이라는 긴 천을 붙이고 엉덩이에는 보석으로 장식한 값비싼 벨트를 착용하였다.

3) 쉬르코(surcot)

십자군 전쟁으로 생겨난 의상으로 금속 갑옷이 햇빛에 반사되는 눈부심을 방지하기 위해 갑옷 위에 착용되다가 점차 일반인이 착용하게 되었다. 초기엔 간단히 머리만 넣어 입는 방식이었으나 튜닉 위에 착용되면서 장식적인 용도가 강해지고 직물도 고급화되었다.

4) 쉬르코 투베르(surcot-ouvert)

쉬르코의 변형으로 여성이 착용했던 화려한 가운으로 앞판에 모피와 여러 개의 보석단추로 장식하고 진동둘레가 엉덩이 선까지 파여 안의 의상이 다 보이는 현대의 점퍼드레스이다. 선명한 색상의 파티칼라와 문장장식, 안감과 겉감 색의 대비. 후기에는 좀 장식적으로 되어 궁정예복으로 착용하였다.

5) 타바드(tabard)

캡 슬리브가 달린 쉬르코로 가문의 문장을 새겨 주로 예복으로 입었고, 길이가 짧은 타바드는 기사가 입었다.

6) 가르드코르(gardr-corps)

맨틀대신 외투로 남녀 모두가 착용했다. 특히 여행할 때 입었으며, 후드가 달리고 풍성하고 주름진 긴 소매가 달려 있으며 터진 곳이 있어서 팔이 밖으로 나올 수 있었다. 오늘날 판사복과 대학 졸업가운으로 발전되었다.

7) 푸르푸앵(pourpoint)

14세기 갑옷이 쇠사슬이나 비늘모양에서 금속 판갑옷으로 변할 때 금속의 날카로운 가장자리로부터 몸을 보호하기 위해 심을 넣어 누비고 몸에 꼭 맞게 재단하여 갑옷 속에 입은 의상이다. 일반인이 입기 시작하면서 인체의 움직임에 맞도록 구성되었고 앞 중심선과 팔꿈치에서 손목까지도 단추가 촘촘하게 달렸다. 푸르푸앵 안쪽에는 끈이 달려 있어서 호즈가 흘러내리지 않게 고정시키는 기능을 하였다.

8) 우플랑드(houppelande)

십자군 원정 때 동방으로부터 받아들였으며 품이 넓고 허리띠로 묶었을 때 굵은 주름이 잡히며 귀에 닿을 정도로 목 부분이 높은 의상으로 남녀 모두가 착용하였다. 길이는 무릎길이나 땅에 끌릴 정도로 길었고 소매는 대깅 장식이나 행잉 슬리브를 지녔으며 부를 과시하기 위한 과장의 형태로 유행하였다.

9) 쇼스(chausse)

브레가 짧은 속옷으로 변형되고 호즈가 엉덩이까지 길어지면서 양말이 아닌 하의로 착용되기 시작하였다. 초기에는 튜브형태로 양쪽 다리에 각각 끼우고 푸르푸앵의 안쪽 끈과 연결시켜 고정시켰으나 15세기 말 메리야스직의 발달로 오늘날의 팬티 호즈같은 형태로 발전되었다. 파티칼라 유행에 따라 양쪽 다리의 색이 다르거나 한쪽 다리에서도 반반씩 다른 색과 무늬를 지녀 길이를 강조하기도 하였다.

10) 로브(robe)

우플랑드에서 발전된 여성 의상으로 목둘레가 깊이 파여지고, 상체길이가 짧으며,

무대의상 디자인

허리선이 약간 위로 올라간 형으로 스커트는 길고 풍성하여 바닥에 끌리며 뒤에 트레인이 달린 것도 있었다. 걷기 위해 앞 스커트 부분을 손으로 잡아 올리기도 하였고 소매는 타이트 슬리브나 깔대기처럼 소맷부리가 넓게 퍼진 것 등 여러 형태가 있었다. 15세기 중기에는 목둘레가 V자형으로 벨트부분까지 깊이 파여 이 부분에 삼각형의 가슴받이 천을 대거나 속에 입은 슈미즈로 가렸다.

11) 저킨(jerkin)

새로운 형태의 남성 상의로 코타르디에서 발전하였고 풍성한 소매와 넓은 어깨가 특징이다. 허리가 꼭 맞고 퍼지며, 길이는 엉덩이부터 무릎까지 다양하며 목둘레는 주로 사각이나 V형으로 파여 속의 더블렛이나 셔츠가 보였다. 벨트를 매지 않고 똑같이 고르게 주름을 잡힌 아주 짧은 상의를 주르나드(journade)라 하며 주로 사냥 시 입었다.

| 허리에 가는 띠를 맨 꼬뜨 | 코타르디를 입은 여성들 | 파티칼라의 코타르디 |

| 쉬르코 | 쉬르코 투베르 |

코타르디

십자군전쟁의 병사들

십자군과 무슬림

타바드

후드 달린 가르드코르를 입고있는 남성

후드, 티핏, 앨모너

가나쉐

가르드코르

우플랑드

샤를르 드 블루아의 푸르푸앵

우플랑드와 부르렛 헤드드레스

우플랑드를 입은 남성과
로브와 에넹을 쓴 여성들

쇼스

중세 후기의 저킨과
샤프롱, 쇼스, 풀레느와 파탕

주르나르

5. 여러 가지 디테일

1) 펠리송(pelisson)

매우 양식화된 모피 안감으로 겉옷과 끈으로 묶어졌다.

2) 티핏(tippet)

소매의 팔꿈치에 좁은 천으로 된 긴 끈의 티핏을 달았는데 폭은 점점 넓어지고 길어져서 2~3 피트나 되었다. 남편이나 애인이 전쟁 나갈 때 창끝이나 방패 끝에 매달고 나가기도 했는데 티핏을 달고 말타고 달리면 바람에 굽이치는 모습이 매우 아름다운 율동미를 자아냈다.

3) 대깅(dagging)

혓바닥같이 생긴 규칙적 문양의 모서리 장식으로 톱니바퀴, 나뭇잎 모양 등이 있다.

4) 문장(heraldic motif)

가문을 나타내는 문장으로 가문과 가문의 표시를 위해 면을 분할하였고 사자나 독수리 문장이 인기였다. 코타르디, 쉬르코에는 남편쪽 문장, 망토에 친정쪽 문장을 넣거나 오른쪽, 왼쪽에 각기 다른 문장을 새겨 넣기도 하였다.

5) 장식 벨트(knightly girdle)

보석으로 장식된 가문 재산의 일부였으며 항상 엉덩이 선 밑에 착용하였다.

6) 볼드릭(baldric)

어깨의 사선 띠로 처음에는 칼 등의 물건을 달았으나 후에는 장식적 기능으로 착용되었다.

7) 피치트(fitchets)

수직 포켓같은 트임으로 손을 넣어 따뜻하게 보호하고 안쪽 의상의 벨트에 달려 있는 물건을 꺼내거나 손을 넣어 스커트의 긴 기장을 끌어올릴 때 사용되었다.

8) 고딕 슬라우취(gothic slouch)

중세시대의 엄숙한 포즈로 주로 턱을 안으로 잡아당기고 어깨는 뒤로, 골반은 앞으로 내밀고 손을 배 위에 모으고 걸었던 포즈이다.

9) 릴리피프(liripipe)

후드의 긴 꼬리를 말하며 긴 꼬리를 이마에 돌려 감기도 하였다.

6. 헤어스타일과 모자

1) 헤어스타일

13~14세기 초는 단발머리로 금발이나 붉은 머리를 선호하였고 14세기 중반에 짧아져서 사발머리(bowl cut)가 유행했으며 15세기에 다시 단발로 길어졌다. 여성들은 다양한 머리장식을 사용하여 머리카락을 겉으로 드러내지 않았다. 여성들은 이마를 넓게 하기 위해 머리카락과 눈썹을 뽑았으며 젊은 여성은 느슨하게 머리를 늘어뜨렸다. 땋은 머리를 꼬아 컵이나 튜브 모양으로 귀 양옆에 붙여서 그물로 머리를 감싸는 달팽이(ramshorn) 헤어스타일이 유행하였다.

2) 모자

(1) 코이프(coif)

모든 계층의 남성들이 실내나 실외에서 썼던 흰 면이나 리넨의 머리에 꼭 맞는 두건이다. 단독으로 씌워지기도 하고 모자나 후드 밑에 씌워지기도 했으며 턱 밑에서 묶었다.

(2) 후드(hood)

후드는 이 시기에 매우 중요한 헤드드레스로 그 당시에는 위엄있는 사람들이 착용했다. 후드는 타이트하게 또는 헐렁하게 씌워졌는데 목 밑 또는 가슴 위를 덮기도 했다.

(3) 샤프롱(chapuchon)

어깨 길이의 케이프에 부착된 후드로 매우 인기가 있었다.

(4) 윔플(wimple)

사각형 또는 반원형의 실크, 리넨을 앞 목에서 두르고 머리끝에 고정시킨 머리쓰개로 그 위에 베일을 쓰기도 하였다. 윔플이나 턱을 감싸는 고르젯(gorget)은 주로 기혼 여성, 미망인, 노인, 탈속세인들이 많이 착용하였고 후에 수녀들에게 적용되었다.

(5) 템플러(templer)

머리를 양 갈래로 땋아 올린 후 귀 옆에서 망으로 감싸는 머리 장식으로 망을 보석으로 장식하기도 하였다.

(6) 부르렛(bourrelet)

벨벳 등으로 푹신한 쿠션 모양을 만들어 템플러 위에 얹었던 머리장식으로 화려하게 보석으로 치장하였다.

(7) 에넹(hennin)

가장 특징적인 고딕시대 고깔모자로 에넹 부인에 의해 고안되었다. 뾰족한 끝을 2-3개 가진 것 등 다양한 형태가 있었고 그 위에 베일을 늘어뜨렸다. 베일은 철사로 지탱하고 높을수록 사치스러움을 표현하였으나 불편함으로 곧 사라졌다.

(8) 그 외 남자모자로는 포파이(popkpie), 슈가로프(sugarloaf), 보넷(bonnet) 등이 있으며 여자는 필박스(pillbox), 하트 모양의 헤드드레스(heart-shaped headdress)가 인기였다.

무대의상 디자인

7. 신발

중세의 대표적 신발은 풀레느(poulaine)로 동방의 영향을 받아 굽이 없고 끝이 뾰족한 신발이다. 14세기 중반에는 고딕 건축의 뾰족한 감각이 반영되어 신발의 끝이 뾰족해 졌으며, 뾰족한 끝이 발끝에서 25-30cm정도 길어진 경우 걷기 힘들었기에 짚을 채워 넣거나 끝을 사슬로 무릎에 묶기도 하였다. 발목을 끈으로 묶는 슬리퍼형인 크랙코우(crackow)도 있었으며, 신발창을 보호하기 위해 나막신인 파탕(patten)을 신기도 하였다. 부드러운 가죽, 펠트, 강한 천, 벨벳, 브로케이드, 두꺼운 실크 등의 재료를 사용하였다.

8. 장신구와 기타

① 단추, 반지, 벨트, 긴 체인, 브로치, 핀, 장식 벨트 등에 보석 장식을 많이 하였다.
② 주머니 부재로 남녀 모두 지갑, 가위, 긴 칼, 단도, 열쇠, 돈주머니인 앨모너(almo-ner)등을 벨트나 볼드릭에 매달았다.
③ 안경, 지팡이도 유행하였으며 장갑을 중요시하고 전시대보다 많이 착용하였다.
④ 양말 끈이나 어깨, 벨트에 방울(folly bells)을 착용하였다.
⑤ 직물은 상류층에서는 실크, 벨벳, 브로케이드, 울, 모피가 유행하였고, 하층에서는 조잡하게 짜진 울, 리넨, 면을 사용하였다.

후드, 릴리피프, 샤프롱

샤프롱

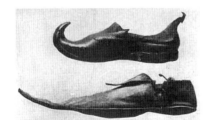

풀레느

부츠

파탕

여성들의 다양한 에넹과 부르렛

달팽이헤어스타일, 바베트, 필박스

16세기(Sixteenth Century)

1. 시대적 배경

　　15세기~16세기 유럽은 아메리카 신대륙의 발견과 인도에 이르는 신항로를 개척하는 등 탐험과 정복의 시기였다. 이를 통해 식민지 건설은 물론 동방의 여러 나라들과의 무역을 통해 세계의 경제, 문화적 주도권을 장악하였다. '재생'을 뜻하는 르네상스(Renaissance)는 고대 그리스와 로마의 문화를 바탕으로 인문주의적 근대문화를 창조하려는 움직임이었다. 비잔틴제국의 멸망으로 예술가, 학자들이 서유럽으로 망명하여 고전의 연구와 학문을 전파하였고 그를 통해 문화의 이동이 가능하였다. 이탈리아를 중심으로 르네상스가 이루어지는 동안 북유럽에서는 종교적 개혁운동이 일어났는데 교회의 권위가 약화되고 봉건제도를 탈피하여 중상주의와 세속적인 운동으로 발전하였다. 그 결과 신흥귀족 및 중산층의 영향력이 강해지면서 천상의 가치보다 지상의 인간가치가 중시되는 인본사상(humanism)이 널리 퍼지게 되었고 개인주의와 자유주의 그리고 인간중심의 순수한 미의식을 추구하게 되었다.

무대의상 디자인

초기 르네상스부터 서양의 근대복식이 시작되어 프랑스혁명까지 그 시기의 정치, 경제, 문화, 예술, 종교 등 많은 요소가 복식문화를 자극하였다. 16세기는 르네상스의 전성기로 독일, 프랑스, 영국, 스페인이 유럽을 주도하면서 세계적 모드가 발생하였다. 또한 신분 획득을 위한 신흥귀족과 절대왕정의 결탁으로 가장 사치스럽고 화려한 장식적인 복장문화가 탄생하였다. 가내수공업에서 공장제수공업으로의 변화는 자본가와 임금노동자에 의한 자본주의를 싹트게 하였으며 직물산업의 발달은 기술 및 기계개발, 염색가공술의 과학적 진보를 이루었다.

2. 복식의 일반적 특징

> **비잔틴양식** – 종교적 금욕주의 바탕 – 인체를 감쌈 – 표면장식과 평면적 실루엣
> **고딕양식** – 신본주의 바탕 – 자연스러운 인체곡선 – 입체적 실루엣
> **르네상스 양식** – 인본주의 바탕 – 인간성 재생 – 관능미와 과장된 실루엣

① 남녀 의상의 실루엣에 많은 변화가 있었는데 남성은 상체의 강조로 과장된 역삼각형 실루엣, 여성은 스커트 볼륨의 증가와 함께 삼각형 실루엣으로 변화되었다.
② 남성복식은 남성성이 강조되고 여성복식은 깊게 파인 가슴과 가는 허리로 에로티시즘이 강조되었다.
③ 인체 보정물인 코르피케, 파팅게일이 본격 등장하고 슬래쉬(slash)와 러프칼라가 발달하였다.
④ 실루엣의 변화로 상, 하의 분리, 세부적 재단법이 발달하였다.
⑤ 금사, 은사로 짠 브로케이드, 울, 모피 등 직물의 발달로 화려한 복식이 출현하였다.
⑥ 경제적 부국으로 유행의 중심이 이동하여 국제적 스타일이 유행하였다.
  • 15세기 말 : 이탈리아 중심 – 과장하지 않은 자연스러운 풍과 디자인의 절제미
  • 16세기 전반 : 독일 중심 – 육중하고 보수적이며 슬래쉬와 퍼프의 기법 발달
  • 16세기 후반 : 스페인 중심 – 경직되고 과장된 실루엣과 짙고 어두운 색상의

직물 유행

- 17세기~18세기 : 프랑스 중심 - 예술 감각의 우수성으로 종합적 패션의 리더

⑦ 유럽 국가사이의 모방욕구로 인해 민족적 차이가 사라지고 17세기에는 통일지향의 패션이 주도하였다.

3. 남성 복식의 종류와 형태

1) 셔츠(shirts)

16세기 들어 매우 중요해진 의상으로 목과 소매에 러프를 부착했다. 주로 흰색이나 자연색상의 면이나 리넨을 사용하였다.

2) 더블릿(doublet)

대표적인 남성의상으로 중세후기 갑옷 밑에 착용했던 푸르푸엥이 발전하여 일상복이 되었다. 16세기 초 남성성을 과장하기 위해 여러 가지 방법이 고안되었는데 허리에 짧은 스커트를 부착하고 배아래 부분을 부풀리거나 가슴을 넓게 강조하기 위해 심이나 패딩을 넣어 누볐다.

3) 저킨(jerkin)

더블릿 위에 입던 의상으로 전보다 더 구조적으로 되었으며 가죽으로도 만들었다.

4) 시마(simar)

저킨이나 더블렛 위에 입었던 겉옷으로 오늘날 실내복 스타일이다. 동양의 영향으로 벨트가 없고 소매가 상당히 풍성하였다.

5) 가운(gown)

어깨와 가슴을 넓게 강조한 남성용 외투로 주로 짧은 소매가 달려 있으며 길이는 허벅지 길이가 많았다.

무대의상 디자인

6) 스패니시 케이프(spanish cape)

호즈의 크기가 커지자 외투는 허리나 엉덩이나 허리길이의 짧은 케이프 형태로 변화되었다. 주로 장식적 용도로 왼쪽 어깨에만 걸치고 안쪽의 끈으로 오른팔 아래에서 고정시켜 착용하였다.

7) 트렁크 호즈(trunk hose)

남성 바지의 대표적 명칭이며 호박바지(pumpkin breech)라고도 한다. 중세 후기의 호즈(쇼스)에서 변형되었다. 호즈에 과도한 슬래시로 착용이 불편해져 짧은 반바지와 양말로 분리되었다. 트렁트 호즈는 둥근 호박이나 양파모양의 3겹의 반바지로 길이는 매우 짧으며 좁은 천조각인 페인(pane)을 이어 붙여 안감이 보이도록 하였다. 반바지는 변화가 심해서 바지의 역사상 가장 특이한 모양까지도 선보였는데 귀족 신사들은 타인의 시선을 집중시키기 위해 신기함과 화려함을 서로 자랑하였다. 호즈는 비교적 큰 변화가 없었으며 양말 형식으로 각선미를 표현하였다. 길이가 긴 것은 위의 장식 끈으로 맸으며 바지에 붙여 달아서 착용하였다. 16세기 중반에 편물직조의 개발이 오늘날의 양말로 발전하게 하였으며 무늬를 넣어 아름답게 짠 견사 수편물의 호즈는 소중한 품목이었다.

① 캐니언즈(canions)

몸에 꼭 맞는 무릎길이의 바지로 트렁크 호즈와 함께 착용하였다.

② 베네샹 (venetians)

위가 약간 풍성하고 무릎에서 여민 바지이다.

③ 그레그(gregues)

넙적 다리가 꼭 맞는 바지이다.

④ 트루스(trousse)

패딩을 넣어 크게 부풀린 엉덩이 길이의 짧은 바지이다.

⑤ 갈리가스킨즈 (galligaskins)

폭이 매우 넓은 독일식 바지이다.

더블릿과 호즈

저킨

시마

케이프와 샤마르

숏 가운과 저킨

트렁크 호즈

베네샹

캐니언즈

트루스

갈리가스킨즈

4. 여성 복식의 종류와 형태

1) 가운(gown)

여성의 대표적인 의상으로 로브(robe)라고도 불렸으며 바디스와 스커트 부분을 따로 재단하였다. 초기엔 고딕시대의 위나 밖으로 뻗었던 것들이 축소되고 감싸지면서 우아하고 침착한 실루엣으로 변화되었다. 바디스는 철제 코르셋으로 가는 허리를 강조하였고 스토마커에 의해 가슴을 납작하게 눌렀다. 목둘레선은 사각형으로 파여 파틀렛(partlet) 장식으로 목을 가리기도 하였으며 스커트 부분은 원추형이나 원통형의 스커트를 위해 파팅게일을 착용하였다.

소매는 고도로 발달한 미의식이 그대로 반영되었다. 슬래쉬, 퍼프 등의 장식을 응용해서 파인스텔라(finestrella) 소매와 행잉 소매, 퍼프 소매, 양다리형 소매 등의 특이한 모양을 구성하였다. 소매는 가는 끈을 이용해 매거나 단추로 달아 붙이는 방법 이용했으나 붙인 자리가 곱지 않아 그곳을 감추기 위해서 윙(wing)이나 초승달 모양의 에폴렛(epaulette)을 달거나 늘어진 덧소매를 달아 더욱 화려한 효과를 연출하였다. 말기에는 의상의 과장과 경직이 몸의 움직임을 힘들게 하여 미끄러지는 듯한 걸음걸이를 만들었다. 많은 보석과 무거운 직물로 의상 무게가 32kg가 나가기도 하였다.

2) 주요 스커트 버팀대 형태

등나무, 종려나무 줄기, 고래수염, 쇠줄 등으로 틀을 만들고 리넨, 면으로 감아 버팀대 만들었다.

① 원추형 파팅게일(corn-shape farthingale)

스커트를 부풀리기 위한 원추형의 버팀대로서 스페인에서 유래된 베르튀가뎅은 영국으로 도입되어 파팅게일로 불렸다.

② 롤 파팅게일(roll farthingale, bum roll)

승마를 즐기는 프랑스인이 애용했던 자동차 타이어 모양의 요대로 허리에 감아 입으면 겉의 스커트가 자연적으로 퍼지면서 힙을 크게 부풀리며 귀족풍의 위엄과 아름다움을 과시하였다.

③ 카트휠 파팅게일(cartwheel farthingale)

과장된 원통형(드럼) 파팅게일로 스커트는 허리에서 수평으로 120cm까지 퍼졌다. 영국 엘리자베스 여왕은 작은 체구지만 카트휠 파팅게일로 위엄을 과시하였다.

3) 코르셋(corset)

극도로 몸을 조이고 긴 허리를 만들어주는 고통스런 보정의상이다. 풀 먹인 리넨 천에 나무뿌리나 고래수염, 금속, 상아를 넣어 누빈 초기의 바스킨(baskin)은 코르피케(corp-pique), 철제 코르셋 등으로 발전되었다.

4) 스토마커 (stomacher)

바스킨이나 코르피케나 위에 가슴과 아랫배에 걸쳐 역삼각형으로 붙인 가슴장식으로 풀을 먹이거나 두꺼운 패드를 넣었다. 고급스런 브로케이드나 실크에 보석과 자수로 화려하게 장식하였다.

파팅게일에 따른 다양한 스커트 형태

파인스텔라 소매 　　 퍼넬소매와 가짜소매 　　 퍼프 소매 　　 양다리소매와 행잉소매

원추형 파팅게일과 카트휠 파팅게일   프렌치 파팅게일   롤 파팅게일

풍자화(1610)

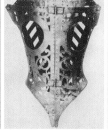

16세기 철제 코르피케(Corps-pique, Steel corset)

5. 여러 가지 디테일

1) 슬래쉬(slash)

의상의 슬래쉬를 통해 속의 천이나 셔츠가 보이도록 한 이 시대의 매우 중요한 장식적 요소이다. 프랑스 샤를르 8세가 스위스를 공격했을 때 스위스 군인들이 자신들의 찢어진 의상에 프랑스 의상의 아름다운 천을 찢어 덧댄 것에서 유래되었다.

2) 페인(pane)

좁은 밴드로서 의상에 덧대어 안의 대조되는 천이나 의상이 보이도록 열어 놓았다.

3) 피스코드 벨리(peascod belly)

아래로 깊게 내려온 바디스의 허리선 끝 부분을 불룩하게 팽창시킨 디테일이다.

4) 코드피스(codpiece)

15세기에 둘로 나누어져 있던 호즈의 아랫부분을 바지 형태로 만들기 위해 삼각형 또는 천 주머니를 붙여 앞트임을 가렸던 앞가리개이다. 16세기에는 남성우위 경향으로 코드피스를 절개하거나 부풀려 크게 돌출시키고 슬래쉬, 패딩, 자수, 보석 등으로 장식하였는데 선정적이라고 교회의 비판받기도 하였다. 호즈의 부피가 커지면서 코드피스는 들어가고 앙리3세의 여성적 성격으로 사라졌다.

5) 러프(ruff)

초기에는 작았으나 점점 커졌고 풀 먹인 리넨, 면, 실크, 레이스를 정교하게 S자형으로 주름잡아 만든 칼라이다. 주름의 크기와 개수에 따라 다양한 형태의 러프가 만들어졌고 스커트의 크기와 비례하기도 했다.

6) 칼라(collar)

원형의 러프 칼라, 앞이 트여진 부채형의 메디치 칼라, 둥근 러프와 메디치 칼라가 혼합된 퀸 엘리자베스 칼라, 얇은 레이스나 망사 천으로 날개처럼 머리 뒤에 세운 위스크(whisk)가 유행하였다.

6. 헤어스타일과 모자
1) 헤어스타일
초기에 남성은 주로 길고 단발머리가 인기였으나 후에 짧아졌는데 이는 목에 높이 올라온 러프 때문이었다. 수염은 길고 끝이 사각으로 얼굴을 길어 보이게 하였다.

초기에 여성은 후드(hood), 게이블 후드(gable hood) 장식으로 머리와 목을 가렸다. 이후에도 머리를 단정히 하였고 여왕의 선호색으로 붉은 머리가 유행하였다. 러프와 높아지는 칼라 때문에 뒤로 넘긴 퐁파두르 스타일은 점점 높아졌다.

2) 모자
일반적인 모자의 경향은 납작하고 수평으로 퍼졌다. 스컬 캡(skull cap), 코이프 (coif), 보닛(bonnet), 운구가 높은 토크(toque)가 인기였으며 챙이 큰 모자, 바레트(bar-rette), 터번 등이 있었다.

7. 신발
뾰족함이 적어지고 굽이 없는 매우 납작한 형태가 인기였다.

① 덕 빌(duck bill)
오리 주둥이처럼 납작하고 뭉툭하며 슬래쉬 장식을 하였다.

② 판토플즈(pantoffles)
두꺼운 가죽과 나무 바닥의 신발이었다.

③ 쇼펀(chopin)
이탈리아로부터 도입된 6″~18″ 코르크 통굽의 여성신발로 상류층에서 신었으며, 걸을 때 옆에서 부축과 시중이 필요하였다.

8. 장신구와 기타

정교한 보석(특히 진주)은 비잔틴 시대만큼 많이 사용되었고 지팡이, 거울, 장식 파우치, 장갑, 긴 장갑인 건틀릿(gauntlet), 금체인 목걸이, 귀걸이, 반지, 브로치, 펜던트, 부채, 손수건, 향기나는 장식 볼인 포만더(pomander)를 애용하였다. 반가면, 전체 가면은 초기엔 연극배우가 직업적으로 사용하였으나 후엔 일부로 신분을 숨기거나 불륜을 위한 익명의 변장을 위해 사용되었다.

1504년 이태리 향수 제조업자 루네가 파리에서 최초의 향수점을 개점하였다. 이 시기의 여성들은 화장을 많이 하였고 남녀 모두 외모에 신경 썼으나 위생관념이 없고 세탁, 세수나 목욕 습관이 거의 없어 몹시 불결하고 악취가 나 향수를 과도하게 사용하였다.

직물은 실크, 벨벳, 공단, 타프타, 브로케이드, 모피, 레이스 등 다양하고 고급스런 직물과 금, 은실로 수를 놓은 직조가 발달하였다.

러프칼라

메디치칼라

퀸엘리자베스칼라와 위스크칼라

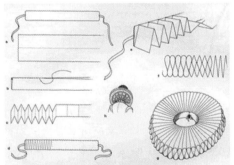
러프 제작방법

슬래쉬와 페인, 코드피스

영국식 후드	게이블 후드	토크	스컬 캡	보닛

덕 빌		판토플즈	쇼핀

17세기(Seventeenth Century)

1. 시대적 배경

　　독일지방의 종교분쟁으로 시작된 30년 전쟁(1618년~1648년)은 정치적인 이해관계에 얽혀 국제분쟁으로 확대되었고 유럽 전역은 결국 이 전쟁에 휘말려 들어가게 되었다. 30년 전쟁의 결과 근대적인 국제적 외교가 수립되었고, 사회적, 문화적으로 네덜란드가 중심국으로 등장하였다. 네덜란드는 비록 작은 국가였으나 유럽의 해상활동을 독점하였고, 아시아로도 진출해서 인도에 동인도회사를 설립하여 영국과 패권을 다투는 등 경제 강국으로 부상하였다. 따라서 초기엔 네덜란드 복식이 유

신사의 초상(1660)

럽 세계의 패션을 지배하게 되었다. 네덜란드의 복식은 귀족풍보다는 시민풍으로서, 호화로움보다는 합리성과 실용성을 위주로 하여 입고 활동하는 데 보다 편한 새로운 경향을 지니고 있었다. 즉 직물이나 장식이 현저하게 단순화되었고 전체적인 실루엣이 여유있는 형으로 변화했다. 한편 영국의 진출상도 놀라왔으며, 17세기 후반에 가서는 프랑스가 강대국이 되었다. 루이 14세 시대는 왕정의 절정기로 스페인을 제외한 유럽의 모든 나라가 프랑스의 뒤를 따랐다. 특히 루이 14세를 보좌하는 명재상 콜베르의 중상주의 정책과 장식가인 브룬(Brun)의 예술적 보좌로 바로크 양식의 예술적 발전을 보게 되었다. 마침내 프랑스는 바로크 예술의 상징이라 할 호화스러운 베르사이유(Versailles)궁을 탄생시켰다.

2. 문화, 예술적 배경

17세기에 성행한 바로크(baroque) 양식은 르네상스 예술의 고적주의적 균형과 조화를 무시하는 부조화, 불합리, 기괴함, 정열적, 감각적인 특성을 지녔다. 이 시기는 기묘하고 불규칙한 균형, 열정적이고 자유로운 정신에서 분출되는 자유분방함의 시대로 동적이고 부조화된 장식, 그리고 다채로운 색을 사용하는 데에 역점을 두었다. 직선보다 곡선을 더 많이 사용하여 여성적이고, 소재의 선택이 자유로워 극적인 효과를 노릴 수 있었으며 정교한 도금으로 내세에 대한 동경보다는 현세의 향락추구를 인생의 목적으로 여기게 되면서 더욱 화려해졌다.

① 초상화 열풍으로 아브라함 호제는 의상과 머리장식, 장신구를 잘 표현하였으며, 장 베랭은 궁정 의상디자이너로 활약하였다.
② 인쇄술의 발달로 최초 정기간행물인 패션잡지 '가제트' '메르퀴르 갈랑'이 등장하였는데 프랑스 상류사회의 사교복장과 최신 유행과 신기한 복식에 관해 그림 대신 글로 묘사하고 평가하였다. 이 당시는 인형(doll)으로 패션을 전파하였다.
③ 귀족들이 미술품 수집에 열광하였다.
④ 음악가는 바하, 헨델, 비발디가 활동하였으며 오페라가 성행하였다. 오페라는 노래, 음악, 발레, 무대장치로 이뤄진 종합예술 작품으로 이탈리아 베네치아에

선 연주가 중심이 되는 번호 오페라, 로마에선 무대장치 효과를 강조한 장치 오페라가 탄생하였다.

⑤ 살롱에 모여 향료, 설탕, 차, 커피, 흡연을 즐기는 문화를 즐겼다.

⑥ 여성 재단사가 등장하였다.

3. 복식의 일반적 특징

① 17세기 초 카발리에 시대(Cavalier)는 엘리자베스 시대의 경직되고 과장된 실루엣이 캐주얼하게 변하였는데 전체적으로 어깨선 낮아지고 허리선이 올라갔으며 부드러워졌다.

② 17세기 중반인 페티코트 브리치 시대(Petticoat Breech)는 왕정복고시대로 넘어가는 짧은 과도기이지만 복식에 특징적 스타일을 남긴 시대로 복식은 상당히 단순하나 지나친 장식으로 환락적이며 퇴폐적인 특징을 지녔다.

③ 17세기 후반은 왕정복고 시대(Restoration)로 지난 시기보다 좀 더 침착하고 가라앉은 분위기로 바뀌었다. 짙고 풍부한 색상으로 고전주의적 위엄을 지니게 되고 루이 14세도 나이가 들면서 침착하고 보수적 스타일을 선호하게 되었다.

④ 17세기에 강력한 국가로 등장한 프랑스 사회는 왕과 귀족들을 중심으로 호화로운 복식이 유행했고 이러한 호화로운 복식은 남성복에 더욱 많은 영향을 끼치며 유럽을 지배하였다.

⑤ 17세기는 현대 남성복으로 발전해 나가는 기본적 세 가지 의상인 쥐스토코르, 베스트, 퀼로트가 정착된 시기였다.

⑥ 장식과잉으로 인한 복잡성, 장식의 배치로 인한 곡선미와 유동감으로 여성적이며 리드미컬한 것이 특징이었다.

⑦ 프랑스 정부의 직물 수입금지로 인해 프랑스 내의 직물산업, 특히 레이스 직물이 눈부신 발전을 이루었다.

⑧ 프랑스의 많은 금지령 중 금, 은사 사용금지로 리본, 루프, 단추 장식이 매우 유행하였다. 이로 인해 복식은 부드럽고 환상적인 경향으로 흐르고 우아하고 호화스러운 장식들이 한 의상에 모두 함께 사용되어 바로크 양식 특유의 복잡함

을 창출하였다.

4. 남성 복식의 종류와 형태

1) 셔츠(shirt)

셔츠가 많이 보이므로 중요시되어 좋은 천으로 만들고 앞판이나 손목에 러플 장식을 하였다.

2) 더블릿(doublet)

패딩없이 몸에 편안히 맞고 소매가 강조되었다. 넓은 스탠딩 칼라가 달렸고 허리선이 올라가면서 넓적한 스커트가 허리선에 붙었다.

3) 로쉐(rochet)

바로크양식을 잘 나타내는 17세기 중반의 남자 상의이다. 짧은 소매를 지닌 짧은 볼레로 형태로 속의 풍성한 셔츠가 많이 보이며 리본 루프로 과하게 장식을 하였다.

4) 브리치즈(breeches)

16세기의 다양한 형태의 호즈는 단순하고 풍성한 종아리 길이의 바지로 변화되었으며 코드피스도 사라졌다.

5) 랭그라브(rhingrave)

17세기 중기의 헐렁한 무릎길이의 바지로 스커트형, 넓은 반바지형, 양쪽으로 갈라진 형태들이 있다. 허리와 바지 양옆에 리본 다발을 매달아 로쉐와 함께 바로크적 특징을 잘 나타낸다. 페티코트 브리치즈에는 무릎을 장식하는 레이스 리본인 카농(canon)을 달았다.

6) 카발리에 기사 복장

엉덩이 길이의 편안한 더블렛과 브리치즈를 착용하고 러프대신 플랫칼라로 장식

502

하였다. 긴 칼, 긴 장갑, 볼드릭, 넓은 새쉬(sash), 고르젯(gorget) 등으로 용감한 기사의 이미지를 부각하였다. 머리는 어깨길이에 한쪽만 러프록(lovelock)으로 장식하고 입구가 넓은 부츠를 신었다.

7) 쥐스토코르(justaucorps)

현대 남성복 자켓의 원형이라 할 수 있다. 서민 의상인 캐석(cassock)에서 발전되었다. 초기에는 무릎길이로 가슴과 허리가 몸에 맞는 튜블러 실루엣이었으나 후기로 갈수록 엉덩이에서 옆의 주름이 퍼지며 넓어졌다. 앞단에 단추장식을 촘촘히 하였으며 소매는 길고 큰 커프스 지닌다.

8) 베스트(vest)

초기에는 소매가 있고 칼라가 없으며 길이가 긴 형태로 외의의 역할을 하였다. 후기에는 코트보다 2″-3″ 짧아지고 허리가 잘 맞았으며 소매가 있기도 하고 없기도 하였다. 앞보다 뒤가 짧았고 뒤는 안 보이는 이유로 저렴한 천으로 만들기도 하였다. 단추는 맨 위와 아래 단추만 풀었다.

9) 퀼로트(culotte)

17세기 후기의 남자 바지로 무릎길이의 몸에 꼭 맞는 형태이다. 쥐스토꼬르, 베스트, 퀼로트는 18세기 남성의 대표적인 복식으로 이어진다.

10) 브란덴베르그(brandenberg)

일반 코트보다 크고 풍성한 장딴지 길이의 코트로 독일 군인으로부터 시작되었다. 장식적이지도 뻣뻣하지도 않은 이 코트의 여밈은 매듭단추나 끈을 사용하였다.

11) 슈타인케르케(steinkirk)

1692년 이후 프랑스군대가 네덜란드의 갑작스런 공격을 받았을 때 크라밧(cravat)을 우아하게 맬 시간이 없어 대충 매어 단추 구멍에 넣었던 스타일이 유행하였다.

카발리에 시대의 기사들   페티코트 브리치 시대의 멋쟁이 신사들

왕정복고 시대의 귀족들

슈타인케르케   브란덴베르그   가발, 러브록, 볼드릭, 삼각모자

5. 여성 복식의 종류와 형태

1) 초기의 가운 (1620년-1640년)

지난 시기의 지나친 화려함과 과장이 사라졌으며 네덜란드 영향으로 자연스럽고 단순한 스타일로 변하였다. 부드럽고 둥글며 여성스러운 느낌으로 허리선이 올라가고 목선과 어깨선은 낮아졌다. 어깨에서 약간 내려온 드롭 숄더에 소매는 매우 풍성하였다.

2) 중기의 가운 (1650년-1660년)

다시 허리를 코르셋으로 조이고 예각의 허리선과 스커트를 부풀리는 바로크적인 특징이 나타났다. 파팅게일의 버팀대가 아닌 여러 겹의 페티코트를 착용하였으며 스커트를 오픈하여 언더스커트가 보이도록 하였고 트레인이 길게 끌리도록 하였다. 팔꿈치 길이의 소매에 리본과 레이스를 과하게 장식했다.

3) 후기의 가운 (1670년-1690년)

예각의 허리선과 스토마커(stomacher), 깊은 사각 목둘레선, 아래로 넓게 퍼지는 파고다소매(pagoda)와 여러 겹의 레이스 장식이 특징이다. 겉 스커트 자락을 뒤로 모은 버슬(bustle) 실루엣으로 스커트 형태가 변하였으며 트레인이 길게 끌렸다. 직선을 강조하고 코르셋을 통해 가슴을 무시한 스페인풍의 경직되고 공격적인 느낌의 실루엣이 유행하였다.

17세기 젊은 여성의 초상
폴링밴드, 드롭 숄더

앙리에타 마리아 왕비
드롭숄더, 허리리본 밴드

앙리에타 마리아 왕비
스토마커, 오픈스커트

17세기 후반의 가운
스토마커, 퐁탕주, 버슬

6. 헤어스타일과 모자

1) 헤어스타일

의상의 어깨선이 가라앉아 남성의 머리는 길어지고 자연스런 컬이 인기였는데 한 쪽으로 길게 늘어뜨려 리본을 맨 러브 록(love lock)이 유행이었다. 염색, 헤어 파우더를 사용했으며 반다이크(vandyke) 수염이 유행하였다. 사랑의 징표로 끈이나 작은 보석인 파뵈르도 달고 다녔다. 17세기 중반에는 가발(wig)을 착용하기 시작했는데 가발 윗부분의 높이와 형태에 따라 다양한 이름이 있었다. 태양왕인 루이 14세의 선호로 금발이 인기였다.

여성은 초기에는 헐루벌루(hulubulu)라 불렸던 옆으로 부풀린 흐트러진 단발머리가 유행하였고 중기에는 컬이 있는 긴 머리 또는 부풀린 머리, 혹은 뒷머리를 틀어 올리는 스타일이 인기였다. 후기에는 퐁탕주(fontage) 장식을 했는데, 루이 14세 연인인 퐁탕주 부인의 이름에서 유래된 길고 우아한 머리장식으로 백색 리넨이나 레이스에 풀을 먹여 주름잡힌 부채를 층층이 쌓아올린 듯한 모습이었다.

루이14세 가발   헐루벌루 헤어 스타일   퐁탕주

2) 모자

머리의 크기가 커지면서 모자는 점차 사용이 줄어들었지만 왕정복고 시대엔 삼각 모자(tricorn)가 유행하였다. 펠트, 벨벳 등으로 만들고 모서리에 깃털, 단추, 레이스, 술로 장식하였다.

무대의상 디자인

7. 신발

신발은 굽이 높아지기 시작하여 17세기 중반엔 2″ - 2.5″의 빨간 사각굽이 유행하였고 사각장식(tongue)이나 꽃 장식을 달았다. 또한 부츠를 많이 착용했는데 입구가 굉장히 넓어 부츠 안의 안감이나 호즈가 보였으며 넓고 큰 걸음걸이를 유도하였다. 또한 뒤 굽에 박차가 달려 있어 걸을 때 요란한 소리가 났다. 왕정복고 시대엔 무릎 뒤가 터진 잭 부츠(jack boots)가 인기였다. 여성은 남성과 비슷하나 굽이 약간 더 높았으며 브로케이드, 벨벳 등으로 만든 뮬(mule) 형태의 구두에 화려한 자수나 레이스로 장식하였다. 진창이나 불결한 땅을 걷기 위해 쇠로 만든 덧신인 파탕(patten)을 신기도 하였다.

17세기 남성 빨간 굽의 구두 　　　여성 구두(뮬)　　　카발리에 부츠　　잭 부츠　　　　파탕

8. 장신구 및 기타

리본, 레이스, 장미꽃, 장갑, 작은 지갑, 고르젯, 긴 칼, 지팡이, 볼드릭, 거울, 시계, 손수건, 토시, 마스크, 초커, 목걸이, 귀걸이, 빗, 에이프런, 부채, 파라솔, 진주가 인기였으며 여성들은 점점 짙은 화장과 얼굴 패치(beauty mark)를 애용했다. 패치는 처음엔 두통 퇴치를 위해 붙였으나 점차 얼굴의 흉터, 오점을 가리거나 예쁜 곳을 강조하기 위해 눈부위(정열), 입주위(키스), 콧구멍(대담성), 아랫입술(교태) 등에 사용했다. 또한 코담배(snuff)의 인기는 목장식인 크라바트(cravate)를 탈색시키기도 하였다.

직물은 벨벳, 실크, 부드러운 가죽, 화려하고 번쩍이는 직물이 사용되었고 왕정복고 시대엔 무겁고 투박한 브로케이드, 뻣뻣한 두툼한 옷감 많이 사용되었으며 검정 레이스가 유행이었다.

색상은 네덜란드와 영국은 어둡고 보수적인 색상, 프랑스는 다채롭고 밝은 색이 선호되었으며 시대별로는 페티코트 브리치즈 시대엔 부드러운 파스텔조의 색이, 왕정복고 시대엔 적갈색, 짙은 녹색, 검정색 등의 어둡고 낮은 명도의 색상이 유행하였다.

18세기(Eighteenth Century)

1. 시대적 배경

　　18세기의 과학혁명은 학문체계를 완성시켜 근대 사회로의 변혁을 가져왔고 계몽주의 사상은 이성을 중시하고 자유 평등사상을 고취시킴으로서 프랑스 혁명의 사상적 기틀을 마련하였다. 농업혁명으로 노동자들을 도시로 움직이게 하였고 유휴 노동력으로 산업혁명이 일어났다. 산업혁명은 영국의 면방적 부분에서 시작하여 공장제공업으로 발전하였고 기계 발명, 루프와 리본, 레이스 직조, 양말 편성기를 개량하여 대량 소비요구에 부응함으로써 복식에 새로운 혁신과 새로운 미의 개념을 불러왔다. 특히 중상주의 정책은 생활양식에 변모를 일으키고 복식 문화에 관심을 가지게 하였다.

2. 문화, 예술적 배경

　　① 18세기 예술의 중심은 우아하고 섬세한 곡선과 리듬을 뜻하는 로코코(rococo) 양식으로 주로 생활관련 장식이나 실내장식에서 발전하였다. 바로크의 무겁고 화려한 형식대신 인간의 내재된 감정을 섬세하게 표현하고 가볍고 부드러우며 흐르는 듯한 느낌으로 변하였다.

　　② 18세기는 밝고 세련된 귀족적 취미로 살롱문화를 중심으로 쾌락을 추구하고 퇴폐적이었다. 여성은 남성을 위한 존재로 요염한 화장과 의상을 착용하였다.

　　③ 연애하기, 도박, 편지쓰기, 훈장달기, 사냥, 오페라, 연극, 가면무도회 등의 오락거리가 유행하였다.

　　④ 중국문화에 대해 경탄하며 은도금 식기, 도자기, 실내장식 등에 많은 영향을 받았다.

　　⑤ 새로운 스타일의 의상을 입으면 초상화로 남기는 것이 유행이었고 이 시기의 화

508

가는 옷감, 주름, 프릴 등 의상과 장식을 잘 표현해야 예술가로서 가치를 인정받았다.

⑥ 패션의 중심지는 여전히 파리였다. 패션리더로서 루이 15세 애인인 마담 퐁파루드는 예술 전반에 문예부흥을 일으키고 세련되고 섬세함을 강조하여 의상에 여성다움을 최대로 표현하였다. 마리 앙뜨와네뜨는 허영과 사치의 표본이었고 결국 1789년 프랑스 혁명으로 처형되었다.

⑦ 의상실과 기성복이 등장했고 '메르퀴르 갈랑', '패션 갤러리'의 패션잡지가 등장했으며 로즈 베르댕(황실디자이너), 레옹 아르(헤어디자이너)가 활동하였다.

⑧ 18세기 후반에는 신고전주의와의 융합으로 그리스 미술과 폼페이 유물에 관심을 가지게 되고 고대식의 간소한 아름다움과 품위있는 직선을 선호하여 의복의 실루엣과 장식이 단순한 고전미로 전환되기도 하였다.

⑨ 이 시대의 사회적 압력은 복식에 강한 영향을 주었는데 낮은 계층이 자신들의 위치에 만족을 못하고 신분 상승을 꾀하고 귀족들의 옷차림을 흉내냈다. 상류층은 보수적이었지만 사회변화의 결과로 계층간 이동이 형성되었다.

3. 복식의 일반적 특징

① 여성적 실루엣이 유행하여 부드러운 어깨, 가는 허리, 넓은 스커트, 낮은 목 라인으로 가슴노출이 심하였으며 남성복에도 영향을 미쳤다.

② 파스텔 색상의 면, 실크를 사용하여 자수, 퀼팅, 아플리케, 러플, 꽃, 리본, 레이스, 루프 장식이 유행하였다.

③ 스커트 폭이 최대였으며 파우더를 뿌린 가발의 높이와 머리장식이 최고로 높아졌다.

④ 초기 남성복은 아름다운 공작같이 여성스러웠으나 점차로 몸에 맞게 검소하고 보수적으로 변하여 18세기 말은 어두운 색상의 울 소재의 의상을 입기 시작하였다.

4. 남성 복식의 종류와 형태

1) 아비 아 라 프랑세즈(habit a la francaise)

궁정의 공식복장으로 쥐스토꼬르, 베스트, 퀼로트의 한 벌로 이루어졌으며 어깨, 가는 허리, 그리고 긴 다리가 강조되었다.

① 쥐스토코르(justaucorps)

17세기보다 허리가 들어가고 밑단이 더 퍼지면서 여성적 형태를 지녔으나 18세기 중, 후반으로 갈수록 스커트 플레어 분량이 줄어들고 점차 앞부분이 많이 잘려 제비 꼬리 모양을 형성하였다. 리넨, 실크, 벨벳, 브로케이드 등으로 만들고 소매 커프스가 다양해졌다.

② 베스트(vest)

가슴을 강조하기 위해 3개를 겹쳐 입기도 하였으며 후기로 갈수록 길이가 짧아졌다. 코트와 베스트에는 전면에 화려한 자수 장식을 하였다.

③ 퀼로트(culotte)

무릎길이의 꼭 맞는 형태로 허벅지곡선이 그대로 보일 정도로 타이트하게 착용하여 육감적인 남성미를 과시하였다. 옆트임은 단추나 끈으로 마무리하고 가죽소재도 애용하였다.

④ 자보(jabot)

레이스로 주름잡은 목장식을 하였다.

2) 프락 아비에(frac habille)

루이 16세가 영국 산업 혁명기를 맞아 노동자들 사이에서 입혀지던 프락을 받아들여 변형한 공식복장으로 프락, 질레, 퀼로트의 한 벌로 구성되어 있다.

① 프락(frac)

주로 면, 울로 만들어져 캐주얼한 느낌이 나며 뻣뻣하지 않는 실용적 의상으로 활동이 편하도록 앞이 직선이 아니고 약간의 사선으로 잘렸다. 때가 잘 타지 않는 어두운 색이며 장식도 화려한 자수 대신 단순한 브레이드와 단추로 되어 있다.

② 질레(gilet)

아비 아라 프랑세즈의 베스트와는 달리 길이가 허리선까지 짧아지고 소매가 없어지면서 현대의 조끼 형태가 되었다.

③ 스톡(stock)

리본형태의 넥타이로 단순한 목장식을 하였다.

3) 르댕고트(redingote)

영국에서 프랑스에 전래되어 프랑스인의 감각에 맞게 변화된 대표적인 외투로 승마나 여행용으로 애용되었다.

4) 마카로니(marcaroni)

원래는 거대한 가발 위의 아주 작은 트라이콘 모자를 의미했으나 이탈리아 풍에 젖은 영국의 젊은 멋쟁이들이 착용하였기에 그들을 일컫는 말이 되었다. 이들은 타이트하고 날씬한 룩에 화려한 의상을 착용하고 낮고 작은 신발과 크고 높은 가발, 그 위에 작은 삼각모자로 장식하였다.

마카로니

윌리엄 호가스(William Hogarth)의 '유행에 따른 결혼시리즈' 중 한 장면으로 귀족 집 거실에
서 나이 든 남성은 아비 아 라 프랑세즈와 풍성한 가발을 쓰고 젊은 남성은 단순해진 카도
간 위그를 쓰고 결혼 지참금에 대해 상의하고 있다.

아비 아 라 프랑세즈

프락 아비에

18세기 초반 쥐스토코르

18세기 후반 쥐스토코르

르댕고트

초, 중, 후반의 베스트

크라밧과 자보

5. 여성 복식의 종류와 형태

18세기는 여성의 시대로 로브(robe)는 주로 파스텔풍의 공단, 벨벳, 타프타, 브로케이드, 린넨, 울 등을 사용하였고 체크무늬, 줄무늬도 많이 사용되었다. 18세기 말엔 남성복보다 더 급변하기 시작하여 1770년대, 1780년대, 1790년대 모두 다른 실루엣으로 변화되었다.

1) 로브 아 라 프랑세즈(robe a la francaise, 프렌치 로브)

루이 15세 애인인 퐁파두르 부인에 의해 발전된 로코코의 대표적 의상으로 궁정공복, 무도회복 등으로 애용되었으며 와토(Watteau)그림에 많이 등장하여 와토 가운으로 불리기도 한다.

상체는 꼭 끼고 스토마커는 예각으로 상체를 길게 했으며 리본으로 층층이 장식된 에셀(ecelle)을 부착하였다. 가슴이 보일정도로 깊은 사각의 목둘레선에 레이스 장식을 하였고 뒷 목선에는 두 개의 커다란 와토 맞주름을 잡아 밑으로 풍성하게 늘어지게 하였다. 소매는 팔꿈치에 앙가장트(engageantes)라는 여러 겹의 레이스를 달았다. 스커트는 파니에로 양 옆을 부풀린 형태였으며 꽃, 레이스, 리본, 루프, 조화 등의 호화 장식으로 미의 극치를 이루었다.

2) 로브 아 랑글레즈(robe a l'anglaise, 잉글리쉬 로브)

영국을 중심으로 착용한 가운으로 검소하고 단순한 형태이다. 뒤에 맞주름이 없는 몸에 꼭 끼는 바디스로 앞, 뒤 허리선이 예각으로 강조되었다. 목둘레는 깊은 사각형으로 파였으나 부드럽고 얇은 피슈(fichu)를 두르거나 작은 프릴로 장식하였다. 스커트는 파니에를 착용하지 않고 주름을 많이 잡아 풍성하게 하고 엉덩이 부분을 불룩하게 강조하였다.

3) 로브 볼랑(robe volante)

루이 14세 때 몽테스판 부인이 임신 중에 입던 넓은 실내복에서 유래되어 색 가운(sack gown)이라 불리기도 했다. 처음엔 네글리제같이 단정치 못하다는 평으로 산책복으로만 착용되다가 아름다웠기에 점차 널리 환영받았다. 어깨부터 텐트처럼 넓게 퍼지는 형태로 뒤에 와또 주름을 잡았다.

4) 로브 아 라 폴로네즈(robe a la polonaise)

로코코 말기의 대표적 가운 형태로 베르사이유 궁전에서 마리 앙뚜와네트의 변덕스러운 취미생활이나 활동에 맞추어 전보다 스커트의 부풀림이 간단해진 가운이다. 겉스커트를 여러 개의 퍼프로 커튼처럼 걷어 올려 언더스커트가 보이도록 했으며 폭과 길이가 약간 짧아져 활동하기 편하게 되었다.

5) 로브 아 라 시르카시엔느(robe a la circassienne)

로브 아 라 폴로네즈와 유사하나 뒷 목둘레선을 깊게 파고 스탠딩 프릴을 달았다. 유럽 역사상 처음으로 발목이 보일 정도로 스커트의 길이가 짧은 것이 특징이다.

무대의상 디자인

6) 로브 아 라 카라코(robe a la caraco)

로브 아 랑글레즈에서 변형된 것으로 투피스형 로브의 일종으로 상의는 앞이 짧고 뒤가 길며 페플럼이 달려 있다. 스커트의 겉자락은 뒤쪽에만 있어 엉덩이 부분이 불룩한 버슬 실루엣을 이룬다. 깊은 목둘레션에 러플이나 피슈를 둘렀다.

7) 슈미즈 아 라 렌느 (chemise a la reine)

1781년부터 매우 인기가 있었던 가운으로 마리 앙투와네트가 처음으로 입기 시작하였으며 고전주의의 영향으로 단순하고 소박한 형태를 띠었다. 코르셋이나 파니에를 착용하지 않아 자연스러운 실루엣이었으며 목선을 깊이 파고 그 주위에 러플을 세워 달고 허리에 새쉬로 크게 리본을 묶었다.

8) 르댕코트 가운(redingote gown)

남성적 디자인으로 더블 단추, 넓은 라펠, 허리를 가늘게 강조한 코트로 실용을 목적으로 착용했으며 오늘날 여성 코트의 시작이 되었다.

9) 만투아(mantua)

영국에서 시작되어 주로 궁정에서 착용된 가운이다. 허리선에서 스커트가 직각으로 퍼지고 앞, 뒤가 납작하며 스커트 폭이 최대로 넓어진 실루엣으로 바디스는 타이트하고 페플럼이 달려 타이트한 재킷을 스커트 위에 걸친 것 같은 모습이다.

10) 외투

18세기 여성가운은 스커트 폭이 넓게 과장되어 실루엣에 적합한 외투가 발전되지 못하고 주로 맨틀이나 케이프가 착용되었다. 플리스(pelisse)는 케이프식 외투이며, 앞을 끈이나 단추로 여몄다. 펠레린(pelerine)은 후드달린 망토 스타일로 엉덩이를 덮거나 발목길이의 외투이며 안감 전체나 가장자리에 모피로 장식하였다.

11) 코르셋(corset)

가는 허리에 대한 동경으로 코르셋 구성법에 상당한 연구와 진보를 이루었다. 코르셋 버팀대로 고래수염을 사용한 코르발레네(corps-baleine)로 배와 등을 판판하게, 가슴은 더욱 풍만하게 보이는 기술이 개발되었다.

12) 훕(hoop)

스커트 버팀대로 초기엔 철사나 등 나무를, 후에는 탄력성 있는 고래수염을 사용하였다. 훕의 형태에 따라 스커트의 실루엣이 정해졌다. 후기엔 프랑스 혁명 분위기 속에서 그 부풀린 정도가 축소되었고 1785년경에는 부풀림이 뒤로만 집중되는 버슬 스타일을 형성하였다.

코르셋 착용을 풍자하는 그림

종 모양, 장방형 모양, 부채 모양의 훕과, 그리고 파니에(panier)가 있었는데 파니에는 바구니 모양의 후프로서 양 옆만을 부풀릴 목적으로 한 것으로 후에 양 옆 파니에 골조를 접을 수 있게 하였다. 귀족부터 하녀까지 모든 계층에서 사용했으며 귀부인들의 파니에는 경쟁적으로 커져 몸을 옆으로 하거나 남자는 멀리 떨어져 걸어가야 했음으로 종종 풍자의 대상이 되었다.

로브 아 라 프랑세즈

로브 볼랑과 와토 플리츠

무대의상 디자인

로브 아 라 랑글레즈

로브 아 라 폴로네즈

로브 아 라 카라코

로브 아 라 시르카시엔느

슈미즈 아 라 렌느

르댕고트 가운

만투아

플리스

펠레린

구조와 형태에 따라 다양한 파니에, 파니에 두블

18세기 코르셋

6. 헤어스타일과 모자

1) 헤어스타일

18세기 남성들은 17세기의 길고 풍성한 가발대신 정교하고 섬세한 가발을 착용하였고 흰머리를 지혜의 상징으로 여겨 파우더를 뿌렸다. 여성은 초기에는 단정히 빗어 뒤로 넘겼으나 후기로 갈수록 위로 부풀려서 리본, 꽃, 깃털 등으로 치장하였고 새나 배, 거대한 구조물로 머리모양을 장식하였다. 특히 마리 앙뜨와네트는 헤어디자이너 르그로에 의해 머리스타일을 개발하여 역사상 가장 높은 가발이 탄생하였다.

가발에 파우더 뿌리는 모습

- 가발(wig)

인모나 동물 털로 만들어졌으며 백 위그, 피그테일 위그, 카도간 위그 등 다양한 형태의 가발이 있었으며 흰색이나 회색의 파우더를 뿌렸다. 한 해 200만 파운드의 밀가루를 사용하여 질타를 받았으며 결국 프랑스 혁명 이후는 짧게 자른 머리인 부루투스형이 유행하였다.

2) 모자

삼각모자(tricorn), 바이콘(bicorn)이 등장하고 여성들은 가발 위에 천으로 만든 캡이나 가발을 보호하기 위해 포장마차처럼 접고 펼 수 있는 칼래쉬(calash)를 착용하기도 했다.

로코코 후반의 남성 가발과 모자

7. 신발

남성들은 낮은 굽의 펌프스 스타일을 선호했으며 여행이나 사냥 시에는 자키 부츠를 착용하였다. 여성들은 가죽, 공단, 벨벳에 자수나 보석장식을 한 굽이 높은 펌프스나 슬리퍼가 유행하였고 외출 시엔 구두를 보호하기 위해 나막신(clog)을 신었다. 가운의 길이가 짧아지면서 구두의 관심이 증가되고 구두 뒤꿈치의 곡선과 높이의 조화를 생각했으며 발을 작고 날씬하고 만드는 제화공을 예술가로 인정하였다. 후엔 신고전주의의 동경으로 낮은 슬리퍼와 샌들이 유행하였다.

8. 장신구와 기타

로코코 양식의 유행으로 섬세하고 우아한 보석을 선호하였으며 장갑, 부채, 손수건, 머프, 칼, 지팡이, 시계, 담배 박스(stuff box), 에이프론, 토시(muff), 리본, 좁은 벨트, 새쉬, 3~4줄의 진주 목걸이, 뷰티 패치, 실크, 꽃 장식 유행이 유행하였고 외알 안경(monocles), 손잡이 달린 오페라 안경(lorgnette), 줄 시계 등도 인기가 있었다. 이 시기엔 짙은 화장을 하였고 살인자나 강도역의 배우들을 제외하고 수염은 금지되었다.

19세기(Nineteenth Century)

1. 시대적 배경

봉건적 신분제도의 불평등, 왕실의 재정 위기, 계몽주의 사상 등은 결국 혁명을 일으키는 원인이 되었다. 프랑스 혁명은 근대 시민 사회의 성립을 이루게 한 시민 혁명으로 자유와 평등의 이념으로 시민과 민중이 정치세력으로 등장하였으며 봉건적이고 귀족 중심의 구제도와 전제 정치를 무너뜨리고 산업 혁명과 함께 근대 사회를 확립하는 데 기여를 했다.

19세기는 산업혁명의 완성기로 기계화와 과학의 발달 및 자본주의가 성숙한 시대였으며 초기의 시대사조로는 낭만주의 경향으로 정서와 본능을 강조하고 과학 만능에 반발하며 고전을 동경하고 자연을 찬양하는 풍조가 팽배하였으며 후기엔 사실주의가

무대의상 디자인

거대한 가발 착용에 대한 풍자화

마리 앙뜨와네트의 거대한 가발과 장식

가발 위의 레그혼 모자와 칼래시

여성 구두　　　　　　　　　　남성 구두　　　남성 부츠

득세를 하였다.

유럽은 영국과 프랑스를 중심으로 과학과 산업이 발달되어 식량공급이 확대되고 의약품이 개발되어 인구가 급증했으며 노동계층의 도시 집중으로 사회계급이 재편성 되었다. 이로써 자본주의 사회가 형성되었다.

2. 문화, 예술적 배경

① 정치와 기존질서에 대한 반감과 자본가와 노동자 간의 갈등으로 시작된 낭만주 의는 현실 도피, 자연에 대한 숭배와 과장된 정서와 감동으로 표현되고 옛 양식 을 선호하였다.

② 낭만주의 시대의 충동과 감성중심의 경향이 문학, 음악, 건축 등 각 방면에 영향 을 미치고 무도회와 오페라가 성행하였다.

③ 민주주의의 발달로 시민이 중심이 되고 신문이 점차 여론 형성의 영향력을 갖게 되었다.

④ 패션이 대중 중심으로 전환되고 자유의 상징인 흰색, 푸른색, 붉은색이 유행하 였다.

⑤ 재봉틀의 발명으로 기성복이 출현하고 용도와 기능별로 세분화되고 표준화를 촉진하였다.

⑥ 의복의 국제화 현상으로 유행 정보의 교환, 의복에 대한 에티켓이 형성되었다.

⑦ 자전거, 승마, 테니스, 골프, 사냥 등의 스포츠 확산으로 여성들이 바지를 착용하 는 등 복식에 큰 변혁을 일으켰다.

⑧ 어른들과 동일한 의상을 입히던 아동에게 합리적이고 신체에 맞는 의상을 입히 기 시작했다.

3. 프랑스를 중심으로 한 19세기 복식의 시대적 변천

- 나폴레옹 1세 시대 (1789년-1815년) : 엠파이어 스타일
- 왕정복고와 나폴레옹 3세 시대 (1815년-1870년) : 로맨틱, 크리놀린 스타일
- 제국주의 시대 (1870년-1910년) : 버슬, 아르누보 스타일

무대의상 디자인

나폴레옹 1세 시대(1789년-1815년)

프랑스는 1804년 나폴레옹 1세가 황제로 즉위하면서 강력한 중앙집권체제를 이루었다. 나폴레옹의 유럽대륙 정복은 프랑스 혁명의 이념을 전 유럽에 전파시켜 자유주의와 민족주의를 일깨우는 계기를 마련하였다. 그러나 점차 부유층과 신흥 부르조아를 대상으로 사치해지기 시작하면서 나폴레옹의 시대의 궁정생활은 극도로 화려해지고 복식에 귀족풍이 다시 등장하였다.

1. 복식의 일반적인 특성
1) 상퀼로트(sans-culotts)
자코뱅파인 혁명세력의 옷차림으로 귀족들의 반바지인 퀼로트를 착용하지 않는 의식적인 민중을 상징한다. 시민적 실용복식인 카르마뇰, 베스트, 판탈롱, 크라바트, 빨간 모자를 착용하였다. 이들은 복식에서 귀족풍 근절, 신분 복식 규제를 폐지하고 자연적인 모습을 중시하였다.

2) 앵크루아야블(incroyables)
총재정부를 지지하는 지롱드파의 귀족층으로 라펠이 큰 코트, 베스트, 몸에 꼭 끼는 퀼로트, 스톡과 자보로 대표되며. 부츠, 지팡이를 착용하였다.

3) 메르베이웨즈(merveilleuses)
총재정부를 지지하는 귀족층 여성들을 의미하며 고전주의를 표방하는 그리스, 로마의 키톤을 연상하는 하이 웨이스트의 슈미즈 가운, 스펜서 재킷을 착용하고 그리스 머리스타일과 샌들을 착용하였다. 겨울에도 얇은 모슬린 직물과 간단한 숄만을 둘러 감기와 폐렴으로 사망하기도 해서 모슬린 디지즈(Muslin disease)라는 명칭도 생겨났다. 이 시기에는 죠세핀 왕비가 패션 리더였다.

2. 남성 복식의 종류와 형태

1) 셔츠(shirt)

형태가 단순하고 앞가슴에 프릴 장식이 있거나 하이칼라로 크라바트나 리본형태의 넥타이인 스톡을 착용하였다.

2) 베스트(vest)

유일하게 밝은 색상으로 남성복에 액센트를 주었고 앞판을 좋은 소재로 만들었다.

3) 데가제(degage)

앞자락이 사선으로 잘려진 무릎길이의 남성용 재킷으로 싱글, 또는 더블브레스트 여밈이었다.

4) 스펜서 재킷(spencer jacket)

허리선 길이의 짧은 재킷으로 소매가 길고 폭이 좁으며 스탠딩 칼라가 달려 있다.

5) 테일 코트(tail coat)

허리선이 앞자락은 잘라내고 뒷자락만 있는 연미복으로 오늘날까지 가장 격식있는 최고의 정장이 되었다.

6) 바지

① 퀼로트(culotte)

궁정복이나 승마복의 타이트한 반바지이다.

② 판탈롱(pantaloon)

헐렁한 발목 길이의 바지이다.

무대의상 디자인

③ 위사르(hussard)

퀼로트와 판탈롱의 조합으로 엉덩이는 헐렁하고 종아리 길이의 꼭 맞는 바지이다.

7) 외투

① 르뎅고트(redingote)

전 시대의 르뎅고트를 계속 착용하였다.

② 개릭(garric)

길고 풍성했으며 어깨를 덮는 3-5개의 케이프가 달린 외투이다.

혁명군복식 (상퀼로트)

앵크루아야블과 메르베이웨즈

지롱드파와 자코뱅파

프랑스 혁명과 유니폼

혁명 중 공포정치를 주도한
로베스피에르 초상화

앵크루아야블의 모습

개릭

3. 여성복식의 종류와 형태

1) 슈미즈 가운(chemise gown)

그리스 키톤을 모방한 가슴 밑의 하이웨이스트 라인에 스커트 버팀대를 사용하지 않은 H라인의 실루엣으로 엠파이어 스타일로 명칭된다. 얇은 직물로 만들어져 신체라인이 부각되며 짧은 퍼프 소매에 긴 장갑을 착용하거나 긴 타이트 소매, 퍼프를 여러 개 만든 마메루크 소매가 인기였다. 장식용 트레인, 숄을 애용했다.

2) 시스 가운(sheath gown)

슈미즈 가운과 비슷하나 후기에 착용된 벨벳, 새틴 등의 고급 직물로 만든 가운으로 화려한 장식과 긴 트레인을 지녔다.

3) 카라코(caraco)

허리는 몸에 붙고 앞은 오픈하여 스토마커를 달았으며 뒤는 주름을 넣어 퍼지게 했던 허벅지 길이의 의상이다.

조세핀 왕비의 쉬스 가운과 트레인

르카미에르 부인의
슈미즈 가운과 숄

엠파이어스타일 가운

마메루크 소매

테일코트의 남성과
스펜서 재킷을 입은 여성

카라코

깐주

4) 스펜서 재킷(spencer jacket)

가슴 밑 허리선 길이의 짧은 재킷으로 더블브레스트 여밈에 길고 좁은 긴 소매에 스탠딩 칼라가 달렸으며 주로 검은 색을 착용하였다.

5) 깐주(canezou)

스펜서에서 변형된 화려하고 장식적인 재킷으로 소매가 짧고 소매 끝과 아랫단을 프릴로 장식하였고 숄 형태를 띤 것도 있다.

6) 숄(shawl)

얇은 직물로 만든 네모나 긴 목도리 모양의 단순한 형태로 모슬린, 실크나 모직물로 만들고 정교한 자수를 놓았다. 조세핀 왕비에 의해 널리 유행되었다.

4. 헤어스타일과 모자
1) 헤어스타일

남성은 자연스러운 곱슬머리나 헝클어진 짧은 부르터스 스타일로 구레나룻을 길렀다. 여성은 단정하게 빗어 틀어 올린 고대 그리스풍의 티루스 헤어스타일이 인기였다.

2) 모자

바이콘, 오페라 햇, 랭지리 캡, 밀짚모자, 보닛 등을 착용하였다.

5. 신발

남성은 헤시안 부츠, 웰링톤 부츠, 죠키 부츠 등 다양한 부츠를 착용하였다. 부츠대신 바지 위에 각반을 두르기도 했으며 정장용 낮은 구두를 착용했다. 여성은 슬리퍼, 샌들, 펌프스, 발레슈즈가 인기가 있었다.

6. 장신구와 기타

회중 줄시계, 장갑, 훈장, 목걸이, 화관, 귀걸이, 긴 장갑, 토시, 파라솔, 그리스의 항아리를 모방한 입구를 오므린 손주머니인 레티큘(reticule)을 들었다.

왕정복고와 나폴레옹 3세 시대 (1815년-1870년)

프랑스의 나폴레옹이 실각하고 루이 18세에서 샤를 10세로 이어지는 왕정으로 되돌아간 귀족 중심의 시대를 왕정복고 시대라 한다. 이 왕정체제의 부르주아 위주의 정

무대의상 디자인

책은 서민들의 생활고를 심화시켜 결국 1830년 7월 혁명과 1848년 2월 혁명에 의해 붕괴되었다. 이후 나폴레옹 3세가 1852년 제 2제정을 세우면서 정치, 사회적으로 안정을 유지하고 경제를 육성하였다. 파리는 1855년 세계 박람회 개최로 예술, 공업, 외교의 중심지가 되었고 파리 자키 클럽의 멋쟁이들이 복식의 표준이 되었다. 미국은 서부개척과 남북전쟁, 패션의 활성화로 기업이 성장되고 스포츠가 확대되었으며 여성선거권이 실현되었다. 영국은 빅토리아 여왕 시대로 경제적 대국, 부르주아 계급의 성장, 세계 면제품의 절반생산으로 의상의 민주화를 이루었고 특히 남자 복식은 보다 기능적 방향으로 유럽 전체를 리드했다.

여성 운동이 활발하여 생시몽주의자들은 남녀평등을 주장하고 여자들의 바지 착용을 주장하였다. 또한 사진기가 발명되고 1851년 미국의 싱거(Issac merrit singer)에 의해 재봉틀이 발명되었으며 1871년 종이 패턴이 개발되었다. 합성염료의 개발로 염색이 발달하여 색상이 풍부한 복식의 대중화를 이루었다.

1. 복식의 일반적인 특성

① 르네상스 시대를 동경하는 복고경향으로 위, 아래가 넓어지고 허리를 졸라매는 X자 실루엣이 유행했고 스커트가 점차 넓어짐에 따라 코르셋과 홉이 다시 등장하였다.

② 사교계에 존재하려면 때와 장소, 상황에 맞는 옷차림이 필요했다.

③ 남성복은 넓고 경사진 어깨, 좁은 허리와 풍성한 엉덩이의 실루엣과 면, 모의 견고한 직물을 선호하였으며 검정이나 진한 갈색의 어두운 단색과 체크나 줄무늬가 유행하였다.

④ 여성복은 경쾌한 보닛, 거대한 소매, 가는 허리, 발목길이의 스커트, 납작한 신발의 인형같은 모습이 유행이었고 점차 매우 폭 넓은 스커트를 선호하였다. 직물은 가벼운 친즈, 면, 모, 캐시미어 등이 사용되었으며 이브닝드레스는 타프타, 새틴, 실크, 벨벳 등이 사용되었다.

⑤ 유행의 주도는 여배우나 화류계 여성들로 프랑스 사회의 도덕적 타락의 일면을 보여주었다. 여성들은 우아함과 창백함을 표현하거나, 기침이 유행되고 식사

중에도 거의 먹지 않음을 보여주려고 노력했다.

⑥ 나폴레옹 3세 시대부터는 실루엣이나 디테일 면에서 남녀 복식의 차이가 뚜렷
해졌다.

⑦ 어린이 의상은 점차 활동적으로 변화하였고 원피스와 바지 형태인 판탈레츠
(pantalettes)로 남아, 여아의 구별이 없어졌다.

2. 남성 복식의 종류와 형태

1) 셔츠(shirts)

주름 장식이 없는 간단한 형태를 착용하였고 턱까지 올라오는 높고 빳빳한 칼라를
달았으며 목장식으로 크라바트와 넥타이를 착용하였다. 야회복에는 주름이나 턱이 있
는 장식셔츠에 흰 타이를 착용하였다. 타이도 다양해져서 스트링 타이, 보우 타이, 매듭
타이 등으로 멋을 부렸다. 편리함을 위해 목 칼라와 앞판의 일부만 있는 조키(jockey)를
착용하기도 하였다.

2) 베스트(vest)

화려함을 중시하여 형태보다 옷감과 단추가 중요했으며, 대비되는 색상과 문양의
조끼를 두 벌을 입는 것이 유행하였다. 싱글 또는 더블 브레스티드 여밈으로 숄 칼라,
롤 칼라, 테일러드 칼라 등 다양하였다.

3) 코트(coat)

주로 앞판 재단에 의해 코트의 변형이 이루어졌다.

① 테일 코트(tail coat)

앞은 허리선 길이이고 사선으로 잘려 무릎까지 닿는 뒷자락만 있는 형태이다. 연미
복으로 사교에 필수이며 오늘날의 최고 정장으로 발전했다.

셔츠

스톡

크라밧

셔츠와 스톡 차림의 신사

테일 코트

1830년대의 X자형 코트

프록 코트

디토 수트

색 코트

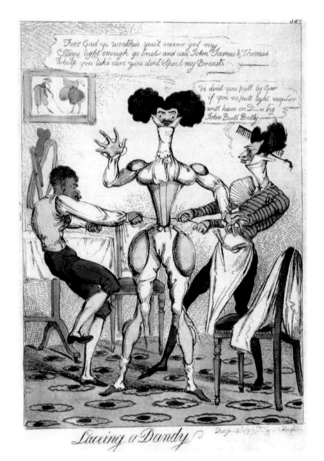

남성의 신체보정에 대한 풍자화

② 프록 코트(frock coat)

일상복으로 착용되었으며 여성의 실루엣을 따라 X자형 실루엣으로 속에 화려한 조끼를 있었다.

③ 색 코트(sack coat)

격식을 차리지않은 일상적인 코트로 직선적이고 단순한 형태의 코트이다.

무대의상 디자인

④ 라운드 재킷(round jacket)

스커트 부분이 없이 엉덩이 선까지 짧아진 재킷이다.

⑤ 디토 수트(ditto suit)

코트와 조끼, 바지를 같은 소재로 만든 한 벌의 정장으로 오늘날의 3-piece 수트로
발전하였다.

4) 트라우저(trouser)

긴 바지인 트라우저는 허리에 주름을 잡아 엉덩이는 풍성하고 다리부분은 달라붙
는 형태이다. 바지밑단에 끈을 부착하고 신발에 걸어 날씬한 실루엣을 이루었다. 줄무
늬와 체크바지도 유행하였다.

5) 외투

개릭, 박스 코트, 체스터필드 코트, 긴 케이프 형태의 오페라 클로크(opera cloak) 등
이 있었다.

3. 여성 복식의 종류와 형태
1) 로맨틱 가운(romantic gown)

X자형 로맨틱 스타일로 드롭 숄더(drop shoulder)로 어깨를 넓히고 마메루크 소매,
양다리 소매(leg of mutton sleeve), 기곳 소매(gigot sleeve) 등으로 소매의 볼륨을 최대로 하
였다. 스커트 길이는 발목길이로 신발이 보였으며 여러 겹의 페티코트로 스커트를 부풀
렸다. 주름, 아플리케, 턱, 러플, 리본으로 화려하게 장식한 무도회 가운(ball gown)이 발
달하였다.

2) 크리놀린 스타일 가운(crinoline style gown)

스커트를 넓게 퍼지게 하기 위해 말총으로 만든 버팀대인 '크리놀린'에서 유래되었
다. 유제니 황후의 우아함을 위해 영국 디자이너 워스(C.F.Worth)가 디자인한 크리놀린

디자인은 새장모양의 둥근 테를 이용한 구성방법으로 1860년 복식사상 가장 넓은 밑단 테두리를 선보였다. 어깨와 소매는 강조하지 않은 채 장식 스토마커는 예각으로 허리가 가늘어 보이는 착시 현상을 일으키고 코르셋으로 허리를 조이고 크리놀린을 착용하여 X자 실루엣을 강화시켰다. 벨 소매, 파고다 소매, 타이트 소매, 비숍 소매, 가브리엘 소매 등 다양한 소매의 형태를 보였다. 후기엔 폴로네즈 스타일의 부활로 스커트 폭이 좁아졌다.

로맨틱 스타일 가운

크리놀린 스타일 가운

유제니황후와 궁정 사교계, 1855

찰스 프레데릭 워스

크리놀린

밑단 둘레가 매우 넓은 크리놀린 드레스를 풍자한 그림

블루머 드레스

카메라 발명

재봉틀, 1851

3) 외투

소매나 스커트 단이 넓어서 숄이나 케이프를 선호하였으며 맨틀형인 뷔르누(bur-
nous)와 르댕고트도 착용하였다.

4) 블루머 드레스 (bloomer dress)

1850년경 여성 운동가인 아멜리아 블루머(Amelia bloomer)에 의해 소개된 개량복
으로 여성 건강을 위해 제안되었다. 코르셋이나 스커트 버팀대없이 무릎길이의 원피스
에 발목이 좁고 풍성한 바지를 함께 입었고 챙 넓은 모자와 함께 편한 신발이 제안되었
다. 그러나 큰 지지를 얻지 못하고 사라졌으며 후에 스포츠용으로 착용되었다.

5) 코르셋 (corset)

1844년 뒤몰랭(Dumoulin) 여사가 개발한 코르셋은 몸의 곡선을 따라 재단되고 조
각을 이어 몸에 잘 붙게 하였고 의상의 실루엣을 잘 표현할 수 있도록 하였다. 1847년에
는 앞의 여밈을 위한 특수 고리도 고안되었다.

4. 헤어스타일과 모자
1) 헤어스타일

남성은 뒷목에 닿지 않는 짧은 곱슬머리를 선호하였으며 충성의 표시로 구레나룻
과 콧수염을 길렀다. 여성은 왕정복고시대에는 매우 기교적이어서 곱슬거리는 머리를
귀 위나 머리 위로 올려서 위쪽을 강조하고 리본, 레이스, 깃털로 장식하였다. 머리 염
색과 탈색이 유행이었고 나폴레옹 3세 시대에는 머리를 낮게 하고 가지런히 뒤로 넘겨
그물망에 정리하였다.

2) 모자

실크 햇, 톱 햇, 오페라 햇등의 격식있는 모자와 운두가 낮은 볼러, 밀짚모자가 유행

무대의상 디자인

이었고 여성은 챙이 넓은 포크 보닛, 작은 외제니 모자가 인기였다. 이 당시 여성의 멋은 재단사가 아니라 모자 디자이너와 미용사에게 달려 있었다. 1830년엔 모자와 소매의 크기가 최고로 달했다.

5. 신발

재봉틀의 발명으로 간편하고 실용적인 구두가 세계적으로 보급되었다. 다양한 부츠와 앞부리가 네모난 구두를 착용했으며 굽이 점점 낮아지며 발은 거의 덮지 않은 펌프식 구두, 발레슈즈, 슬리퍼가 유행했다.

여성들의 모자

6. 장신구와 기타

자본주의가 크게 발달함에 따라 사치가 극에 달해 보석도 크고 화려한 것을 선호했고 지팡이, 장갑, 파라솔, 토시, 에이프런, 손수건, 스톨, 왕관, 빗, 머리핀, 목걸이, 팔찌, 반지 등 최대한의 장신구로 치장을 하였다.

제국주의 시대(1870년-1910년)

영국, 프랑스, 독일, 이탈리아 등의 강국들은 세력 확장을 위해 국외로 시장개척을 하고 원료 공급을 위해 아시아, 아프리카로 식민지 개척에 주력하였다. 이들이 제국주의 정책을 펼치면서 세력 균형을 유지하여 제 1차 세계대전 이전까지는 평온한 시기를 누릴 수 있었다. 전 유럽의 산업발전은 생산성 향상과 부의 축적으로 생활의 변화를 가져왔다. 스포츠 확산은 물론 여성의 직업 진출이 활발해졌으며 자본주의에 입각한 간소함과 합리성이 중시되었다. 낭만주의에 대한 반발로 사회를 비판하는 이성적인 사실주의 운동이 일어났다. 기계 생산품에 반대하여 손으로 만든 수공예품에 가치를 두자는 미술 수공예운동(Art and Craft movement)이 일어났는데 재료와 제작방법에서의 기능성이 중시되었다. 또한 1890년경 장식 및 생활 분야에서 시작된 아르누보(art nouveau) 운동은 1910년까지 지속되었는데 자연을 소재로 한 곡선적 율동감과 생동감을 강조하면서 기능성과 장식성을 가미하였다. 예술계의 개선 움직임인 라파엘 전파(Pre-raphaelite)로부터 영향을 받은 기능주의 복장(rational dress) 운동이 영국에서 일어났는데 그 당시의 비위생적인 유행, 꼭 끼는 코르셋, 거추장스러운 치장들, 체형 보정물에 대해 반발하는 유미주의 복식(aesthetic dress)을 제안하였다.

1. 복식의 일반적인 특징

사실주의와 자연주의의 팽배로 환상적 아름다움은 실용추구로 변화되고 검소함과 기능성이 강조되어 화려한 크리놀린의 규모와 장식은 버슬 스타일로 변화되었다. 남성복은 세련되게 발달했고 가슴에 패딩을 넣지 않고 자연스런 허리를 지닌 수직의 실루엣이 유행하였다. 산업혁명 이후 여성의 사회참여가 활발해지자 남성복에서 디자인을 본 딴 테일러드 수트(tailored suit) 차림이 의생활의 중요한 자리를 차지하게 되었다. 19세기 후반에 여성복의 실루엣은 엉덩이 강조의 버슬 실루엣에서 가슴을 강조하는 S자 형태로 변하였다. 또한 블라우스도 함께 등장하였고, 목 주위를 장식할 수 있도록 화려한 레이스가 많이 이용되었다. 허리는 점점 가늘게 강조되고 코르셋이 가슴을 떠올려 받치는 과장된 실루엣으로 발전하였다. 19세기 말 코르셋 열풍은 점입가경이 되어, 코르셋을 입기 위해 갈비뼈를 제거하는 성형수술이 시행되기도 하는 코르셋이 인체에 미치는 심각한 문제들이 발생하기도 하였다.

2. 남성 복식의 종류와 형태

1) 모닝 코트(morning coat)

허리에서 도련까지 앞단이 곡선으로 많이 잘려진 낮에 착용하는 반 예복으로 회색과 검은색의 세로 줄무늬 바지와의 착용이 인기였다.

2) 라운지 수트(lounge suit)

색 코트의 변형으로 재킷, 조끼, 바지가 한 벌로 만들어지면서 오늘날의 남성 신사복(business suit)으로 발전하였다.

3) 턱시도(tuxedo)

디너 재킷으로 불리며 비공식의 저녁예복으로 착용되었다. 숄 칼라, 테일러드 칼라를 공단으로 장식하고 옆선을 공단으로 장식한 바지와 함께 착용되었다.

4) 블레이저 재킷(blazer jacket)

직선형의 헐렁한 재킷이다. 소매통이 넉넉하며 넓은 라펠(lapel)을 달았다. 줄무늬

모닝코트   턱시도   노퍽 재킷과 니커보커스

1890년부터 유행된 옅은 색의 재킷과 주름바지   체스터필드 코트

직물로 같은 소재의 바지나 흰 바지와 함께 착용되었다.

5) 외투

길이가 긴 체스터필드 코트(chesterfield coat)와 프록코트 위에 입었던 외투인 톱 프록(top frock), 인버네스 케이프(inverness cape) 등이 있었다.

6) 스포츠 웨어
(1) 스포츠 재킷

헐렁한 직선형으로 스포츠 즐길 때 착용했으며 통이 넉넉한 소매와 넓은 라펠이 달렸으며 관리를 고려해 주로 면직물을 사용했다.

(2) 노퍽 재킷(norfolk jacket)

스포츠나 사냥 시 착용했던 엉덩이 길이의 재킷으로 앞, 뒤판에 맞주름이 있어 활동이 편리했다. 헐렁한 무릎바지인 니커보커스(nnickerbockers)를 부츠나 긴 양말, 펠트 모자와 함께 착용했다.

3. 여성 복식의 종류와 형태
1) 버슬 실루엣

펜슬 실루엣 드레스, 1879

1870년~1890년까지의 여성복 실루엣으로 엉덩이 부분을 부풀려 과장하는 스타일이다. 실루엣 초기에는 엉덩이를 크게 부풀리지 않은 전체적으로 가는 실루엣인 펜슬 실루엣(pencil silhouette)이었는데 점차 엉덩이를 직각으로 돌출시키는 워터폴 백(waterfall back) 실루엣으로 변화되었다. 이를 위해 스커트 버팀대를 착용하여 과장하였으며 그 위를 주름과 러플, 레이스로 장식하였다. 트레인의 길이가 점점 길어지고 긴 트레인자락이

540

워터폴 백 버슬 실루엣의 가운

더러워지는 것을 막기 위하여 더스트 러플(dust ruffle)을 치마 속에 달기도 하였다.

2) S자형 실루엣

1890년~1900년까지의 여성복 실루엣으로 옆에서 보았을 때 S자 형태로 엉덩이를 스쳐 스커트 밑단까지 자연스런 신체의 곡선이 표현되었다. 새가슴(pouter-pigeon) 형태로 가슴을 과장하고 가는 허리와 둥근 엉덩이가 특징이다. 파스텔의 부드러운 색조와 시폰, 오간디, 조젯, 리넨, 레이스 등 가볍고 부드러운 소재를 사용하였다.

3) 깁슨 걸 룩(gibson girl look)

화가인 '깁슨'의 이름을 딴 실루엣으로 S자형의 실루엣에 스커트 폭을 넓히고 소매 윗부분을 과장하여 앞에서 보았을 때 X자형을 이룬다. 소매는 주로 양다리 소매, 퍼프 소매로 어깨와 팔을 강조하였다.

4) 수트(suit)

남성복의 형태에서 영향을 받은 것으로 재킷, 스커트, 셔츠로 구성되었다. 여성복 최초로 셔츠를 겉옷으로 착용하였으며 이로부터 블라우스가 발전하였다. 셔츠에 레이스, 리본, 타이로 장식했고 외출복 혹은 운동복으로 착용하였다.

여성들의 스포츠 웨어

S자형 실루엣을 위한 코르셋

테일러 수트

1870, 1880년대의 다양한 버슬

워터폴 백 실루엣을 위한 스커트버팀대

1880년 데이드레스, 이브닝드레스, 버슬가운

조지 쉐라의 '그랑자트 섬의 일요일 오후', 1884

깁슨 걸 룩 드레스

기곳소매의 X자형 깁슨걸 룩

가슴을 과장한 블라우스

S자형 실루엣의 드레스

5) 외투

케이프 형의 넓은 소매가 달린 플리스 코트, 모피 목도리인 보아(boa), 자동차용 외투로 먼지로 부터 보호하기 위한 더스터(duster)를 착용했다.

4. 헤어스타일과 모자
1) 헤어스타일

남성들은 머리를 짧게 자르고 턱수염을 길렀으며 카이저(kaiser)이라는 끝이 올라간 콧수염을 기르고 세심하게 손질하였다. 여성들은 머리를 뒤로 빗어 올리거나 자연스러운 컬을 주어 어깨 뒤로 늘어뜨렸다.

카이저수염

2) 모자

오페라 햇, 실크 햇이라 불리는 톱 햇(top hat), 볼러(bowler), 밀짚모자를 애용하였으며 여성들은 작은 펠트모자, 밀짚모자를 이마 앞쪽으로 기울여 쓰거나 리본, 꽃, 깃털, 레이스로 장식하였다. 보닛, 비버 햇을 쓰기도 하였다.

남성들의 탑 햇, 볼러, 밀짚모자

구두와 부츠

544

5. 신발

남성들은 옆에서 단추로 잠그는 발목길이의 부츠, 검정색 구두를 신었으며 구두 위에 가터를 대기도 했다. 여성들은 반 부츠와 단화형 구두를 선호하였다.

6. 장신구와 기타

여성들은 보석과 장신구를 즐겼으며 깊은 목선으로 진주목걸이, 펜던트를 애용하였다. 남성들은 회중시계, 지팡이를 선호하였다.

남성들이 포켓에 넣고 다니던 회중시계

19세기 후반 여성들의 머리장식

참고문헌

Barbara & Cletus Anderson, *Costume Design*, Thomson,1999.

Douglas A. Russell, *Stage Costume Design*, Prentice-Hall, Inc., NJ, 1973.

James Laver, *Costume in the Theatre*, Hill and Wang, 1964.

Katherine Strand-Evans, *Costume Construction*, Waveland Press, Inc. 2015.

Lucy Barton, *Historic Costume For The Stage*, Walter H. Baker Company, 1963.

Rebecca Cunningham, *Basic Sewing for Costume Construction*, Waveland Press, 2012.

Rebecca Cunningham, *The Magic Garmen*t, Waveland Press, 1994.

Rosemary Ingham, Liz Covey, *The Costume Designer's Handbook*, Heinemann, 1992.

Rosemary Ingham, Liz Covey, *The Costume Technicians's Handbook*, Heinemann Educational Books, NH, 1992.

고애란, 『서양의 복식문화와 역사』, 교문사, 2017.

김유선, 『영화의상디자인』, 커뮤니케이션북스, 2009.

이성호, 『무대예술전문인 자격검정 표준교재 무대조명 II』, 교보문고, 2005.

장혜숙, 『착시를 이용한 바람직한 무대의상디자인 연구』, 한국연극교육학회, 6집, 2000.

허은희, 「영화 캐릭터(Character)의 이해와 분석의 실제」, 『현대영화연구』, Vol. 19. 2014.